COLLECTION
COMPLÈTE
DES MÉMOIRES
RELATIFS
A L'HISTOIRE DE FRANCE.

Olivier de La Marche, tome 2.

DE L'IMPRIMERIE DE RIGNOUX.

COLLECTION
COMPLÈTE
DES MÉMOIRES
RELATIFS
A L'HISTOIRE DE FRANCE,

DEPUIS LE RÈGNE DE PHILIPPE-AUGUSTE, JUSQU'AU COMMENCEMENT DU DIX-SEPTIÈME SIÈCLE;

AVEC DES NOTICES SUR CHAQUE AUTEUR,
ET DES OBSERVATIONS SUR CHAQUE OUVRAGE,

Par M. PETITOT.

TOME X.

PARIS,
FOUCAULT, LIBRAIRE, RUE DE SORBONNE, N° 9.
1825.

MEMOIRES
DE
MESSIRE OLIVIER DE LA MARCHE.

SUITE DU PREMIER LIVRE.

CHAPITRE XXI.

Comment le bon duc Philippe fit delivrer un riche Anglois que le signeur de Ternant avoit fait prisonnier; et comment le signeur de Lalain teint le pas de la Fontaine de plours à Chalon sur Sosne.

En celle saison messire Philippe, signeur de Ternant, fut conseillé de prendre un Anglois que l'on disoit moult riche et puissant d'avoir et de deniers : et estoit assez coustumier iceluy Anglois d'aler de Bruges à Calais, et passoit par Gravelines; et pource que ledict signeur de Ternant sçavoit que la duchesse de Bourgongne portoit et soustenoit le cas et la querelle des Anglois, il s'apensa de conduire son cas et sa prise par subtilité, et tint maniére de donner congé à plusieurs ses serviteurs, qui tous se r'assemblérent à l'entour de Gravelines : et les conduisoit un soudoyer du chastel de L'Escluse (dont ledict signeur de Ternant estoit capitaine), nommé Georget des Vignes. Finalement ils prirent ledict Anglois, et l'emmenérent contre France, comme leur prisonnier.

Le duc de Bourgongne fut averti de ceste prise, faicte en ses païs ou es limites : et en estant aussi la duchesse avertie, fut faicte une merveilleuse poursuitte pour ceste matière; et finalement furent envoyés apres, à toute diligence, les archers du duc, et autres, qui firent telle diligence qu'ils surprirent ceux qui emmenoyent ledict Anglois en un vilage : et les prirent prisonniers, et ramenérent ledict Anglois : et fut sceu par iceux, et par lettres, que ledict signeur de Ternant adreçoit iceluy prisonnier au signeur de Mongeay, en l'Isle de France : lequel avoit espousé une fille de Roye, sœur de la dame de Ternant. Le cas de l'Anglois fut fort porté par la duchesse, et mesmes n'estoit ja ledict signeur de Ternant fort en sa grâce : et fut mis avant que l'Anglois avoit seureté et sauf-conduit; et combien que le duc aimast le signeur de Ternant beaucoup, estant son tiers chambellan, et moult-privé de sa personne, il le prit prisonnier, et l'envoya au chasteau de Courtray, où il fut plus d'un an, à grans fraiz et à grans despens; et depuis le delivra le duc, mais non-pas à son profit : car il restitua tout l'interest dudict Anglois, qui luy fut un merveilleux dommage. Ainsi se passa l'an 48 sans autre aventure, et une partie de l'an 49 : et faisoit le duc grandes chéres et grans festimens par ses bonnes viles, où il estoit moult-aimé, et voulontiers veu.

Or maintenant nous r'entrerons à reciter le noble

pas que tint un an entier le bon et vertueux messire Jaques de Lalain au païs de Bourgongne, et les nobles armes qu'il y feit, et à quels nobles hommes il besongna. Mais avant est besoin que j'eclaircisse une question qui pourroit estre demandee sur ceste matiére, qui est telle : c'est assavoir pourquoy ledict messire Jaques tint pas en Bourgongne, terre sugette de son souverain signeur et prince, sans avoir excepté les sugets de son prince; et aussi pourquoy il entreprenoit son pas en temps de jubilé, et durant icelle saison. A ce je respon par la propre response à moy faicte par ledict messire Jaques (car j'avoye privauté et habitude à luy, pour sçavoir de ses secrets, autant qu'autre de mon aage de la maison de Bourgongne), qui disoit que la cause de sa venue en Bourgongne tendoit à deux fins. La premiére, pource qu'il y avoit au païs grande noblesse et gens qui desiroyent d'eux monstrer nobles et courageux; la seconde, pource que le païs estoit situé au passage de France, d'Angleterre, d'Espaigne et d'Escoce, pour aler à Romme (dont les saincts pardons et le jubilé de l'an 50 aprochoit); et ainsi sembloit que, par ces deux raisons, plus de nobles hommes seroyent avertis de son emprise, et pourroyent plus de nobles hommes venir à son pas, et toucher à sa noble emprise : parquoy plus-legérement luy estoit facile de parvenir au second poinct, qui estoit qu'il desiroit, sous le plaisir de Dieu, d'avoir presenté sa cotte-d'armes ou sa personne en lices clauses, et avoir combatu trente hommes avant qu'il eust trente ans d'aage. Car, à la verité, il avoit, à l'heure qu'il vint en Bourgongne pour tenir son pas, plus de vingtneuf ans, d'un mois, ou de sept semaines : et pour ces deux raisons (dont l'une tenoit de l'autre) tint ledict messire Jaques son pas en Bourgongne, au temps dessusdict : lequel pas s'exécuta par la maniére qui s'ensuit.

Messire Jaques de Lalain se logea à Chalon sur la Sosne, une vile qui sied en Bourgongne, au duché : et s'acompaigna de messire Pietre Vasque, un tres-gentil chevalier, et dont cy-dessus est faicte mention, et nommément là où est racompté le pas du signeur de Charny : lequel messire Pietre estoit homme duit, et suffisant de son corps et de son conseil; et croy que si ledict messire Jaques eust eu inconveniant de maladie ou autrement, il entendoit de mettre en son lieu ledict messire Pietre Vasque : car par ses chapitres il ne s'obligeoit point de personnellement parfournir. Aveques luy avoit plusieurs hommes nobles, et tint un moult bel estat, grand et planteureux : et d'autre part y envoya le duc de Bourgongne le roy-d'armes de la Toison d'or, pour estre juge en l'absence du duc.

Estant ainsi ledict messire Jaques de Lalain logé, prépara son pas et son faict à son propos et attendement : et fait à entendre (comme dict est) que la vile et cité de Chalon est situee au duché de Bourgongne, et separe la riviére de Sosne, meslee du Doux, la comté du duché : et se passent icelles riviéres par un grand pont, dont au bout a un grand faubourg que lon nomme Sainct Laurens : et est iceluy faubourg clos de la riviére, à la maniére d'une isle. En celle isle avoit une moult belle plaine, à maniére d'un pré, où à-present est l'eglise des Cordeliers de l'observance, qui depuis y a esté edifiee.

En icelle mesme isle fit faire l'entrepreneur les lices à combatre, et la toile pour faire les armes à cheval : et fut le champ moult bien ordonné de sablon et de tout ce qu'en tel cas appartenoit, et aussi de maison pour le juge et pour les signeurs : et, le premier samedi de septembre 1449, fut un pavillon tendu, au bout du grand pont, du costé de Sainct-Laurens, souveraineté du duc de Bourgongne, à cause de sa viscomté d'Auxonne : et fut iceluy pavillon palissé et barré moult honnorablement, et n'y pouvoit nul aprocher sans le congé de Charolois le heraut, un moult notable heraut, officier-d'armes du comte Charles de Charolois : lequel avoit sa cotte-d'armes vestue et un blanc batton en la main, et gardoit les images ordonnees pour l'emprise de l'entrepreneur : et premiérement au dossier d'iceluy pavillon, et au plus haut, estoit, en un tableau, la representation de la glorieuse vierge Marie, tenant le Redempteur du monde, son signeur et son fils ; et plus bas, au dextre costé de l'image, fut figuree une dame moult honnestement et richement vestue, et de son chef en simple atour : et tenoit maniére de plorer tellement que les larmes tomboyent, et couroyent jusques sur le costé senestre, où fut une fontaine figuree, et sur icelle une licorne assise, tenant maniére d'embracer les trois targes, conditionnees pour les trois maniéres d'armes que l'entrepreneur vouloit fournir par son emprise : dont la premiére fut blanche, pour les armes de la hache ; la seconde violette, pour les armes de l'espee ; et la tierce (qui estoit dessous à maniére de triolet) estoit noire, pour les armes de la lance : et furent lesdictes targes toutes semees de larmes bleues : et pour ces causes fut la dame nommee la Dame de plours, et la fontaine, la Fontaine de plours. Or ay je devisé de l'entreprise et de l'ordonnance de cestuy noble pas : lesquelles choses furent estranges et nouvelles au païs, et fort remirees et veues de plusieurs et divers personnages.

Ce mesme jour vint au palais un heraut, nommé Toulongeon, qui apella le heraut garde du pavillon, et luy dît : « Noble heraut, je demande ouverture « pour aler toucher l'une des trois targes qui sont « en vostre garde, pour et au nom d'un noble es- « cuyer nommé Pierre de Chandios. » Le heraut le receut moult joyeusement, et lui dît qu'il fust le tresbien-venu : et luy fit ouverture ; et ledict Toulongeon, comme officier bien apris, s'agenoilla devant la vierge Marie, salua honnorablement la Dame de plours, et puis toucha à la blanche targe, et dît : « Je touche à la blanche targe pour et au nom de « Pierre de Chandios, escuyer : et afferme en parolle « de veoir (1), disant qu'au jour qui luy sera baillé il « fournira de sa personne les armes conditionnees et « ordonnees pour ladicte targe, selon le contenu des « chapitres du noble entrepreneur, si Dieu le garde « d'encombrier et de loyale ensongne (2). » Et atant se partit, et fut le palis reclos : et demoura le pavillon tendu et gardé jusques au midi, que Charolois reporta son emprise, et fit son raport au bon chevalier messire Jaques de Lalain de son adventure du jour, et comment Pierre de Chandios avoit fait toucher la blanche targe : dont il fut moult-joyeux, et bien-

---

(1) *De veoir :* de vérité. — (2) *Ensongne :* embarras, soin.

viengna Toulongeon le heraut de ces bonnes nouvelles, luy donna don, et luy bailla brief jour pour combatre, qui fut le samedi suyvant.

Celuy jour (qui fut le treziéme jour de septembre) la lice fut préparee, et la maison du juge et les pavillons tendus pour les champions : et fut celuy de messire Jaques de satin blanc, semé de larmes bleues; et celuy de Chandios de soye vermeille, armoyé de ses armes par les goutiéres : et veint le juge en place, acompaigné de Guillaume, signeur de Sarcy, pour lors bailly de Chalon, de maistre Pierre, signeur de Goux, un grand homme du grand conseil du duc, et qui depuis fut chancelier; et de plusieurs autres conseillers et nobles hommes congnoissans au noble mestier d'armes. Eux avoir pris leur lieu, ledict messire Jaques se partit de l'eglise des Carmes, situee à la porte de la vile et du faubourg de la porte de Sainct-Jehan-du-Maiseau; et apres avoir ouy trois messes moult-devotement, entra en un batteau couvert, acompaigné de messire Pietre-Vasque, et de plusieurs autres nobles hommes de son hostel (car il tenoit moult bel estat), et d'abondant il trouva au païs deux nobles hommes, fréres germains : dont l'aisné fut messire Claude de Toulongeon, signeur de la Bastie, et l'autre Tristan de Toulongeon, signeur de Soucy, qui furent fils de messire Anthoine de Toulongeon, jadis mareschal de Bourgongne : et fut iceluy mareschal celuy sous qui fut gagnee la bataille de Bar, et pris le duc Regnier de Lorraine prisonnier. Ces deux signeurs estoyent de l'hostel du duc de Bourgongne, gens-de-bien et de courage : et pource que ledict messire Jaques estoit estranger au païs, ils l'acompaignérent : ne depuis, durant son pas, ne l'abandonnérent.

Ainsi traversa le chevalier la riviére de Sosne, et vint aborder à l'isle où il devoit combatre : et là saillit hors de son batteau, vestu d'une longue robe de drap d'or gris, fourree de martres. Il avoit sa bannerolle en sa main, figureé de ses devotions : dont il se signoit à la fois, et moult bien luy seoit. Si vint en la lice, et se présenta devant le juge, et dît de sa bouche telles parolles : « Noble roy-d'armes de la « Toison d'or, commis de-par mon tresredouté et « souverain signeur monsieur le duc de Bourgongne « et comte de Hainaut, pour estre mon juge en ceste « partie, je me presente par-devant vous pour garder « et deffendre l'emprise de cestuy pas, et pour de ma « part fournir et acomplir les armes emprises et re- « quises par Pierre de Chandios, selon le contenu des « chapitres à ce ordonnés. » Le juge, vestu de la cotte-d'armes du duc de Bourgongne, le blanc batton en la main, le receut et bien-viengna moult honnorablement, et se retraït l'entrepreneur en son pavillon.

Ne demoura guéres que, par-dessus le grand pont de Chalon, s'apparut ledict Pierre Chandios, qui venoit à cheval, armé de toutes armes, le bacinet en la testé et la cotte-d'armes au dos : et, à la verité, c'estoit un des grans et puissans escuyers qui fust en Bourgongne n'en Nivernois, et pouvoit avoir trente et un an, ou environ, d'aage. Il estoit acompaigné des signeurs de Mirebeau, de Charny et de Seyl, ses oncles, et de la signeurie et noblesse de Bourgongne si largement que je puis extimer la compaignie plus de quatre cens hommes nobles. Ledict de Chandios

entra dedans la lice sur un cheval armoyé de ses armes, et mit pié à terre: et l'adextra le signeur de Charny jusques devant le juge, et porta la parolle, et dît: « Noble roy d'armes de la Toison d'or, com-
« mis de-par mon tresredouté et souverain signeur
« monsieur le duc et comte de Bourgongne, juge en
« ceste partie, voicy Pierre de Chandios, mon neveu,
« qui se presente devant vous, pour, à l'aide de Dieu,
« fournir et acomplir à ce jour les armes par luy em-
« prises et requises, à l'encontre de l'entrepreneur de
« cestuy noble pas, selon la condition des chapitres,
« et de la blanche targe à quoy il a fait toucher. » Le roy-d'armes le bien-viengna et receut comme il appartenoit, et se retraït en son pavillon: et ce faict, se retraït chacun de la lice, et se commencérent les cris acoustumés; et tandis un mien cousin germain, nommé Anthoine de La Marche, signeur de Sandon, ordonné mareschal de la lice, se tira devers ledict Chandios par l'ordonnance du juge, et luy demanda qu'il déclairast le nombre des coups de hache qu'il requeroit et demandoit pour faire et fournir icelles armes: et ledict Chandios déclaira dixsept coups de hache. Si se tira ledict mareschal devers le juge pour l'avertir du nombre des coups, et puis se tira devers ledict messire Jacques de Lalain, tant pour l'avertir de l'intention de sa partie, comme pour luy demander les haches qu'il devoit livrer pour la bataille fournir et faire. Si luy furent deux haches baillees et livrees, qui furent longues et poisantes: et furent les maillets et testes desdictes haches à maniére de becs de faucon, à grande et poisante dague dessus et dessous: et furent ferrees d'une platine de fer plate, à trois testes

de clouds gros et courts, en façon de diamants, et assez à la maniére que l'on ferre lances pour jouster en armes de guerre, sans roquet: et furent lesdictes haches aportees audict de Chandios pour choisir, et l'autre fut raportee à l'entrepreneur: et ne demeura guéres que Pierre de Chandios saillit hors de son pavillon, la cotte-d'armes au dos, le bacinet en teste, et la visiére close, se signant de sa bannerole: et puis luy bailla le signeur de Charny, son oncle, sa hache, et l'acompaigna jusques bien-avant en la lice. D'autre part saillit messire Jaques de Lalain: et avoit son harnois couvert, en lieu de cotte-d'armes, à maniére d'un palletot, à manches de satin blanc semees des larmes bleues, de couleurs de la targe à quoy avoit touché sa partie. Il estoit armé d'une petite salade ronde, et avoit la visiére couverte et armee d'un petit haussecol de maille d'acier: et, apres la recommandation de sa bannerolle, luy bailla messire Pietre Vasque sa hache.

Si marchérent l'un contre l'autre les champions moult-asseurément, et s'entrerencontrérent devant le juge, et de prime face se gardoyent l'un de l'autre. Mais n'atargea guéres qu'ils se coururent sus, et se donnoyent de grans et poisants coups, chevaleureusement donnés et sousteneus d'une part et d'autre; et me souvient que ledict de Lalain (qui sçavoit que les haches qu'il avoit baillees et livrees n'avoyent point de dague ny de pointe dessous, dont il peut faire faucee, ne grever sa partie) en faisant une grande démarche tourna sa hache, et mit le mail de la dague de la part de sa main senestre, en faisant de la teste queuë, et de la queuë le maillet: et remarcha d'un grand poux, et atteindit ledict Chandios, de la dague de sa hache, en la visiére du bacinet, et donna si-grand coup qu'il rompit la pointe sur la visiére : mais ledict Chandios (qui estoit fort, grand, puissant et courageux) onques n'en démarcha : mais recommença entre eux la bataille plus aspre et plus fiére que paravant, et tant que si asprement se requirent l'un l'autre, qu'en peu d'heure les dix sept coups requis par ledict de Chandios furent acomplis.

Si getta Toison d'or le batton, et furent pris et séparés par les hommes-d'armes ordonnés pour gardes et escoutes, et pour ce faire comme il est de coustume en tel cas : et, eux amenés devant le juge, touchérent ensemble, et s'en retournérent chacun dont il estoit venu ; et furent icelles armes achevees par un samedi dixhuictiéme (1) jour de septembre l'an 49.

Ainsi se passa septembre, octobre, novembre et decembre, et jusques au deuxiéme samedi de janvier, que messire Jehan de Bonniface, un chevalier arragonnois, et celuy qui autresfois avoit combatu ledict messire Jaques à Gand (comme il est cy-devant escrit), arriva au pavillon, qui continua tous les samedis de l'an d'estre tendu, selon le contenu des chapitres. Ledict de Bonniface venoit du costé de la comté de Bourgongne : et quand il veit le pavillon tendu, les images et le mistére du pavillon, et le heraut qui gardoit la barriére à cotte-d'armes vestue, il descendit de son cheval, et salua le heraut, et le pria qu'il luy voulsist declairer la signifiance et la cause du pavillon, et du mistére qu'il avoit trouvé. Le heraut (qui bien le sceut faire) luy declaira comment un

---

(1) *Dixhuictiéme* : l'auteur a dit plus haut que c'étoit le 13 septembre.

chevalier entrepreneur en ceste partie, sans luy nommer le nom, luy faisoit garder la Fontaine de plours chacun samedi de l'an, pour fournir chacun noble homme qui voudroit toucher à l'une des trois targes ou à plusieurs, pendues à ladicte fontaine: et luy declaira la condition desdictes trois targes, et le plus-avant de celle entreprise qu'il le peut faire, luy offrant de luy bailler les chapitres par escrit. Le chevalier, se monstrant moult réjouy d'avoir trouvé icelle aventure, demanda ouverture, qui lui fut acordee et faicte: et luy-mesme toucha à la blanche et à la noire targe, et prit le heraut son nom par escrit, et luy demanda son logis, lequel il luy declaira à l'Asne rayé, empres Sainct-George, dedans la vile de Chalon. Le heraut, à son retour, fit son raport à messire Jaques comment messire Jehan de Bonniface avoit les deux targes, blanche et noire, touchees. Si envoya ledict messire Jaques vers luy deux nobles hommes, qui présentérent de par l'entrepreneur cheval et harnois, et ce que mestier luy estoit pour ses armes fournir: et luy fut baillé jour au vendredi, vingtquatriéme d'iceluy mois, pour faire les armes à cheval, et le l'endemain vingtcinqiéme celles de pié. Ce qu'il acepta; et ainsi fut jour baillé, et icelles armes emprises. Le vendredi vingtquatriéme du mois dessusdict, les lices furent preparees et la toile drecee pour la course des chevaux, comme il appartenoit: et se présenta messire Jehan de Bonniface armé de toutes armes, comme il appartenoit. Son cheval estoit couvert de ses couleurs: et fit dire au roy-d'armes de la Toison d'or, juge en ceste partie, comme il est dict dessus, qu'il estoit arrivé au pavillon par bonne aventure, et qu'il avoit veu la figure de la Dame de plours, ensemble les trois targes pendantes à la fontaine : et avoit ouy certains nobles chapitres declairants l'emprise et voulonté d'un noble chevalier entrepreneur de celuy noble pas, non nommé esdicts chapitres : et qu'il se présentoit pour celuy jour pour fournir les vingtcinq courses de lance contenues esdicts chapitres, à l'encontre dudict entrepreneur, que qu'il fust : et ces termes tenoit, comme non sachant que ce fust messire Jaques de Lalain qu'il avoit autrefois combatu en la vile de Gand, ou pour feindre de non sçavoir que ce fust il.

Sa présentation faicte, il se retraït au bout de la toile, et par licence courut son cheval : et tantost apres, l'entrepreneur (qui estoit parti des Carmes, et avoit passé la riviére en son batteau) se présenta devant le juge, vestu d'une longue robe de velours noir : et estoit moult-noblement acompaigné des signeurs et nobles hommes de Bourgongne, qui desja, à l'occasion de ses vertus, l'avoyent pris en telle amour et extime, que tous le queroyent, aimoyent et prisoyent, et mesmement Pierre de Chandios, son compaignon (qui desja avoit fait armes à l'encontre de luy), et messieurs ses parens et amis. Puis se retraït en son pavillon (qui fut à maniére d'une petite tente de satin noir, semé de larmes bleues); et apres qu'il fut armé, il partit hors, monté et armé comme il appartenoit. Son cheval estoit couvert de velours noir, semé de larmes bleues : et furent les lances baillees à Anthoine de La Marche, mareschal de la lice, ferrees et appointees comme il appartenoit.

Cris furent faicts, et lances aportees : dont messire Jehan de Bonniface prit le choix, et de la premiére course ne s'ateindirent point. A la seconde, s'ateindirent tous deux. A la tierce, s'ateindirent tous deux entre les quatre points, et rompit ledict de Bonniface sa lance. A la quatre, messire Jaques atteindit ledict de Bonniface au defaut du grand gardebras, et fauça le harnois à jour, et rompit sa lance : et ledict de Bonniface de celle course fit une tresdure atteinte sur la baviére de l'armet dudict messire Jaques. A la sixiéme, faillirent tous deux d'ateindre. A la septiéme course, ledict de Bonniface rompit sa lance sur le grand gardebras de messire Jaques, et il atteindit Bonniface entre les quatre points, de plaine atteinte : et de celle course avint que la lance dudict messire Jaques se fendit depuis le fer jusques auprès de la poignee, et ne fut autrement rompue : dont il avint que l'on raporta deux lances nouvelles, afin que le venant de dehors choisist. Or en prit ledict de Bonniface une : et ne vouloyent point ceux qui le servoyent que l'autre fust reportee à l'entrepreneur, pource qu'ils disoyent que la lance dont il avoit couru n'estoit point rompue, pourtant s'elle estoit fendue : et que, par les chapitres, chacun devoit courir de sa lance jusques elle fust rompue. Messire Jaques en vouloit bien courir, mais ceux qui l'acompaignoyent ne le vouloyent souffrir : et dura longuement cest estrif (1) d'une part et d'autre, et n'en sçavoit le juge que juger ne qu'ordonner : car de la part de l'entrepreneur estoit dict que la lance estoit esclatee et fendue de plaine atteinte, et que

(1) *Estrif* : débat, différend.

jamais n'en pourroit souffrir coup qui fust de nulle recommandation : et d'autre part l'on requeroit au juge qu'il ordonnast selon les chapitres, et que la lance n'estoit point rompue ne tronsonnee : dont le juge estoit fort perplex, et ne sçavoit comment en juger. Si avint que le mareschal de la lice (qui estoit homme qui beaucoup avoit veu) prit un batton, et le bouta en croisee par la fendure de ladicte lance, et l'aporta à messire Jehan de Bonniface, et luy dît : « Signeur chevalier, voulez vous que l'on coure con-« tre vous de ceste lance, dont l'on ne vous peut mal « faire ne grever?» Le chevalier vit la lance, qui estoit moult empiree : et dît que l'on l'ostat, et qu'il ne vouloit point courre contre lance rompue : et ainsi fut baillee à messire Jaques lance nouvelle pour la huictiéme course, et faillirent tous deux d'atteindre. A la neufiéme course, messire Jehan de Bonniface agreva le fer de sa lance en l'armet de son compaignon : et messire Jaques l'atteindit sous le grand gardebras assez pres de l'autre atteinte, et le persa à jour, et rompit sa lance. A la dixiéme course, Bonniface fit une tresdure atteinte, et messire Jaques n'atteindit point. A l'onziéme, Bonniface faillit, et messire Jaques l'atteindit assez pres des autres deux coups, et luy empira moult son harnois, et agreva sa lance. A la douziéme firent tous deux tresdure atteinte l'un sur l'autre. A la tresiéme atteindirent tous deux : mais messire Jaques continua de querir et d'atteindre, de costé, au lieu où il avoit desja empiré le harnois du chevalier; et disoit on que ledict de Bonniface avoit trempé son harnois d'une eaue qui le tenoit si bon, que fer ne pouvoit prendre sus : et, à la verité, il couroit en un leger harnois de guerre : et n'estoit pas possible, sans artifice ou aide, que le harnois eust peu soustenir les atteintes que fit dessus messire Jaques. Mais l'heure et le temps de l'entreprise se passoit : dont il advint qu'à la quatorziéme course messire Jaques assit pres des autres coups, et fauça le harnois à jour : et si l'arrest de la lance ne fust rompu de celle atteinte, le fer fust entré au corps du chevalier; et quand ceux qui acompaignoyent ledict de Bonniface veirent le harnois ainsi empiré, et qu'en seureté il ne pouvoit plus courre, et mesmement les signeurs et nobles hommes presens, en avertirent le juge. Parquoy le chevalier fut mandé devant Toison d'or, qui lui dît qu'il n'estoit pas suffisamment armé pour la seureté d'un si gentil chevalier qu'il estoit, et qu'il ne seroit point loyal juge de le souffrir plus aventurer devant luy. Parquoy il luy prioit, ou qu'il prist autre plus seur harnois, ou qu'il se tinst pour content d'icelles armes : car bien et bel avoit les quatorze courses fournies; et que des autres unze courses, pour fournir les vingt cinq ordonnees par les chapitres, selon la condition de la noire targe à quoy il avoit touché, il s'en pouvoit bien contenter : mesmement qu'il avoit à combatre à pié au l'endemain, et demanda vingt et un coups de hache : et ainsi furent icelles armes acomplies.

Le l'endemain (qui fut samedi) furent les pavillons tendus : et avoit ledict de Bonniface un petit pavillon de blanche toile, armoyé de ses armes : et se presenta en une noire robe, et s'alla armer en son pavillon. D'autre part se présenta messire Jaques de Lalain : et cris et ceremonies furent faicts, et deux haches baillees et présentees, et baillee à chacun d'eux la sienne : et le tout préparé, saillit ledict de Bonniface hors de son pavillon, armé de toutes armes, la cotte-d'armes vestue : et, de son chef, il estoit armé d'un armet d'Italie, et par-dessus un grand plumas de plumes noires : et marcha fiérement et de grand courage, pamoyant sa hache : et crioit, en son arragonnois : « Avant, chevalier! Qui a belle dame, si la « garde bien. » D'autre part marchoit messire Jaques, armé d'un haussecol et de la salade, en la maniere du harnois et de la pareure qu'il estoit quand il combattit à Chandios : et marchoit fiérement audevant de son compaignon : et à l'aborder ledict de Bonniface haussa sa hache, pour ferir messire Jaques. Mais le coup fut rabatu, et se requirent chevaleureusement d'une part et d'autre; et, à la verité, ledict de Bonniface se trouva mal-asseurément armé de la teste, pour combatre à pié : et par deux ou trois fois ledict messire Jaques, en démarchant sous costiére, luy donna de grans coups du maillet de la hache; mais rien ne l'empira : et quand ledict messire Jaques vit que de coups de hache il ne le pouvoit ébranler, il entra dedans sa hache par une entree de la quëue de revers : et d'icelle entree il prit, de la main dextre, le chevalier par le plumas, et tira de toute sa force, en faisant une grande demarche : et de ce tour porta le chevalier par terre, le visage contre le sablon; et ce faict, se tira ledict messire Jaques devant le juge : et le chevalier fut par les gardes et escoutes relevé, et amené devant le juge : lequel dît au chevalier qu'il estoit bien content de luy, et que bien avoit fourni les armes par luy emprises à l'encontre de messire Jaques de Lalain. Quand le chevalier ouit nommer messire Jaques de Lalain son compaignon, et il le recongnut, il luy fit moult grand honneur et chére, et s'embracerent, et ainsi furent icelles armes acomplies; et depuis iceluy mois de fevrier (1) ne vindrent nuls nobles hommes toucher aux targes, jusques au mois d'aoust suyvant: et durant iceluy temps fit messire Jaques un tour à la court, où il fut moult-volontiers véu d'un chacun. En celle maniére se passa l'an 49°: et entra l'an 5o°, qui fut le sainct et salutaire an de la jubilee, que le grand pardon general estoit à Romme : et de toutes pars passoyent pélerins et pélerines allans à Romme, par le païs de Bourgongne et ailleurs, en si-grand nombre, que c'estoit noble et saincte chose, et devote à véoir; et m'est force de tenir propos touchant le pas et emprise commencee par le bon chevalier messire Jaques de Lalain, comme il est dessus-escrit : et que je recite les maintes et plusieurs chevaleureuses armés faictes et executees en iceluy pas par ledict chevalier et ses compaignons: dont grande perte et dommage seroit, si elles estoyent taisees ou oubliees; et m'en tiendroye pour lasche et recreant en mon labeur, si je laissoye en ma plume si-nobles faicts que j'ay veus, sans les réciter, à mon pouvoir, de mon petit sens.

Le premier samedi du mois de may l'an 1450, le pavillon fut tendu, comme il estoit de coustume, et comme tousjours se continua chacun samedi de l'an, durant l'emprise dessusdicte. Si vint audict pa-

---

(1) *De fevrier* : l'auteur a dit plus haut que c'étoit le mois de janvier.

villon un jeune escuyer de Bourgongne, nommé Gerard de Rossilon, beau compaignon, haut et droit, et de belle taille : et s'adrecea ledict escuyer à Charolois le heraut, luy requerant qu'il lui fist ouverture : car il vouloit toucher la targe blanche, en intention de combatre le chevalier entrepreneur de la hache, jusques à l'acomplissement de vingt cinq coups: Ledict heraut luy fit ouverture, et ledict Gerard toucha : et de ce fut faict le raport à messire Jaques de Lalain, qui prestement envoya devers luy pour prendre jour. Or ledict Gerard avoit pére, et de son faict n'avoit eu aveu ne consentement de nuls de ses parens n'amis, pource qu'il estoit jeune; et ledict messire Jaques estoit chevalier renommé, duict, apris et experimenté au faict des armes. Si estoit l'escuyer seul et petitement aidé, pour icelles causes, de son pére ne de ses amis : et n'estoit ne prest ne fourni de harnois, ne d'habillemens, ou de ce qui luy estoit nécessaire. Parquoy furent mises icelles armes au vinghuictiéme jour d'iceluy mois de may, auquel jour comparurent plusieurs signeurs de Bourgongne et plusieurs nobles hommes, pour acompaigner ledict Gerard (car il avoit de bons et notables amis), et les autres pour veoir lesdictes armes : et pource que Toison d'or estoit lors en aucun voyage ou commission, par le prince fut ordonné, par commission du duc de Bourgongne, que Guillaume, signeur de Sercy, pour lors bailly de Châlon, seroit juge en ceste partie : car celuy Guillaume fut un escuyer homme de bien, sage, et moult bien renommé : et fut premier escuyer d'escuirie du bon duc dessusdict, comme il est escrit cydessus.

Donques, le vingt-huictiéme jour dessusdict, furent les lices preparees : et fut ce jour Guillaume Rolin, signeur de Beachain, mareschal de la lice; et se présenta le chevalier entrepreneur, comme il avoit en tel cas acoustumé : et d'autre part vint ledict Gerard grandement acompaigné. Il estoit grand, armé, le bacinet en teste, la visiére levee. Il estoit couvert et paré de sa cotte-d'armes, et son cheval semblablement : et faisoit porter devant luy une banniére de ses plaines armes dont il fut aucunement parlé : et disoyent les aucuns que le signeur de Clomo, son pere, ne se tint oncques pour banneret : et autres disoyent qu'il estoyt de Chastillon en Bassois, que l'on dit en Nivernois la premiére banniére. Finalement ledict Gerard fit porter sa banniere sans autre contredit, et se presenta devant le juge, et parla bien-asseurément : et puis se retraït (1) en son pavillon (qui estoit bleu, à mon souvenant), et le conduisoit Philebert de Vaudrey, qui moult l'adrecea pour celuy jour en son affaire.

Cris et ceremonies furent faictes, et les haches baillees, selon l'ordonnance. Si saillirent hors de leurs pavillons : et pource que ledict Gerard estoit averti que ledict messire Jaques combatoit communément en salade, et en haussecol de maille, il se pourveut d'une salade ronde et d'un haussecol de maille, et s'en arma, et marchérent l'un contre l'autre; et marchoit ledict Gerard moult froidement, pource qu'à l'ocasion de sa jeunesse on l'avoit fort-conseillé de non estre chaud : et l'entrepreneur marchoit moult-ordonnément, comme celuy qui estoit duict, acous-

---

(1) *Se retraït :* se retira.

tumé et apris du fier et redouté mestier et passage de camp clos. Si abordérent l'un à l'autre devant le juge, et courut sus l'entrepreneur audict Gerard moult-asprement : et ledict Gerard soustint froidement les premiers coups, et courageusement, et rabatoit les coups, et le chevaleureux assaut de messire Jaques de Lalain, par moult-grande asseureté : et apres avoir le premier assaut soustenu vigoureusement, assaillit son compaignon, et se monstra aspre, puissant et courageux en sa bataille, et furent plusieurs coups donnés et receus d'une part et d'autre : et avint que ledict messire Jaques essaya d'atteindre ledict Gerard du maillet de la hache : mais ledict Gerard, par une demarche de costiére, rabatit le coup, et de ce rabat atteindit l'entrepreneur sur le bord de la salade, du costé dextre : et recheut le coup sur l'espaule du chevalier. Mais rien ne luy greva : et quand le chevalier veit et congnut la froideur et la hardiesse de l'escuyer, il getta la main senestre à la hache de son compaignon, et la tint : et de la main dextre haussa la teste de la sienne (qu'il tenoit pres empoignee), et ferit apres le visage de sa partie. Mais l'escuyer getta la main dextre au-devant, et toutefois fut atteint en la joüe dextre, et non pas de blessure, dont extime deust estre faicte : et en telle maniére recouvra l'entrepreneur par plusieurs fois; mais autre avantage n'y acquit : et en celle bataille fut le batton getté, et les champions departis à grand honneur et los d'un chacun d'eux : et fut ledict Gerard de Rossillon le premier qui onques avoit combatu ledict messire Jaques à visage découvert.

A l'assemblée des armes dessusdictes, furent unes autres armes emprises, par requeste d'une part et d'autre, entre un escuyer de Hainaut (qui acompaignoit messire Jaques de Lalain), nommé Jehan Rasoir, et un escuyer bourgongnon nommé Michau de Certaines; et furent icelles armes acordees d'une part et d'autre : c'estassavoir qu'ils courroyent vingtcinq courses de lance à fers émoulus l'un contre l'autre, ainsi et par la maniére que les chapitres du pas qui lors s'exécutoit contenoyent : et leur fut accordé de faire leurs armes en la lice d'iceluy pas, et de courre à la toile. Ce que le bailly de Chalon differa d'acepter, pource qu'il disoit qu'icelles armes se faisoyent et entreprenoyent hors de la cause du pas de la Fontaine de plours, et que, par le pouvoir et commandement qu'il avoit de son prince, il n'estoit commis juge en cette partie que pour la fourniture du pas dessusdict. Mais messire Jaques luy bailla un pouvoir du duc par lequel il pouvoit accepter d'estre juge d'icelles armes et autres, si elles survenoyent durant le pas dessusdict : et ainsi accepta ledict bailly d'estre juge en icelles armes.

Si leur fut baillé jour le samedy suyvant, et comparurent montés et armés comme en tel cas à nobles hommes appartient : et, à l'entree de la lice, messire Jaques de Lalain prit son escuyer par la bride, et l'emmena présenter au juge : et estoit ledict Jehan Rasoir paré sur son cheval d'une couverture de drap de damas violet : et parla ledict messire Jaques pour ledict Jehan Rasoir, en le présentant moult-honorablement. D'autre part se présenta Michau de Certaines sur un cheval couvert de ses armes :

dont plusieurs gens s'émerveillérent; et sembloit à plusieurs que, consideré que les armes d'un noble homme sont et doyvent estre l'email et la noble marque de son ancienne noblesse, que nullement ne se doit mettre en danger d'estre trébuchee, renversee, abatue ne foulee si-bas qu'à terre, tant que le noble homme le peut détourner ou deffendre : car d'aventurer la riche monstre de ses armes, l'homme aventure plus que son honneur, pource que d'aventurer son honneur ce n'est despense que le sien, et ce où chacun a pouvoir : mais d'aventurer ses armes, c'est mis en aventure la pareure de ses parens et de son lignage, et aventuré à petit prix ce où il ne peut avoir que la quantité de sa part; et en celle maniére est mis en la mercy d'un cheval et d'une beste irraisonnable (qui peut estre portee à terre par une dure atteinte, ou choper à-par soy, ou memarcher) : ce que le plus-preux et plus-seur homme du monde ressongne bien, et doute de porter sur son dos en tel cas.

Ainsi fut présenté Michau de Certaines : et l'acompaignoyent messire Jehan, signeur de Toulongeon (à qui il estoit serviteur, et de son hostel); messire Claude et messire Tristan de Toulongeon, et plusieurs autres nobles hommes bourgongnons : et furent cris et ordonnances faictes, lances ferrees et mesurees, et baillées aux deux escuyers, qui furent chacun à son bout de la toile : et pour deviser des deux personnages, ledict Jehan Rasoir fut un petit personnage gent, vif et de bon courage, et moult-bien à cheval ; et ledict Michau estoit grand et puissant homme, et fort-renommé homme-de-guerre : et n'avoit, à celle heure, guéres moins de cinquante ans.

Cris et cerémonies faictes et passees, les lances leur furent baillees, et coururent, l'un contre l'autre, vingtcinq courses de lance : mais ainsi que les aventures des armes sont journales et aventureuses, ils firent aucunes atteintes, et furent lances rompues et agravees de toutes les deux parties. Mais, à la verité, ledict Michau de Certaines fit plus d'ateintes que son compaignon : et fut ledict Michau blecé en la main dextre, du commencement; mais il se blecea luymesme à son arrest, en couchant sa lance. Et en telle maniére se départirent icelles armes : et le signeur de Toulongeon donna à souper à messire Jaques de Lalain et à plusieurs nobles hommes : et demourérent les deux escuyers bons amis, de là en avant.

En ce temps le duc Charles d'Orleans (celuy dont est escrit cy-dessus que le bon duc Philippe le racheta de la prison des Anglois) faisoit une guerre delà les monts, et avoit conquis la comté d'Ast en Piémont, et mouvoit icelle guerre à l'occasion de la duché de Milan, que le duc Charles d'Orleans disoit à luy apartenir, à cause du duc Philippe Maria, qui estoit nouvellement trépassé, et n'avoit laissé nuls hoirs de son corps : et certes, à ce que j'ay peu sçavoir de ceste matiére, ceste duché de Milan estoit le vray héritage du duc d'Orleans et de ses successeurs. Car le duc Louis d'Orleans, pére du duc Charles, eut à femme madame Agnes de Milan (1), sœur du duc Philippe de Milan, lors trépassé : et fut mére du duc Charles dessusdict : et à ceste cause avoit esté,

(1) *Agnes de Milan* : lisez *Valentine*.

l'esté par-avant, le duc d'Orleans en Bourgongne, où l'on luy fit honneur et grande chére : et luy donna le païs dix mille francs, à la requeste et commandement du duc, son bel oncle : car moult s'entr'aimérent toute leur vie. Outre-plus, à cause que le duc de Bourgongne n'avoit point de guerre, et que le temps estoit oiseux, il soufrit que le duc levast gensd'armes en ses païs de Bourgongne, et qu'ils passassent outre les monts pour le service du duc d'Orleans, en sa conqueste de Milan. Et avint que Louis de Chalon, signeur d'Arguel, aisné fils du prince d'Orange, et lequel avoit espousé la fille du comte d'Estampes, niéce du duc d'Orleans (comme il est cydessus escrit et recité), éleva plusieurs gens-d'armes bourgongnons, et autres, où qu'il en peut finer (1), à grans cousts, frais et missions : car le duc Philippe avoit longuement esté sans guerre ou division, et n'estoyent les nobles hommes nullement pourveus de chevaux ne d'armeures. Si leur faloit donner, et cousta au signeur d'Arguel un grand avoir : laquelle chose son pére, le prince d'Orange, ne prit pas bien en gré ; et quand le signeur d'Arguel vendoit aucune chose, ou aucune des signeuries qui luy venoyent de la succession de sa mére, le prince les rachetoit au nom de luy, ou de deux fils qu'il avoit du second mariage, et de la fille d'Armignac : dont une telle rumeur et tel discord s'emeut entre le pére et le fils, que le pére fit depuis plusieurs traités au prejudice du signeur d'Arguel et de ses hoirs, et au profit des enfans qu'il avoit de celle fille d'Armignac : et dont la maison de Chalon a esté fort enruinee, diminuee,

---

(1) *Finer* : trouver.

rompue et adommagée, comme l'on lira cy-apres.

Ainsi donques passa les monts le signeur d'Arguel, et fit son lieutenant Philebert de Vaudrey (qui desja estoit viel homme); et, pour abreger, à l'occasion que le duc d'Orleans ne peut fournir ne gens ne payement, l'execution fut de petit fruit, et s'en revindrent la plus-part sans chevaux ou harnois, le bolevart en la teste : et, pour cuider attraire le roy de France ou les François en son aide, le duc d'Orleans se tint longuement à Lyon sur le Rosne, et la duchesse aveques luy : et à son retour s'adonna son chemin par Chalon, au mesme temps que le pas se tenoit : et fut grand heur, au chevalier entrepreneur, que celle noblesse vint au lieu, pour veoir et entendre le haut mistére de son emprise : et mesmement si haut et si noble prince, et si belle et vertueuse princesse; et les festeya moult hautement, et mesmes au pavillon devant la Fontaine de plours : et par un samedi que ledict pavillon estoit tendu comme il avoit acoustumé, le duc d'Orleans, la duchesse, et mademoiselle d'Arguel sa niéce (qui pour lors estoit la renommee et le bruit de tout le païs, en cas de beauté, de sens et de vertu), avec grande foison de dames et damoiselles, de chevalerie et de noblesse, virent comment les targes estoyent gardees par le heraut dessusdict; et cuidoit le bon chevalier de Lalain qu'aucuns d'iceux estrangers, François, Italiens, Provençaux ou autres, dont il y avoit plusieurs grans, gorgias (1) et honnestes personnages à la court du duc d'Orleans, deussent avoir pitié de la Dame de plours là figuree, et toucher à aucunes de ses targes.

(1) *Gorgias* : beaux.

Mais rien n'y fut empris, ny ne survint audict pas autre chose pour iceluy mois, ne jusques au mois de septembre que l'an de l'emprise s'expiroit, et lequel mois de septembre fut honnorablement et chevaleureusement executé, comme vous orrez cy-après.

Si ne firent le duc et la duchesse que passer par Bourgongne, en s'en retournant en leur païs : et là vey je la premiére fois monsieur François, fils et heritier du comte d'Estampes (1), neveu du duc d'Orleans, et frére de ladicte damoiselle d'Arguel, jeune prince pauvre et disetteux, mais bel, vertueux, et de grande apparence, et lequel par succession du duc Artus, connestable de France, fut duc de Bretaigne, et moult vertueux prince : comme j'ay intention, à l'aide de Dieu, de déclairer et mettre par escrit.

Le temps et les mois se passèrent (comme dessus est dict) jusques au premier samedi de septembre, dernier mois d'iceluy pas : lequel samedi fut le deuxiéme ou troisiéme jour d'iceluy mois ; et pource qu'il estoit fort-apparent que plusieurs viendroyent toucher les targes de l'emprise, grande noblesse et moult de gens s'assemblèrent à Chalon, et se tirèrent au pavillon tendu.

Le premier qui fit toucher fut Claude de Saincte-Helene, dict Pietois, signeur de Sainct-Bouvot : et fit toucher la blanche targe. Le second fut un chevalier qui se faisoit nommer le Chevalier mécongnu, et fut messire Amé Rabutin, signeur d'Espiry : et la cause pourquoy il se fit ainsi nommer fut pource qu'il avoit en iceluy pas veu faire armes et combatre le

---

(1) *Du comte d'Estampes* : Il s'agit de Richard de Bretagne. (*Voyez* la note de la page 316, tome 9.)

chevalier entrepreneur : et, selon les chapitres, ceux qui voyoyent combatre ou faire armes en iceluy pas ne devoyent ou pouvoyent faire armes apres, à-l'encontre du dict entrepreneur. Si doutoit le chevalier que l'on luy refusast son désir : et ainsi, désirant faire armes, fit toucher, doutant que le mois ne passast : et se nomma par nom mécongnu, afin que s'il estoit refusé en fust moins de nouvelles : et fit unes gracieuses lettres adreceant à messire Jaques de Lalain, entrepreneur, luy confessant qu'il l'avoit veu par aucunes fois combatre en iceluy pas, et qu'il l'avoit veu en si-chevaleureuse contenance, et avec tant d'adréce, de force et de vertu de chevalier, que luy, entrepreneur, garde et deffendeur d'iceluy noble pas, enluminoit et élevoit si-haut la renommee dudict pas, qu'il desiroit, sur tous les biens qu'il pouvoit jamais acquerir, donner confort à la Dame de plours, estre du tresheureux nombre des combatans en ceste emprise, et soy éprouver à l'encontre de luy, que l'on tenoit et réputoit en toutes parts chevalier tout rempli de vaillance, de vertu et de grâce, luy requerant moult-humblement qu'il luy donnast licence de pouvoir exécuter son emprise ; et luy faisoit cette requeste aveques plusieurs beaux et aornés mots, dont le chevalier estoit bien-garni : car ledict signeur d'Espiry fut tenu de son temps l'un des vaillans, sages, plaisans et courtois chevaliers qui fust en Bourgongne, ne que l'on sceust nulle part : et fut l'un des tréze qui gardoyent le pas à l'arbre de Charlemaigne, aveques le signeur de Charny, comme il est escrit en ce premier livre. Pour abreger, le bon chevalier de Lalain fut moult-joyeux, et luy accorda sa requeste : et luy donna pouvoir, de par luy, de donner congé semblable à six autres nobles hommes, s'il en estoit requis.

Apres que le chevalier mécongnu eut fait toucher la blanche targe comme le premier, vint au pavillon Savoye le heraut, vestu de sa cotte-d'armes : et dît à Charolois qu'il estoit là envoyé de par un noble homme qui luy avoit commandé de toucher les trois targes, et qu'il desiroit de sa personne acomplir l'aventure des trois targes, pour le secours de la Dame de plours. Ce qui luy fut accordé : et nomma son maistre, en ceste partie, Jaques d'Avanchies, un moult gentil escuyer de la duché de Savoye. Le quatriéme fut Guillaume Basam, un escuyer bourgongnon, qui fit toucher la targe noire. Le cinqiéme fut Jehan de La Villeneufve, dict Passequoy, escuyer pareillement bourgongnon, homme puissant et addrecé, qui fit toucher la blanche targe. Le sixiéme fut Gaspart de Dourtain, un escuyer de Bourgongne, en celuy temps puissant et redouté à merveilles, qui fit toucher la blanche targe ; et le septiéme fut un escuyer de Bourgongne, nommé Jehan Pietois, grand et puissant, lequel fit pareillement toucher à la blanche targe ; et furent apportés les noms d'iceux sept audict messire Jaques, enregistrés comme ils avoyent premier fait toucher : dont l'exécution fut telle qu'il s'ensuit.

Le premier qui se présenta en iceluy mois pour faire armes fut messire Claude de Saincte-Heléne, dict Pietois, signeur de Sainct Bouvot (lequel avoit le premier touché à la blanche targe, comme il est escrit cy-dessus); et pareillement furent depeschés les autres par ordre, comme les chapitres le contenoyent : et ay souvenance que ce fut par un vendredi que ledict chevalier se présenta devant Toison d'or, qui lors estoit revenu de son voyage : et lequel s'acompaigna du conseil du duc, chevaliers et escuyers, discrets et sages hommes, et clercs, moult notablement. Le signeur de La Queulle accompaigna ledict messire Claude comme son parent, et plusieurs nobles hommes : et se présenta désarmé, en robe longue : puis se retrait en son pavillon. D'autre part se présenta messire Jaques de Lalain comme il avoit acoustumé : et n'est pas à oublier que le juge envoya devers ledict messire Claude Pietois le mareschal de la lice, pour sçavoir le nombre des coups qu'il vouloit demander. A quoy le chevalier respondit qu'il enténdoit qu'ils devoyent combatre de haches, jusques à ce que l'un fust porté par terre, ou desembattonné : et qu'à celle intention avoit il touché la blanche targe. Ce fut raporté au juge et à l'entrepreneur, lequel dît qu'il estoit content : mais le juge dît en effect qu'il n'avoit pouvoir de son prince que de veoir les armes faictes et combatues selon le contenu des chapitres, signés et seelés par messire Jaques de Lalain, qui disoyent que le venant de dehors devoit requerir nombre de coups, et que pour veoir et juger armes en nombre de coups estoit il ordonné juge, et non autrement : et ainsi fut dict audict Pietois. Mais tousjours demouroit en son opinion premiére, dont fut repris de ses parens et amis : et luy dirent que c'estoit arrogance d'emprendre contre les chapitres, et contre ce que les autres n'avoyent pas fait ; et mesmes le juge dît qu'il ne verroit point icelles armes, dont il n'avoit point de commission. Et quand ledict Pietois veit ce, il demanda quarante-et un coup de hache : et ainsi fut ceste matiére accordée.

Les haches présentees et cris faits, saillit ledict Pietois hors de son pavillon, jeune homme moyen, quarré, puissant, et l'un des bons corps qui fust en Bourgongne. Il estoit paré de sa cotte-d'armes, et sa teste armee de salade et de barbutte (1). D'autre part saillit messire Jaques de Lalain, et l'acompaigna, pour ce jour, le signeur de Charny : et ceux qui paravant avoyent fait armes aveques luy y furent presens : et tousjours messire Pietre-Vasque, où il avoit moult grande fiance en conseil et en aide, pour tenir et fournir en sa place, si besoing fust : et marchérent l'un contre l'autre jusques devant le juge. Ledict Pietois marchoit moult-fiérement, et d'arrivee cuida atteindre, du bout d'embas de sa hache, l'entrepreneur au visage : mais il rabatit le coup froidément. Ledict Pietois retira son batton pres de luy, et le rua de toute sa force entre les jambes du dessusdict, en intention (comme il pouvoit sembler) de l'empescher en sa marche, ou de le sourdre ou lever par la fourchee des jambes, à son desavantage. Mais l'entrepreneur mit la main dextre à la hache de son compagnon, et moult-asseurément se deffit de son emprise, et de ce coup rua le bras au col de son compaignon ; et ledict Pietois l'embracea aveques sa hache, par le faux du corps, moult-estroit : et ainsi furent les deux chevaliers l'un à l'autre liés, et tendoit chacun d'eux à faire luite de mortels ennemis.

(1) *De salade et de barbutte* : de heaume et de mentonnière.

Messire Jaques emprit, deux fois, de porter son homme par terre, comme par maniére d'une atrape : mais ledict Pietois soustint longuement la force et adrece de son compaignon, en monstrant courage et aspresse de chevalier de vertu; et quand messire Jaques l'eut tasté et essayé en telle maniére, il aprocha de sa main senestre la dague de sa hache, qu'il tenoit empoignee pres de la teste, en tirant contre le visage de son compaignon, lequel ne le pouvoit détourner où deffaire, s'il n'abandonnoit sa prise, où il ne voyoit point son avantage. Si tourna, pour tous remédes, sa teste par-dessous le bras de messire Jaques, et ainsi le tint à la cornemuse : et quand il se sentit pris à son désavantage, prestement il s'evertua à tout pouvoir pour cuider rompre la prise, et soy deffaire dudict messire Jaques. Mais il tint prise, et le tira, aveques une demarche, par tel pouvoir, que tous deux cheurent l'un aveques l'autre : car onques ledict Pietois n'abandonna sa prise; et fut la cheute des deux chevaliers telle, que ledict Pietois cheut le dos au sablon, et ledict messire Jaques cheut à pattes : et ne demoura sur ledict Pietois, sinon ce du corps dudict messire Jaques, qui ne luy pouvoit échaper à cause de sa prise : et se remit ledict messire Jaques sur son compaignon, en le croisant de sa hache sur l'estommac, sans autre semblant faire; et sur ce getta Toison d'or le batton, et furent par les escoutes pris et levés tous deux ensemble, et le tint tousjours ledict Pietois jusques ils furent en piés : et furent amenés devant le juge; qui les fit toucher ensemble; et de ce avint que ledict messire Jaques luy voulut envoyer le bracelet, comme il estoit contenu :

mais il contremanda qu'il en envoyeroit un autre audict messire Jaques, et qu'il estoit aussi bien cheu de tout le corps que luy. Finalement amis se meslérent d'une part et d'autre, et ne fut plus avant parlé dudict bracelet: et furent depuis grans amis, et acompaigna ledict Pietois messire Jaques jusques au royaume de Naples, pour faire armes aveques luy, si besoing faisoit.

Ainsi se passa celuy vendredy : et le l'endemain, environ dix heures du matin, se présenta l'entrepreneur: et d'autre part se partit messire Amé Rabutin, signeur d'Espiry, celuy chevalier qui se faisoit nommer le Chevalier mécongnu. Et pource que sa maniére de faire me sembla honneste et de bon exemple pour les escoutans, j'ay bien voulu escrire bien au long son cas et son faict : qui fut tel que grande noblesse l'accompaigna pour parens et amis, et fut adextré de messire Anthoine de Montagu, signeur de Conches, et par le signeur de La Queulle (dont cy-dessus mention est faicte), qui estoyent deux grans signeurs en Bourgongne, et bien renommés en toutes choses que chevalier doit estre. Devant le chevalier estoyent deux officiers-d'armes vestus de ses armes, qui le menoyent par la bride : et fut monté sur une haquenee harnachee d'un harnois large, à trois pendans de velours cramoisy : et par-dessus estoit le cheval couvert d'un delié volet, tel que l'on voyoit le cheval et le harnois parmy, et trainoit la couverte jusques à terre : laquelle couverte estoit portee et soustenue par les quatre bouts par quatre jeunes escuyers de douze à treze ans d'aage : dont les deux furent les enfants de Blesey, neveux du signeur de Conches dessusdict : et les autres deux furent fils du signeur d'Espiry; et furent vestus iceux enfans de robes longues de drap de damas blanc, et avoyent chaperons à bourelets d'escarlate, et la cornete verde : et pareillement et semblablement estoit habillé le chevalier, qui seoit sur la blanche haquenee, comme dessus : et ainsi chevaucha jusques en la lice, ayant sa bannerolle de devotion en sa main : et se presenta luy mesme moult-asseurément, et s'en retourna en son pavillon, qui fut à maniére d'une petite tente de satin blanc, paree et aornee comme vous orrez cy-apres.

Le chevalier requit cinquante cinq coups de hache, et furent les battons livrés à Michau de Certaines (qui pour ce jour eut la charge de mareschal de la lice), et furent aportees les haches au signeur d'Espiry, pour choisir le premier, comme c'estoit la coustume : et furent icelles haches ferrees, longues et poisantes, à grandes dagues acerees dessus et dessous, et furent les premieres haches à dagué dessous que l'entrepreneur fist livrer en iceluy pas. Le chevalier, sans grande difficulté ou épreuve, prit la premiére qui luy cheut en la main.

Cris et ceremonies furent faictes : et, les gardes et escoutes ordonnees, saillit messire Jaques, entrepreneur, hors de son pavillon, moult-froidement : et estoit acompaigné de messire Pietre-Vasque dessusdict, ensemble de ceux qui desja avoyent fait armes, et combatu en lices à-l'encontre de luy; et me faut retourner à ce que le signeur d'Espiry fit requerir au juge que ses quatre conseillers peussent demourer en la lice, qui furent les quatre jeunes escuyers dessusdicts. Ce qui luy fut acordé. Si fut le pavillon du chevalier ouvert, qui estoit adossé par dedans d'un riche drap d'or noir qui s'estendoit sur une grande chaize, et faisoit marchepié par tout le pavillon, et jusques dehors, plus de deux aunes. Le chevalier estoit assis sur la chaize, armé de toutes armes, la cotte-d'armes au dos, et avoit une salade à visiére et courte baviére, et tenoit sa bannerolle en sa main, et acheva une oraison qu'il avoit commencee. Il avoit les jambes croisees : et à la verité il ressembloit un Cæsar ou un preux, à son triomphe; et deça et delà de luy estoyent les quatre enfans ses conseilleurs, et non autres. Son oraison achevee, le chevalier se leva, et fit un grand signe de la croix de sa bannerolle, et marcha hors de son pavillon, et puis de-rechef se signa, et bailla sa bannerolle aux deux jeunes escuyers qui l'adextroyent du costé senestre, et luy baillérent ceux du dextre costé sa hache : et fut ceste cerémonie trop-plus-tost et mieux faicte qu'elle n'est escrite : et le bon chevalier de Lalain le regardoit devant son pavillon, armé comme il avoit de coustume, la hache au poing, et attendoit qu'il le vist en estat de marcher : et sembloit bien, à veoir le personnage, qu'il estoit chevalier fort-asseuré et deliberé en son affaire.

Ainsi marchérent les deux chevaliers l'un contre l'autre : et quand le signeur d'Espiry eut marché environ six pas, il s'arresta, et prit la visiére de sa salade de sa main dextre, et l'arracha hors de la salade, et la getta loing de luy en arriere, et demoura le visage moult-fort découvert : et ce fit il pource qu'il estoit homme de courte veuë, et la vouloit desempescher. Si s'assemblérent les chevaliers vigoureusement l'un à l'autre, et chaudiérent fort leur bataille de chacune part, et queroyent asprement les chevaliers apres les visages, du bout d'embas: et rabatirent et soustindrent plusieurs coups à leurs haches, et furent atteints et touchés l'un et l'autre: et finalement achevérent chevaleureusement les armes devisees et nommées de cinquante cinq coups: et furent pris par les escoutes, et tous deux saisis de leurs battons, et combatant et assaillant l'un l'autre: et certes les deux chevaliers estoyent si-récommandés et aimés, que les amis, bienveuillans et serviteurs de chacun d'eux desiroyent la bataille achevee, sans la foule ou déplaisir de l'un des deux, comme il avint : et ainsi furent amenés devant le juge, et de là se partirent fréres et bons amis.

En ce temps et en celle semaine revint du voyage de Jerusalem, et de là retourna par Romme pour gaigner le sainct pardon, messire Jehan, signeur de Crequi, un moult-noble et vertueux chevalier, et duquel cy-devant avons parlé au présent livre de mes Memoires. Cestuy signeur de Crequi fut oncle dudict messire Jaques de Lalain, et frére de sa mére: et combien qu'il eust esté un an ou plus en son voyage, à grans fraiz et missions (car il estoit fort-acompaigné de chevaliers et de nobles hommes), toutesfois, pour l'amour qu'il avoit à sondict neveu, il arresta au lieu de Chalon, et en fut sondict neveu moult-noblement acompaigné : combien qu'à la vérité, par la vertu congnue audict messire Jaques, la noblesse de Bourgongne s'adonna tellement à l'aimer, que certes les derniers Bourgongnons qui firent armés à luy ne trouvoyent qui les acompaignast contre ledict messire Jaques, si non les si-prochains amis qu'ils ne les pouvoyent par honneur abandonner. A cause de la venue dudict signeur de Crequi, ledict messire Jaques chaudoya les armes emprises en celuy mois, tellement qu'il fit neuf fois armes en quatorze jours, et telle fois deux fois armes en un jour, comme vous orrez cy-apres.

Au lundi suyvant comparut Jaques d'Avanchies, l'escuyer de Savoye qui avoit fait toucher les trois targes, comme dessus est dict : et ce, pour faire les armes à pié, selon les conditions de la blanche targe ; et se présenta ledict escuyer en une robe longue, et puis se retraït en son pavillon : et apres la presentation du chevalier entrepreneur, l'escuyer requit dixsept coups de hache. Si furent les haches présentees : et, cris et ceremonies exécutees, saillit l'escuyer de son pavillon, la cotte-d'armes au dos : et de sa teste il fut armé d'une salade à visiére, et avoit le col couvert et armé d'un gorgerin de mailles seulement, et avoit le visage tout découvert : et quant à messire Jaques de Lalain, il estoit armé à la maniére acoustumee, réservé qu'il n'avoit point de gantelet en sa dextre main ; et au regard des haches que fit présenter l'entrepreneur, elles furent fortes, et pointuees dessus et dessous : et depuis les armes precedentes de luy et du signeur d'Espiry, il fit tousjours présenter haches à dague dessous. Ce qu'il n'avoit pas fait devant, comme dict est.

Ainsi marchérent les deux champions, les haches empoignees, l'un contre l'autre : et l'escuyer (qui fut homme menu, et petit personnage) assembla courageusement, et du premier coup ferit du maillet de la hache apres la main senestre de son compaignon

Mais le chevalier le rabatit froidement: et du second coup l'escuyer recouvra du haut des bras, pour cuider plus haut atteindre: et le chevalier rabatit de la quëue de la hache de plus-grande force: tellement qu'il fit tourner l'escuyer ainsi qu'à demy, et de ce coup le chevalier recouvra de la dague de dessous, et l'atteindit au fort du gorgerin, tellement qu'il fit démarcher l'escuyer plus de deux pas loing de luy : et quand l'escuyer (qui fut aspre et asseuré) se vit au danger du batton du chevalier, et congnut que, tant qu'il estoit plus loing, moins luy estoit le faix du batton soustenable, il s'aventura, et marcha, la hache au poing, jusques à messire Jaques, et de la main droite prit la hache du chevalier, et prestement recouvra de la senestre main, et abandonna la sienne pour tenir plus fort celle de son compaignon: et me souvient que la hache dudict escuyer demoura appuyee contre messire Jaques. Mais le chevalier démarcha deux ou trois grands pas, en tirant apres luy, de toute sa force, l'escuyer qui tenoit sa hache : et par celle démarche cheut la hache de l'escuyer au sablon. Mais l'escuyer ne perdit point sa prise : et quand le juge vit l'escuyer desembattonné, il getta le batton, et furent pris, estant Jaques d'Avanchies dessaisi de sa hache, et tenant et empeschant à deux mains celle de messire Jaques: et estoye si pres, que j'ouy que ledict messire Jaques dît, apres qu'ils furent pris : « Laissez aller ma hache, car vous ne la pouvez « avoir. » Et lors la laissa aller, et vindrent devant le juge: et pour celle fois ne touchérent point l'un à l'autre, pource qu'encores n'estoyent pas faites les armes emprises par ledict d'Avanchies, touchant les targes violette et noire, ausquelles ledict d'Avanchies avoit fait toucher.

Le mercredi ensuyvant, comparurent, environ huict heures du matin, et se présentérent pour la seconde fois, messire Jaques de Lalain, entrepreneur, d'une part; et de l'autre part, Jaques d'Avanchies dessusdict: et se présenta ledict messire Jaques devant le juge vestu d'une robe longue de drap d'or cramoisi, fourree de martres, en aprochant la pareure et la couleur de la targe violette touchee par ledict Jaques: et se presenta l'escuyer en longue robe, et se retraït en son pavillon: et tantost se tira le mareschal de la lice, pour avoir les espees à faire les armes, en signifiant à l'entrepreneur que l'escuyer avoit requis onze coups d'espee ferus, marchés et démarchés de trois pas, selon le contenu des chapitres. Lesdictes espees baillees et présentees à l'escuyer, il choisit à son plaisir.

Cris et ceremonies faictes, ils saillirent de leurs pavillons : et parleray premier de Jaques d'Avanchies, lequel saillit hors de son pavillon, armé de toutes armes, la cotte-d'armes au dos, et l'espee (que l'on dit estoc d'armes) empoignee: et tenoit la main senestre renversee, et couverte de la rondelle de l'estoc; et estoit armé, de la teste, d'un armet à la façon d'Italie, armé de sa grande baviére. D'autre part saillit l'entrepreneur de son pavillon, qui fut à maniére d'une petite tente: et fut de soye vermeille, semee de larmes bleues. Il estoit armé de toutes armes: et dessus son harnois avoit un palletot à manches de soye vermeille, couvert de larmes, comme dessus: et ainsi continuoit ses pareures, à la sorte et selon qu'il avoit à besongner, par les conditions des targes de son emprise : et de son chef il estoit armé d'un bacinet à une grande visiére, laquelle il avoit close : et fut la premiére et seule fois que ledict messire Jaques combatit onques le visage couvert. Mais les armes de l'estoc, ferus sans rabat, desiroyent seureté de harnois : comme chacun qui congnoist le noble mestier d'armes le peut legérement entendre.

Quand ledict messire Jaques eut empoigné l'estoc, si me sembla l'un des beaux et fiers hommes-d'armes qu'onques je veisse, et plus-beau, sans comparaison, que jamais ne l'avoye veu. Si marchérent l'un contre l'autre : et quand Jaques d'Avanchies aprocha, ainsi qu'à six pas de son compaignon, il s'arresta, et s'afferma en sa marche dedans le sablon, le pié senestre devant, et la pointe de l'estoc tournee devers son compaignon : et monstroit bien qu'il vouloit soustenir et porter sagement son faix, et le pouvoir du chevalier; et messire Jaques marcha baudement, et celuy coup atteindit l'escuyer, entre l'espaule senestre et le bord de la baviére de l'armet, un moult-grand coup : et l'escuyer atteindit messire Jaques sur le flanc senestre. Si se mirent les escoutes ordonnees entre deux : et furent reculés trois pas, comme il estoit dict par les chapitres, et pour la seconde fois marcha ledict messire Jaques sur son compaignon : mais l'escuyer s'afferma en sa marche comme devant, et mit la pointe de l'estoc au devant du coup : et le chevalier, marchant pour la seconde fois, atteindit assez pres de la premiére atteinte tresdurement : mais l'escuyer soustint froidement et sagement, n'onques n'en démarcha. Le chevalier (qui moult estoit asseuré en ses affaires) ne fit autre poursuite : mais de luy mesme

démarcha les pas ordonnés, et revint pour la tierce
fois : et, pour abreger mon recit, tant continua le
chevalier sa poursuite et les demarches ordonnees,
que les onze coups d'espee furent ferus par le chevalier, et soustenus par l'escuyer, par la premiére forme
qui dicte est, sans ce que l'escuyer fust demarché de sa
premiére place prise : et ainsi les fit le juge départir,
et se retraït chacun en son pavillon : et s'en alérent
les champions desarmer et réarmer de nouveau, pour
faire les armes de cheval par eux emprises, et dont
jour leur estoit assigné ce lundy, comme dict est : et
tandis qu'ils se préparoyent, plusieurs alérent disner
(car il en estoit grand temps), et assez tost furent
les chevalier et escuyer montés et armés : et se présenta Jaques d'Avanchies le premier devant le juge,
et avoit son cheval couvert de ses armes.

D'autre part se présenta le chevalier entrepreneur, son
cheval couvert de velours noir, semé de larmes bleues :
et fit prestement tendre la tente noire semee de larmes
bleues, en continuant ses premiéres pareures et ordonnances : et fut ledict Toison d'or en ceste partie
juge pour tous les deux, qui se présentoyent pour la
tierce fois devant luy pour acomplir l'un à l'encontre
de l'autre les armes emprises, requises et touchees es
trois targes par ledict d'Avanchies : et apres prirent
chacun son bout de la lice. Cris et ceremonies furent
faicts, et lances leur furent baillees : et de la premiére
course ne firent point d'atteinte. A la seconde firent
une rude croisee. A la tierce, messire Jaques de Lalain rompit sa lance sur le grand garde-bras de son
compaignon. A la quatriéme, firent tous deux atteinte, et agravérent les fers de leurs lances. A la

cinquiéme, ne se trouvérent point. A la sixiéme, l'ecuyer rompit sa lance par la poignée, et atteindit au placart du chevalier. A la septiéme, fit le chevalier atteinte, et l'autre non. A la huictiéme, faillirent tous deux. A la neufiéme et derniére course d'icelles armes, le chevalier atteindit sur le bord de la croisee de l'armet de l'escuyer : et fut l'atteinte si grande que ladicte coiffe fut enfoncee jusques à la teste : et si le coup fust descendu aussi bien qu'il monta, certainement l'escuyer eust eu la teste faussee : mais la pointe glissa en amont, et ne fut point l'escuyer blecé : mais il fut tellement endommagé de son armet qu'il fut conseillé de soy deporter de plus-avant poursuyvre, ne parfaire icelles armes; et combien que les vingt cinq courses ne fussent achevees, toutesfois le juge tint les armes pour acomplies, au contentement de tous les deux, et furent amenés et presentés au juge; et lors toucherent ensemble (pource que leur emprise estoit achevee), et se retira chacun comme il estoit venu.

Le vendredi suyvant, comparut de rechef l'entrepreneur devant le juge, pour la sixiéme fois d'iceluy mois : et d'autre part comparut un escuyer de Bourgongne, nommé Guillaume Bassam, lequel avoit fait toucher la targe noire (comme cy-dessus est declaré) au premier samedy du mois present : et me semble que ledict Bassam estoit paré sur son cheval d'une couverte de ses armes; et d'autre part saillit l'entrepreneur de la noire tente, son cheval couvert de mesme, en continuant ses parcures, et sa premiére maniére de faire. Cris et ceremonies faictes et passees, lances leur furent baillees. Si laissérent le che-

valier et l'escuyer courre l'un contre l'autre, et de
celle premiére course firent tous deux tresbelle atteinte, sans toutesfois rompre lance ne desarmer l'un
l'autre : et depuis coururent quatre courses d'une
suite, sans eux rencontrer. A la sixieme course, messire Jaques rompit sa lance d'une atteinte, entre les
quatre points, sur son compaignon. A la septiéme,
l'escuyer agreva le fer de sa lance plus d'un doigt. A
la huictiéme, neufiéme et dixiéme, n'atteindirent
point. A l'onziéme, firent tous deux une rude croisee, sans atteinte. A la douziéme, l'entrepreneur
rompit sa lance par la poignée. A la treziéme, quatorziéme et quinziéme, n'atteindirent point. A la
seiziéme, fit l'escuyer une atteinte, dont il désarma
l'entrepreneur du petit gardebras : mais il fut prés-
tement réarmé. A la dixseptiéme course, ne se trouvérent point. A la dixhuitiéme course, messire Jaques
de Lalain atteindit l'escuyer sur le placart au senestre costé, et la lance fut bonne et forte, et le fer
(qui fut fin et aceré) prit audict placart, et de celuy
coup fut ledict placart faussé tout outre jusques à la
cuirace : et certes si la lance ne fust de celuy coup
rompue, je fay doute que l'escuyer n'eust esté endommagé de sa personne, et que la cuirace n'eust peu
soustenir l'atteinte dont le placart (qui estoit le plus
fort et plus espés) estoit desja percé et faucé; et ainsi
fut icelle dixhuictiéme course passée, et vouloyent
les amis de l'escuyer qu'il ne courust plus, doutans
que la lance ne rencontrast de-rechef en iceluy lieu.
Mais ledict escuyer, comme homme d'honneur et de
courage, dît qu'il achéveroit à l'aide de Dieu : et re-
commencérent la dixneufiéme, vingtiéme et vingt-

unième, et ne se trouverent point. A la vingdeuxième atteindirent tous deux : et, du surplus, parachevérent vingtcinq courses de lances, sans autre chose faire : et ainsi furent icelles armes achevees, et plus n'y eut course de lance pour celuy pas : et furent amenés devant Toison d'or leur juge, et touchérent ensemble, et s'en retourna chacun à son plaisir.

Le l'endemain comparut l'entrepreneur devant le juge, et d'autre part un escuyer de la comté de Bourgongne, nommé Jehan de Villeneuve, dict Passequoy, un bon corps, grand et puissant de sa personne : et fut acompaigné du signeur de Champdivers, et de plusieurs nobles hommes du païs. Si se retrait en son pavillon, pour soy armer : et le mareschal de la lice fit porter les haches à l'escuyer, pour choisir : et, en raportant l'autre à l'entrepreneur, l'avertit que son compaignon avoit requis soixante et un coup de hache. Cris et cérémonies faictes et passees, issirent les champions de leurs pavillons : et me souvient que l'entrepreneur estoit armé et paré, comme aux autres fois qu'il combatit de la hache en celuy pas, reservé qu'il n'estoit point armé de la jambe ne de la cuisse droite : et me fut dict depuis qu'il le faisoit pour estre plus à son delivre, si son compaignon le joindoit au corps. Quant à l'escuyer, il estoit armé de sa cotted'armes vestue : et de son chef estoit armé d'une salade de guerre, et d'un haussecol de maille : et marchérent l'un contre l'autre moult asseurement; et à l'aprocher de dix ou douze pas, messire Jaques hasta sa marche, et courut sus à l'escuyer, et contendit de luy bailler du bout d'embas au visage : mais l'escuyer rabatit le coup moult froidement, et le chevalier voulut de rechef recouvrer. Ce que l'escuyer rabatit, et de ce coup cuida donner l'escuyer, sur le bras senestre de son compaignon, du maillet de sa hache : mais le chevalier rabattit le coup, et getta le bout d'embas de sa hache, et de la dague atteindit l'escuyer au camail du haussecol, et le recula loing de luy. Puis r'assemblérent ensemble vigoureusement, et de grande aspresse : et, à ce rassembler, atteindit le chevalier ledict Passequoy sur la cotte-d'armes de la dague d'embas, et l'escuyer soustenoit asprement, et assailioit, quand il voyoit son avantage : et tant poursuyvirent leur bataille que les soixante et un coups de haches furent acomplis : et lors getta le juge son batton, et furent pris en combatant de leurs battons, et furent amenés devant le juge, et touchérent ensemble.

Le lundy suyvant comparut l'entrepreneur, pour la huictiéme fois d'iceluy mois : et d'autre part comparut Gaspart de Dourtain, un escuyer de la comté de Bourgongne, homme puissant et renommé : et apres que tous deux furent armés en leurs pavillons, et que le mareschal eut les haches livrées, il annonça à l'entrepreneur que l'escuyer avoit requis septante cinq coups de hache. Cris et ceremonies furent faicts. Si s'assemblerent les champions, les haches empoignees : et me souvient que messire Jaques de Lalain estoit armé à la maniére accoustumee, excepté qu'il n'avoit point de gréve (1) à la jambe droite : et l'escuyer estoit armé, la cotte-d'armes au dos, le bacinet en la teste, et la visiére close. Si se rencontrérent devant le juge, et commença la bataille entre eux,

---

(1) *Gréve* : bottine de fer.

forte et dure : et requeroit chacun son compaignon, en signe de mortels ennemis : et avint que messire Jaques de Lalain getta plusieurs coups mortels après la visiére de l'escuyer, contendant de l'enferrer de la dague de dessous : mais l'escuyer (qui moult estoit puissant) rabatoit, et se deffendoit de l'emprise de son compaignon, et d'un rabat rompit la dague de la hache dudict messire Jaques : et quand l'escuyer s'aperçeut que le batton du chevalier estoit empiré, assaillit moult vigoureusement : et messire Jaques (qui moult fut asseuré en tous ses faicts) marcha plus-pres de son compaignon, et rabatoit l'assaut de l'escuyer de si-pres, qu'il l'empeschoit de faire atteinte ne de l'un des bouts ne de l'autre : et, apres plusieurs rabats, messire Jaques getta le bout rompu, et fit atteinte au col du bassinet de l'escuyer. Mais rien n'en démarcha ledict escuyer : mais continua la bataille entre eux deux forte et dure, et tournoyérent parmy la lice, chacun gardant sa place, et l'avantage du souleil : et ne sauroye diré ne juger que l'un gaignast sur l'autre un pié de la lice : et finalement, apres avoir longuement combatu, messire Jaques de Lalain getta la main droite à la hache de l'escuyer, et la prit par le manche, entre la main senestre et le bout d'embas : et prestement getta le juge son batton, et furent pris les champions, et amenés devant le juge : et parla messire Jaques moult-asseurément, en soy offrant de paracheyer, si faute y avoit : et pareillement fut levee la visiere de l'escuyer, et fut trouvé aussi frais que quand elle luy fut close, et parla promptement devant le juge en grande asseurance : et voyoit on bien, à son parler, que l'aleine ne luy estoit guéres endommagée. Si touchérent ensemble, et depuis furent bons amis : et se trouva depuis ledict Gaspart avequés ledict messire Jaques, en la guerre de Flandres : dont ledict messire Jaques se loua fort dudict Gaspart, comme nous lirons cy-apres ; et tant en dy à l'honneur de l'escuyer, que messire Jaques de Lalain me dît par plusieurs fois qu'il avoit trouvé et senti Gaspart de Dourtain homme à redouter sur tous ceux qu'il avoit onques combatu.

Le mecredy suyvant (qui fut le quatorziéme jour de septembre) se présenta messire Jaques de Lalain, pour la neufiéme fois d'iceluy mois : et fut la derniére dudict mois et d'iceluy pas : et n'ay pas souvenance que ledict messire Jaques fist onquepuis armes en champ clos. D'autre part se présenta un escuyer de la duché de Bourgongne, nommé Jehan Pientois, et s'armérent tous deux en leurs pavillons : et furent les haches présentees, pource que l'escuyer avoit fait toucher à la blanche targe, et avoit requis cinquante deux coups de hache. Cris et cerémonies faictes, saillit l'entrepreneur de son pavillon, armé et paré des couleurs de la targe touchee, comme il avoit acoustumé : et n'avoit ledict entrepreneur la jambe droite de rien armee. D'autre part saillit ledict Jehan Pientois, armé comme en tel cas appartient, la cotte-d'armes au dos, et son chef armé d'une salade et d'un haussecol de maille, assez semblablement que l'entrepreneur ; et certes l'escuyer marcha en moult-belle ordonnance, et furent les champions assez semblables de grandeur, et fiérement s'assemblérent de venue : et cuida l'escuyer ferir le chevalier de la pointe d'embas de la hache. Mais le chevalier rabatit le coup, et de celle venue contendit de ferir l'escuyer; mais il démarcha, et rabatit le coup : et ainsi se poursuyvirent l'un l'autre par plusieurs coups donnés et ferus d'un costé et d'autre : et se chaudioyent moult-fort et moult-fiérement, et de toute leur force. Environ les trente coups de haches, messire Jaques de Lalain abandonna son batton, et prit celui de son compaignon, et le tint si-fort que l'escuyer ne peut plus s'en aider : et messire Jaques tenoit en sa main dextre sa hache empoignée pres du maillet, et ferit par plusieurs coups, de la dague de dessus, apres le visage de son compaignon : et l'escuyer rabatit plusieurs coups de son poing dextre, dont il avoit clos le gantelet : et rabatoit (comme dict est) l'assaut du chevalier moult-vigoureusement : et feroit l'escuyer, le gantelet clos, de toute sa force, apres le visage du chevalier : lequel à chacune fois rabatoit le coup du costé et du bras, dont il tenoit la hache de son compaignon : et tant continua leur bataille en ceste maniére, que l'escuyer fut blecé à sang, de la pointe de la hache, au visage : et, apres avoir treslonguement combatu, furent pris et departis par les escoutes; et messire Jaques dît à l'escuyer : « Ce n'est pas honneste bataille de combatre du poing, « comme les femmes. » Aquoy l'escuyer respondit : « Si vous n'eussiez pris ma hache, je vous eusse com- « batu de mon batton : et sont les mains faictes à « l'homme pour assaillir et pour deffendre. » Et à tant furent les parolles rompues, et vindrent devant le juge : et parla messire Jaques de Lalain; à sa presentation, moult-notablement, disant qu'il se présentoit pour la derniére fois, ayant, à l'aide de Dieu, achevé son emprise, et acompli, soy offrant d'en faire plus-avant, s'il sembloit que faire le deust; merciant le juge, sa bonne assistance, et son jugement : et pource qu'avoit iceluy mois de septembre encores à durer quinze ou seize jours, et ne sçavoit si nuls ne voudroyent encores venir au secours de la Dame de plours, il demoureroit tout celuy mois en la vile, luy priant que pareillement le voulsist faire. Ce que le juge luy acorda. Pareillement se présenta l'escuyer de sa part. Si s'embracérent, et s'en ala l'escuyer tout armé à Nostre-Dame des Carmes; et messire Jaques s'en ala désarmer en son pavillon : et de là envoya à Toison d'or (qui avoit esté son juge) une longue robe de drap d'or, fourrée de bonnes martres soubelines, pour récompenser son travail : et s'en retourna ledict messire Jaques comme il avoit acoustumé.

Le dimenche suyvant, fit ledict messire Jaques de Lalain un grand souper, en maniére de banquet, au palais de l'evesque : et là eut grand'noblesse et chevalerie assemblee, grande foison de vins et viandes, et moult de divers et riches metz : et me souvient d'un gracieux entremetz qui fut au milieu de la grand table, qui fut à maniére d'une lice close : et de l'un des costés estoyent, en front et en rang, la réprésentation de ceux qui avoyent combatu à l'encontre de l'entrepreneur en celuy pas, montés et parés comme ils estoyent venus chacun à sa bataille : et devant eux estoit la représentation de l'entrepreneur, armé et paré, la hache au poing; comme plus-souvent il avoit combatu : et avoit devant ses piés un petit couplet d'escripture, qui disoit en substance comme il mercioit à ses compaignons l'honneur que chacun luy avoit fait : et leur faisoit offre de les servir, comme ses fréres et amis, tant qu'il vivroit, de corps et de biens. Grandement fut le souper servi ; et apres tables levees et grâces dictes, furent les prix donnés par le rapport de messire Jaques, entrepreneur : et premier fut donnee la hache d'or à Gerard de Rossillon, pour avoir feru le plus-haut coup de sa hache sur ledict messire Jaques : et fut pour un coup d'un rabat de la queüe, par lequel ledict Gerard atteindit ledict messire Jaques sur le bord de la sallade : et recheut le coup sur l'espaule senestre, comme plus-à-plain est escrit au récit d'icelles armes. Pour le prix des armes de l'espee, il fut donné à Jaques d'Avanchies : et pour iceluy prix donner ne fut faicte aucune enqueste à l'entrepreneur, pource que luy seul avoit combatu d'espee à celuy pas. Au regard du prix des courses de lance, il fut donné à messire Jehan de Bonniface, lequel certes avoit moult bien couru et atteint, comme il est cy-dessus declairé. A celuy soir fit ledict messire Jaques l'acord de Tristan de Toulongeon et de Gerard de Rossillon, qui pour un vert debat, par jeunesse, s'estoyent combatus : et estoit ledict messire Jaques tant aimé et prisé de chacun, que jamais son conseil n'eust esté refusé.

Ainsi fut le banquet achevé, et le mistere d'iceluy pas : et le dernier jour que le pavillon fut tendu, et que l'heure de midi fut passee, que l'on avoit acoustumé de destendre ledict pavillon, tous les nobles hommes et serviteurs de l'hostel de messire Jaques vindrent acompaigner les officiers-d'armes qui devoyent les misteres raporter, pour la derniere fois, à cottes-d'armes vestues, et le plus honnorablement que faire se pouvoit : et premier venoit Leal, le poursuyvant dudict messire Jaques de Lalain, qui portoit la licorne, la fontaine et les trois targes; et apres venoit Toulongeon le heraut, qui portoit la Dame de plours; et apres venoit Charolois le heraut, qui portoit la représentation de la glorieuse vierge Marie, dont ledict pavillon avoit esté paré et gardé toute l'année : et en tel ordre vindrent à l'hostel de l'entrepreneur, qui attendoit, aveques aucuns de ses amis, la fin de son emprise : et laissa passer pardevant luy la licorne, et puis devant la Dame de plours se deffula, et devant la vierge Marie s'agenouilla terre à terre, et la baisa aux piés moult-devotement : et depuis furent portés iceux misteres à Nostre-Dame de Boulongne, où l'on les peut encores voir et trouver en l'eglise, sur l'oratoire du duc de Bourgongne.

Tantost apres, le signeur de Crequi s'en retourna en Picardie, où il n'avoit esté de longue espace à l'occasion de son voyage, comme il est escrit ci-dessus; et messire Jaques, son neveu, demoura audict lieu de Chalon, où les signeurs du païs, et voisins, le festeyérent grandement à leur pouvoir. Car (comme il est dict dessus) par sa vertu, douceur et courtoisie, et aussi par les biens et asseurance qu'ils véirent en l'execution d'iceluy pas monstré par ledict messire Jaques, tant l'aimoyent et l'honnoroyent que plus l'on ne pourroit : et devez croire que les dames du païs faisoyent de gracieuses devises à la louenge de luy, et l'appeloyent le bon chevalier, et le nommoyent pour un nouvel Pontus, en vertus, vaillance et renommee. Ainsi faisoit parler de luy messire Jaques de Lalain, et élevoit sa renommee si hautement que nul plus de son temps : et quand le mois de septembre fut passé, ledict messire Jaques s'en ala à Romme, et de là à Naples, moult-notablement acompaigné : et porta par les Italies et en Naples son emprise, qu'il avoit emprise à porter par la plus-part des royaumes chrestiens. Mais nul ne toucha à son emprise, combien qu'à la court du roy de Naples l'on y vouloit toucher ; mais le roy Alphonse (qui pour lors estoit roy d'Arragon et de Naples) ne le voulut souffrir, pour l'amour qu'il avoit au duc Philippe de Bourgongne, à qui il estoit frere-d'armes. Audict lieu de Naples trouva ledict messire Jaques le duc Jehan de Cléves, neveu du duc de Bourgongne, celuy qui avoit nourri ledict messire Jaques : lequel duc de Cléves revenoit de Jerusalem, où il avoit esté faict chevalier ; et plusieurs autres signeurs de ses païs. Et devez sçavoir que le roy d'Arragon le festeya et receut moult-honnorablement, tant pour l'amour qu'il avoit à la maison de Bourgongne, comme pour l'honneur de la personne dudict duc de Cléves, qui fut de soy un des beaux, des sages et des bien-adrecés princes de son temps : et le roy Alphonse dessusdict fut large prince, honnorable, et abandonné : et de là se partit le duc de Cléves, et aveques luy messire Jaques de Lalain : et s'en retournérent devers le duc de Bourgongne, qui pour lors se tenoit au païs de Brabant : et furent bienviengués et bien receus ; et à tant se tait mon memoire du pas de la Dame de plours.

CHAPITRE XXII.

Comment le duc de Bourgongne fit sa feste de la Toison à Mons en Hainaut; comment les Gandois se firent ennemis d'iceluy leur signeur; et comment le comte de Charolois fit ses premiéres joustes.

Ainsi se passa l'an 1450, et entrasmes en l'an 51, que le duc de Bourgongne tint sa feste de la Toison à Mons en Hainaut, moult-haute et moult-solennelle. Là fut en personne le duc d'Orleans, chevalier dudict ordre, et moult d'autres comtes, barons et chevaliers : et, la feste tenue, fut tenu le chapitre de l'election, et fut donné le colier au duc de Cléves dessusdict, et à messire Jaques de Lalain, au signeur de Launoy, et à autres grans personnages.

Au partir d'icelle feste furent envoyés en ambassade messire Jehan de Crouy et messire Jaques de Lalain, devers le roy d'Arragon dessusdict, et à leur retour devers le roy de France : et ce, pour aviser aucun bon moyen pour la défense de la foy chrestienne. Car l'on estoit averti que le Grand Turq se préparoit à grande puissance pour entreprendre contre les signeuries de l'empereur de Constantinoble, qui pour lors estoit terre chrestienne, et dont la cité de Constantinoble estoit l'une des élevees en renommee de pouvoir, beauté et richesse, de tout le monde. Cestuy Turq (¹) fut le propre fils de Lamo-

---

(¹) *Cestuy Turq* : Mahomet II, fils d'Amurat II.

rault Bays, qui déconfit le duc Jehan de Bourgongne en Hongrie, jeune prince, vertueux en sa loy, et de haute entreprise.

Le bon duc Philippe (qui tousjours avoit, à son pouvoir, labouré pour la deffense de la foy chrestienne, et tousjours vouloit continuer) envoyoit ses chevaliers et ambassadeurs là où il cuidoit profiter d'aide pour cette matiére. Mais tous les autres princes furent si négligens, ou par voulonté divine ou par leur mesme coulpe, que rien ne fut en ce pourveu : dont il advint que ladicte cité fut prise et destruite, l'Empereur mort, et sa noble géneration imperiale faillie et esteinte, et le pouvoir des Infidelles acreu et augmenté, et la foy chrestienne foulee, grevee et amoindrie, comme cy-apres sera veu et leu.

Celle saison, le duc de Bourgongne se partit de son païs de Brabant, et ala en la duché de Luxembourg, pour renouveler les hommages et les fidélités de ceux de Luxembourg, dont le duc estoit nouvellement signeur et gagé. Car la duchesse estoit trépassée : et combien qu'ils fussent en la main du duc de Bourgongne (qui les tenoit en bonne justice), et que les voisins haussaires (1), rustres et pillars, cessassent leurs courses et leurs pilleries, de longue main acoustumees en iceluy païs, toutesfois les aucuns et aucunes viles avoyent au cœur le duc de Zassés et les Zassons : et estoit bien-averti le duc que ceux de Tionville n'avoyent nulle bonne voulonté envers luy : et pource ala le duc à Luxembourg, et renouvela leurs sermens, et tousjours leur laissa Cornille son fils bastard, qui les gouvernoit et tenoit en moulte

---

(1) *Haussaires :* arrogans.

bonne justice, et les gardoit et garantissoit de toutes foulles de voisins. Et envoya le duc en Bourgongne, vers messire Claude et Tristan de Toulongeon, fréres: lesquels luy amenérent cent lances de Bourgongne; et le duc emmena le comte d'Estampes, pour lors gouverneur de Picardie; Anthoine, bastard de Bourgongne; le signeur de Saveuses, le signeur d'Emeries, et autres, qui emmenérent environ mille archers de Picardie: et ala le duc en armes, et toute sa maison: et la duchesse et le comte de Charolois demourérent à Brucelles, attendant la venue du duc, qui demoura environ trois mois: et pendant ce temps la comtesse de Boucquan, fille du roy d'Escoce, acoucha d'un fils à La Vére en Zeelande: et ala le comte de Charolois lever l'enfant, et eut dur et merveilleux temps en la mer. Mais il estoit à son desir: car il aimoit et desiroit les batteaux et la mer, et ne luy sembloit nul vent ne nulle fortune dangereuse: et se congnoissoit, de son propre art naturel, au gouvernement des batteaux. Et ainsi se passa le temps jusques au retour du bon duc son pére.

En celuy temps faisoit le roy Charles la guerre en Normandie, laquelle guerre le Roy chaudoya moult-fort et moult-asprement, par grand sens et par grand hardement: et avoit le Roy françois trouvé maniére, et de longue-main, de mettre debat en Angleterre, à cause du gouvernement entre le duc d'Yorch et le duc de Sommerset, pource que le roy Henry d'Angleterre, fils du vaillant et sage roy Henry dont cy-dessus est faicte mention, estoit un simple personnage, et plus adonné à Dieu et à devotion, qu'à deffendre et croistre son royaume et sa signeurie:

et gouvernoit la royne Marguerite, sa femme, toute Angleterre : laquelle, à la vérité, fut une femme sachant, et de grand esprit. Ceste royne fut fille du roy de Cecile, et de la maison d'Anjou, comme cy-dessus est faicte mention. Par celle dissension les Anglois perdirent ce qu'ils avoyent en France, tant en Normandie comme en Guienne, en peu de temps : et furent déconfits à Fourmigny par monsieur Artus de Bretaigne, comte de Richemont, connestable de France ; et par monsieur Louis de Clermont, fils aisné du duc de Bourbon. Par celle division (qui par trop dura et continua en Angleterre) telle malheurté et fortune cheut sur Angleterre, qu'eux mesmes firent mourir tout le noble sang, toute leur noblesse, et mesmes leur Roy et souverain signeur : et mirent la couronne hors de la lignée de Lanclastre, et firent roy en la maison de la lignee d'Yorch : desquelles matiéres touchant Angleterre je deviseray bien au long en temps et lieu, pource que j'ay beaucoup veu et congnu dudict cas. Mais des guerres, et de la conqueste de Normandie et de Guienne (qui en cet an 51 se faisoyent), j'en lairray escrire aux nobles et sages croniqueurs qui ont sceu et enquis de ce. Car de moy je n'en ay rien veu : et corromproye mon entreprise d'escrire plus que je n'ay veu, et dont j'ay labeur assez devant la main, grâce à Dieu, qui me doint le temps d'en rendre bon compte.

En celuy an 51, vint pardeça madame Ysabel (1) de Coimbres, et Jehan Monsieur, son frére, qui vint depuis en celle mesme saison. Iceux frére et sœur

(1) *Madame Ysabel* : Elle étoit sœur du prince Jacques de Portugal, dont il a été parlé plus haut.

furent depuis moult-bien adrecés de vertus et de bonnes meurs: et furent enfans au duc de Coimbres mort et occis en Portugal, et neveu et niéce à la duchesse Ysabel de Bourgongne, et chacés et exilés de leurs signeuries et héritage (comme il est cy-dessus escrit); et les receut le bon duc et la duchesse, ensemble le comte de Charolois leur fils, moult-doucement, et en grande pitié de leur exil: et leur ala le comte au-devant, et tous les princes et nobles hommes de la maison: et comment le bon duc les pourveut et s'en aquitta sera veu cy-apres.

Autre chose n'avint, en l'an 51, qui à ramentevoir face: mais assez tost apres se fist le mariage de monsieur de Ravastain, neveu de monsieur le duc Philippe, avec madame Ysabel de Coimbres, niéce de madame de Bourgongne: et se mariérent en la vile de l'Isle, où furent faictes joustes et tournoyemens: et certes ce furent deux gens qui firent grand chére ensemble, et mesmes à tous ceux qui les aloyent veoir.

Or est besoing, pour declairer les choses et aventures que j'ay veües en l'an 52, que je reprenne aucunes causes avenues au par-avant, et dont je n'ay point voulu ma plume travailler, pour attendre temps et lieu, afin de reciter autres choses qui mieux emplissoyent, et causoyent les saisons et les annees, dont cy-devant j'ay rendu compte par mes Memoires: et à-present me vient à poinct et reigle de les ramentevoir. Comme par-cy-devant j'ay escrit, il peut clairement apparoir comme le bon duc tint, sous la main de Dieu, longuement ses païs en paix et à repos: et ne trouve point que ceux de Gand eussent aucun travail d'armes ou de guerre depuis le siége mis par le duc en leur fiancé devant la vile de Calais(1), et duquel siége je ne racompte rien en mesdicts Memoires, pource que ce sont choses avenues avant mon avénement, et dont je ne parleroye que par ouyr dire : qui seroit contre la forme de mon entreprise. A cause de ce repos, multipliérent tellement les Gandois en peuple, richesses, augmentement de bourgeois et d'autres biens, que certes il n'estoit point bien-heureux en Flandres qui n'estoit amy, bienveuillant, bourgeois ou suget de Gand : et tenoyent le païs de Was et celuy des Quatre-mestiers en leur sugettion, comme leurs bourgeois et obeïssans qu'ils estoyent : et quand ils se virent augmentés de gens, de faveur et de biens (comme dict est), ils s'oubliérent aucunement, à l'ocasion d'une demande de certain droit sur le sel (2), que leur avoit fait demander le duc deux ou trois ans au-par-avant. Ce qu'ils avoyent refusé : dont le duc s'estoit parti mal content d'eux, et n'aloit plus ne venoit en sa vile de Gand, ne la duchesse ne le comte de Charolois leur fils : et tou-

---

(1) *Devant la vile de Calais :* Ce fut au mois de juin 1436 que Philippe-le-Bon fit le siége de Calais. Ceux de Bruges et de Gand abandonnèrent l'armée, sous le prétexte que, dans une sortie exécutée par les assiégés, la noblesse ne les avoit pas soutenus.

(2) *Certain droit sur le sel :* Le duc de Bourgogne mit cet impôt en 1448 : il étoit de dix-huit sous par sac de sel. Les habitans de Gand refusèrent de le payer, et telle fut la source des troubles qui éclatèrent bientôt après. Ce que dit l'auteur, de Daniel Sersanders, n'est ni clair ni exact. Cet homme, après avoir exercé les fonctions de super-doyen des métiers, fut élu échevin en 1449. Comme il s'étoit distingué parmi les adversaires du nouvel impôt, le duc ne voulut confirmer ni sa nomination, ni celle des collègues qu'on lui avoit donnés. Cependant, un an après, il redevint, malgré la cour, super-doyen des métiers.

tesfois s'estoyent les matiéres entretenues par moyens, tellement que le débat n'estoit point plainement ouvert : et fut longuement apparence que le tout se deust appaiser.

Neantmoins, en l'an 51, les Gandois firent chef de leur conseil un nommé Daniel Cessandres, et députérent maistre Pierre Boudin, et maistre Gilles Bouin et autres, qui sous ombre de leurs priviléges firent loy, et establirent bourgmaistres et échevins à la ville de Gand, sans y appeler le prince ou ses officiers : édifiérent et mirent en loy toutes gens à leur main, et deliberés de soustenir leur opinion contre leur prince et contre tous autres. De ces choses fut le bon duc moult-malcontent : mais par conseil l'on dissimuloit, sous ombre des entreprises qui se faisoyent pour l'apaisement. Mais en cette saison (comme dict est) les matiéres agrevérent plus-fort que devant, pour les raisons dessus-dictes, et comme il est escrit cy-dessus. Ainsi se dissimuloit le temps, et se tenoit le bon duc Philippe et la duchesse en la vile de Brucelles, en grans festimens de joustes, de tournois, de banquets, et autres plaisans passetemps : et en cest an 51, environ la Toussaincts, fut une jouste criee et publiee : et à celle jouste fit le duc préparer son seul fils et héritier monsieur Charles, comte de Charolois, pour jouster pour sa première fois, et lequel n'avoit que seize à dixsept ans d'aage : et se préparérent les jeunes signeurs qui avec luy avoyent esté nourris pour jouster aveques luy, et aussi plusieurs autres princes, chevaliers et escuyers, rudes jousteurs, et acoustumés du mestier.

Et pource que c'estoit la première fois que le noble

comte avoit mis la lance en l'arrest, ne porté le harnois pour exécution, environ trois jours avant la feste l'on fit essayer le comte; et, par deliberation des signeurs et des dames de la court, fut ordonné que le comte, nouvel homme-d'armes, courroit la premiére lance contre messire Jaques de Lalain: et disoyent tous que contre meilleur chevalier ne pourroit faire sa premiére epreuve, et que ce seroit heur en armes, à si haut personnage, d'atteindre et d'estre atteint, pour le premier, de chevalier renommé. Et ainsi eut messire Jaques le bon chevalier cest honneur par effect de courre là, et d'éprouver la noble personne du fils de son souverain signeur, et son signeur apparent à venir: et furent montés et armés au parc de Brucelles, où furent le bon duc et la duchesse présens à celle épreuve. Lances leur furent baillees : et à celle premiére course le comte ferit messire Jaques en l'escu, et rompit sa lance en plusieurs piéces : et messire Jaques courut haut, et sembla au duc qu'il avoit son fils épargné : dont il fut mal-content, et manda audict messire Jaques que s'il vouloit ainsi faire, qu'il ne s'en meslast plus. Lances leur furent rebaillees, et ledict messire Jaques de Lalain laissa courre sur le comte : et d'autre costé vint le comte moult-vivement, et se rencontrérent tellement qu'ils rompirent leurs lances tous deux en tronsons; et de ce coup ne fut pas la duchesse contente dudict messire Jaques: mais le bon duc s'en rioit, et ainsi estoyent le pére et la mére en diverse opinion. L'un desiroit l'epreuve, et l'autre la seureté : et à ces deux courses faillit l'essay du noble comte, et duquel essay furent les sages moult-contens et rejouis, pource qu'ils virent leur prince à venir prendre les armes, et soy monstrer courageux, et homme pour ensuyvir la noble lignee dont il estoit issu : et se passa le temps jusques au jour des joustes, qui se firent sur le marché de Brucelles, là où il y eut grande assemblee et grande noblesse; et fut amené le comte Charles sur les rangs, et acompaigné par le comte d'Estampes son cousin, et par plusieurs autres princes, chevaliers et nobles hommes : et le tenoit fort de pres le signeur d'Auxi, et Jehan de Rosimbos, signeur de Formelles : et ces deux l'avoyent nourry et gouverné des son enfance.

Si fut couvert et paré d'orfaverie : et, d'autre part, là vindrent jousteurs de toutes pars : et là jousta le comte de Boucquam, Philippe de Crouy, Jehan de La Trimouille, Charles de Ternant, et plusieurs autres jeunes signeurs et nouveaux jousteurs, nourris aveques le comte; et ainsi commença la jouste : et, à la vérité, le comte rompit seize ou dixhuict lances, donna et receut de tresbonnes atteintes, et fit si-bien le devoir que chacun luy donna le bruit d'icelle jouste : et luy fut, le soir, présenté le prix par deux princesses, et fut crié Montjoye par les heraux moulthautement. Et certes ledict comte continua la jouste longuement depuis, et fut tenu pour moult-puissant et rude jousteur, et gaigna plus de bruit à la jouste que grand maistre que l'on sceust : et pource je commence à emplir et fournir mes Memoires de luy et de ses faicts, et n'en parle pas par ouyr dire ne par raports : mais comme celuy qui ay esté nourry aveques luy des son enfance, tant au service du bon duc son pére comme de luy, je toucheray et parleray de sa nourriture, de ses mœurs, conditions et usances, depuis le temps que je le vey premier, qui est escrit en mes Memoires cy-dessus.

Quant à ses conditions, je commenceray par le pire bout. Il estoit chaud, actif et dépit, et desiroit, en sa condition enfantine, à faire ses voulontés, à petites corrections: et toutesfois il eut l'entendement et le sens si-grand, qu'il résista à ses complexions: tellement qu'en sa jeunesse ne fut trouvé plus-doux ne plus-courtois de luy. Il ne juroit Dieu, ne nuls saincts. Il avoit Dieu en grand cremeur (1) et révérence. Il apprenoit à l'escole moult-bien, et retenoit, et s'apliquoit à lire et faire lire devant luy, du commencement, les joyeux comptes et faicts de Lancelot et de Gauvain, et retenoit ce qu'il avoit ouy mieux qu'autre de son aage: et de sa nature desiroit la mer et les bateaux, sur toutes riens. Son passe-temps estoit de voler à émerillons (2): et chaçoit moult-voulontiers, quand il en pouvoit avoir le congé. Il jouoit aux eschets mieux qu'autre de son temps. Il tiroit de l'arc, et plus-fort que nul de ceux qui estoyent nourris aveques luy. Il jouoit aux barres, à la façon de Picardie, et escouoit (3) les autres par terre, et loing de luy: et depuis, en fournissement de jours et de force, il fut tenu et nommé moult-bon et puissant archer, et moult-rude, fort et adroit joueur de barres. Et ainsi croissoit le comte, et estoit nourri, duit et apris, et de soy queroit et s'adonnoit à tous bons et honnestes exercices: et à tant me taira de la nourriture et de l'exercice du comte Charles, et retourneray à ce qui avint en celuy temps.

(1) *Cremeur* : crainte. — (2) *De voler à émerillons* : d'aller à la chasse au vol des oiseaux. — (3) *Escouoit* : jetoit.

Or approchasmes nous de l'an 52, et tousjours aloyent et venoyent ambassadeurs des Gandois devers le bon duc, feindant tendre à apointement : et dissimuloit le duc leur malice, attendant son point, et qu'il eust asseuré son faict devers le Roy françois, avecques lequel, par moyens d'aucuns qui gouvernoyent en France, il avoit tousjours quelque chose à refaire : et mesmement sembloit au Roy que le duc tenoit le parti, et s'entendoit avecques son fils monsieur Louis de France, dauphin : lequel s'estoit parti de la maison du Roy son pére, et contre son congé se tenoit au Dauphiné, et faisoit aliances contre le Roy et ses bien-veuillans : et se maria à la fille du duc de Savoye : et se maintenoit et conduisoit en toutes choses à sa guise, sans le conseil ou plaisir de sondict pére : et recueilloit et élevoit, par dons et par promesses, tous ceux qui vouloyent abandonner son pére : et, à la vérité, il assembla au Dauphiné une moult-grande compaignie de gens-de-bien, et leur estoit large et abandonné plus qu'autre de son temps : et, par cette separation du pére et du fils, ledict Dauphin ne fut point es conquestes que fit le Roy françois en Normandie et en Guienne contre les Anglois : et de ceste matiére je me tairay pour le present, combien que j'en aye personnellement assez veu : car tost apres le mariage faict dudict Dauphin et de la fille de Savoye, j'allay de gayeté de cœur, et sans charge d'autruy, en Savoye et au Dauphiné, pour veoir les assemblees des deux princes, et leur noble court : et en ce temps, ou peu paravant, la noblesse de Savoye et les plus-grans signeurs se meslérent, et s'emeurent en debat les uns contre les autres :

dont la plus-part et les plus-grans furent ensemble contre messire Jehan de Compais, signeur de Thorain : et fut outragé ledict signeur de Thorain de sa personne : dont le duc Louis et la duchesse furent moult-mal-contens, et portérent et soustindrent ledict de Compais. Cestuy de Compais fut celuy qui fit armes à l'arbre Charlemaigne contre Anthoine de Vaudrey, comme il est recité en ce premier livre. Par le debat dessusdict avint que, par le conseil et aveu du dict Dauphin, les signeurs de Savoye furent bannis du païs, et la place de Varembon rasee et abatue : dont certes le païs eut moult à souffrir ; et se mesla pour iceux signeurs le Roy, et le duc de Bourgongne : car plusieurs en y avoit qui furent sugets du Roy, et aucuns dudict duc : et estoyent d'icelle guerre, contre le signeur de Thorain, le signeur de Barget; mareschal de Savoye; le signeur d'Antremons, le signeur de La Queulle, le signeur de Lureu, de Varembon, de Varas, de Chaillant, de Virieu, de Manton, et jusques à vingtcinq ou trente chefs-d'hostels, barons, bannerets et signeurs : laquelle guerre porta et soustint ledict de Compais moult-courageusement : et fut cette matiére appaisee par le moyen du roy Charles et duc de Bourgongne : et de ce me tairay, pource que je veux entrer es guerres que commencérent les Gandois contre le duc leur signeur : et ne reciteray chose, à l'aide de Dieu, que je n'aye à la vérité sceüe et veüe.

CHAPITRE XXIII.

Comment les Gandois coururent le plat-païs de Flandres, y prenans quelques chasteaux et fortresses; et comment ils assiegérent Audenarde.

Il convient donques savoir comment la guerre que firent les Gandois contre leur signeur le comte de Flandres fut demenee. Verité fut que les Gandois mirent sus une grande compaignie de gens de cheval et à pié, qui tous portoyent blancs chaperons, et furent plus de quatre mille hommes en diverses compaignies : et coururent parmy le païs de Flandres, par cens et par quarterons : et s'ils sçavoyent un riche païsan, ils luy mettoyent sus qu'il estoit contre les signeurs de Gand, et le roboyent et pilloyent, et faisoyent œuvres que gens sans raison et sans conduitte peuvent faire : et toutesfois envoyérent les Gandois à Brucelles leur ambassade devers le duc : et, le jour du grand vendredy (1), luy criérent mercy, et tenoyent maniére qu'ils ne demandoyent que de demourer bons sugets : et estoyent en celle ambassade des plus-notables religieux de Sainct-Bavon et de Sainct-Pierre, et des plus-notables bourgeois de Gand. Mais, à la verité, la chose estoit à ce venue que les gens-de-bien n'avoyent à Gand plus de pouvoir ne d'authorité en icelle vile, et gouvernoyent les mechans et les gens voulontaires : et ceste

---

(1) *Du grand vendredy* : le vendredi saint de l'année 1452.

chose congnoissoit bien le duc, et que le pardon ne le traitté ne servoit de rien à estre fait aveques ceux qui nul pouvoir n'avoyent : et d'abondant sçavoit et oyoit les outrages faicts par les blancs-chaperons sur le plat-païs de sa comté de Flandres.

Si leur respondit qu'il sçavoit bien qu'eux, qui parloyent de-par les rebelles de Gand, le disoyent en bonne intention, et qu'ils voudroyent les choses telle et ainsi qu'ils disoyent : mais ceux de Gand ne demandoyent point grâce, comme l'on doit venir à son prince pour avoir pardon : mais demandoyent traitté, l'espee au poing, en grande assemblée, et en armes, comme s'ils envoyoyent devers leur voisin ou leur compaignon. Parquoy il ne voyoit nulle cause pour leur faire response : mais quand ils viendroyent à mercy, en l'ordre que sugets doivent venir (quelque offense qu'ils eussent faicte par-cy-devant), il leur tiendroit terme de prince miséricors, et auroit regard à non punir ou grever les bons, pour le peché des mauvais : et sur ce point se retraït le duc en sa chambre, et n'eurent autre response de luy.

Ce mesme jour du bon vendredy, que les ambassadeurs crioyent mercy, les Gandois envoyérent aucuns de leurs gens au vilage de Gaures (1), sur l'Escaud : et espiérent que le chastelain estoit au service et au monstier, et ne se doutoit on de rien. Si entrérent les Gandois au chastel (qui est bon et fort), fermérent la porte, et prirent les biens et la maison : et demoura le chastelain hors, en tresgrand danger de sa vie. Celuy chastel est au signeur de Laval (qui est

---

(1) *Gaures* : c'étoit un gros village situé sur l'Escaut entre Gand et Oudenarde : il étoit défendu par un château.

un grand baron en Bretaigne), et luy vient par partage de Flandres, dont ceux de Laval sont descendus d'une fille. En ce temps, et par subtil moyen, prirent les Gandois le chastel de Poucques et celuy d'Escandreberch (1), qui marchit à Hainaut.

Les nouvelles venues au duc de Bourgongne, il fit haster ses mandemens et ses gens-d'armes par tous ses païs : et desja estoit le comte d'Estampes en Picardie, qui faisoit lever les gens-d'armes. Le duc de Cléves assembla ceux de son païs, pour venir secourir le duc son oncle. Le mareschal de Bourgongne levoit les Bourgonguons; le comte de Sainct-Pol, et messire Jehan de Crouy, signeur de Chimay, levoyent les Hannuyers et Namurrois, et aucuns de Flandres et de Picardie. Le comte de Nassau, messire Philippe de Hornes, signeur de Bausignies, et autres, levoyent les Brabançons. Ceux de Hallewin, messire Simon de Lalain, Louis signeur de Gruthuse, et autres, levérent la noblesse de Flandres. Le signeur de La Vére et le signeur de Breda levoyent les Holandois et Zeelandois : et ainsi se levoit l'armee, et se faisoit l'assemblee des gens-d'armes de toutes pars : et le duc et ceux de son hostel se préparoyent, chacun qui mieux mieux. Au regard de monsieur Charles de Bourgongne, comte de Charolois, il travailla toute celle quaresme : et l'avoit on envoyé faire honneur de sa personne à messire David de Bourgongne, son frére naturel (lequel fut lors sacré evesque de l'evesché de Terouenne); et de là fut renvoyé à Bergues sur la mer, et jusques en Zeelande, pour l'accord

---

(1) *Escandreberch*, lisez *Schendelbeke*. L. C'étoit un village situé à une demi-lieue de Grandmont.

d'aucun aide faicte au duc son pére : et certes ne luy ne la plus-part de ses jeunes serviteurs ne furent pas prests du premier jour, et ne sçavoyent guéres qu'il faloit pour le faict de la guerre (qui leur estoit nouvelle chose); et disoit on que le bon duc et la duchesse (pource qu'ils voyoyent l'orgueil des Gandois, et la bataille preste), et aussi plusieurs sages et doubtifs (1) des païs (qui les en prioyent et conseilloyent), eussent bien voulu que, sous ombre de soy apprester, et mettre en tel estat qu'il appartenoit, le comte fust demouré à Brucelles, jusques à ce que la bataille eust esté passee. Mais ledict comte (à qui le cueur croissoit aveques les jours) fit faire ses appréstz à toutes diligences, et jura par sainct George (qui fut son plus-grand serment) qu'il iroit plustost en son pourpoint, qu'il n'acompaignast son signeur et pére à soy venger de ses rebelles sugets : et ainsi s'apresta le comte de Charolois, ses gens, et ceux de la maison du duc.

Le duc, voyant les Gandois obstinés de plus en plus fort en leur orgueil, envoya le signeur de Ternant, acompaigné des nobles hommes qu'il peut assembler en la court, et selon qu'il les trouva premiers prests, en la vile d'Allost : et y mena environ cinquante gentils hommes, et deux cens, que varletsde-guerre, qu'archers : et trouva ledict signeur de Ternant les bourgeois, et les habitans de ladicte vile, bons, et deliberés à garder et deffendre leur vile contre les Gandois, et à maintenir la querelle de leur prince et signeur : et les reigla le noble chevalier à eux departir par connestables et par dizaines, pour

(1) *Doubtifs* : craintifs.

prendre les deffenses des murailles, ainsi qu'elles furent ordonnees et baillees par luy et par les commis de ladicte vile : et fit garder les portes et les clefs par les gens de la court du duc, qu'il avoit amenés aveques luy : et d'autre part envoya le duc, à Audenarde, messire Simon de Lalain, signeur de Montigni, et le signeur des Cornets (1), qui estoyent aimés et congnus en Audenarde : et, pour asseurer plus le peuple, y menérent iceux deux signeurs leurs femmes et leurs mesnages, et envoyerent, de leur charge, bien soixante lances et trois cens archers, qu'à pié, qu'à cheval : et certes tout le peuple et tous les bourgeois d'anciéneté ont esté bons et loyaux pour leur comte et signeur, comme plus-à-plain se peut veoir à lire par toutes les croniques par-avant escrites. Moult-joyeux furent ceux d'Audenarde, quand ils virent que le duc leur envoyoit tels deux notables personnages, pour les aider et deffendre contre les ennemis. Si se pourveurent d'armes et d'artilleries, et de tant que mestier leur estoit, sans y rien épargner ne regretter.

Or lairrons à parler du duc et de son appareil, et reviendrons aux Gandois, et à ce qu'ils firent : et peut on legérement entendre que ce peuple, émeu et déreiglé, estoit parmy Gand en merveilleux nombre, armés et embattonnés : et quand ils se trouvoyent en un marché dix ou douze mille assemblés, il leur sembloit qu'en tout le monde l'on ne trouveroit pas encores autant de gens, ne n'acomptoyent à puissance d'autre : et parloyent et murmuroyent tous ensemble, et crioyent, disans pourquoy on ne les

(1) *Des Cornets*, lisez *d'Escornets*. L.

employoit contre le duc de Bourgongne : et tant brairent et criérent, qu'un nommé Lievin Bonne (qui est autant à dire en françois Lievin Féve), du mestier des maçons, emprit de les conduire et mener devant Audenarde : et aporta en une besace de grandes clefs, et leur fit à croire et entendre que c'estoyent les clefs des portes de ladicte vile d'Audenarde. Si fut creé houlman (1) sur eux, et obeï comme si ce fust leur signeur naturel : et le quatorziéme jour d'avril l'an 52, apres Pasques, vindrent les Gandois devant Audenarde, à si grand nombre qu'il sembloit que tout le monde fust là assemblé : et marchérent en tresbelle ordonnance, et menoyent grand charroy de vivres et d'artillerie.

Quand messire Simon de Lalain sceut leur venue, il fit armer tous ceux de la vile, et monter à cheval les hommes-d'armes qu'il avoit amenés : et luy-mesme passa le pont de l'Escaud, et la porte, avec deux cens archers-à-pié, et ce qu'il avoit de gens-à-cheval : et se ferit sur les premiers, qui venoyent sans grand ordre : et en prit, tua et navra plusieurs, avant que les Gandois se fussent rasseurés : mais ils faisoyent marcher une compaignie de picquenaires (2) et d'archers, où ils pouvoyent estre quatre ou cinq mille hommes, qui se tenoyent serrés et en ordre. Si marchérent roidement contre ledict messire Symon, et rembarrérent luy et ses gens-de-cheval : et les soustindrent les archers, qui estoyent à pié : et du long de la douve du fossé tiroyent fort et souvent : et si-bien fut la saillie dudict messire Symon

---

(1) *Houlman*, lisez *hooft-man*, qui veut dire *capitaine*. — (2) *Picquenaires* : soldats armés de piques.

conduite, qu'il retrait tous ses gens sans perte, et fit fermer la porte de celuy costé. Car à la verité il veit si-grand peuple venir à l'encontre de la vile, et en tel ordre, qu'il jugea legérement qu'il auroit le siége : et certes les Gandois furent bien trente mille testes armées, qui tous cuidoyent que Lievin van Bonne, leur houlman et conducteur, leur deust ouvrir les portes de la vile, et qu'il eust les clefs, comme il leur avoit dit : mais ils trouvérent autre détourbier qu'ils ne pensoyent. Car ledict messire Symon et le signeur des Cornets pourveurent les murailles, les tours et creneaux de tout ce qui pouvoit estre nécessaire pour soustenir et attendre siége et assaut : et certes les bourgeois et les habitans d'Audenarde furent tous reconfortés, et resolus d'attendre ce qui pouvoit avenir, et de tenir loyalement et de grand courage le parti de leur prince : dont ils furent moult à louer.

Celle nuict, se logérent les Gandois devant Audenarde, et menoyent grand cry et grandes huees, en menaceant fort la vile et les habitans : et leur sembloit que grand tort leur estoit faict que prestement on ne leur livroit la vile, à faire leur plaisir : et le l'endemain ils firent un pont sur l'Escaud, entre ladicte vile et le vilage de Hainue (1) (qui sied au plus près dudict Audenarde); et par ce pont passérent bien quinze mille combatans, et alérent assieger la porte par où l'on va à l'Isle et à Tournay. Si trouvérent ladicte porte bien pourveüe d'artillerie et pouldre, et d'arbalestes : parquoy ils ne peurent mettre leur siége

---

(1) *Hainue*, lisez *Eyne*, village situé à une demi-lieue d'Oudenarde, sur le chemin de Gand. L.

si-pres de ladicte porte qu'ils eussent bien voulu : et ainsi se logérent les Gandois devant Audenarde, et mirent leur siége deça et de là : et par deux ponts qu'ils firent sur l'Escaud au lieu dessusdict, ils pouvoyent secourir et aider les uns les autres : et se cloïrent et fortifiérent, de chacun costé, de fossés et de palis : et sembloit, à veoir leur contenance, que jamais ne se deussent lever, pour chose qui leur avinst, qu'ils n'eussent la vile à leur bon plaisir : et ne fait pas à demander si messire Simon de Lalain travailloit pour la seureté de sa garnison et de son honneur : et, pour pourveoir à l'assaut de cestuy orgueilleux peuple, il fit crier que toutes femmes apportassent pierres et cailloux sur les murs, et, pour exemple, fit venir une dame sa femme, et sœur germaine du signeur des Cornets, et plusieurs nobles femmes ses parentes, et autres : et tout ce jour portérent hottes et paniers, les unes sur leur dos, et autres sur leurs testes : et toutes autres femmes, bourgeoises et marchandes, et autres, y acouroyent : et devez sçavoir que moult-bien furent, et en peu de temps, les murailles et les deffenses garnies et estofees de ce qu'il y faloit. Or lairrons nous un peu le siége d'Audenarde, et retournerons au duc et à son armee : et deviserons comment il departit sadicte armee aux deux costés de la riviére de l'Escaud, et ce qu'il en avint.

CHAPITRE XXIV.

Comment le siége d'Audenarde fut levé, par bataille que gaignérent les gens du duc de Bourgongne contre les Gandois.

Quand le duc de Bourgongne entendit que les Gandois avoyent assiegé la vile d'Audenarde, il se partit hastivement de Brucelles, et fit tirer, des coffres de son epargne, grans deniers et grand avoir, pour payer ses gens-d'armes : et furent iceux deniers departis aux tresoriers, et clercs à ce commis, pour faire payemens de toutes pars : et se tira le duc et le comte son fils en la vile de Hast (1) en Hainaut, où il attendit par aucuns jours son armee et ses gens-d'armes, qui se préparoyent et aprestoyent chacun du mieux, et le plus-diligemment qu'il leur estoit possible : et pendant ce temps les Gandois, qui estoyent devant Audenarde, trayoyent contre la vile de leur artillerie à poudre, et faisoyent du mieux et du pis qu'ils pouvoyent : et, pour cuider mettre le peuple en soupson et imagination contre leurs capitaines, et principalement contre ledict messire Symon de Lalain, ils tirérent de leurs arbalestes plusieurs traits et viretons (2) escrits, les aucuns en flamand, et les autres en françois : et y avoit qu'ils requeroyent et semonnoyent ledict messire Symon de rendre et delivrer la vile au jour qu'il avoit pris avecques eux,

---

(1) *Hast*, lisez *Aet*. L. — (2) *Viretons* : traits d'arbalète.

et que l'argent qu'ils luy avoyent promis estoit tout prest.

Plusieurs tels traits furent aportés à messire Symon de Lalain : mais incontinent luy-mesme les portoit aux signeurs et principaux de ladicte vile, qui se rioyent et gaboyent (1) des Gandois et de leur folie. N'onques le peuple ne s'en meut, ny n'en creut aucune chose contre le bon chevalier : mais, par le contraire, plus grevoyent les Gandois ceux de la vile, plus croissoyent en courage à souffrir et porter ce qui pouvoit avenir pour la querelle de leur prince, combien qu'ils estoyent souvent en grande melancholie de ce qu'ils n'avoyent aucunes nouvelles du duc et de leur secours : car les Gandois les avoyent environnés de toutes parts, si qu'il ne pouvoit nul entrer n'yssir de la vile, qui ne cheust en leurs mains : et toutesfois messire Symon de Lalain soubtiva de faire nager à mont la riviére de l'Escaud (qui passe par la vile), et par l'obscurité de la nuict envoya aucuns messages qui revindrent sauvement, et raportérent la grand' armee qui marchoit pour les secourir, et si-certaines enseignes du duc leur prince, que le peuple en fut tout reconforté et réjouy : et quand les Gandois veirent et congnurent que ceux d'Audenarde ne prendroyent autre soupson contré leur capitaine, s'appensérent de faire autrement.

Ils sceurent que messire Symon de Lalain avoit deux petis filz de sa femme, et que l'on les nourrissoit en Hainaut, sur les marches de Flandres. Si prirent deux autres petis enfans de semblable aage, et les aportérent devant les murailles : et les monstroyent, les

(1) *Gaboyent :* se moquoient.

glaives tirés à l'entour, prests pour iceux enfans meurdrir et occire : et crioyent qu'ils avoyent couru en Hainaut, et pris iceux enfans : et s'il estoit pére, qu'il le monstrast : car si prestement il en rendoit ou delivroit la vile à leur voulonté, ils occiroyent lesdicts enfans : et cuidoyent que la dame (qui estoit femme, mére, et de piteux courage) deust mener tel dueil et monstrer tel effray, qu'il deust faire pour elle ainsi qu'ils avoyent proposé. Mais le noble chevalier n'en tint compte, et fit afuster canons et serpentines celle part, et tirer sur eux plus-fort que devant : et disoit au peuple que, pour ses enfans veoir mourir, il ne vouloit perdre sa loyauté, son honneur, ne ses amis.

Ainsi se continua le siege d'Audenarde, et croissoit et multiplioit tousjours le pouvoir des Gandois : car (comme dit est) le peuple du plat-païs de Flandres avoit ceux de Gand en elle extime, par crainte et par fole amour, que tous acouroyent à leur aide. Mais l'armee du duc de Bourgongne se levoit, et tiroit aux champs : et se partit le duc de Hast, pour aler à Grandmont (qui est une grosse bourgade, non-guéres forte : et là est adoré le corps de sainct Andrieu (1); et sur le chemin aborda avecques luy le comte Louis de Sainct-Pol, son frére messire Jaques de Luxembourg, messire Jehan de Crouy, signeur de Chimay, pour lors grand bailly de Hainaut : lesquels avoyent bien deux mille archers, et cinq cens hommes-d'armes : et le duc avoit aveques luy Adolf Monsieur, frére du duc de Cléves; l'infant dom Jehan de Coimbres, et Cornille, bastard de Bourgongne,

---

(1) *Sainct Andrieu* : saint Adrien.

qui pour lors n'avoit charge de gens-d'armes que de ceux de son hostel, pource que l'on attendoit les Bourgongnons (que le mareschal estoit alé querre) : et luy devoit on bailler cent lances, aveques ceux de Luxembourg, qui encores n'estoyent pas arrivés. Encores s'estoyent tirés plusieurs capitaines, et ceux de l'hostel, devers le duc, et pouvoit avoir tout compris, en sa compaignie, quatre mille combatans : et se logea audict lieu de Grantmont, et tous les jours envoya chevaucheurs pour visiter le siége, par plusieurs petites compaignies, les unes apres les autres, qui raportoyent leur avis quant à la puissance de leurs ennemis, et la maniére de leurs forts et de leur siége. Mais pour revenir au comte d'Estampes (qui avoit sa charge levee), il se tira pour prendre son chemin à Vaitreloz (1) : et fut averti que grand nombre de Flamans, tenans le parti des Gandois, s'estoyent assemblés au Pont-des-Pierres (2), et qu'ils vouloyent garder et deffendre le passage de la riviére du Lis. Si fit prestement marcher celle part le signeur de Saveuses, qui tousjours (quelque vieil qu'il fust) vouloit estre des coureurs, et des premiers. Robert de Miramont et autres le suyvirent, et quelques jeunes gens de l'hostel du comte, et ceux qui desiroyent d'eux éprouver : et prestement mirent pié à terre jusques à cinq cens combatans, et commencérent à tirer ces archers de Picardie et de Hainaut, et à marcher sur les Gandois : et en peu d'heure gaignérent le port sur eux.

Si se mirent Gandois à la fuite : et les hommes-

---

(1) *Vaitreloz*, lisez *Waterloz*, village situé entre Tournay, Lille et Courtray. L. — (2) *Pont-des-Pierres* : lisez *pont de Spiere*. L.

d'armes les poursuyvirent à cheval, qui les abatoyent : et les archers et les gens-de-pié leur coupoyent les gorges, comme à moutons; et se boutérent bien deux cens vilains en une eglise, et deffendoyent l'entree de la porte, à longues picques, moult-vigoureusement. Là furent hommes-d'armes qui poussoyent de leurs lances, et n'avoyent point l'avantage : car les picques et les glaives des Flamans estoyent plus longs. Là s'abordérent les archers, et ne dura pas longuement l'assaut du traict, quand les vilains abandonnérent la porte, et s'enfuirent garentir, les uns au clocher, les autres derriére les autels, chacun qui mieux mieux; mais tout ce ne leur valut : car ils furent poursuyvis, et tous occis. Ainsi gaigna le comte d'Estampes le passage du Pont-des-Pierres, et ala loger à Vaitreloz et à Launoy, et envoya visiter le siége de jour et de nuit par diverses compaignies, pour mieux entendre leur convive (1), et ouir les opinions. L'une fois y aloit le signeur de Saveuses, et autresfois le signeur de Haubourdin : et tant visitérent et entendirent du faict de leurs ennemis, que, sans guéres arrester, conclusion fut prise et deliberee de les assaillir de leur costé : et par un matin (qui fut le vingtsixiéme jour d'avril) se délogérent, et tirérent contre Audenarde : et avoit la charge de l'avangarde Anthoine, bastard de Bourgongne, qui portoit pour enseigne un grand estendard blanc, à une barbacane de brodure, moult-bien-acompaigné : et le suyvoyent le signeur de Saveuses, et moult d'autres signeurs et nobles hommes : et conduisoit son faict, et sa compaignie, George de Rosimbos, un moult notable escuyer.

(1) *Convive :* disposition.

Quand les Gandois veirent le premier estendard venir, ils n'en tindrent pas grand compte, et cuidoyent avoir une petite compaignie qui les deust legérement ecarmoucher; mais prestement ils veirent deux, trois et quatre estendars, et grosse compaignie de gens-d'armes, et grandes fumees de chevaux, et la poudre si-haute et si-grande, qu'ils furent tous emerveillés : et toutesfois se mirent en bataille et en ordre au long de leurs tranchees, et firent sçavoir de l'autre part du siége que chacun se préparast : car ils voyoient les ennemis, et doutoyent de la bataille. Or furent les compaignies les unes devant les autres, et les archers lioyent et attachoyent leurs chevaux les uns autres; et furent tantost grand nombre à pié, et plu-. sieurs hommes-d'armes aveques eux : et le comte d'Estampes (qui encores n'estoit chevalier) requit au bastard de Sainct-Pol, signeur de Haubourdin, qu'il le fist chevalier. Ce que ledict signeur de Haubourdin fit par moult-honnorable façon : et quand le comte fut chevalier, il fit chevaliers de sa main Anthoine, bastard de Bourgongne; le signeur de Moreul, Philippe de Hornes, signeur de Bausignies ; Anthoine Rolin, signeur d'Emeries; le signeur de Rubempré, le signeur de Crévecueur, le signeur Du Bois, Jehan, signeur de Mirammont; Robert et Pierre de Mirammont fréres, et moult d'autres nobles hommes : et croy que ce jour furent faicts plus de deux cens chevaliers.

Or vous compteray du noble chevalier messire Jaques de Lalain, qui ne queroit et n'entendoit à faire et exécuter de sa main qu'œuvre chevaleureuse. Si regarda faire les chevaliers nouveaux, et leur remonstra qu'il estoit à celle heure lieu et temps de gaigner honnorablement leurs esperons dorés, et qu'il avoit choisi un endroit sur les ennemis où la closture estoit de petite force, et le fossé peu-profond : et que combien que les Gandois fussent grand peuple à celuy costé, si-tost qu'ils verroyent que l'on leur courroit sus asprement ; ils n'oseroyent la place tenir : et que bien-heureux seroyent s'ils pouvoyent rompre la presse de ce peuple, et qu'il vouloit estre aveques les nouveaux chevaliers. A ce s'acordérent iceux chevaliers, qui furent tous bien-montés et armés, et suivis chacun d'un varlet à cheval seulement. De celle compaignie fut le signeur de Bausignies, le signeur de Crévecueur, le signeur Du Bois, le signeur de Belle-fouriére, le signeur de Herin, et autres : et (comme dit est) ledict messire Jaques avoit choisi une grosse compaignie de Gandois, qui estoyent en bataille sur une terre labourée, et s'estoyent fortifiés au front du grand chemin qui va d'Audenarde à Courtray. Si se serrérent les chevaliers l'un pres de l'autre, et couchérent leurs lances, et se ferirent au milieu de la presse. Les Gandois baissérent leurs picques et leurs glaives : et certes au passer ils recueillirent les chevaliers tresdurement, et navrérent plusieurs de leurs chevaux, les uns de coups de picques, et les autres de grands couteaux trenchans et pesans. Les chevaliers passérent outre moult-vaillamment, et rompirent leurs ennemis à leur endroit ; mais tantost se remirent ensemble : et messire Jaques (qui fut hastif de repasser) redonna de l'esperon, et se ferit au troupeau, l'espee au poing, comme un lion. Si fut le bon chevalier envelopé des Gandois : et il les combatoit de sa main et de son cheval, et plusieurs en abatit par terre : et certes à celle heure les nouveaux chevaliers s'éprouvèrent moult-honnorablement, et estoit chacun d'eux si-empressé des ennemis, que l'un ne pouvoit l'autre secourir, n'aider : et en celle bataille avint que messire Jaques de Lalain (qui faisoit merveilles d'armes et de vaillances, et qui soustenoit ce que corps en pouvoit porter ne soufrir) se trouva enserré de deux ou de trois costés, et estoit arresté et clos, et en danger d'estre tué par la main des Gandois, quand un varlet, serviteur du signeur de Bausignies (que l'on nommoit le Bourgongnon), sans armeure ou aide s'aventura, et ferit son cheval des esperons, une javeline en sa main : et si-bien exploita, que du poitral de son cheval rompit les picques de l'un de ces costés qui tenoyent le bon chevalier enserré, et rompit la presse à-l'entour de luy. Or avint qu'à celle recousse [1] le varlet, qui s'estoit si-vaillamment prouvé, receut un coup sur la teste d'une mace crestelee [2], et fut abatu de son cheval au milieu de la presse, et receut plusieurs coups. Mais quand messire Jaques veit le varlet en danger, il se ferit au plus-espes de la presse, l'espee au poing, et mit le corps et la vie en aventure, pour secourir celuy qui l'avoit osté de danger : et eut si-bonne fortune, que les nouveaux chevaliers ses compagnons s'estoyent démeslés : et moult-bien le firent et chevaleureusement, et sur tous le signeur de Bausignies, qui avoit moult de coups receus : et bien y parut à son cheval, qui estoit playé

---

[1] *Recousse* : délivrance. — [2] *Crestelee* : entaillée en forme de dents.

et navré moult-durement. Si vindrent tous à celle recousse, où moult abatirent de Gandois, et recouvrérent le varlet, qui ne fut point occis : mais il eut moult de playes, dont il fut longuement malade : et à celle cause, et pour le bon renom de luy, le bon duc le retint varlet-de-corps en son escuirie : et depuis, plus de vingt ans apres, il mourut contre les François devant Corbie, archer des ordonnances, sous ma charge : et fut tousjours tenu pour un bon et vaillant compaignon.

Or me faut revenir au surplus de l'aventure de celuy jour. Le comte d'Estampes fit descendre ses archers, et aucuns hommes-d'armes : et les hommes-d'armes à cheval tenoyent une aelle (1), à la main dextre, tresgrosse et tresfiére : et les Gandois (qui plus suyvoient leur outrecuidance qu'ils n'avoyent regard à quelles gens ils avoyent affaire) marchérent sur noz gens à toute puissance : mais quand ils sentirent ces fléches d'archers qui leur perçoyent haubers et pansiers, ceux qui virent les premiers ou leurs prochains ainsi navrer, choir, mourir et affouler, se rompirent incontinent, et se mirent à la fuite comme les moutons devant les loups : et les hommes-d'armes (qui estoyent à cheval) les poursuyvoyent et abatoyent, tellement que les archers les rateindoyent, et en prenoyent et occioyent à leur plaisir : et à ce que j'ay ouy nombrer, avant qu'ils peussent repasser le pont qu'ils avoyent fait, il y en eut plus de trois mille occis et tués en la place : et si n'eust esté que les gens-de-cheval ne s'osérent aventurer sur ledict pont (qui n'estoit faict que pour gens-de-

(1) *Tenoyent une aelle* : formoient une aile.

pié), certes le meurdre et la tuerie eust esté moult-grande : et devez entendre que messire Symon de Lalain et ceux d'Audenarde furent moult-joyeux quand ils se veirent desassiegés, et hors de la servitude de ce peuple.

Si ouvrirent leur porte, et firent armer et monter leurs soudoyers : et entra le comte d'Estampes et la signeurie, à grande joye, en la vile d'Audenarde : et prestement fut l'autre porte ouverte : et passa messire Jaques de Lalain outre la riviére, à la poursuite des ennemis : et le suyvirent moult de jeunes gens et de gens-de-bien, comme Evrard de Digonne, Guyot Dusie, Sibvet Pellerin, messire Anthoine de Herin, et plusieurs autres : et trouvérent que l'autre siége de Gandois fut levé, de peur et de l'effroy que leur firent les suyvans de l'autre part : et s'enfuyoit chacun qui mieux mieux, tirant et retournant à Gand.

Or vous lairray de la fuite des Gandois et de la chace (qui ne porta pas grand fruit, pource qu'ils se trouvérent peu de gens, et nuls archers), et retourneray au duc de Bourgongne (qui estoit à Grantmont), et comment il exploita quand il sceut les nouvelles du siége levé.

CHAPITRE XXV.

Comment le duc de Bourgongne defit ceux qui fuyoyent du siége d'Audenarde vers Gand : et comment plusieurs rencontres et écarmouches se firent entre les Bourgongnons et les Gandois durant cette guerre.

Verité fut que celuy jour, et si-tost que le comte d'Estampes fut en Audenarde, et qu'il eut les Gandois mis en fuite, il envoya à toute diligence son heraut, nommé Dourdam, au lieu de Grammont, pour porter les nouvelles du siége levé : et fit le heraut si grande diligence, qu'il vint de haute heure devers le duc : et si y a, d'Audenarde à Grammont, cinq lieues. Et quand le duc fut averti du siége levé, il fit sonner ses trompettes, pour estre chacun à cheval à toute diligence : et se mirent les routes aux champs, et au chemin chacun qui mieux mieux, pour tirer à la porte de Gand, et du costé où les fugitifs Gandois du siége devoyent rentrer en leur vile. Le comte de Sainct-Pol, et messire Jehan de Crouy, avoyent l'avantgarde, et se partirent les premiers : et pource que par bonne avanture je fu des premiers armés de l'hostel du comte de Charolois (à qui je fu serviteur), il m'envoya devant, pour sçavoir des nouvelles de ce qui pouvoit advenir par celle chevauchee. Si m'acompaignay d'un ancien escuyer bourgongnon, nommé Philippe d'Arlay (qui beaucoup avoit veu de la

6.

guerre), et chevauchasmes si-diligemment parmy l'avant garde, que nous passasmes plusieurs enseignes, cornettes et guidons, et ratteindismes le premier guidon, qui estoit audict messire Jehan de Crouy, qui estoit acompaigné d'environ cinq cens archers, et vingt hommes-d'armes : où je recongnu messire Jehan de Rubemtpré, qui moult fort chevauchoit celle route, pource qu'ils avoyent nouvelles qu'à un moulin à vent, à l'entrée des maladeries de Gand, aucuns Gandois se rassembloyent. Ce qui estoit vray : et certes quand la compaignie y aborda, ils estoyent ja rassemblés plus de huict cens hommes-de-pié, à une enseigne de Nostre-Dame : et disoit on que c'estoit le mestier des tisserans.

Archers mirent incontinent pié à terre de l'autre part du grand chemin : et, selon qu'ils abordoyent, ils se mettoyent en bataille, et certes je regarday bien à loisir la contenance desdicts Gandois : mais ils estoyent si effrayés et si-dereiglés, que peu se mirent en ordonnance pour combatre ; mais par monceaux : et si-tost que les archers se trouvérent deux cens à terre, ils criérent *Nostre Dame, Bourgongne!* et coururent sus aux Gandois moult-fiérement : et les Gandois, pour toute deffense, s'enfuirent par la maladerie, et par le fauxbourg, contre Gand; et bien le pouvoyent faire : car ils furent assaillis sur costiére : parquoy ils avoyent le chemin de la vile à leur commandement. Les hommes-d'armes commencérent à aprocher, et les gens-d'armes à cheval : et dura la chace et la tuerie des Gandois jusques aux portes de la vile, et plusieurs furent dedans les derniéres barriéres, et par-dedans les maisons du fauxbourg de la maladerie. Plusieurs Gandois estoyent mussés (1) sous les licts et es chambres, planchers et celliers, chacun qui mieux mieux, pour garantir sa vie : mais les archers et gens-de-pié cherchoyent (2) les maisons, et les prenoyent et occioyent sans mercy et sans rançon : et n'est pas à douter que la vile de Gand ne fust en grand effroy de ceste chose. Si sonnérent leur belfroy, et coururent à la porte à moult-grand nombre de gens : et le duc de Bourgongne, le comte de Charolois son fils, et toute la bataille, se mirent en ordonnance au moulin à vent dessusdict, en attendant ceux qui chaçoyent les ennemis : et estoit ja basse vespre, et bien tard, quand tous furent revenus et rassemblés.

Si prit le duc conseil qu'il estoit de faire : et fut conseillé d'aler à Gavre, pour essayer si ceux de la place se voudroyent rendre au duc pour l'ebaïssement du siége levé : et fut toute nuict quand le duc y arriva : et se logea chacun sans grand ordre pour celle nuict, les uns es maisons, les autres es jardins et es champs : et toute nuict tirérent ceux du chastel sur noz gens, et par le vilage, de canons et de serpentines (dont ils estoyent bien-pourveus), et ne voulurent n'ouyr ne parlementer. Le l'endemain bien-matin, le duc fit sonner les selles ; et fut envoyé messire Robert de Miraumont, et messire Pierre son frére, acompaignés de deux cens archers, le chemin de Gand, pour sçavoir si les Gandois estoyent point issus : et le duc s'en retourna le droit chemin de Sainct Adrian de Grammont, et là se logea et y demoura par aucuns jours. Sur la fin d'avril, le duc et

---

(1) *Mussés* : cachés. — (2) *Cherchoyent* : fouilloient.

le comte son fils se tirérent à Audenarde : et, le premier jour de may, le comte d'Estampes, le signeur de Ravastain, le bastard de Bourgongne, messire Anthoine le bastard, le signeur de Haubourdin, et plusieurs autres capitaines, firent une course devant Gand, et vindrent assez matin devant la vile, et furent gaignés deux ou trois forts boulovarts sur eux.

Mais finalement les Gandois, à grosse puissance de gens et d'artillerie, gardérent leurs prochains forts : et ne fut faict autre exploict pour celuy jour, sinon qu'ils perdirent plusieurs vilains, pris et tués : et avint que, tandis que l'on ecarmouchoit devant la vile, aucuns des Gandois se retraïrent en une maison close de fossés, qui sied sur les marests : là où ils furent suyvis et assaillis par gens de toutes piéces, qui les poursuyvirent : et à celuy assaut messire Jehan, signeur de Miraumont, fut atteint d'un trait d'arbaleste à la gorge, dont il mourut ; et fut dommage : car il estoit un notable et vaillant chevalier. Assez tost apres le duc se tira à Termonde, et ordonna ses garnisons fortes et puissantes. Le comte de Sainct-Pol et le signeur de Cimay furent envoyés à Allost. Le comte d'Estampes demoura à Audenarde, et le mareschal de Bourgongne fut ordonné à Courtray, et eut bien trois cens lances de Bourgongnons : et furent les chefs le signeur de Ray, le signeur de Beauchamp, le signeur d'Espiry, et autres : et le duc, voyant la riviére de l'Escaut estre grande et profonde devant Termonde, et que là convenoit passer par bateaux pour aler courre devant Gand, et pour aprocher ses ennemis d'iceluy costé, fit mander ouvriers de toutes pars pour faire un pont sur tonneaux, à cordes et à planches : et, pour deffendre ledict pont, fit, outre l'eau, faire un gros boulovart de bois et de terre : et là se logérent le signeur de Ternant et le signeur de Humiéres, tous chevaliers de la Toison d'or, sachans et experimentés en armes : et avoyent la charge et conduite tant de l'ouvrage, comme de la garde d'iceluy costé.

Le jour de l'Ascension Nostre-Signeur, au poinct du jour, passérent le pont le signeur de Launoy, le signeur de Humiéres, messire Jaques de Lalain, et messire Jehan, bastard de Renty, acompaignés de plusieurs jeunes chevaliers et nobles hommes, qui desiroyent d'eux éprouver contre les ennemis. et tirérent à un gros vilage à trois petites lieues près de là, que l'on appelle Locres (1). Celuy jour conduisoit les archers ledict messire Jehan, bastard de Renti; et avoit aveques luy la plus-part des archers du duc, dont il estoit capitaine. Si passa une grande eaue qu'il faut passer à un pont de bois, et entra au vilage, et mit les Gandois en fuite, qui ne se doutoyent point de sa venüe : et aucuns se retrairent en l'eglise, et tantost passérent les autres chevaliers et leurs routes. Si commencérent les archers à fourrer et à piller le vilage, et les autres à assaillir ceux qui estoyent retraits au clocher du monstier : et demourérent en tel desroy, sans ordre et sans guet, pres de deux heures : et tandis les cloches des vilages gandois sonnérent l'effroy, et les Gandois fugitifs coururent es autres gros vilages, et se rassemblérent plus de trois mille hommes, et vindrent marcher en deux compaignies, les uns droit au vilage, et les

---

(1) *Locres :* lisez *Lokeren.*

autres sur costiére, à la couverte des hayes et des plessis (1): et tant firent qu'ils gaignérent le pont, par où les gens du duc estoyent entrés audict vilage, où ils mirent le feu en leurs propres maisons: et, à l'avantage du vent, surprirent, brulérent et occirent plusieurs de noz gens, et la pluspart mirent en desroy et en fuite : et quand ils cuidérent regaigner la riviére par le pont, ils trouvérent les Gandois, qui leur couroyent sus à longues picques et avec arbalestes : et enfondroyent chevaux, et tuoyent gens sans mercy ou repit : et les gens du duc repassérent la riviére (qui moult estoit grande et perilleuse) à nou (2) de cheval et de pié, à moult-grand danger : et les chevaliers qui la conduite avoyent mirent moult-grand peine de rassembler et de ralier leurs gens.

Or, pource que bien-faict ne doit estre teu ne celé en sa verité, il faut bien, à ce besoing, que je parle du bien-faict et de la vaillance que fit ce jour le bon chevalier messire Jaques de Lalain. Il couroit en sa personne là où il voyoit la plus-grand'presse d'ennemis et le plus grand besoing pour ses gens secourir. Il combattoit l'espee au poing, comme un chevalier sans paeur et sans doute, et passa et repassa la riviére par plusieurs-fois : et sauva si-grand nombre de gens de mort et de peril, que tous luy donnérent l'honneur de la journee : et disoyent au retour tous les compaignons, en generalité, que la chevalerie de messire Jaques de Lalain les avoit préservés de mort. Cinq chevaux eut occis dessous luy celuy jour : et quand il cuida avoir tout achevé, et mis ses gens à sauveté devant luy, comme le bon-

---

(1) *Plessis*: jardins clos. — (2) *A nou*: à la nage.

pasteur fait ses brebis, il sceut que son frére Philippe de Lalain estoit enclos des ennemis. Si retourna, et fut suyvi d'aucuns, et à force d'armes recouvra son frére des ennemis. Et qui me demanderoit qui furent ceux qui le suyvirent, et dont il se loüa fort de leur bonne compaignie pour celuy jour, certes je le sçay par ledict messire Jaques : et fut Gaspart de Dourtan, un escuyer bourgongnon (qui fit armes à luy en Bourgongne); Jehan Rasoir, escuyer de Hainaut, son serviteur (qui fit armes aussi en Bourgongne contre Michau de Certaines, comme il est escrit cy-dessus); et un fol-joyeux (qui estoit au comte de Charolois), nommé Andrieu de La Plume : et de ces trois se loua fort le chevalier, pour celuy jour, sur tous autres.

Finalement se partit la journee, à foule et perte de noz gens : mais toutesfois perdirent les Gandois trop plus de gens, sans comparaison, que ne firent les nostres : et le duc de Bourgongne (qui bien sçavoit que ses gens avoyent eu à souffrir) les attendit au boulovart outre la riviére, et là fit aporter son souper : et soupérent aveques luy les chevaliers qui avoyent esté à la journee : et fit seoir messire Jaques de Lalain empres luy, et au-dessus de luy : et dît qu'il vouloit tenir les anciennes bonnes coustumes, qui estoyent que l'on devoit honnorer le meilleur chevalier du jour.

Le duc de Bourgongne, voyant que le pont qu'il avoit fait faire estoit fort assez pour passer grande armee, et que les tonneaux, les cordes et les planches levoyent et soustenoyent tel faix que l'on leur vouloit bailler, prit conseil de faire passer et courir plus-grande puissance : et, assez tost apres la journee devant-dicte, le signeur de Crouy en eut la charge, et fut chef pour celuy jour : et menoit et conduisoit l'estendard du duc de Bourgongne, et le portoit pour celuy jour, Maillart de Fleschin, un escuyer de Picardie, escuyer d'escuyérie du duc : et fut acompaigné iceluy estendard par Adolf, monsieur de Cléves, neveu du duc; par Cornille, bastard de Bourgongne; par le signeur de Ternant, par messire Jaques de Lalain., et moult-d'autres signeurs, qui passérent le pont par un mardy : et pource qu'on fut averti que les Gandois estoyent à grand nombre en un vilage my-chemin de Termonde et de Gand, nommé Hovermaire (1), où ils gardoyênt un haut et puissant boulovart qu'ils avoyent fait pour garder et deffendre iceluy vilage de Hovermaire, marcha la compaignie celle part : et le comte de Sainct-Pol, messire Jehan de Crouy, messire Jaques de Luxembourg, et plusieurs autres, grandement et noblement acompaignés, estant mandés et avertis par le duc de Bourgongne, partirent de leur garnison d'Allost, et vindrent à Termonde, et passérent le pont en moult-bel ordre, suyvant la premiére compaignie : et le signeur de Crouy et sa route tiroit tousjours avant : et furent ordonnés, par maniére d'avantcoureurs, le signeur de Ternant et messire Jaques de Lalain, acompaignés de Michau de Changy, d'Anthoine de Lornay, et d'autres.

Si trouvérent les Gandois sur leur boulovart en grand nombre, et en grand appareil de deffense : et me souvient que le signeur de Ternant, en sa per-

---

(1) *Hovermaire*, lisez *Overmaire*. L.

sonne, moustra les ennemis, et dît: « Beaux-signeurs, « voilà les ennemis et rebelles de nostre prince. Or « y perra (1) ce jourd'huy qui bien le fera. » Et prestement furent pointes de soulies coupees: et hommes-d'armes et archers se mirent à pié, qui mieux mieux. Là furent chevaliers nouveaux faicts en grand nombre par le signeur de Crouy: Adolf, monsieur de Cléves; Cornille, bastard de Bourgongne; Philippe de Crouy, fils du signeur de Cimay; Jehan de La Trimouille, signeur de Dours; Guy de Brimeur, signeur d'Hymbercourt; Philippe de Crévecueur, signeur des Cordes; Charles, fils du signeur de Ternant; Philippot de Jacourt, signeur de Villarnoul; et grand nombre d'autres, les noms desquels je n'ay peu retenir ne savoir; et, selon que les chevaliers nouveaux estoyent faicts, ils marchoyent contre ledict boulovart, qui fut promptement assailli. Mais les Gandois, quand ils virent venir et aprocher enseignes et gens les uns apres les autres, et que l'on les assailloit si baudement, ils se mirent à la fuite, et abandonnérent les deffenses: et furent chacés pesle-mesle, et plusieurs en y eut d'occis: mais ils avoyent grand avantage, tant pource qu'il faloit gaigner et monter ledict boulovart sur eux, comme pource qu'ils estoyent legérement armés, et le chaud estoit grand, et le sablon pesant et chaud à marcher, et fort au desavantage de noz hommes-d'armes: et certes l'un des premiers hommes que je vey sur le boulovart fut messire Jaques de Lalain. Messire Adolf de Cléves, et messire Cornille, bastard de Bourgongne, montérent promptement sur ledict boulovart sans attendre et sans marchander,

---

(1) *Y perra*: il paroîtra; on verra.

et poursuyvirent les ennemis moult-longuement, à pié : et me souvient que Guillaume de Sainct-Songne, un moult notable escuyer qui gouvernoit et avoit nourry ledict bastard de Bourgongne, courut au-devant, et l'arresta, et luy dit : « Comment, mon-
« sieur, voulez vous, par vostre verdeur et jeunesse,
« mettre ceste noblesse en danger, qui vous suit à
« pié, à pesantes armes, et par telle chaleur qu'il
« faut les plusieurs porter et soustenir par les bras?
« Vous devez estre le chastel et le fort où tous les
« autres se doivent rassembler et fortifier : et l'on ne
« vous peut consuyr (1) ne ratteindre; et certes si
« les ennemis retournoyent, et vous trouvoyent en
« tel travail et desroy, ceste vaillance vous seroit
« tournee à honte, par le dommage qu'à vostre cause
« pourroit avoir la compaignie. »

Le bon chevalier (qui moult obeïssoit à celuy qui l'avoit nourry) s'arresta, et se rassembla chacun à l'entour de luy : et tandis fut le boulovart rompu : et à cheval monta messire Jehan de Crouy (qui estoit venu en la seconde compaignie), et passa son enseigne et sa compaignie, et chacea jusques à Gand : et furent les chevaux ramenés à ceux qui estoyent descendus à pié : et tandis que ces choses se faisoyent, les Gandois estans à Locres en grand nombre, sachans que leurs compaignons, estans à Hovermaire, avoyent à souffrir, se partirent bien trois mille hommes, et vindrent celle part : et cuidérent enclorre la compaignie par derriére, pensans qu'encores durast l'assaut au boulovart : et si bien avint que la compaignie qui avoit assailli estoit desja à cheval : et le comte

(1) *Consuyr* : suivre.

Louis de Sainct-Pol et sa compaignie (qui ne s'estoyent bougés de la bataille, ne rompu leur ordre, pour chose qui fust avenue) fut assez-tost averti de la revenue des Gandois, tant par la poudre qui se levoit en leur chemin, comme par aucuns chevaucheurs qui se perceurent d'eux. Si se mit chacun en devoir et en ordre pour recevoir iceux Gandois.

Fiérement marchérent lesdicts Gandois, et reculérent ce qu'ils trouvérent de noz gens : et avoyent archers et arbalestriers qui tiroyent devant leur bataille. Si trouvérent un grand fossé, où ils s'arrestérent, se mirent en bataille, et attendirent les uns les autres : et noz gens aprochérent, et entrérent partie en un champ devant eux, et de costé furent envoyés environ cent archers, qui tirérent tous à une fois sur costiére : et commença le hu et le cry de toutes pars, et prestement se rompirent lesdicts Gandois, et se mirent en fuitte : et certes il en mourut bien à celle rencontre quinze cens : et fut un droit enoysellement (1), et un gibier pour les jeunes et nouveaux chevaliers, dont plusieurs y en avoit qui estoyent nouveaux gens-d'armes : et s'en retourna la compaignie à Termonde celle nuit, menant grande proye de prisonniers, de bagues et de bestial conquis sur les ennemis.

Le vingt-cinqiéme jour de may, le comte d'Estampes estant à Audenarde, fort-acompaigné de la noblesse et puissance de Picardie, fit une emprise pour aler gaigner sur les Gandois le vilage de Néve (2)

---

(1) *Enoysellement* : chasse aux oiseaux. — (2) *Néve*, lisez *Nevèle*. Le comte d'Etampes vouloit se venger des Gandois, qui quelques jours auparavant avoient brûlé Vive, bourgade qui lui appartenoit.

en Flandres, que les Gandois et le peuple, leur aidant et bien-veuillant, avoyent moult-fort fortifié : et y estoyent grand nombre de vilains assemblés. Si fit le comte ouvrir les portes devant le jour, et marcha l'enseigne de messire Anthoine, bastard de Bourgongne, la première : et vindrent bien-matin es barrières de Néve; et descendirent à pié, aveques les archers, le signeur de Herin, Guyot Dusie, Errard de Digoine, Sibvet Pellerin, et plusieurs autres jeunes gens, qui tousjours queroyent à eux monstrer, où qu'ils se trouvassent : et fut l'ecarmouche si-bien et si-hardiment entreprise et conduitte, qu'ils reboutèrent les ennemis, et entrèrent audict vilage à puissance d'armes : et s'enfuirent les Gandois à petite perte de leurs gens.

Si commencèrent archers et compaignons à piller et fourrer les maisons, pour butiner et pour gaigner : et se dereiglèrent tellement que les enscignes demourèrent toutes seules, excepté d'aucuns gens-de-bien, à qui le dereigle et la pillerie déplaisoit moult : mais autre chose n'y pouvoyent faire. Et tandis se rassemblèrent les Gandois fugitifs, aveques autres qui leur venoyent au secours : et vindrent par la porte par où estoyent entrees les enseignes du comte d'Estampes : et quand ils les veirent venir, aucuns, qui bien sçavoyent le dereigle des gens-d'armes parmy le vilage, fermèrent une barriére qui estoit devant un pont faict en haste sur un grand fossé profond qui clooit ledict vilage. Mais incontinent y vindrent le signeur de Herin, et Jehan de Chassa, dict le Benestru, et un grand tas de jeunes gens pleins de feu et de courage, qui sans grand conseil ouvrirent la barriére, et sans attendre archers ou aide marchérent dehors, et coururent sus aux premiers ecarmoucheurs des Gandois, et les reculérent jusques à l'ombre d'une grosse cense, où Gandois s'estoyent embuschés à grand nombre. Si saillirent sur iceux hommes-d'armes, et en occirent et blecérent : et reculérent ceux qui se peurent sauver si-lourdement par le pont, qu'aucuns y furent noyés, et autres en grand danger.

Là fut tué Sibvet Pellerin, qui moult-vaillamment s'estoit monstré celuy jour. Celuy Pellerin estoit un escuyer du Dauphiné qui avoit esté nourri en la maison du duc de Bourgongne, et son page aveques moy, et mon compaignon : et estoit apparent (s'il eust vescu) d'estre fort-renommé de vaillance. Là fut occis le signeur de Herin, nommé messire Anthoine; un chevalier de Picardie vaillant et moult-bon corps, Jehannequin Le Prevost, Charlot de Moroges, et autres : et là furent blécés, et en grand danger, Errard de Digoine, Guyot Dusie, Jehan de Chassa, et moult d'autres, lesquels furent plus-sauvés par l'aide de Dieu que par autre cause : et de ce coup se boutérent les Gandois dedans le vilage, et en regaignérent et conquirent bien la moitié, avant que l'on y sceust remedier.

Le comte d'Estampes fit sonner à l'estendard par ses trompettes, et ne pouvoit ses gens rassembler : et fit Philippot Bourgeois, un escuyer de Nivernois qui portoit l'estendard du comte, moult-bon et asseuré devoir : et là se rassemblérent les enseignes de messire Anthoine, bastard de Bourgongne; de messieurs de Haubourdin, de Saveuses, d'Emeries, de Rubempré, de Miraumont, de Neufville, d'Aplaincourt, et autres : et marchérent vaillamment icelles enseignes, sans attendre ou regarder qui les suyvoit. Si reprit chacun cueur et hardement, et marchérent archers et hommes-d'armes, et reboutérent et deconfirent de-rechef les Gandois; et de celle recharge receurent les Gandois une moult-grande perte : car aucuns, qui ne sçavoyent où se garentir ne sauver, se rétraïrent en grand nombre sur une motte close d'eaue et de marests : et furent tellement bersaillés (1) de traict qu'ils se vindrent rendre, pour tout garant, es mains de leurs ennemis, et furent tous occis sans mercy. Moult fut le comte déplaisant des gens-de-bien qu'il avoit perdus celuy jour : et aussi furent les autres signeurs qui les congnoissoyent; mais il les convint passer et porter, par la fortune de la guerre. Si fut trouvé par conseil que l'on ne pourroit les corps emmener : et furent mis en une maison, et y fut bouté le feu, et par tout le vilage de Névé : et se remit le comte au chemin, pour retourner à Audenarde : mais les vilains du païs avoyent les arbres abatus sur les chemins, et s'estoyent assemblés et armés : et tout le jour firent desroy et effroy, ou devant ou derriére la compaignie; et bien le pouvoyent faire : car tout le païs est tout fossillé (2), à l'avantage des gens-de-pié, et au desavantage de ceux de cheval. Là fut tué un escuyer maistre-d'hostel du comte, nommé Janin Dinde, et moult de gens et de chevaux navrés et blecés : et ainsi se passa la journee.

Ainsi se faisoit la guerre entre le duc et les Gandois, ses rebelles : et y eut moult d'emprises et de

---

(1) *Bersaillés* : blessés. — (2) *Fossillé* : rempli de fossés.

rencontres faictes d'un costé et d'autre, et moult de gens pillés, et tués par petites compaignies, dont ensemble se trouveroit grand nombre : et se tindrent assez prcs de La Hamette et de Renais, par les bois et par les fortes hayes, aucuns Gandois, qui se nommoyent les compaignons de la verde Tente : lesquels firent moult de maux et de pillages sur les gens du duc : et pource que le païs du Was (qui sied entre le Lis et l'Escaud), et aussi le païs des Quatre-mestiers, estoit le droit païs, et la droite sourse, et la fourmillére où estoit et dont naissoit le plus-grand pouvoir de ceux de Gand ; le duc se delibera de passer l'Escaud, pour entrer en iceluy païs à toute puissance.

Si fit au lieu de Terremonde son appareil et son mandement : et vint le duc Jehan de Cléves son neveu, moult bien acompaigné de nobles hommes, et de crennequiniers d'Alemaigne : et, par un mardi cinqiéme jour de juin, furent envoyés les mareschaux des logis, fourriers, et autres : et fut chef le signeur de Contay, pour lors maistre-d'hostel de la duchesse de Bourgongne, un moult-notable, vaillant et diligent chevalier, et lequel estoit lieutenant pour le marcschal de Bourgongne, et fu envoyé aveques luy pour le logis du comte de Charolois : et pour chacun signeur y avoit gentils-hommes envoyés, un ou plusieurs, pour faire les logis. Celuy mardi, nous passasmes l'eaue devant Riplemonde, et passasmes environ trois cens combatans : et trouvasmes un escuyer gascon qui se nommoit Bertrandon, et estoit capitaine du chastel dudict Riplemonde. Celuy nous dît tout haut : « Beaux signeurs, la nuict aproche, et

« vous estes pres de voz ennemis : et suis asseuré qu'à
« Themesie (1) a deux mille Gandois qui n'attendent
« que nouvelles de vostre descente : et d'autre part,
« cy au plus-pres, en ce vilage que pouvez veoir, a
« tresgrosse puissance aprestee contre vous. Si pen-
« sez de vous clorre et asseurer pour vous deffendre,
« si besoing en avez : car, pour chose qu'il avienne,
« je n'ouvriray le chastel que mon prince m'a baillé
« en gardé, si je n'ay autres nouvelles, lettres et en-
« seignemens de luy. » Si se mirent les principaux
ensemble. Là estoit messire François l'Arragonnois,
pour lors maistre de l'artillerie, qui avoit par bateaux
amené dix ou douze serpentines, à legers chariots.
Là estoit messire Jaques signeur de Harchies, le signeur de Rabaudanges, et autres. Si parla le premier
le signeur de Contay, et dit : « Beaux signeurs, com-
« bien que le vilage soit tout brulé et vague, il nous
« y convient choisir une place, et la clorre sur les
« ennemis de ce que nous avons d'artillerie, et faire
« un feu, et demourer en armes tous ensemble ceste
« nuict. »

Ainsi fut faict, et la place prise devant l'eglise, et
ordonnés et mis gens-de-bien à pié et à cheval pour
escoutes : et les Gandois (qui estoyent à Vasselle (2),
si-pres de nous qu'à veüe de vilage) firent grand
guet de leur costé, et ne furent pas avertis de nostre
convive : et pour celle nuict ne fut rien empris les
uns sur les autres. Le lendemain au plus-matin, le
comte de Sainct-Pol et le signeur de Cimay (qui conduisoyent l'avantgarde) passérent en leurs personnes.
Le signeur de Contay et plusieurs autres leur alerent

(1) *Themesie* : Tamise. — (2) *Vasselle*, lisez Baerssele. L.

au-devant. Si demanda le comte audict signeur de Contay où son logis estoit delivré, lequel luy respondit et monstra que l'on avoit delivré son logis à l'entree du vilage de Vasselle en certaines maisons : mais il convenoit voisiner aveques les ennemis, qui estoyent en grand nombre audict Vasselle. Lors dit le comte de Sainct-Pol que si pres ne pouvoyent loger sans debat. Si renvoya les charriéres et les bateaux où il estoit passé, et de ses gens pour faire passer hastivement mille archers à pié, et trois cens lances à deux chevaux pour hommes d'armes, pour le plus : et tandis alérent le comte et le signeur de Cimay ouir messe, et furent ceux qu'ils avoyent ordonnés tantost passés : car ils avoyent quatre grandes charrières et d'autres batteaux à passer gens-de-pié. Si fut prestement sonné, et commandé que chacun s'apprestast pour combatre les ennemis : et marchérent les enseignes, qui furent passees, et ces archers à pié, qui moült desiroyent de grever leurs ennemis.

Quand les Gandois sentirent venir et veirent aprocher les compaignies, ils se retraïrent à garder un gros boulovart qu'ils avoyent fait et élevé sur le grand chemin : mais peu y arestérent, que les archers ne le fissent desemparer : et en y eut plusieurs morts et pris, et les autres s'enfuirent; mais grande partie d'eux furent si-pres-hastés et suyvis, qu'ils se retraïrent en une petite maison close d'eaue, et autres en un monstier. En ces deux lieux, et à une fois, furent Gandois assaillis, et dura l'assaut plus de trois heures : et le comte de Sainct-Pol (qui tousjours doutoit la rencharge des Gandois) entretenoit les hommes-d'armes sous l'estendard le mieux qu'il pouvoit ; mais les jeunes gens estoyent fors (1) à tenir en ordre, et se déroboyent pour aler assaillir aveques les archers, et tellement que les enseignes demourérent (telle fois fut) petitement acompaignees; et le comte dît par plusieurs fois : « Nous nous mettons en desordre contre « la doctrine de la guerre, et peut estre noz enne- « mis sont plus-pres que nous ne pensons. Chacun « se veut avancer, et cuide bien faire : mais je dy « qu'il acquiert assez honneur, qui se garde de honte. »

Le signeur de Cimay mettoit grand'peine de recueillir ses gens : et avint que l'eglise et le chastel furent si-fiérement assaillis, que les Gandois demandérent les capitaines pour eux rendre ; et allérent celle part le comte et le signeur de Cimay : et tandis les Gandois, qui se tenoyent à Themesie, et autres, s'assemblérent environ trois mille, et avoyent plusieurs chariots de petite artillerie et legére : et abordérent droit devant l'estendard des hommes-d'armes, et trouvérent la compaignie en petit ordre. Si se monstrérent les Gandois à une foule moult-fiérement, et s'arrestérent, pour le creux d'un grand chemin. Là vey je Guy de Benthun (qui portoit l'estendard du comte de Sainct-Pol) marcher sur les ennemis, sans regarder qui le suyvoit : et endura et soustint, sans démarcher, moult-vaillamment, et fut moultlonguement sans grand secours ou aide. Toutesfois chacun recourut à son enseigne, et revint le comte à son estendard, qui fut suivy de ses gens ; et d'autre part le signeur de Cimay ralia les archers, et vint, à la couverre des hayes du vilage, donner sur costiére

(1) *Fors*, ou plutôt *forts* : difficiles.

de ses ennemis. Si fut marché sur eux baudement, d'un costé et d'autre : et combien que les Gandois eussent grand ordre et grand vouloir, toutesfois si se mirent ils prestement en roupture et deconfiture : et furent gaignés leurs chariots et artillerie, dont ils avoyent assez amené aveques eux : et se continua la chace loing et longuement.

Le duc de Bourgongne (qui fut de l'autre part de la riviére) ouit le hu et la noise qui se faisoit à l'ecarmouche d'une part et d'autre. Si entendit que les premiers avoyent à besongner, et se bouta en une petite nacelle, luy et son fils le comte de Charolois, et son neveu le duc de Cléves, et messire Cornille, bastard de Bourgongne : et passa l'eaue : et, selon que les gens-d'armes passoyent, ils les faisoient mettre en bataille, pour soustenir ce que besoing faisoit : et tousjours passoyent gens-d'armes, à force et à puissance; et chacea le comte de Sainct-Pol jusques à ce que le signeur de La Hauverdrie et autres luy certifiérent qu'ils avoyent veu les Gandois entrer es barriéres et fermetés de Gand : et certes les Gandois perdirent celuy jour bien deux mille hommes, et le bon duc recueillit les signeurs et les compaignons moult-agreablement : et, durant l'ecarmouche, passoyent les gens-d'armes, comme dict est. Le comte d'Estampes (qui pour ce jour faisoit l'arriéregarde) fut averti qu'aucuns Gandois vouloyent rompre une digue : par quoy l'eaue pouvoit nuire et grever l'armee, comme l'on disoit. Si fit passer des archers en petit nombre, qui rompirent icelle emprise, et en tuérent et prirent : et ainsi se passa celle journee, et dura le passage des gens-d'armes celuy jour, et la plus-part du jeudy ; et estoit la compaignie grosse et belle : car le duc de Cléves vint servir le duc son oncle à quinze cens chevaux, gens moult-bien montés, et armés à la façon et guise d'Alemaigne : et disoit on l'armee du duc de Bourgongne de huict à neuf mille combatans, et non plus.

Le vendredy, au poinct du jour, fut faicte une alarme : et se tira chacun à son enseigne, armé et embattonné comme il appartient : et fut ordonné que chacun seroit à pié, exceptés les chevaucheurs et découvreurs, au nombre de cent chevaux-legers, pour sçavoir des nouvelles et convive des ennemis. Si tira le duc et ses enseignes en une grande place qui est entre Vasselle et Ruplemonde, et sur la venue de ceux de Gand. Hervé de Meriadet portoit celuy jour l'estendard du duc : et le conduisoit le bastard de Bourgongne, qui moult bien le sçavoit faire. Et combien que le comte Charles fust jeune, et en sa premiére armee, toutesfois il marchoit, ou l'espee ou le batton au poing : et tenoit gens en ordre et en bataille, et se faisoit douter et obeïr : et monstroit bien que le cueur luy disoit et apprenoit qu'il estoit prince né et élevé pour autres conduire et gouverner. Fiére chose fut à voir telle assemblee, telle noblesse et tel peuple : dont seulement la fierté de l'ordre, la resplendisseur des pompes et des armeures, la contenance des estendards et des enseignes, estoit suffisant pour ébahir et pour troubler le hardement et la folle emprise du plus-hardi peuple du monde : et demourérent les batailles en ordre jusques il fut haute heure, que les chevaucheurs raportérent que ce n'estoit rien. Si se retraït chacun en son logis : et certifie qu'avant qu'il fust midy l'on eut deux ou trois alarmes en l'ost, suivans l'un l'autre : et sailloyent les enseignes hors du logis, et les gens armés, à pié et à cheval : et, à ce que j'entendi depuis, ce fut par les chevaucheurs; qui veirent saillir ceux de Gand et leur charroy, se mettans en ordre autour de leur vile (1) pour venir combatre leur signeur : dont messire Louis de Mamines fit le vray raport, comme vous orrez cy-apres. Celuy jour, environ une heure apres midy, le duc (qui fut averti que les Gandois à tout effort estoyent issus de Gand pour venir leur signeur assaillir et combatre) se mit aux champs, les archers à pié, et les autres à cheval : et fut le champ pris entre Ruplemonde et Vasselle : et laissa le duc aprocher les Gandois, et venir jusques au vilage, et le plus-avant que faire se peut.

Le comte de Sainct-Pol et messire Jehan de Crouy eurent la premiére écarmouche : et le duc de Bourgongne envoya le duc de Cléves et sa compaignie tenir le visage à la venue de Themesie, où l'on disoit que s'estoit assemblé grand nombre de Gandois : et doutoit on qu'ils ne vinssent à puissance de costé, ou par derriére; et à cesté cause fut mise la bataille du duc, par deux ou trois fois, à rechange de place. Là fit le bon duc chevaliers, de sa main, l'infant Jehan de Portugal, fils du duc de Coïmbres; Philippe Pot, signeur de La Roche; Guillaume Raolin, signeur de Beauchamp; Guillaume de Sainct-Songne, Michau

---

(1) *Autour de leur vile :* Tout ce récit semble invraisemblable, parce que l'armée du duc de Bourgogne étoit alors à huit grandes lieues de Gand. Il paroît, suivant l'ancien commentateur, qu'il s'agit ici de la ville de Tamise.

de Changy, Anthoine et Philippe, bastards du duc Anthoine de Brabant, et moult d'autres. Là vey je messire Louis de La Viévile, signeur de Sains, relever banniére : et le presenta le roy-d'armes de la Toison d'or : et ledict messire Louis tenoit, en une lance, le pennon de ses plaines armes; et dît ledict Toison :
« Mon tresredouté et souverain signeur, voycy vostre
« humble suget messire Louis de La Viévile, issu d'an-
« cienne banniére à vous sugette : et est la signeurie
« de leur banniére entre les mains de son aisné : et
« ne peut ou doit, sans meprendre, porter banniére
« quant à la cause de La Viévile, dont il est issu :
« mais il a par partage la signeurie de Sains, ancien-
« nement terre de banniére. Parquoy il vous supplie
« (consideree la noblesse de sa nativité, et les services
« faicts par ses predecesseurs) qu'il vous plaise de le
« faire banneret, et le relever en banniére : et il vous
« presente son pennon armoyé, suffisamment acom-
« paigné de vingt cinq hommes-d'armes pour le moins,
« comme est et doit estre l'ancienne coustume. »
Le duc luy respondit que bien fust il venu, et que voulontiers le feroit. Si bailla le roy-d'armes un couteau au duc, et prit le pennon en ses mains : et le bon duc, sans oster le gantelet de la main senestre, feit un tour au tour de sa main, de la queue du pennon : et de l'autre main couppa ledict pennon, et demoura quarré : et, la banniére faicte, le roy-d'armes bailla la banniére audict messire Louis, et luy dît : « Noble chevalier, recevez l'honneur que vous
« fait aujourdhuy vostre signeur et prince; et soyez
« aujourdhuy bon chevalier, et conduisez vostre ban-
« niére à l'honneur de vostre lignage. »

Ainsi fut le signeur de Sains relevé en banniére : et prestement se présenta messire Jaques, signeur de Harchies, en Hainaut : et porta son pennon suffisamment acompaigné de gens-d'armes, siens et d'autres, qui l'acompaignoyent. Celuy messire Jaques requit à son souverain signeur, comme comte de Hainaut, qu'il le fist banneret en la signeurie de Harchies ; et, à la verité, bien luy devoit estre acordé : car il estoit un tresvaillant chevalier de sa personne, et avoyent luy et les siens honnorablement servi en toutes guerres. Si luy fut acordé : et fut faict banneret, celuy jour, le signeur de Harchies : et de ces deux banniéres je fay difference, d'autant que l'un reléve sa banniére, et l'autre entre en banniére : et tous deux sont nouveaux bannerets celuy jour, comme dict est ; et ay voulontiers ceste chose escrite, afin que ceux qui apres viendront sachent ce que j'ay apris et compris des cerémonies appartenantes à noblesse, pour en cueillir le fruit, et laisser le mauvais.

Ainsi se firent chevaliers et banniéres : et le comte de Charolois faisoit chevaliers en sa premiére bataille, et aprenoit œuvres de prince à faire. Là fit il chevalier Jehan de Rossimbos, signeur de Formelles, son second chambellam, et Baudoin de Noyelles, son maistre-d'hostel ; et moult d'autres dont il ne me souvient. Le comte d'Estampes, et messire Anthoine, bastard de Bourgongne, tenoyent une moult-grosse arriére-garde, ainsi que sur costiére, pour joindre et pour secourir, si besoing faisoit ; et, comme dict est, sur l'avantgarde cheut l'écarmouche, et se trouvérent les Gandois en moult-grand nombre.

Si commencérent trompettes à sonner, artilleries à poudre de toutes pars à tirer, et archers à huer, à marcher, et à tirer de moult-grand courage : et s'avança messire Jaques de Luxembourg chevaleureusement, sur un coursier bon et puissant; mais le cheval fut abatu sous luy par les Gandois, et y eut de grandes armes faictes à le secourir et recourre. Fiérement fut la premiére pointe combatue : mais les Gandois ne peurent le traict ne le faix des gens-d'armes porter ne souffrir : et se mirent à la fuite et desroy, et se mirent les derniers et seconds à fuïr, de l'effroy des premiers. Advint que messire Cornille, bastard de Bourgongne, quand il veit les Gandois branler, se déroba de la bataille où il estoit aveques le duc son pére, et fut suyvi des jeunes gens de sa chambre en petit nombre : comme Jaques Dorsan, Pierre Chenu, Tierri de Charmes, Jehan de Longchamp, et de peu d'autres ; et vint passer le chevalier à un passage, où il rencontra les Gandois à grosse flotte, qui s'en fuyoyent ensemble et serrés. Si ne regarda pas le noble chevalier quel nombre et quelles gens : mais coucha sa lance, et les rompit, et en abatit plusieurs de celle rencontre : et fut suyvi courageusement des nobles hommes dessusdicts. Mais ainsi avint que Fortune (qui a les yeux bandés, et qui ne congnoit ne veut grand ne petit congnoistre, ains de sa perverse condition, et proprieté irraisonnable, ressemble l'aigle ou l'oyseau de proye qui se fiert parmi les coulombs, et ne quiert ne demande que des meilleurs pour sa pasture et proye), guida la picque ou la lance aigue d'un vilain, maudit et déloyal : et fut atteint le noble chevalier en la bouche d'un coup en montant, tellement qu'il eut la teste persee en-dessus, et luy cheut le sang et la cervelle en la bouche, et prestement mourut.

De grandes armes firent les nobles hommes dessus-dicts, et grandes diligences : et moult y eut de Gandois piteusement occis, tant pour la deconfiture que pour la vengeance d'icelle mort : et fut l'endemain certifié, par gens à ce commis, que l'on avoit compté sur le lieu plus de trois mille hommes morts. L'honneur, la journee et la victoire demoura au duc : mais il fit si grande perte, à la maison de Bourgongne, en la mort du bastard, que la vengence de cent mille vilains morts à ceste cause ne sauroyent la perte satisfaire. Grand deuil et grand regret fit le bon duc à-part de son bastard, que moult aymoit. Aussi fit le comte de Charolois, et messire Anthoine, bastard de Bourgongne, son frere : et de là en-avant ne fut plus appelé ledict messire Anthoine par son nom, mais bastard de Bourgongne seulement. Ainsi se departit celle journee ; et le corps de messire Cornille fut envoyé à Brucelles, et le fit enterrer la duchesse à Saincte-Goule, moult-honnorablement : car elle l'aimoit moult pour ses bonnes vertus : et fut mise sur luy sa banniére, son estendard, et son pennon : et depuis me dît Toison d'or qu'il n'appartenoit à homme ces trois choses estre mises en pareure sur sa sepulture, s'il n'estoit mort en bataille : mais bien l'un ou les deux, et non point les trois ensemble. Celuy jour, fut blecé le signeur de Cimay au pié : et messire Jaques de Lalain eut la jambe faucée d'une pique : et demeurérent pour aucuns jours au chastel de Ruplemonde, et jusques à ce qu'ils se peurent aider.

Or fut la bataille de Ruplemonde le vendredi : et le lendemain vindrent les Holandois à grand nombre de bateaux, et furent bien trois mille combatans : et les menoyent et conduisoyent le signeur de La Vére, le signeur de Brederode, et le signeur de Launoy, gouverneur de Holande; et fut tresbelle chose à les veoir venir par la riviére de l'Escaud : et ont une maniére d'aler en armes et en guerre qui est telle, que tous les jours les nobles hommes ont les cottes-d'armes vestues, et portent les bannerets leurs banniéres depleyees, et les autres leurs pennons armoyés, depleyés : et toute celle guerre, des qu'ils descendirent de leurs bateaux, alérent à pié ou à chariots, en tel estat qu'il est escrit cy-dessus. Assez tost apres se partit le duc de Riplemonde, et tira en un gros vilage que l'on appelle Eursel (1) : et là cuidoit trouver les Gandois : mais ils estoyent tellement épouventés de la bataille, que tous ceux de ce quartier là s'estoyent retirés à Gand pour eux garentir : et fit le duc bouter le feu par plusieurs vilages en son païs rebelle, et envoya messire Anthoine, bastard de Bourgongne, le signeur de Bausignies, messire Jaques de Lalain, et les Holandois, au païs des Quatre-mestiers.

Si sceurent les Gandois que le bastard de Bourgongne estoit logé en leur signeurie, comme ils disoyent. Si eut un coutelier qui faisoit couteaux et canivets, à la marque du wibrekin, qui en françois est appelé un foret à percer vin. Celuy coutelier éleva les Gandois en grand nombre, et vindrent courre sus auxdicts signeurs, qui se mirent en bataille, et

---

(1) *Eursel*, lisez *Eluersele*. L.

leur coururent sus, et les déconfirent : et moult en
occirent et prirent : et les fugitifs de celle journee
rencontrérent les Holandois, qui estoyent logés à Eur-
selle : lesquels les déconfirent pour la seconde fois
celuy jour : et fut pris le coutelier, et pendu ; et de
tous ceux que l'on prenoit, on en faisoit justice de
main de bourreau : et congnut ledict coutelier, à sa
mort, que les Gandois luy avoyent donnee la comté
et le païs de Was : mais il en prit piteuse possession.
Ainsi faisoit le duc de Bourgongne la guerre contre
les Gandois, ses rebelles (1) : et destruisoit son propre
païs par celuy accident de sang et de feu : car l'on
mettoit ce qui estoit atteint tout à sang et à justice,
et bruloit on tout le plat-païs : dont si-grand nombre
de maisons et de vilages furent ars et brulés, qu'il
montoit en nombre à une grande province : et combien que le duc fust en ce déplaisir et haine contre
les Gandois et leurs adherans, toutesfois se tenoyent
es bois et es marests plusieurs pauvres gens, et en
grande quantité, qui se venoyent rendre à la mercy
de leur prince : et il leur pardonnoit liberalement, et
les envoyoit à sauveté, selon qu'ils se rendoyent.

(1) *Ses rebelles :* ces deux mots sont supprimés dans l'édition pu-
bliée par Laurens. On remarque encore, au revers de ce feuillet,
que, dans le titre du chapitre xxvi, le même éditeur a remplacé la
phrase suivante : *et comment les Gandois continuérent en obstination et
rebellion*, par celle-ci : *sans toutesfois riens prouffiter.* Voyez, à ce sujet,
l'Avertissement placé en tête du tome ix. (*Note du Libr.-édit.*)

CHAPITRE XXVI.

Comment le roy Charles septiéme envoya ses ambassadeurs vers le duc de Bourgongne et les Gandois, pour cuider faire paix entre eux; et comment les Gandois continuérent en obstination et rebellion.

En ce temps le roy Charles (qui desja avoit fait sa conqueste en Normandie, et desiroit de retourner en Guienne et en Bordelois contre les Anglois, et en cette guerre soy servir du comte de Sainct-Pol, et d'autres gens-d'armes qui estoyent ensongnés en la guerre de Gand) envoya son ambassade devers le duc, apres en avoir esté requis et supplié par les Gandois, se trouvans mal de leur folle emprise; et députa chef d'icelle ambassade le comte mesme de Sainct-Pol (combien qu'il fust en l'armee, comme dict est), le procureur du Roy, et maistre Guillaume de Pouppincourt. Si vindrent devers le duc en son païs de Was, et là où il estoit logé aux champs, et les receut le duc moult-honnorablement : et, apres avoir ouy leur commission, il fut content que lesdicts ambassadeurs allassent à Gand, et veissent et ouissent les raisons de ses ennemis : mais le comte de Sainct-Pol n'y voulut point aler. Si alérent le procureur du Roy et ledict de Pouppincourt celle part, et furent bien recueillis des Gandois de prime-face, pource qu'ils cuidoyent que le Roy les envoyoit devers eux pour embracer leur faict contre le duc. Si firent plaintes injuriables des termes que leur avoit tenu leur comte; comment il leur avoit voulu rompre leurs priviléges et franchises, et mettre tribut sur le sel : comment il leur avoit leurs bourgeois pris et occis, et exécutés d'espee et de corde, par main de bourreaux et autrement : comment il bruloit et exiloit les maisons et les demourances de leurs sugets et bourgeois, et leurs héritages : et sembloit, à ouir leur proposition et remonstrance, que le duc eust grand tort, de retour, qu'il ne souffroit les signeurs de Gand possesser signeurieusement du droit et signeurie de comte, comme si eux-mesmes fussent signeurs et proprietaires, ou voisins de leur prince : et congnurent assez-tost les ambassadeurs du Roy leur rebellion et voulonté, combien que, comme sages, ils entendirent le proposé des Gandois froidement, et par plusieurs journees.

En ce temps s'estoit tiré le duc à Vasmustre, un gros vilage qui sied sur l'Escaud (1) : et fut envoyé de là le comte d'Estampes faire une chevauchee par le païs; et fit ce jour une si grande chaleur de souleil, que plusieurs des chevaux de la compaignie du comte moururent celuy jour. Le comte fit rompre plusieurs boulovars faicts par les Gandois, et vint instituer devant Morbecque : mais il trouva que les Gandois avoyent fortifié le vilage (qui est clos de marests et de marescages), et avoyent enclos en leur fortification l'abaïe de Los (2) en Flandres, qui est une grosse abaïe de l'ordre de Cisteaux, et n'avoit qu'une entree, bien barree, et fossillee de grands

---

(1) *Sur l'Escaud*; lisez *sur la Dorme.* — (2) *Los*, lisez *Baudeloo.* L.

fossés, et de pertuis tout à l'entour, à maniére de piéges, pour garder que l'on n'y peust aprocher à cheval : et s'estoyent les Gandois de là environ retirés en ce lieu en grand nombre, et le deffendoyent d'artillerie et de puissance. Si ne fut point le comte conseillé d'assaillir le vilage : ains s'en retourna, luy et sa compaignie, moult-grevés de la chaleur.

Le l'endemain y fut envoyé le comte de Charolois, noblement et puissamment acompaigné du duc de Cléves, et d'autres princes et signeurs : et certes la chaleur du jour fut si-grande et si-extréme, que je vey pescher l'eaue troble aux salades, et boire l'eaue d'un fossé, et le puiser jusques à la boüe : et moururent gens et chevaux de chaud, comme le premier jour. Le comte vint devant Morbecque, et trouva le lieu fort, et gardé comme il est dit dessus. Si fut pris conseil par les princes et signeurs : et furent tous d'opinion que l'on s'en retournast, sans autre emprise faire pour celle fois : et pensoyent et pesoyent la personne du comte et sa premiére course. Mais le jeune prince tenoit opinion contraire, et disoit que les vilains, ne leur fort lieu, ne faisoyent point à craindre : et se mit en tous les devoirs que vaillant prince se peut mettre. Mais les signeurs d'Auxi et de Formelles luy remonstroyent qu'il se contentast de l'opinion des sages capitaines experimentés que le duc son pére avoit envoyés aveques luy (comme le signeur de Ternant, de Crequi et de Humiéres); et qu'il ne fist pas chose parquoy l'on dist (s'il en mesavenoit) que par sa jeunesse et verdeur il eust mis le cas de son pére en danger. Le comte ne se vouloit contenter, et bien luy sembloit bonne l'execution à cela : et, au moins, requeroit qu'il couchast celle nuict devant les ennemis, et que l'on renvoyast querre de l'artillerie, et gens (si mestier faisoit) pour assaillir le vilage le l'endemain au matin. Mais le conseil ne fut pas de celle opinion, et s'en retourna le comte sans autre exécution : dont il larmoyoit de depit et de courage; et s'il n'eust douté la desobeïssance du duc son pére, il ne s'en fust pas ainsi revenu.

En celuy lieu de Wasemustre revindrent les ambassadeurs du Roy, et fût le bon duc bien-joyeux qu'ils congnurent la grand déraison des Gandois. Si se partit le duc de Wasemustre, et chevaucha par les païs de Flandres, à grosse armee et en grand ordre, et faisoit tout bruler et destruire : et venoyent pauvres gens du plat-païs en grand nombre, eux rendre à sa mercy : et il leur pardonnoit moult-debonnairement. Au regard de Morbecque, messire Anthoine, bastard de Bourgongne (qui poursuyvit et déconfit les Gandois au païs de Quatre-mestiers, comme il escrit cy-dessus), entra à Morbecque par le costé de Gand, non fortifié, et dont ils ne se doutoyent : et pilla et brula le village, et rompit tous les forts, et enchacea les Gandois à Gand, et en prit et occît plusieurs : et le duc tira ses gens pres d'un vilage nommé Long-Pont (1), pres de la riviére de l'Escaud. Là se logea le duc emmy les champs, en tentes, pavillons et loges faictes : et prit chacun peine de soy bien loger et mettre à couvert, tant pour la pluye comme pour le souleil, et pour la chaleur, qui moult fut grand celle saison : et tous les

(1) *Long-Pont*, lisez *le passage du Long-Pont*, près de la Dorme.

jours, ou bien souvent, se faisoyent courses devant Gand par les compaignies : et se levoit l'écarmouche sur eux à petites compaignies, pour les cuider tirer aux champs; mais ils se tenoyent en leurs forts et pres de leur vile, si qu'on ne pouvoit guéres gaigner sur eux ou profiter à les envahir par telle maniére, mais beaucoup perdre.

Le passetemps pour jeunes gens qui desiroyent d'eux adventurer estoit bel : car il n'y avoit, de l'ost jusques à Gand, que deux lieues, et beau païs : et durant ce temps les Gandois (qui se voyoyent fort-serrés en leur vile, destruits par le plat-païs, et chargés du peuple fugitif, femmes et enfans) requirent licence de renvoyer devers les ambassadeurs du Roy, pour rentrer en moyen sur la pacification de ceste guerre. Si retournérent lesdicts ambassadeurs à Gand, et finalement acorda le duc une tréve, qui fut prise d'un costé et d'autre pour six semaines seulement, et la tréve conditionnee par la maniére qui s'ensuit. Premiérement, que si la paix ne se pouvoit trouver durant iceluy temps, les Gandois devoyent payer et satisfaire au duc de Bourgongne tous les interests et despens par luy portés et soustenus à l'occasion de celle guerre. *Item*, que durant iceluy temps ils ne devoyent amener ou faire amener en la vile de Gand nuls vivres ne renvitaillemens autres que ceux qui y estoyent à l'heure et au temps de la tréve prise. *Item*, ne pouvoyent ne devoyent entrer en nulles viles de Flandres, ou des autres païs du duc, sans saufconduit.

Et sur ces poincts leur fut baillé saufconduit pour cinquante hommes de la vile de Gand, leurs députés :

dont furent les chefs et principaux maistre Gilles
Boudin et maistre Anthoine Bovin : et ce pour venir
à l'Isle, où journee leur fut baillee pour journoyer
aveques les commis de-par le duc de Bourgongne,
sous le moyen des ambassadeurs du Roy françois, et
ceux dont ci-dessus est faicte mention. Et avint que
le roy-d'armes de Flandres fut envoyé à Gand pour
porter la tréve, seelee, faicte et requise à leur requeste par les ambassadeurs dessusdicts : et tandis que
l'officier d'armes aloit parler à ceux qui la vile gouvernoyent, un grand nombre de garsons et de peuple,
sans conseil ou autre commission, prirent le varlet
du heraut (qui pourmenoit ses chevaux); et sans
respit, confession ou autre cerémonie, l'alérent
pendre et estrangler, au contrevenge de la mort de
leur coutelier, dont cy-dessus est escrit. O noble et
ancienne gandoise puissance, pucelle triumphante
devant le pouvoir des hauts roys et princes, par ta
police, gouverne et magnificque obeïssance, aujourdhuy est en grand peril ta gloire, ton renom et ton
pucelage, qui es au pouvoir et dessous les mains de
ribaus, pillars et gourmans nourris et empoisonnés de
vices, sans vergongne, entendement, ou raison :
comme il appert au cas avenu presentement recité,
et dont je plain la peine des lisans, pour la honte des
facteurs.

Les tréves criees et faictes, le duc et son armee
s'en retourna, cessa de faire la guerre, ordonna ses
garnisons à Audenarde, Courtray, Allost, et en tous
les voisinages de Gand ; rompit au surplus son armee,
et envoya les gens-d'armes en leurs hostels, et prit
son chemin par Terremonde, où il ordonna le bas-

tard de Bourgongne, bien-acompaigné. Messire Adolf de Cléves fut à Courtray, attendant que le mareschal de Bourgongne fust venu aveques les Bourgongnons, si besoing faisoit. Le signeur de Cimay, grand bailly de Hainaut, fut ordonné en Hainaut, et messire Jaques de Lalain à Audenarde. Le signeur de Sains et Anthoine de Wisoc furent à Allost : et Louis, signeur de la Gruthuse, se tenoit à Bruges, capitaine de la vile, là où moult-prudemment se gouverna, à l'honneur et profit du duc, et au gré du peuple. Le duc de Cléves s'en retourna, et remmena les Clevois en son païs. De Teremonde vint le duc à Bruxelles, où il trouva la duchesse et les dames. Si recommença on à faire chéres et festeyemens : car le bon duc fut prince joyeux et envoysé (1) plus qu'autre.

De là, tira la signeurie à l'Isle. Au mois d'aoust se tenoit le conseil et le parlement pour la paix au lieu de l'Isle, par les ambassadeurs du Roy, entre les commis du duc de Bourgongne et les députés de Gand. Mais finalement ils n'apointérent, et ne firent aucune chose : et se partirent lesdicts députés, sous ombre d'aler remonstrer au peuple de Gand aucuns points qu'ils n'avoyent pouvoir de passer ou acorder, comme ils disoyent : et laissérent l'un des messagers de Gand seulement pour garder leur logis : mais au jour qu'ils avoyent baillé de revenir, ils ne revindrent point, ni ne mandérent aucune chose. Parquoy les ambassadeurs du roy de France, voyans leur obstination et voulonté perverse contre leur signeur, donnérent sentence par grand avis et deliberation, où furent compris les points cy-escrits. Premiérement, con-

(1) *Envoysé* : gai, réjoui.

damnérent iceux ambassadeurs les Gandois à clorre et fermer la porte de Gand, par où ils saillirent pour venir mettre le siége devant Audenarde contre leur signeur : et ce seulement un jour la semaine, et à tel jour qu'ils firent leur saillie. Secondement, ordonnérent que la porte, par où ils saillirent pour venir combatre leur signeur personnellement à Riplemonde, seroit perpetuellement close et murée. Tiercement, qu'ils mettroyent jus, sans les relever, les blancs chaperons; n'auroyent plus bourgeois forains, et ne feroyent plus bannissemens, sans dire et publier les causes, et pourquoy. Qu'ils ne creeroyent ou feroyent plus la loy de la vile, par la puissance de leurs mestiers : mais il y auroit quatre hommes ordonnés par le duc, comte de Flandres, leur signeur, et par le commun quatre. Ordonnérent et jugérent en outre que les banniéres, toutes, sans nulles excepter (sous lesquelles ils faisoyent leurs assemblees.), seroyent mises en un coffre fermé de cinq clefs : dont l'une garderoit le bailly, l'autre le premier eschevin, et le grand doyen auroit la garde de la tierce clef : et les autres deux seroyent mises es mains de deux preudhommes éleus par le commun de la vile de Gand : et fut dict qu'ils ne s'escriroyent plus signeurs de Gand. *Item*, que les houemens, bourgmaistres, eschevins, et les plus notables de la vile, au nombre de deux mille hommes, viendroyent en chemise une lieue hors de ladicte vile de Gand, crier mercy à leur signeur, et que les officiers domestiques du duc leur signeur, ne seroyent point sugets à la jurisdiction des Gandois, mais seroyent envoyés au duc : et, au regard de la congnoissance que pretendoyent avoir ceux de Gand sur ceux du païs d'Allost, de Termonde et d'Audenarde, fut appointé et dict que, dedans l'an révolu, les ambassadeurs ordonneroyent de celle jurisdiction, si elle demoureroit ou non. Au regard des despens qu'avoit fait le duc de Bourgongne par leur rebellion, ils furent condamnés à deux cens cinquante mille ridres, et jour et terme mis pour les payer. Lesquelles choses le bon duc (qui tousjours vouloit la grâce de Dieu et du monde pour luy) acorda et consentit : mais les Gandois, obstinés en leur perseverante malice, furent dix jours sans acorder ou contredire ceste sentence : et quand les ambassadeurs congnurent qu'ils n'auroyent autre response des commissaires de Gand, si renvoyérent un heraut au roy-d'armes du Roy audict lieu de Gand. Mais, nonobstant la cotte-d'armes des fleurs de lis, il fut en danger de sa vie, et ne peut présenter ses lettres : mais fut tout joyeux d'estre quitte des mains des Gandois, et s'en revint sans autre chose faire.

Les ambassadeurs, voyans ceste chose, prirent congé du duc de Bourgongne, et s'en retournérent en France. Les Gandois, obstinés et perséverans, s'émeurent de-rechef, et firent capitaine de la verde tente un nommé le bastard de Blanc-Estrain. Celuy assembla tous les mauvais garsons de Gand, saillit de la vile, prit Hulst et Ascelle, et vint à puissance devant la ville d'Allost : et quand messire Louis de La Viéville, signeur de Sains, et messire Anthoine de Wisoc (qui avoyent la garde de la vile), virent les Gandois venir en si grand nombre, ils deffendirent que leurs gens ne saillissent en aucune maniére, et mirent les gardes ordonnés aux portes et murailles.

Les Gandois aprochérent la muraille, et livrérent l'assaut : mais ils furent durement recueillis de traict à poudre, d'arbalestes, de cailloux et de pierres, et ne profita rien leur assaut : ainçois perdirent plusieurs de leurs gens, et furent réculés de l'assaut. Si s'arrestérent Gandois à un boulovart qui n'estoit pas encores parfaict : et l'assaillirent si fiérement, que l'on cuida (telle fois fut) qu'ils le deussent emporter et gaigner. Si fut renfort baillé pour ledict boulovart garder, et furent Gandois reboutés à leur honte et perte : et à la deffense dudict boulovart fut tué un escuyer de la vile de Gand, nommé Lievin d'Estelam (1); mais, combien qu'il fust Gandois, il n'en tenoit point le parti, et avoit esté nourry page du duc, et estoit en son service et en celle garnison, pour sa premiére armee, aveques Jehan de Bosquehusc, et Philippe, bastard de La Viévile, qui avoyent esté nourris ensemble : et fut cestuy assaut le treiziéme jour de novembre (2).

Ainsi se partirent Gandois de devant Allost, à peu de profit, et s'en retournérent à Gand : et, assez tost apres, les Gandois saillirent de leur vile, et vindrent à puissance bruller Harlebecque, et autres vilages, au plus-pres de Courtray. Les nouvelles vindrent au duc de Bourgongne (qui estoit à l'Isle) que les Gandois estoyent aux champs, et brulloyent son païs. Si fit partir à toute diligence messire Adolf de Cléves son neveu (qui pour lors estoit devers luy), et ce qu'il peut finer et lever de gens-d'armes, tant à la court comme autre part : et à toute diligence poursuyvirent

_____
(1) *D'Estelam*, lisez *de Steelant*. L. — (2) *Novembre*, liséz *septembre*.

les Gandois; mais ledict messire Adolf ne les trouva pas : car, si-tost qu'ils eurent leur emprise faicte, ils se retraïrent en leur vile. Le bastard de Bourgongne (qui estoit demouré en sa garnison de Terremonde) desira de faire une course devant Gand. Si fit son apprest le plus-secrétement que faire le peut : mais toutesfois sceurent les Gandois sa venue, et le jour qu'il devoit courir (qui fut le vingtcinqiéme d'octobre), et firent partir secrétement trois mille hommes par la porte qui va en Anvers, et perdirent chemin plus d'une lieüe : et le bastard de Bourgongne vint le grand chemin, à estendard dépleyé : et trouva les Gandois à si grosse puissance hors de la vile, et en tel arroy que ses gens se mirent en desroy, et ne peurent le faix soustenir : et quand ledict bastard congnut que ses gens ne demandoyent qu'à eux retirer, il prit vingt lances, et les archers de son corps seulement : et fit marcher contre la vile de Terremonde, le chemin qu'il estoit venu : et soustint en sa personne, aveques les vingt lances, la poursuite des Gandois, qui avoyent grand nombre d'Anglois aveques eux, estans partis de la garnison de Calais pour venir les Gandois servir : et fit sa retraitte si-bien et si-à-poinct, que les Gandois (qui s'estoyent partis pour luy clorre le chemin) ne peurent venir à temps : et les autres Gandois, qu'il trouva devant la vile, le poursuyvoyent aigrement à cheval et à pié, cuidans clorre ledict bastard entre les deux compaignies : mais par bonne conduicte il échapa de ce peril.

Ainsi se continuoit la guerre : et le mareschal de Bourgongne amena les Bourgongnons environ trois cens hommes-d'armes nobles hommes, et grande signeurie du païs. Si furent mis à Courtray : et ledict mareschal (qui moult sçavoit et congnoissoit de la guerre) sceut et s'apperceut que si tost que les gens du duc faisoyent une emprise contre ceux de Gand, ils estoyent mansins par les cloches des vilages; qui avertissoyent de l'un à l'autre. Si s'appensa d'y remédier, et fit une emprise, mandant messire Jaques de Lalain, qui estoit à Audenarde : et chevauchérent ensemble et en ordre, et brullérent Escloz [1], et tous les vilages de ce quartier : et fit abatre les cloches des clochers pour échever les dangers dessusdicts, et trouvérent petit empeschement : et s'en retourna ledict mareschal à Courtray, et messire Jaques à Audenarde.

Assez tost apres, le mareschal de Bourgongne fit une course devant Gand : et n'avoit point seulement les Bourgongnons aveques luy, mais tresbonne bande de Picards et de Hannuyers, que conduisoyent les sigrteurs d'Emeries et de Miraumont, messire Gauvain Quieret, et autres : et en bel ordre chevaucha le mareschal devant Gand, et mit ses coureurs et ses ecarmoucheurs devant, pour cuider attraire les Gandois : mais ils se tindrent en leurs forts, si que peu pouvoit on sur eux profiter. Si prit conseil de remettre les compaignies au retour : et quand les Anglois, qui lors estoyent au service de ceux de Gand, comme dict est, les virent ainsi retourner, ils sortirent dehors, et aveques eux aucuns des Gandois à cheval; et pouvoyent estre cinquante combatans, gens de faict : et ne pourchaçoyent point la compaignie (car elle leur estoit trop forte, et l'ordre de l'arrieregarde bien gardé); mais pensoyent bien qu'aucuns compaignons s'écar-

---

[1] *Escloz*, lisez *Eecloo*, ville située entre Gand et Bruges.

teroyent à petite compaignie, pour gaigner. Ce qui avint : car douze archers s'estoyent écartés, et se trouvérent enclos des Gandois, assez pres d'un pont que les Gandois avoyent gaigné sur eux. Si ruérent les douze archers baudement pié à terre, et se trouvérent dos contré dos, et tirérent de leurs fléches, qui blecérent le cheval d'un Anglois : lequel cheval de l'Anglois de la bleceure recula par les Gandois, si qu'il rompit la presse; et quand les archers se virent dépressés, ils chargérent hardiment, si qu'ils reculérent les Gandois et les Anglois. Si s'avisa l'un des douze archers d'un cornet de chace qui pendoit à son col, et sonna haut une fois ou deux, comme s'il appellast secours. Les Gandois (qui cuidoyent que le secours fust pres, et qu'il ne faloit que l'appeler, ainsi qu'ils avoyent ouy) se mirent à la voye, et laissérent les archers, qui prestement reparérent le pont, et se remirent en ordre : et finalement je n'ay point sceu que les douze archers perdissent aucune chose (fust cheval ou autre chose), ne que nul d'eux eust bleceure n'inconvenient qui à ramentevoir face : et ainsi s'en revindrent à Courtray. Et ay recité ceste aventure pour ramentevoir le bien-faict du petit et du grand, et aussi pour monstrer à tous gens-d'armes que peu avient que viles, chasteaux ou gens soyent pris ou rués jus (1), tant qu'ils se veulent deffendre.

Le second jour de decembre, messire Philippe de Lalain, un jeune chevalier frére de messire Jaques, et lequel se tenoit aveques son frére en la garnison d'Audenarde, desirant de soy avancer et faire congnoistre, éleva grande partie de la garnison, et en-

---

(1) *Rués jus* : mis à bas, renversés.

treprit une course devant Gand, le plus-secrétement que faire peut : mais les Gandois avoyent tant d'amis et d'espies par toutes les viles et par le païs, que l'on pouvoit peu faire de chose dont ils ne fussent avertis. Si fut mausuy (1) en son emprise, et saillirent les Gandois à grosse puissance, et mirent embusches sur le passage qu'il devoit passer. Mais ainsi avint qu'un page de la compaignie dudict messire Philippe queroit son maistre, qui estoit devant, du nombre des chevaucheurs. Ledict page faillit de trouver son maistre, et passa tout outre lesdicts chevaucheurs; et trouva les aguetteurs des Gandois qui le prirent, et luy coupérent la gorge : et le trouvérent mort sur le chemin les gens dudict messire Philippe, et congnurent bien que les Gandois estoyent aux champs. Si s'arrestérent, et firent arrester la compaignie : et quand Gandois s'apperceurent qu'ils ne marchoyent plus-avant, si se desembuschérent à si-grosse compaignie, que besoing fut à la garnison de retourner : et fut mandé à messire Jaques de Lalain qu'il saillist, pour son frére secourir. Ce qu'il fit : et recueillit ses gens, et les mit en bataille devant les Gandois. Mais il estoit si-tard, que la nuict departit les compaignies; et s'en retourna messire Jaques à Audenarde : et les Gandois couchérent en une abbaïe (2) pres de là, et devant le jour se partirent, et s'en retournérent à Gand.

En celuy temps, le bastard de Bourgongne, luy estant à Terremonde, eut moyen de parlementer secrétement à un qui estoit chef desdicts Anglois, et

---

(1) *Mausuy* : mal suivi. — (2) *En une abbaïe* : l'abbaye d'Eenam.

se nommoit Jehan Fallot, moult subtil homme de guerre, et avantageux. Celuy Jehan Fallot remonstra à ses compaignons qu'ils ne pouvoyent avoir honneur de servir celle commune contre leur signeur, et aussi qu'ils estoyent en danger de ce puissant peuple, et que communément le guerdon de peuple (1) est de tuer et assommer ceux qui mieux le servent ; et si-bien leur remonstra Jehan Fallot, qu'il convertit bien cinquante Anglois des plus-gens-de-bien : et un jour, sous ombre d'une emprise contre les Bourgongnons, ils s'en vindrent à Terremonde rendre à mondict signeur le bastard, qui moult-bien les receut ; et leur bailla logis, et ordonnance telle qu'ils en furent bien-contens.

Tost-apres, ceux de la verde-tente, et autres Gandois, firent une rese (2) sur les marches de Hainaut, et dedans le païs pillérent, brullérent et firent moult de maux, et disoit on qu'ils estoyent de huict à neuf mille hommes ; et certes lesdicts Gandois avoyent grand avantage : car il estoit yver, et avoit gelé : et les Gandois estoyent à pié, et aloyent par fossés et par marescages : ce que gens-de-cheval ne pouvoyent faire. Si fut averti le bastard de Bourgongne de leur retour et de leur passage, et pourtant se partit de Terremonde en bonne ordonnance et ordre, et leur vint à-l'encontre sagement, les prenant à son avantage : et porta ausdicts Gandois tresgrand dommage, et en occît plus de cinq cens, et leur recouit (3) leur proye : mais pour l'avantage de la saison, qui faisoit pour eux, il ne les peut deffaire de tous poincts. Ce

(1) *Le guerdon de peuple* : la récompense que donne le peuple. — (2) *Rese* : expédition militaire. — (3) *Recouit*, ou *rescouit* : recouvra.

qu'il eust legérement fait, si c'eust esté temps chevauchable. A celle rencontre s'éprouvérent moult-bien les Anglois, nouveaux Bourgongnons : et monstrérent, celle premiére fois, qu'ils vouloyent loyalement servir, et tenir le parti qu'ils avoyent pris. En ce temps les Gandois envoyérent devers le comte d'Estampes, luy requerir qu'il leur impetrast saufconduit devers le duc, pour avoir lieu de traitter aucune paix. Ce qui leur fut acordé : et fut journee prise à Bruges, où fut envoyé, de-par le duc, ledict comte d'Estampes, et gens de conseil : et, pour les Gandois, un chevalier nommé messire Jehan de Woss, et le prieur des chartreux : mais celle journee ne peut prendre effect, à la deffaute des Gandois : et quand ledict prieur et le chevalier, qui estoyent là envoyés de-par ceux de Gand, virent l'obstination, l'outrecuidance, et le mauvais et déreglé courage des Gandois, ils ne voulurent plus retourner à Gand, et demourérent à Bruges.

Le mois de fevrier suyvant, environ le dixseptiéme jour, les Gandois furent avertis que le mareschal de Bourgongne et la plus-part des grans capitaines estoyent à l'Isle devers le duc, et n'estoyent pas à Courtray. Si firent une issue de leur vile, à grosse compaignie, et marchérent contre Courtray : et n'en sceurent ceux de la garnison nulles nouvelles, jusques ils virent la fumee, et le train, à pres d'une lieue dudict Courtray. Si se partirent les plusieurs sans ordre et sans commandement, et tirérent au-devant des Gandois. Là fut l'ecarmouche bien faicte, et bien ecarmouchee : mais les Gandois (qui moult estoyent puissans) gaignoyent tousjours place : et non-pourtant firent à l'ecarmouche les Bourgongnons bien leur devoir : et en y eut, archers et hommes-d'armes, qui mirent pié à terre : et si ce n'eussent esté les sages gens-d'armes, qui avoyent veu de la guerre, qui les firent remonter, et qui soustindrent jusques ils furent remontés, certes il y eust eu grande perte : et toutesfois il y en demoura, mais en petit nombre. Si se retraït la garnison, et les Gandois marchérent tousjours jusques aux barriéres, et à l'entree des fauxbourgs. Là s'arrestérent hommes-d'armes et archers, qui deffendirent ledict fauxbourg : tellement que les Gandois s'en partirent sans rien faire de leur profit, et eurent grand nombre de gens morts et blecés. Moult se firent d'emprises et de rencontres, celuy yver, d'une part et d'autre, et tant que de tous je ne puis avoir l'entendement, ne la memoire : mais je recite voulontiers ce que j'en puis sçavoir, en continuant mon œuvre.

Le second jour de mars, le bastard de Bourgongne de gayeté de cueur partit de Terremonde, et fit une chevauchee par le païs, tant en intention de rencontrer les ennemis (s'ils estoyent par bonne aventure aux champs), comme aussi pour donner crainte ausdicts ennemis, et rompre leurs emprises et courses : par lesquelles le païs de Flandres, et l'environ, avoit moult à porter et souffrir. Si avint, par bonne aventure, que les avanceurs dudict bastard rencontrérent les Gandois, qui de rien ne s'en doutoyent, et retournoyent en leur vile, à tout butin et proye, qu'ils avoyent pillé et robé celle nuict par le païs. Le raport faict, le bastard de Bourgongne donna dedans, sans les marchander : et moult en occît et prit : et tousjours perdoyent les Gandois, et tousjours leur croissoit le cueur et la haine qu'ils avoyent contre leur signeur.

Ainsi se passa celuy yver, à courses et emprises de guerre d'une part et d'autre : et, le cinqiéme jour de mars, la duchesse de Bourgongne se partit de l'Isle pour aler à Bruges. Si en furent les Gandois avertis, et par nuict mirent une grosse embusche entre Bruges et Rollers, et Broussales, en païs couvert : qui est pres d'une grande plaine que l'on nomme Burlescans (1). Mais la duchesse, avertie, ne prit pas le grand-chemin acoustumé, ains se fit conduire par la basse Flandres, et ala à Bruges sauvement : et d'icelle emprise avint que messire Symon de Lalain, estant à l'Escluse, et sachant que la dame devoit passer, pour échever (2) le danger et le peril d'elle et de sa compaignie, se mit aux champs, à estendard depleyé, et à bonne puissance de gens-de-cheval : et y estoit en sa personne le signeur de Maldegam. Celuy signeur chevauchoit devant, pource que luy et ses gens sçavoyent le chemin et adréce comme ceux qui en estoyent. Si avint que ce jour le temps estoit noir, chargé d'une grande bruine : dont ils s'embattirent (3) au danger de l'embusche, avant qu'ils s'en sceussent percevoir. Si fut le signeur de Maldegam prestement assailli : et, quand messire Symon entendit l'affaire en quoy estoit le signeur de Maldegam, il fit ses archers descendre : et luy-mesme se mit aveques, et vint moult-courageusement au secours de ses compaignons : mais les Gandois (qui grand nombre estoyent) l'en-

---

(1) *Burlescans*, lisez *Buscam-velt*. L. — (2) *Echever* : éviter. — (3) *S'embuttirent* : se précipitèrent.

cloïrent de toutes pars. Vaillamment se deffendit messire Symon et ses gens, et moult-bien se prouva de sa personne : et ses hommes-d'armes (qui estoyent à cheval) se fourrérent dedans les ennemis, sans peur et sans crainte : et si-bien se maintindrent (combien que les Gandois estoyent quatre pour un) qu'ils rompirent la presse, et se rassemblérent ensemble : si que les Gandois furent contens de les laisser paisibles; et fut l'ecarmouche si fiérement combatue, que l'estendard dudict messire Symon fut abatu, et perdit, mors sur la place, quatre hommes d'armes, et douze ou seize archers : et firent les Gandois moult-grande joye et moult-grand hu [1], de l'estendard qu'ils avoyent gaigné : et, dedans brefs jours apres, prirent Englemonstier [2], et y firent moult de maux et de dommages.

A la requeste des Gandois se tint une autre journee en esperance de paix, au lieu de Seclin, pres de l'Isle : et là fut pour le duc de Bourgongne le comte d'Estampes, et le conseil de vingt députés pour les Gandois : mais rien n'y fut faict ny conclu qui tournast à aucun effect. En celuy temps un compaignon françois (qui estoit venu servir les Gandois pour pecune) nommé Pierre Moireau, pour son commencement fit une emprise : et emmena foison de Gandois courre devant Terremonde, et fit ses ordonnances, et marchérent Gandois en moult-bel ordre : et le bastard de Bourgongne, averti, saillit hors de ladicte vile de Terremonde, et les rencontra plus-tost qu'ils ne cuidoyent : et finalement les Gandois furent dé-

---

[1] *Hu* : cri. — [2] *Englemonstier* : c'étoit une grosse bourgade entre Courtray et Bruges, qui appartenoit alors au comte d'Etampes.

confits : et les chacea le bastard jusques aux barriéres de Gand, tuant, prenant et méhaignant (1) ses ennemis : et leur fut faict un grand dommage celuy jour. La guerre se continua et exécuta, entre le duc de Bourgongne et les Gandois, fiére et cruelle : car ce que lesdicts Gandois prenoyent de Bourgongnons et de ceux du parti du duc, ils les mettoyent à l'espee sans rançon et sans mercy : et ce qui estoit pris des Gandois estoit mis à mort, ou par faict de guerre ou par justice, et de main de bourreau : et se passa l'an 52 en telle pestilence au païs de Flandres, que moult en fut de vefves et d'orfelins : et se continua la pestilence et la mortalité à Gand si grande et si merveilleuse, que tant d'hommes, de femmes et d'enfans moururent en celuy temps à Gand de maladie et d'epidimie, que c'est une merveille du nombre : et m'en tay, en doute d'estre repris.

CHAPITRE XXVII.

De plusieurs écarmouches et rencontres entre le duc de Bourgongne, comte de Flandres, et les Gandois.

Or deviseray je de l'an 1453, et des aventures d'iceluy, en continuant mon œuvre et ma matiére, qui vaut bien d'estre persévérée. Si fut vray que l'an 53, le troisiéme jour d'avril apres Pasques, Pierre Moireau dessusdict, soy voulant venger du reboutement

(1) *Méhaignant* : fatigant, maltraitant.

que luy fit (1) le bastard de Bourgongne à sa première conduite des Gandois, assembla desdicts Gandois tant et si largement qu'il en pouvoit finer, et marcha de-rechef contre Terremonde : et croy qu'à celle heure n'y estoit point le bastard de Bourgongne, mais estoit en court, devers le duc. Si fut messire George de Rosimbos, sigueur de Fillames, averti (lequel estoit lieutenant du bastard de Bourgongne); et feit entrer au boulovart d'outre l'eaue trois cens archers et cinquante hommes-d'armes, et aprester l'artillerie : et les Gandois marchérent moult-fiérement, et vindrent de tel courage, que pour doute du traict à poudre ils ne laissérent qu'ils ne veinssent livrer l'assaut audict boulovart, main à main; et dura ledict assaut, aspre et fier, bien trois heures : et furent ceux du boulovart une fois ou deux rafreschis et renforcés de ceux de la garnison : et finalement se partirent Gandois, et se retraïrent à leur grande perte : car les archers saillirent sur les levees de la riviére, et moult en occirent : mais la chace ne fut pas longue, pource que moult-grand nombre furent les Gandois; et doutoyent les capitaines de la garnison qu'il n'y eust embusche.

Le lendemain (qui fut le quatriéme jour d'avril) les Gandois firent une autre emprise, et à grosse puissance coururent en Hainaut jusques au plus-pres d'Enguyen, passérent prés de Tournay, firent moult de maux et de dommages en leur chemin, et s'en retournérent sans nul contredict : et bien le peurent faire, car les mesnagers avoyent abandonné leurs

---

(1) *Du reboutement que luy fit* : de la victoire qu'avoit remportée sur lui.

garnison, pour aler visiter leurs maisons et leurs mesnages: et n'y avoit nuls gens-d'armes assemblés au païs qui eussent peu faire à la puissance des Gandois nulle resistance. Quand le duc de Bourgongne veit la continuation de ses ennemis et rebelles, il fit de nouvel son mandement, et manda gens-d'armes par tous ses païs, pour estre prests au quinziéme jour de may : et en ce temps, à la requeste des nations à Bruges demourans, le duc acorda une journée à l'Isle, où furent des plus-notables de Gand, et fut la paix comme conclue. Mais le peuple n'en voulut rien tenir, et crioyent parmy Gand : *La guerre, la guerre ! L'on verra qui seront les loyaux Gandois, qui combatront pour leur franchise.*

En ce temps aucuns Luxembourgeois, qui tousjours avoyent tenu en leur courage le parti du roy Lancelot de Hongrie (1), voyans le duc empesché contre les Gandois, malicieusement cuidérent faire leur profit, et prendre le temps à leur avantage; et pourtant s'emeurent et rebellérent, et firent rebeller aveques eux la vile de Tionville (qui est la meilleure de la duché, apres la vile de Luxembourg), et mirent les officiers du duc de Bourgongne dehors, et ceux qu'ils penserent qui estoyent du parti du duc. Si fut avisé d'envoyer devant pour le secours du païs, et pource que par le trépas du noble chevalier messire Cornille, bastard de Bourgongne, le signeur de Crouy avoit eu le gouvernement d'icelle duché; fut

---

(1) *Lancelot de Hongrie* : Les historiens contemporains ne parlent pas de l'intervention de Ladislas, roi de Hongrie, dans l'affaire du duché de Luxembourg, dont il est question dans les chapitres précédens.

avisé que l'on y envoyroit deux des neveux dudict signeur de Crouy, moult-bons chevaliers : et fut l'un messire Anthoine de Rubempré, et l'autre messire Jehan de Rubempré, signeur de Biévres ? et leur furent baillés cinq cens archers et soixante lances, et gardérent la frontiére à Arlon et à Vireton, et à autres places voisines : et, à l'aide du signeur de Souleuvre, du signeur de Rollers, de Bourset, et d'autres, qui ne tindrent point le parti des rebelles, se conduisirent iceux deux chevaliers fréres si-notablement en leur commission, qu'il n'y eut depuis rien conquis ne perdu sur le duc de Bourgongne; et à Luxembourg se tenoit messire Guillaume de Sainct-Songne et Guillaume de Grevant, pource que ledict messire Guillaume y avoit eu gouvernement, et estoit congnu des signeurs, nobles hommes du païs, et autres, du temps du bastard de Bourgongne messire Cornille, trépassé : dont ledict messire Guillaume avoit le gouvernement, et l'avoyent trouvé sage et veritable : et à celle occasion par bons moyens, il entretint plusieurs bonnes maisons, viles et personnes, qui ne se tournérent point : et (qui plus fut) il ramena des plus-obstinés à la mercy du duc, et, fit moult de biens à l'avantage du duc, pendant iceluy temps ; et nous tairons pour le present d'icelle guerre, pour retourner à celle de Gand.

Pour continuer ma matiére commenceé, les Gandois, perséverans en leur obstination, firent tousjours la guerre, à leur pouvoir, à l'encontre de leur prince et signeur : et firent moult d'emprises, de courses, d'entrefaictes et de maux au plat-païs de leurs voisins, et tousjours perdoyent gens par cens et par miliers : et le vingtcinqiéme jour de juin (1), s'assemblérent ceux de la verde-tente en grand nombre, et coururent à l'entour d'Allost, et boutérent feux, tuans et pillans. Si furent rencontrés par le signeur de Cimay, grand bailly de Hainaut (qui avoit assemblé aucunes garnisons aveques les siens); lequel les deffit, et en fit telle occision, que depuis la verde-tente ne fut si forte qu'elle estoit par avant.

Quand le bon duc eut essayé le courage et l'intention des Gandois sés rebelles, l'une fois par ambassadeurs françois, et autre fois par ambassades à leur mesme requeste envoyés par les nations estranges et par les viles voisines (qui tous se meslérent, à leur pouvoir, de trouver paix et apointement en ceste matiére), et que tousjours fut trouvé le droit pour le duc, et la roupture par les Gandois mal-conseillés, le duc congnut evidemment qu'il falloit, par l'espee et par le sang, abaisser cest orgueil déreiglé. Si eut fait ses mandemens par ses païs, et se tira au lieu de Courtray, et se partit de l'Isle, où il avoit longuement sejourné à grand triomphe : et fut le vingtiéme jour de juin : et, le vingtcinqiéme jour d'iceluy, le duc (qui avoit sejourné à Courtray quatre jours entiers, durant lequel temps l'armee et les garnisons s'estoyent assemblees autour de Grammont, et l'artillerie s'estoit aprochee) en partit, avec son fils : et alérent mettre le siége devant une place qui se nomme Squandebecque (2) : laquelle place les Gandois tenoyent, et s'y retrayoyent : et fut à l'occasion d'i-

---

(1) *Le vingtcinqiéme jour de juin* : Monstrelet dit que ce fut le 15. — (2) *Squandebecque* : lisez *Schendelbeke*. L.

celle place moult de maux par le plat-païs de Hainaut faict : et furent enclos en ladicte place bien deux cens Gandois; et assez pres de là y avoit une autre tour petite, close d'eaue, en laquelle s'estoyent retraits environ vingt compaignons.

Tandis que le mareschal de Bourgongne ordonnoit le siége et les approches, aucuns aventuriers furent avertis d'icelle tour, et des Gandois retraicts en icelle. Si leur fut prestement livré l'assaut par plusieurs hommes-d'armes qui prestement entrérent au fossé, et commencérent à assaillir : et les Gandois se deffendirent moult-hardiment. Les archers tiroyent fléches si dru et si-souvent, que les Gandois pouvoyent à grande peine venir à leurs deffenses : mais, nonobstant, ils se deffendoyent asprement. Les hommes-d'armes estoyent en lieu tous armés, qu'ils ne leur pouvoyent rien faire, si-non recevoir les coups de pierres et de bricques que leur ruoyent lesdicts Gandois : car en la tour n'avoit qu'une entree d'un huis tresestroit, haut en la tour, bien clos et bien serré. Si fut une eschelle aportee et drecee devant la porte, en intention de la rompre : et le premier qui monta dessus fut Jaques de Falerans, un moult vaillant escuyer, et monta jusques à la porte : mais, par une fente, un Gandois luy donna si grand coup d'une picque, qu'il l'emporta jus de l'eschelle, et l'abatit tout plat au fossé : mais il fut par ses compaignons tantost relevé, et n'eut autre mal ne bleceure. Si monta incontinent l'eschelle Estienne de Sainct-Moris, cousin germain dudict Jaques de Falerans. Il avoit l'espee au poing, et monta jusques au plus-haut, et contendoit de couper ladicte picque dont ledict Gandois deffendoit moult-fiérement la porte. Plusieurs coups d'aguet et d'avis rua le Gandois de la picque, pour cuider l'escuyer atteindre, qui se soustenoit vaillamment, et contendoit d'entrer en la tour, et de gaigner l'entree à son pouvoir. Mais le vilain (qui combatoit à son avantage) rua un coup de toute sa force, et atteindit ledict escuyer au visage, et lui perça la joüe et la teste en costiére : et porta l'escuyer au fossé, tel atourné que l'on cuidoit qu'il fust mort. Finalement l'assaut dura si longuement, que le signeur de Montagu et autres capitaines vindrent à l'assaut : et fut deffendu que plus nully ne montast l'eschelle, pour ce que trop grand desavantage avoyent les assaillans : et fut l'eschelle ostee, et fit on aporter largement paille : et soustenoyent les hommes-d'armes, à leurs lances, les faix de la paille liés et allumés de feu, parquoy l'on brulla ladicte porte. Et tandis un escuyer, nommé Jehan de Florey, leva l'eschelle d'un autre quarre de la tour, et du bout d'une hache mina tellement les bricques de la tour, qu'il y fit un trou si grand qu'il valoit un nouvel huis : et quand les Gandois, qui avoyent deffendu plus de trois heures, se veirent ainsi pressés de toutes pars, ils monstrérent signe de parler, et finalement se rendirent à voulonté, et furent mis es mains du prevost des mareschaux, et depuis pendus à un arbre.

Ainsi fut le siége mis devant le chastel de Scandebecque, la tour prise : et se logea le duc, les princes et gens-d'armes de toutes pars : et fut l'artillerie afustee et les aproches faictes, et auxdictes aproches fut tiré du traict, tout outre le visage d'un escuyer nommé Jehan Rasoir, serviteur de messire Jaques de

Lalain, et n'en mourut point. Aussi fut blecé un moult bel et vertueux jeune chevalier nommé messire Jehan Du Bois, signeur de Hannekin : et eut le pié senestre percé d'une coulevrine. Plusieurs y eut blecés et navrés (qui sans grande cause s'approchoyent, et découvroyent devant le traict), dont je me passe pour abreger : et fut l'artillerie du duc si bien diligentee, que les Gandois, eux voyans enclos de toutes pars, commencérent à parlementer : et firent traiter par leur curé, et se rendirent à la voulonté du duc, corps, vie et biens : et ne demoura le siége que cinq jours entiers, et furent tous pendus, reservé le prestre, leur curé, et un qui se disoit capitaine de Gavre, qui fut gardé, pour les causes que vous pourrez ouir cyapres ; et fut le capitaine pendu au pont-levis, qui estoit noble homme, et l'un des beaux hommes que l'on pouvoit veoir : et ainsi prit le duc le chastel de Scandebecque.

Le duc fit retourner son artillerie, et prit conseil d'aler assieger le chastel de Poucques, et tira celle part : et le mareschal de Bourgongne, acompaigné des Bourgongnons, de messire Jaques de Lalain, des signeurs de Beauchamp et d'Emeries, et autres capitaines, tirérent contre le chastel de Gavre, pource que celuy qui se disoit capitaine de Gavre (comme dict est) promit audict mareschal de luy faire rendre la place. Si fut mené parler à ses compaignons : mais ils tindrent petit de compte de luy et de son pouvoir, et tirérent apres luy canons et autres traicts : et s'en revint le mareschal de Bourgongne sans autre chose exploiter pour celle fois, si non qu'il fit pendre le Gandois à un arbre, et coucha celle nuict et la com-

paignie en un vilage assez pres dudict lieu de Gavre :
et le l'endemain retourna l'avant-garde devers le duc
de Bourgongne. Le bon duc (qui desiroit de soy venger de ses rebelles, et qui vouloit executer l'esté, qui
estoit bel et sec) se tira, au departir de Scandebecque,
devant le chastel de Poucques. Si fut le chastel environné de toutes pars, et de plaine venue la basse-
court brulee et arse, voire leur pont, gisant jusques
au pont levis, qu'ils avoyent à grande haste drecé
contre, et pour la deffense de leur porte : comme afin
que l'on n'entrast peslemesle par le pont. Si fut l'artillerie drecee grosse et petite, contre un pan de mur,
entre deux tours : lequel pan de mur estoit maçonné
d'une sale et autres chambres, et voyoit on bien par
les fenestrages que celuy pan ne pouvoit avoir gueres
grand force : et aussi le lieu et le terroir estoit convenable à asseoir artillerie au regard des marescages
des autres costés : et furent en peu de temps les tours
et les murailles fort empirees.

En faisant icelle bateure, il avint que par un matin
messire Adolf de Cléves, le bastard de Bourgongne,
et autres jeunes signeurs, alérent visiter l'artillerie,
et une bombarde nommee le Bergére, qui moult-
bien faisoit la besongne : et se tenoyent pavesés et couverts du mantel de celle bombarde; et vint celle part
le bon chevalier messire Jaques de Lalain, qui se tira
hors de la couverte, et voulut regarder du convive,
de la place (1) et de la bateure : et se bouta derrière
deux tonneaux pleins de terre; et par-dessus avoit
deux pavais drecés. Le chevalier estoit grand, et re-

(1) *Regarder du convive, de la place* : examiner la situation de la place.

garda entre les deux pavais : et à ce moment ceux du chastel boutérent le feu en un veuglaire (1) qu'ils avoyent nouvellement afusté au plat de la porte. Si fut la fortune telle, que la pierre rompit les deux pavais, et assena le noble chevalier en la teste, et luy emporta tout le front, depuis le nez en sus : et cheut mort le chevalier à la terre, et de ce coup et douloureuse atteinte n'oublia pas Fortune sa diverse nature, qui est telle qu'elle ne peut souffrir les fleurs ne les fruits, sur la terre, souvent venir à meurison ou profit, sans leur envoyer vents, gelees, vermines ou temps impetueux, tendant tousjours à ses fins tresmaudictes, qui est de prendre la fleur sans fruit, ou le fruit sans meurison, et finalement de tout arruiner et destruire ce qui naist et croist entre le ciel et la terre. Mais celle fois cette maudite forsenee Fortune faillit à son atteinte : car elle heurta au front du noble chevalier à telle heure et à tel bruit, que la renommee de ses vertus et de son sens et de sa chevalerie vivra et demourera en estre et en memoire, non pas seulement par les souvenances des vivans et de leurs recors, mais autant que les escritures faictes et à renouveler auront cours et duree en ce monde : car je sçay bien que le royd'armes de la Toison d'or, George Chastelain, nostre grand historiographe, ne plusieurs autres qui se meslent et entremettent d'escrire, n'oublieront point, en leurs ramentevances et escrits, cestuy messire Jaques de Lalain, dont l'employ de leur recit, en ceste partie, fera honneur et profit à leurs œuvres et matiéres.

(1) *Veuglaire* : canon.

Ainsi mourut messire Jaques de Lalain, dont l'ame, par la misericorde de Dieu et par l'apparence de la vie du bon chevalier, donne espoir de prendre le chemin de paradis : et fut le corps emporté en une eglise, et ensevely, et mis sur un chariot le mieux et le plus honnorablement que l'on le peut faire : et l'acompaignérent les nobles hommes de sa compaignie, et chevauchoyent apres le corps à cornette depleyee, comme s'ils fussent par luy conduits et menés en bataille : et aveques gens-d'Eglise fut mené à Lalain en Hainaut, où estoit messire Guillaume de Lalain, pére dudict messire Jaques, un ancien notable chevalier, chevalier d'honneur de la duchesse de Bourgongne, et madame Jehannette de Crequi sa mére, qui piteusement recueillirent leur fils : mais toutesfois se monstrérent sages et constans, en portant leur deuil patiemment, congnoissans que du plaisir de Dieu chacun se doit contenter. Si fut enterré en l'eglise de Lalain, où depuis j'ay veu sa sepulture, moult-solennelle : et ne fait pas à demander si le duc de Bourgongne et le comte de Charolois furent déplaisans de ceste male-aventure, avec toute la chevalerie et communauté de l'armee : car il fut mesmes regreté et plaint de tous les lieux où il estoit en congnoissance. Or ici finit ce que je puis réciter et mettre par memoire du tresvertueux chevalier messire Jaques de Lalain, priant Dieu, par sa grâce, qu'il veuille que je le voye escrit au livre de vie aveques les parfaicts.

Le siége de Poucques dûra neuf jours, et fut abatu un grand pan de mur rez à rez du fossé : et le fossé estoit de petite eaue. Si se rendirent les Gandois à la voulonté du duc, et furent pris et liés, et tous pendus, sans rançon, ou repit, ou misericorde : excepté un ladre (qui leans se trouva enclos), et deux ou trois jeunes enfans, et les gens-d'Eglise : et ce faict, fit le duc remonter son artillerie, et tira à Courtray pour prendre conseil qu'il estoit de faire : et là sejourna douze jours, cuidant trouver maniére que son fils Charles n'allast plus-avant en icelle guerre, pource qu'il congnoissoit la fiére obstination des Gandois, et esperoit avoir la bataille, et doutoit pour son seul fils et héritier : et pource l'envoya visiter la duchesse sa mére, qui de le retenir fit son devoir, luy remonstrant qu'elle en estoit requise du duc et de ses païs. Mais il respondit courageusement qu'il ne demoureroit point, et qu'il vaudroit mieux à ses païs à venir le perdre jeune, que d'avoir signeur sans courage : et finalement revint le jeune comte à Courtray, avant le partement du duc son pére.

Le seiziéme jour de juillet, le duc de Bourgongne se partit de Courtray, et ala devant Gavre, et l'assiegea, et l'environna de toutes pars : et fit descendre bombardes, mortiers, et engins volans : et furent les aproches faictes si-pres que faire se peut; et à la vérité la place de Gavre ne fut guéres empirée de bombardes ne d'engins, fors le dessus des pans et des tours, qui furent abatus. Et avint, apres avoir duré le siége six ou sept jours, que le capitaine du chastel (qui se nommoit Jehan de Bos [1]) voyant

---

[1] Selon Monstrelet, il y avoit dans cette place deux capitaines anglais, nommés *Jehan de Vos* et *Jehan de Hont*. Meyer prétend que le capitaine qui s'enfuit vers Gand s'appeloit *Arnoul Vander Speecken*.

que, pour monstrer feu ou enseignes, son secours ne venoit point de Gand; congnoissant la variation du peuple gandois, et se sentant batu et étonné de toutes pars, s'appensa d'aventurer son cas, et prit aveques luy six ou sept hommes, ses feables et gens de faict, et fit une saillie par le plus-obscur de la nuict, et frapa hardiment sur les premiers qu'il trouva es tranchees et es aproches (qui furent en petit nombre, et qui ne se doutoyent de rien), et finalement mit iceux en fuite et desroy, et feit un grand effray sur l'artillerie. Mais luy (qui avoit ailleurs son emprise progettee) ne poursuyvit point, ains passa la riviére de l'Escaud à nou, et ses gens, et s'en tira à Gand sauvement. Et n'est pas à oublier comment il amassa ceux de la vile, et leur dît qu'il s'estoit aventuré pour sauver ses compaignons, qui estoyent assiegés à Gavre, et qui désja estoyent en grande necessité de vivres et de bateures : et n'y avoit moyen pour les secourir que par bataille, qui leur estoit par eux promise; et leur dît que le duc de Bourgongne n'avoit guéres de gens, et que son armee estoit moult amoindrie par ses gens, qui l'abandonnoyent, et se déroboyent tous les jours de la compaignie : dont il estoit bien acertené par prisonniers qu'il avoit pris sur le siége.

Là fut un Anglois nommé Jehan Ost. Iceluy Anglois avoit grande authorité aveques les autres Anglois tenans le parti de Bourgongne, et avoit promis d'amener les Gandois en bataille : car le duc de Bourgongne voyoit moult son profit de les combatre aux champs, et desiroit moult de les y trouver, pour soy venger, et abreger sa guerre. Si dît cest Anglois tout

haut que pieça il leur avoit bien dit que le duc de
Bourgongne n'avoit guéres de gens, et que l'on ne
devoit point laisser perdre ceux qui estoyent assiegés
à Gavre, n'une si bonne place; et leur dit qu'il
vouloit estre le premier au front de la bataille, et
les asseura moult de la victoire. Si fut le peuple leger à émouvoir, et saillirent hors de la vile de Gand
en deux compaignies : dont en la premiére compaignie eut vingt-cinq mille hommes éleus et nombrés,
sans les gens-de-cheval, Anglois et autres : et conduisoit les chevaucheurs d'icelle première compaignie
ledict Jehan Ost pour les Anglois, et un jeune homme
gandois, nommé Jehan Van Nielle, pour lesdicts
Gandois : et avoyent canons et serpentines à chariots; et artillerie à poudre assez, et largement.
Aprés iceux saillirent une grosse compaignie de gens,
où il pouvoit avoir vingt mille hommes et plus. Ceux
saillirent sans ordre et sans commandement, et mar-
cherent après les premiers, comme une arriére-
garde.

CHAPITRE XXVIII.

*De la bataille de Gavre, gaignee par le duc de
Bourgongne sur les Gandois; et comment paix
fut faicte entre luy et eux.*

SI lairrons un peu à parler des Gandois, et retournerons au siége. Et fut vray que quand le capitaine
de Gavre se fut parti du chastel par la maniére des-
sus-escripte, ceux qui demourérent audict chastel

commencérent à murmurer et à s'ebahir : et disoyent que leur capitaine et autres leurs compaignons les avoyent trahis et abandonnés, et commencérent à parlementer : et aucuns se voulurent avaler par la muraille, pour eux rendre à nostre parti : et, pour abreger, se rendirent à la voulonté du duc de Bourgongne. Si furent tous pris et emprisonnés, et le chastel saisi, qui à la verité n'estoit guéres empiré de l'artillerie : car les murs sont bons, et de pierre de taille : et ce qui plus les grevoit furent mortiers et engins volans, dont ils furent baudement servis.

Le l'endemain au matin furent tous pendus iceux Gandois, et autres tenans leur parti : car il y avoit des Anglois aveques eux, et aucuns fugitifs criminels des païs du duc, et nommément un trompette nommé Aloguet, qui avoit servi le bon chevalier (que Dieu absolve) messire Jaques de Lalain : et se partit de luy pour ses démerites. Ainsi furent pendus ceux qui furent trouvés au chasteau de Gavre, et fut par un mardi vingt deuxiéme de juillet : et estoit si matin, que les plusieurs qui regardoyent faire la justice n'avoyent point encores ouy de messe : et ainsi et à celle heure que l'on pendoit ledict Aloguet, et ainsi que le dernier de tous, à mon avis bien quarante, vindrent nouvelles, à petit effray, que les Gandois estoyent issus de Gand pour venir combatre leur signeur. Si courut chacun aux armes : et fut ordonné messire Symon de Lalain pour aler au-devant à cinquante chevaux, pour veoir leur convive. Ce qu'il fit bien : et de leur estat et maintien fit ce jour par plusieurs fois savoir, comme celuy qui bien le savoit faire, et qui se congnoissoit au mestier.

Ordonnances furent faictes, et premiérement prit l'avantgarde place, que conduisoit le mareschal de Bourgongne et le signeur de Cimay : et furent aveques eux de grands signeurs et de grands personnages de Bourgongne, de Picardie et de Hainaut : et furent d'icelle avantgarde envoyés devant, comme sur un'aelle, à la main dextre, les signeurs de Beauchamp et d'Espiry, qui avoyent en charge cent lances de Bourgongnons, ou environ. A la main senestre, tirant à la riviére de l'Escaud, fut une autre aelle d'environ mille archers de pié : et les conduisoit messire Jaques de Luxembourg, et entre ces deux compaignies estoit un comte de Petitepierre, alemand, qui estoit venu servir le duc en icelle armee, et avoit cent chevaux, et non plus, tant hommes-d'armes comme cranequiniers. En l'avant-garde furent banniéres depleyees, et toutes enseignees et pareures, à qui mieux mieux : et plus-derriére estoit la bataille, où estoit le duc de Bourgongne, le comte de Charolois son fils, le comte d'Estampes, messire Adolf de Cléves, messire Jehan de Coïmbres, le bastard de Bourgongne, et moult d'autres grands personnages. Là furent banniéres depleyees en grand nombre : et portoit le signeur de Haubourdin la banniére du duc, et le signeur de Crévecueur celle du comte de Charolois. Bertrandon portoit le pennon, et Hervé de Meriadet portoit l'estendard. Ce jour, furent moult de chevaliers faicts, comme messire Jaques de Luxembourg, Tibaut de Neufchastel, marechal de Bourgongne; Louis, signeur de La Gruthuse, qui ce jour fit l'arriéregarde, à grosse compaignie de Flamans et autres. Là furent chevaliers les signeurs de Rougemont, de Soye, de Rupt, et le signeur de Goux (qui depuis fut chancelier de Bourgongne); le signeur de Chandivers, Tristan de Toulongeon, signeur de Soey; et si-grand nombre d'autres, que je ne sçay le tout ramentevoir.

Si lairrons à parler de l'ordre de la bataille, et reviendrons à l'execution : qui fut telle, que messire Symon de Lalain (qui conduisoit les chevaucheurs) chevaucha le plus-diligemment, et par le meilleur ordre qu'il peut, contre les ennemis : et rencontra en sa personne les chevaucheurs gandois, et venoit, tout devant, Jehan Ost, anglois, qui avoit promis de mettre aux champs le peuple gandois. Ledict Anglois leva la main en signe de seureté, et s'avança audict messire Symon, et luy dit : « J'ameine les Gandois, « comme je l'ay promis. Si me faictes conduire au duc « de Bourgongne : car je suis son serviteur, et de son « parti. » Messire Symon bailla deux hommes, qui l'Anglois conduisirent à sauveté; et Jehan Van Nielle (qui conduisoit les chevaucheurs gandois) et leurs gens-de-cheval marchoyent, et gaignoyent tousjours place sur messire Symon de Lalain, qui les faisoit escarmoucher en retrayant, et en tirant hors du grand chemin, couvert d'une grosse haye; et par celle haye ne pouvoyent veoir Gandois les batailles, ne les gens-d'armes.

Si commencérent Gandois à passer au champ, à pié et à cheval; et se mettoyent ces picquenaires (1) en bataille, et en peu d'heure se trouvérent si grand nombre et si serrés, qu'à grand'peine voyoit on le jour par entre les picques et les glaives : et avint que Jehan de La Guysele, un escuyer de Hainaut, en

---

(1) *Picquenaires* : soldats armés de piques.

escarmouchant sur les Gandois de cheval chargea sur un homme-d'armes; mais la gourmette de son cheval rompit, et ainsi ne le peut tenir qu'il ne fust des gens-de-pié pris, enclos et assommé. Là aborda l'artillerie des Gandois : et par-trois fois et à trois reposées marchérent les Gandois, gaignant place et champ sur les ecarmoucheurs : n'onques les batailles ne les ordonnances ne se bougérent. Bien fut vray que le mareschal de Bourgongne manda au signeur de Beauchamp et au signeur d'Espiry qu'ils reculassent leurs enseignes et leurs compaignies, pour plus-avant attraire les Gandois : mais le signeur de Beauchamp respondit que l'on l'avoit trop avancé pour reculer; et combien que la response meust de haut et vaillant courage, et que tout bien prist de celle chose, si fut il conseillé de prier mercy au duc, de la desobeïssance qu'il avoit faicte à son mareschal : et ce veuil je bien escrire pour monstrer aux jeunes gens qui mes Memoires liront que, selon l'arbre de bataille, nulle chose n'est extimée bien faicte, contre le commandement du chef ne de ses lieutenans.

L'artillerie des Gandois tiroit à grand'force. Si fut avisé d'envoyer de la legére artillerie devant les premiéres compaignies : et si-tost que ladicte artillerie fut assise et qu'elle commença à tirer, les Gandois s'ouvrirent, et se déreiglérent de leur ordre. Si chargérent les signeurs de Beauchamp et d'Espiry dedans moult-vivement. Là fut chevalier messire Philippe de Lalain, frére du bon chevalier messire Jaques, dont cy-dessus est assez escrit : et à celle charge fut tué d'un canon un escuyer bourgongnon, nommé Jehan de Poligny. Or reviendrons aux mille archers qui estoyent à pié, sous la conduite de messire Jaques de Luxembourg, nouveau chevalier. Le chevalier et sa bande marchérent et coururent au-devant de leurs ennemis moult vaillamment, crians et tirans de force et de courage : et, à la vérité, là cheut la grande puissance des Gandois : car tous tirérent contre la riviére. Là eut grande presse et dure deffense, et là fut tué d'une picque un escuyer flamand, nommé Olivier de Launoy, homme-de-bien, et fort-renommé. Là abondit l'avantgarde, les banniéres et les estendars. Si furent les Gandois rompus, et mis en fuite : et s'enfuit Jehan Van Nielle et ses gens-de-cheval, et nagérent la riviére : et là entroyent les Gandois, armés de leurs jaques, haubergeons, panciers et hunettes : et s'aventuroyent de nouer (1), en tel estat, la riviére; mais les archers les tuoyent, noyoyent et assommoyent comme bestes, sans mercy et rançon : et, en nageant parmy l'eaue, on les tiroit de fléches, si que peu se sauvérent par nager.

Le duc de Bourgongne, qui moult estoit loing de l'avantgarde, fit crier *Nostre-Dame! Bourgongne!* et marcha aveques sa bataille : et furent les archers moult-travaillés d'avoir si-loing marché à pié : et furent les banniéres et les enseignes premieres sur les ennemis, que les archers de la bataille : et, durant le temps que les premiers estoyent ensongnés à ceux qui avoyent pris le bord de la riviére, une grosse compaignie de Gandois se trouva retraité d'aventure en un preail (2) assez grand et spacieux. Celuy preail estoit clos de la riviére de l'Escaud en tournoyant,

---

(1) *Nouer :* nager. — (2) *Preail :* pré.

et par devant avoit une grosse haye d'espines fosselee, et moult forte à passer : et n'y avoit que deux entrees tresestroictes par où l'on peust devers eux passer. Les Gandois (qui là se trouvérent bien deux mille hommes, et ne pouvoient plus avant eux retraire ne fuir par la riviére), prirent cueur, et se mirent en deffense moult-vigoureusement. Là s'avancérent messire Pierre de Miraumont, Jaques de Fallerans, Le Moyne de Neufville, et autres nobles hommes-d'armes : mais certes ils furent durement recueillis de picques et de masses crestelees [1] par lesdicts Gandois : et furent leurs chevaux enfondrés et occis, et les hommes-d'armes abatus et navrés moult-dangereusement. Là s'arresta le duc de Bourgongne son fils, et toutes les banniéres de la bataille.

Le duc de Bourgongne voyant ses ennemis et rebelles devant ses yeux, donna de l'esperon, sans autre conseil prendre, et entra dedans le preail. Il estoit richement armé et monté, et moult-bel et chevaleureux chevalier : et certes quand les Gandois le virent venir ils le recongnurent, et s'arrestérent tous devant sa noble personne. Mais le venin, confit en longue obstination qu'ils avoyent au cueur, fut subitement maistre de la raison. Si luy coururent sus moult-asprement : et le bon duc (qui fut un des vaillans chevaliers de son temps) se ferit entre eux, non pas comme prince, ou personnage de prix ou d'estime tel qu'il estoit, mais comme un homme chevaleureux, tout plein de hardement et de prouesse; et les Gandois feroyent sur le noble prince, de grand et de felon courage : et luy navrérent son cheval en

---

[1] *Crestelees* : armées de dents.

plusieurs lieux. Là estoit Bertrandon, le pennon au poing, pres de son maistre, pour enseigner et monstrer le prince, et où il estoit. Là vint le signeur de Haubourdin à tout la banniére; et Hector de Meriadet à tout l'estendar. Là entra le noble comte de Charolois (qui moult aigredment chaçoit enseignes et gens-d'armes au secours du duc son pére), et aborda des premiers en la place, et fut blecé d'une picque au pié, par-dessous. Là vey je messire Anthoine de Vaudrey donner au travers des Gandois moult-chevaleureusement. Là entrérent les banniéres du comte de Charolois, et des autres princes et signeurs: et sur ce poinct abordérent les archers de la bataille, qui estoyent venus à pié, et de loing. Si commencérent à lancer et à traire, de moult grand courage. Là vey à pié deux hommes d'armes de nom : et de plus ne m'en souvient. L'un fut messire Jaques de Foucquesolles (qui portoit le guidon de messire Tibaut de Luxembourg, signeur de Fiennes); et l'autre fut messire Philebert de Jaucourt, signeur de Villarnou. Ces deux marchérent chevaleureusement sur les ennemis.

Si commencérent, du traict des archers, les Gandois à perdre gens et place, et reculérent pour adosser la riviére : et se combatoyent et deffendoyent Gandois moult-vaillamment, et moult navrérent et blecérent de gens et de chevaux : et certes un Gandois, vilain et de petit estat, et sans nom pour estre recongnu, fit ce jour tant d'armes, tant de vaillance et d'outrage, que si telle aventure estoit avenue à un homme-de-bien, ou que je le sceusse nommer, je m'aquiteroye de porter honneur à son hardement car vaillance est entre les bons si privilégiee, et de telle authorité, qu'elle doit estre manifestee, publiee et dicte de petite personne ou de petit estat, comme des plus-grans.

Ainsi dura ceste bataille, en cestuy endroit, longuement : car (comme dict est) le lieu estoit fort d'entree et de closture, et se vendoyent Gandois pour leur dernier jour. Mais finalement le preail fut tel, que les Gandois furent occis sur la place, sans ce qu'un seul en réchapast, par prison ou autrement; et certes la bataille ne se combatoit plus autre part, car les Gandois estoyent tous déconfits : et n'aborda point la seconde compaignie, qui se partit de Gand (comme il est escrit cy-dessus) à la bataille : mais s'enfuïrent de l'effroy des fugitifs, et furent chacés par aucunes compaignies de l'avantgarde, qui moult en prirent et occirent. Si fut tard, et se retrait chacun en son logis : et furent les bannières mises sans repleyer devant, qui estoit moult belle chose, à veoir le reflambloy de diverses armes des nobles princes et signeurs qui bannières portoyent. Aussitost que le bon duc fut en son logis retourné, et après avoir rendu louenges à Dieu de sa haute victoire, il manda son conseil : et servoit alors de premier chambellan le signeur de Charny : et messire Pierre, signeur de Goux, fut là le principal du conseil pour les clercs. Si dît le bon duc tout haut, telles parolles, ou semblables :

« Celuy Dieu qui nous a aujourdhuy pourveus de
« victoire me doint grâce à ce jour de le recon-
« gnoistre, et de faire chose qui luy soit agreable.
« Or, congnoissant iceluy Dieu mon créateur Jesus-

« Christ tout piteux et misericors, en ensuyvant son
« plaisir et commandement, combien que par la di-
« vine aide j'ay la main au-dessus de mes rebelles les
« Gandois, toutesfois je veux user de grâce et de
« misericorde : n'onques je n'eu pitié d'eux ne de leur
« cas jusques à ceste heure. Si veux que lettres soyent
« faictes adreceantes à la vile de Gand, contenans que,
« sans avoir regard à l'avantage que j'ay par la vic-
« toire, mais pour l'honneur de Dieu seulement, tout
« tel et semblable traitté que je leur ay acordé à l'Isle
« et ailleurs en leur plus-grande prosperité, je le veux
« tenir et acomplir. »

Si furent sur ce lettres faictes, moult-bien causees
et devisees : car certes ledict messire Pierre de Goux
fut l'un des adroits hommes de conseil qui fust en son
temps. Le l'endemain, au poinct du jour, sonnérent
les trompettes à mettre selles, et puis à cheval : et se
partit le duc, son fils, et toute la signeurie, à tout leurs
banniéres au vent, et tirérent contre Gand en moult
bel ordre. Messire Gauvain Quieret, signeur de Dreul,
conduisoit les coureurs : et estoit aveques luy le roy
d'armes de Flandres, vestu de sa cotte-d'armes, et portoit les lettres : et estoit introduit pour les présenter à
ceux de Gand. Le mareschal de Bourgongne et le signeur de Cimay menoyent l'avantgarde, et le duc et
la bataille suyvoyent, et le comte d'Estampes faisoit
l'arriégarde : et quand les coureurs aprochérent la vile
de Gand, ils s'arrestérent pour veoir la convive de la
vile : et à cest endroit convient que je devise comment
se conduirent les Gandois, quand ils sceurent la deconfiture de leurs gens.

Verité fut que des plus legers du pié, ou des

mieux-montés fugitifs de la bataille, vindrent à Gand en petit nombre les premiers, et dirent, à grand effray et à grande peur, les nouvelles de leur deconfiture. Si coururent ceux qui gouvernérent, et qui avoyent authorité lors en la vile : et vindrent aux portes de leur vile et les fermérent, et gardérent à puissance que les fugitifs n'y rentrassent, pource qu'ils doutoyent qu'ils ne fussent si-aigrement poursuivis que les Bourgongnons n'entrassent pesle-mesle. Ce qui estoit bien possible : car si n'eust esté le détourbier du preail dont cy-dessus est escrit, il estoit plus croyable qu'autrement que qui eust poursuivy la chose, l'on eust entré en la vile, ou par la maniére dicte, ou par l'épouventement en general de tous les Gandois, dont pour ces causes furent les portes de Gand fermees : et certes les coureurs virent, à la porte de la vile, plus de quatre mille hommes sans harnois et sans battons, qui s'estoyent sauvés de la bataille : et ne les vouloit on remettre en ladicte vile. Si s'approchérent peu à peu les coureurs, pour sçavoir que vouloit dire ce grand peuple : et veirent qu'il estoit vague comme bestes, et ne faloit que les tuer. Si monstrérent signe, et vindrent aucuns audict signeur de Dreul, qui luy dirent la convive : et par iceux furent mandés ceux de Gand à la barriére, et leur porta le heraut les lettres, qu'ils receurent moult-humblement et en grande revérence : et tindrent leur parlement en la vile sur lesdictes lettres, et assez brief firent response au roy-d'armes, qu'ils supplioyent à leur signeur, en l'honneur de la passion de Nostre-Signeur, qu'il se vousist retraire en son logis de Gavre pour celle nuict, et que l'endemain ils iroyent devers luy, et en telle façon qu'il seroit bien-content d'eux, le remerciant de la grâce qu'il leur faisoit par ses lettres.

Le bon duc acorda la requeste, et s'en retourna celle nuict chacun en son logis. Si vindrent devers le duc l'abbé de Sainct-Bavon, le prieur des Chartreux, et autres grans personnages; et n'acordérent pas seulement au duc ce qu'il avoit demandé selon les premiers traittés, mais sousmirent le tout à sa voulonté : et fit le duc en ceste chose petit changement, et tint ce qu'il avoit dict, comme prince de vérité qu'il estoit : et fut l'amendise honnorable mise par escrit, ensemble les traittés, le pardon, et toutes choses : et fut jour pris pour acomplir ces choses escrites.

Or parlerons de l'execution de cette paix de Gand, et des ceremonies tenues à l'amende honnorable faicte par les Gandois. Le dernier jour de juillet, le duc et son armee, en moult bel ordre, et tousjours demourans les banniéres depleyées, se tira contre Gand, et s'arresta à une petite lieue de la vile, et sur le grand-chemin qui vient de la porte dessous Sainct Pierre, pour tirer à Audenarde : et fit mettre le front de sa bataille audroit du chemin, et en maniére d'une aelle, à dextre, son avantgarde, et son arriereregarde au senestre : et estoit moult-belle chose à veoir. Le duc fut armé de toutes armes, et fut monté sur le cheval que les Gandois avoyent navré sous luy à la bataille, qui encores estoit farci d'estoupes en plusieurs lieux, pour le remède de ses playes. Il estoit acompaigné du comte Charles son fils, du comte d'Estampes, de messire Adolf de Cléves, signeur de Ravastain; de messire Jehan de Portugal, fils du duc de Coïmbres;

du bastard de Bourgongne, de messire Nicolas Raulin, signeur d'Authune, chancelier de Bourgongne; et des chevaliers de la Toison, comme du signeur de Charny, du signeur de Haubourdin, du signeur de Cimay, du signeur de Launoy, du signeur de Montagu, du signeur de Humiéres, de messire Baudot de Noyelles, et autres. Ceux se tenoyent au front de la bataille devant la banniére, et devant les enseignes du duc; et le mareschal de Bourgongne, noblement acompaigné, conduisoit l'ordre, et amena les Gandois faire leur amende: et premiérement venoyent à pié l'abbé de Sainct-Bavon et le prieur des Chartreux: et apres marchoyent vingtcinq eschevins, conseillers et houemans, des plus grans et principaux de ladicte vile : et estoyent iceux vingtcinq en leurs chemises, nues testes, et déchaux : et apres suyvoyent deux mille Gandois vestus de noires robes, déceincts, nues testes, et déchaux : et tous se mirent à genoux devant le duc, et porta la parolle l'abbé de Sainct-Bavon, qui moult-piteusement et en plourant pria au duc, par trois fois, mercy pour son peuple mal conseillé; et certainement tous lesdicts Gandois, en generalité, se monstroyent repentans de leur mefaict, et déplaisans. Si leur respondit le bon duc que puis qu'ils demandoyent mercy, ils la trouveroyent en luy : et qu'ils luy fussent bons sugets, et il leur seroit bon prince, et que jamais plus ne luy souviendroit de l'injure par eux commise contre luy. Si furent les banniéres des mestiers de Gand aportees toutes, et baillees au roy-d'armes de la Toison d'or, qui en la presence du duc les fit mettre en un sac, et les fit porter au logis.

« Ces choses faictes, s'en retournérent les Gandois moult-joyeux : et fut la paix criee en leur vile, et firent feux, luminaires et carolles (1) de joye parmy la vile : et celle nuict plusieurs compaignons s'allérent festeyer à Gand, et eurent grand chére : et le duc de Bourgongne pour celle nuict s'en retourna en son logis à Gavre : et le l'endemain, apres disner, se tira le duc en sa vile d'Audenarde : et, par maniére de triomphe et de victoire, fit porter devant luy, par ses archers de corps et autres, les banniéres des mestiers de Gand ; et depuis furent portees, la moitié devant Nostre Dame de Boulongne, et l'autre moitié devant Nostre-Dame de Haulx, où l'on les pouvoit veoir, à l'heure que ceste guerre de Gand fut par moy enregistree ; et de là se tira le duc à l'Isle, et rompit son armee.

En ce temps estoit le signeur de Crouy à Luxembourg, et y faisoit la guerre aux Alemans : lesquels (comme il est escrit cy-dessus) s'estoyent émeus à l'encontre du duc de Bourgongne ; et pouvoit avoir le signeur de Crouy mille bons combatans. Si reconquit plusieurs bonnes places par le païs, et se trouva unes tréves acordees de chacun costé jusques à l'Ascension suyvant, par condition que ceux de Tionville et des places qui tenoyent contre le duc promirent, au cas que dedans iceluy temps de l'Ascension les Alemans ne les secouròyent par bataille, qu'en ce cas ils devoyent rendre ladicte vile et les places au duc de Bourgongne, ou à son commandement : et feray fin cy-endroit de ceste matiére : car

---

(1) *Carolles* : danses, concerts.

la bataille ne vint point en iceluy terme : et se rendirent, et se remirent en la main du duc, comme ils estoyent.

Or reviendrons au bon duc, qui estoit à l'Isle, aveques la duchesse sa femme et autres dames : et se faisoyent banquets, joustes, tournois et festiemens grans et pompeux : et le comte de Charolois y estoit en son verd, et croissoit en jours, et en force de corps : et l'acompaignoit le bastard de Bourgongne, moult-gentil chevalier. Si joustoit le comte tressouvent : et à ce mestier estoit renommé, non pas seulement comme un prince ou un signeur, mais comme un chevalier dur, puissant, et à douter ; et certes il frequentoit les joustes en iceluy temps, et gaignoit bruit et paix, et enduroit le faix et le travail, et donnoit et recevoit grans coups, sans soy épargner : comme si c'eust esté un pauvre compaignon qui desirast son avancement à ce mestier. D'autre part il jouoit aux barres aveques les plus-forts et les meilleurs rueurs, et le tenoit on des tres-bons. Il estoit si-puissant archer, que c'estoit merveilles : et au regard de danses et de mommeries, combien que de sa complexion il n'estoit point adonné à telles oisivetés, toutesfois tenoit compaignie aux grans et petis, à ce qu'ils vouloyent faire : et dansoit tresbien. Il aprit l'art de musique si-perfectement, qu'il mettoit sus chansons et motets, et avoit l'art perfectement en soy. Tousjours continuoit le service de Dieu, et jeusnoit tous jeusnes commandés pour le moins. Jamais ne se couchoit qu'il ne fist lire deux heures devant luy : et lisoit souvent devant luy le signeur d'Hymbercourt, qui moult bien lisoit, et retenoit;

et faisoit lors lire des hautes histoires de Romme, et prenoit moult grand plaisir es faicts des Rommains. Bon compaignon estoit lors aveques les belles filles, car il n'estoit point marié : car, luy marié, jamais ne rompit son mariage, ny ne le sceu onques de luy, ne d'assez suffisans pour ouir parler de tels secrets : et ce je certifie jusques aujourd'huy de mon recit. Il estoit si-grand ausmonnier, qu'il donnoit à tous pauvres qu'il encontroit par les viles et par les champs. Il estoit en son vertueux avenir sage, large et véritable : et se nourrit en telles mœurs et en telles vertus, que je n'ay point leu ne sceu si-vertueux avénement de prince : et si Dieu me donne grâce de continuer mon œuvre, et de réciter les hauts faicts que j'ay veus de luy, en moy aquitant de dire verité, je monstreray evidemment que bel et delectable fut le verd et la fleur dont le maeur et le fruit est de si haute perfection.

En ce temps se maria le duc Jehan de Cléves et Ysabel de Bourgongne, seule fille et héritière du comte d'Estampes : et se faisoyent grandes chéres et grans festimens : et se mirent sus aucuns convives que l'on appelle banquets, qui commencérent à petis fraiz, et montérent et multipliérent en grandes assemblees, et fraix de viandes et d'autres mets; et montoyent et croissoyent iceux banquets de chevaliers à signeurs, et de signeurs à princes : et de grand à grand multiplioyent en despense, et vouloit chacun monstrer plus grande chose que son par-avant.

De ce temps avint que le pape Nicolas envoya devers le duc de Bourgongne, au lieu de l'Isle, un chevalier : et luy signifia la prise de Constantinoble, qu'avoit fait le Turq nommé Lamorat Bay (1), qui fut fils de celuy qui déconfit les Chrestiens en Hongrie, et où fut pris le duc Jehan de Bourgongne, pére du duc Philippe : et comment celuy Turq avoit assailly par plusieurs fois la cité (où il avoit trouvé merveilleuse résistance par les Chrestiens); et comment Saquambasac, un Mammeluz, avoit recommencé l'assaut, et parce fut la cité prise, et le noble Empereur occis, et tous ses enfans; et comment la riche eglise de Saincte Sophie avoit esté pillee, violee et destruicte; et les sainctes reliques, voire le corps de Nostre-Signeur Jesus-Christ, rué parmy la rue, par les fiens et ordures, aveques les pourceaux, sans les meurdres, les injures et les efforcemens faicts aux chrestiens et chrestiennes. Or certes les nouvelles furent piteuses à ouir : car (comme disoyent les voyagers) c'estoit une moult-noble cité que Constantinoble : et aveques la pitié, la destruction du peuple, et l'amoindrissement de la foy chrestienne, faisoit moult à plaindre la mort et destruction du noble Empereur et sa personne : car, sans autre prince blasmer ou amoindrir, je juge l'empereur de Constantinoble, vivant, la plus noble personne du monde : car l'empereur d'Alemaigne n'est empereur que par election, et cestuy de Constantinoble estoit empereur de ligne en ligne, et de pére à fils, de plus de cinq cens ans de regne : et puis qu'un empereur précede les rois en nom et en dignité, je cuide avoir fait seur jugement.

Si conclut iceluy chevalier, si le duc et la maison de Bourgongne avoyent jamais vouloir de servir l'Eglise, qu'il estoit heure de le monstrer par effect.

(1) *Lamorat Bay* : Mahomet II, fils d'Amurat.

Pareillement envoya l'Empereur (1) devers le duc, en iceluy mesme temps, luy signifier ceste chose; et qu'il avoit mandé tous les princes d'Alemaigne au lieu de Rissebourg (2), pour illec conclurre sur le bien et ressource de chrestienté, en poindant et aiguillonnant le duc qu'il ne devoit pas refuser de venir jusques à Rissebourg pour si grand bien, et d'estre à la journee comme les autres, qui autresfois avoit offert de passer en sa personne jusques en Asie. Et combien que pour ces matiéres le duc eust en ce temps envoyé prelats et chevaliers notables devers l'Empereur, et qu'encores y estoyent, toutesfois il conclut et prit en propos de soy-mesme aler en personne à la journee, et de soy préparer pour servir l'Eglise et la foy : et, pour émouvoir les signeurs et nobles hommes de ses païs et ses sugets à servir Dieu en ceste partie, et que de leur voulonté et devotion, et sans contrainte, ils entrassent au sainct voyage, prit conseil de publier son emprise par voye de grande assemblee : et pource que les banquets et festeyemens se continuoyent et s'entresuivoyent de grans en plus grans, et s'aprochoit la fin des banquets, pour cheoir en la main du bon duc et clorre la feste, il fit faire ses preparatoires d'entremets et de viandes : et conduisoyent ceste chose messire Jehan, signeur de Launoy, un chevalier de l'ordre de la Toison, homme sachant et nouvel (3), et un escuyer nommé Jehan Boudaut, homme moult-notable et discret : et me fit le bon duc tant d'honneur, qu'il voulut que j'y fusse appelé : et pour ceste matiére se

---

(1) *L'Empereur* : l'empereur d'Allemagne. — (2) *Rissebourg*, lisez *Ratisbonne*. — (3) *Sachant et nouvel* : savant, et d'un esprit inventif.

tindrent plusieurs consaux (1), où fut appelé le chancelier et le premier chambellan, qui lors estoit revenu de la guerre qu'il avoit menee en Luxembourg, et dont il est escrit cy-dessus. Aussi furent à ce conseil des plus-grans et des plus-privés appelés : et, apres deliberation d'opinions, furent les ceremonies et les mistéres conclus tels qu'ils se devoyent faire ; et voulut le duc que je fisse le personnage de Saincte-Eglise, dont il se voulut aider à celle assemblee : et fut une solennelle chose, et qui vaut le ramentevoir, et sert à nostre propos. Si ay enregistré avec ceste ledict banquet, le plus-largement que j'ay peu, afin d'en avoir memoire.

CHAPITRE XXIX.

Cy commence l'ordonnance du banquet que fit en la vile de l'Isle treshaut et trespuissant prince Philippe, par la grâce de Dieu duc de Bourgongne, de Brabant, etc., l'an 1453, le dixseptiéme de février.

POURCE que grandes et honnorables œuvres desirent loingtaine renommee et perpetuelle memoire, et mesmement quand lesdictes œuvres sont faictes en bonne intention, je me suis entremis de mettre par escrit et enregistrer par ordre, au plus-pres de la vérité, et selon mon petit sentement, une feste faicte à l'Isle le dixseptiéme jour de février l'an 1453, par

(1) *Consaux* : conseils.

tresexcellent, treshaut et trespuissant prince monsieur le duc de Bourgongne, de Brabant, etc. Et commença icelle feste par une jouste, cedict jour : laquelle jouste avoit esté criee à un tresbeau banquet que monsieur de Cleves donna en ladicte vile environ dixhuict jours paravant, auquel fut mondict signeur, ensemble la signeurie, dames et damoyselles de sa maison : et fut le cry tel, que le Chevalier au cigne, serviteur aux dames, faisoit sçavoir à tous princes, chevaliers et nobles hommes, que le jour que mondict signeur feroit son banquet (lesquels banquets se faisoyent l'un apres l'autre), l'on le trouveroit en ladicte vile armé de harnois de jouste, en selle de guerre, pour jouster à la toile, de lances de mesure et de courtois roquets (1), à-l'encontre de tous ceux qui venir y voudroyent : et celuy qui pour ce jour feroit le mieux, au jugement des signeurs et des dames, sans ce qu'il s'en exceptast en rien, gaigneroit un riche cigne d'or enchainé d'une chaine d'or, et au bout de celle chaine un riche rubiz que les dames presenteroyent à celuy qui l'auroit desservy. Tel fut le cry, par l'ordonnance et aveu de monsieur Adolf de Cléves, lequel estoit celuy pour qui la criee se faisoit : et, à ce que je vey, la criee et jouste se faisoit au propos d'un entremets, qui contenoit, à cedict banquet, la pluspart de la longueur de la principale table.

Ce fut une nef à voile levé, moult bien-faicte, en laquelle avoit un chevalier tout droit, armé, qui le corps avoit vestu d'une cotte-d'armes, des plaines armes de Cléves : et devant avoit un cigne d'argent, portant en son col un colier d'or, auquel tenoit une

(1) *Roquets :* bâtons.

longue chaine d'or, dont ledict cigne faisoit maniére de tirer la nef : et au bout de ladicte nef seoit un chastel moult-bien-faict, et richement : au pié duquel flotoit un faucon en une grosse riviére. Et me fut dict (1) que ce signifioit et monstroit comme jadis miraculeusement un cigne amena dedans une nef, par la riviére du Rin, un chevalier au chasteau de Cléves, lequel fut moult vertueux et vaillant : et l'epousa la princesse du païs, qui pour lors estoit veuve, et en eut lignee : dont lesdicts ducs de Cléves, jusques à ce jour, sont issus; et pource il me semble que la maniére de la criee ensuivoit l'effect de l'entremets.

En celle nuict, fut présenté le chapelet à monsieur le comte d'Estampes, lequel fit son banquet environ dix jours apres. Ce banquet fut moult plantureux et riche, et garni de plusieurs entremets nouveaux : dont je me passe pour abréger, et pour venir à mon intention. En ceste feste fut le chapelet présenté à monsieur le duc, en telle façon que quand les entremets furent levés, d'une chambre saillirent grande foison de torches : puis vint un officier d'armes, serviteur de mondict signeur d'Estampes, nommé Dourdan, vestu de sa cotte-d'armes : et apres vindrent deux chevaliers, chambellans de mondict signeur d'Estampes (c'estassavoir monsieur de Miraumont et monsieur de Drueul), vestus de longues robes de

---

(1) *Et me fut dict* : allusion à une tradition fabuleuse sur l'origine de la maison de Clèves. Selon cette tradition, Salvius Brabon, officier de Jules César, poursuivant un cigne dans la Moselle, arriva au château de Meghen, où il épousa la sœur de César, veuve de Carle Ynach ; et de ce mariage sortirent les ducs de Clèves.

velours fourrees de martres; et n'avoyent rien sur leur chef, et portoyent chacun, d'une main, un gentil chapelet de fleurs : et apres eux venoit une tresbelle dame, jeune, de l'aage de douze ans, vestue d'une robe de soye violette, richement bordee et estofee d'or : et luy partoyent unes manches, outre la robe, d'une moult-deliee soye, escriptes de lettres gregeoises; et estoit son chef paré de ses cheveux beaux et blonds, et par-dessus une tocque, affulee d'un volet (1) moult-enrichi de pierrerie;. et estoit montee sur une haquenee houssee de soye bleüe : et l'amenoyent trois hommes à pié, vestus de manteaux de soye vermeille, portans chaperons à cornette de soye verde : et aloyent ces trois chantans une chanson faicte à propos : et en telle ordonnance passérent par-devant les tables, et vindrent jusques devant le lieu où estoit assis mon tresredouté signeur monsieur le duc : et quand l'officier d'armes et les deux chevaliers luy eurent faict la réverence, ledict officier dît ce qui luy étoit enchargé en cette maniére :

>Tresexcellent, haut prince, et redouté,
>A vous venons en toute réverence.
>Pour charge avons que vous soit presenté
>Ce chapelet, lequel est aporté
>Par la dame que voyez en presence.
>Le comte d'Estampes en son absence
>La vous transmet en ce lieu, et envoye :
>Et la nomme on la princesse de Joye.

Quant l'officier d'armes eut ce dit, les deux chevaliers vindrent à la dame, et luy baillérent le chapelet

---

(1) *Affulee d'un volet* : couverte d'un voile.

en ses mains : et lors les autres trois qui l'amenoyent la descendirent de sa haquenée.

Si-tost qu'elle fut descendue, les deux chevaliers l'adextrérent (1), et adonc elle fit la réverence à mondict signeur : et par uns petis degrés faicts à ceste cause, elle monta sur la table, et s'agenouilla une fois sur le bord de ladicte table : et puis se mit à genoux devant mondict signeur, et là demoura jusques elle eust baisé ledict chapelet, et mis sur le chef de mondict signeur, qui à son relever la baisa : et s'en retourna ladicte dame, son emprise achevee. Ainsi fut présenté le chapelet à mondict signeur le duc : parquoy il determina le jour de son banquet, et fit moult grans preparatoires. Au jour de ce banquet donques, monsieur Adolf (qui s'estoit fait crier le Chevalier au cigne) vint apres disner, de tresbonne heure, sur les rangs, et fut acompaigné, du lieu où il s'estoit armé, par mondict signeur le duc, par monsieur de Charolois, par monsieur le bastard de Bourgongne, vestus tous trois de robes de velours sur velours noir : et avoyent chacun un colier d'or moult-enrichis de pierreries, comme diamans, balais et perles : et portoit mondict signeur une cornette à son chaperon, si-riche de pierrerie que je ne sçay autrement extimer, fors habillement de prince puissant. Monsieur Adolf, acompaigné (comme dict est) de mondict signeur, de monsieur de Charolois, et de monsieur le bastard, et en outre de monsieur d'Estampes, partit de son hostel à grand compaignie de gens vestus de ses robes, et aloyent devant : et apres eux aloyent tabourins : et apres aloit un pour-

---

(1) *L'adextrérent* : l'instruisirent de ce qu'elle devoit faire.

suivant d'armes, vestu d'une cotte-d'armes pleine de cignes : et apres aloit, un grand cigne merveilleusement et subtilement faict, ayant une couronne d'or au col, à quoy pendoit un escu des plaines armes de Cléves : et à celle couronne pendoit une chaine d'or, qui d'un bout tenoit à la tresse de l'escu du chevalier; et estoit ce signe adextré de deux sagittaires moult-bien-faicts, qui tenoyent arcs et fléches en leurs mains, et faisoyent semblant de tirer à-l'encontre de ceux qui vouloyent aprocher le cigne.

Ledict chevalier, tenant à la chaine d'or, suyvoit le cigne armé tresrichement de toutes armes : et estoit son cheval couvert de drap de damas blanc, et bordé de franges d'or, et son escu de mesme : et à dextre et à senestre, et derriére, avoit trois jeunes enfans pages, habillés de blanc en maniére d'angels, montés sur beaux coursiers enharnachés de drap blanc bien decoupé : et apres venoit un palefrenier, vestu de blanc, sur un petit cheval, qui menoit en main un destrier couvert de drap blanc, brodé de grandes lettres d'or, et frangé d'or, à la devise dudict chevalier : et apres venoit, monsieur le duc de Cléves, frére dudict chevalier, et monsieur Jehan de Coïmbres, fils du roy Jehan de Portugal, avec grand nombre de chevaliers et nobles hommes, tous vestus de blanc, à la pareure du chevalier : et portoyent les lances en belle ordonnance.

En tel estat et compaignie fut mené ledict chevalier devant les dames : et fut présenté par Toison d'or, roy d'armes, à tresexcellente, treshaute et trespuissante princesse madame la duchesse de Bourgongne, et aux autres princesses, dames et damoyselles : et puis il fut amené es lices; et lors le cigne qui l'avoit amené, avec les sagittaires, fut mis sur un hourd qui leur estoit préparé.

Gerard de Rossillon fut le premier qui se présenta à l'encontre du chevalier : auquel le chevalier donna un si-grand coup de la première course, qu'il luy perça et fendit son escu tout outre, dont ledict Gerard eut grand détourbier. Apres vint messire Jehan de Monfort, moult-gentement houssé de soye et de brodure. Assez tost apres vint monsieur le comte de Sainct-Pol, houssé de drap d'or, dont la moitié estoit gris, et l'autre cramoisy. Apres vint monsieur de Fiennes, couvert de velours noir à larmes noires, monstrees d'un peu de blanc. Tantost apres monsieur de Charolois et monsieur le bastard (qui s'en alérent armer, quand ils eurent convoyé mondict signeur Adolf vindrent sur les rangs, houssés de velours violet bordé de franges d'or et de soye, et leurs escus de mesmes, estans chargees lesdictes housses de campanes d'argent : et estoyent bien acompaignés de grands signeurs, et entre autres monsieur d'Estampes servoit de lance monsieur de Charolois. Les dessus nommés joustérent, et plusieurs autres chevaliers bien en poinct : comme monsieur de Gruthuse, couvert de velours cramoisy; monsieur de Mourcourt, de velours cramoisy, fourré de martres; messire Chrestien de Digoine, enharnaché de drap, chargé de campanes dorees; messire Evrard de Digoine, couvert d'orfaverie; messire Jehan de Guistelle, couvert de menu vair; messire Philippe de Lalain, couvert de velours noir, à larmes d'or, aveques plusieurs autres jousteurs, tresbien en poinct. Mais de leurs coups ne sçay je point l'extime. Toutesfois je sçay devray que le Chevalier au cigne et Louis Du Chevalaut s'entrerencontrérent si-rudement, que tous deux s'entreportérent par terre, les chevaux sur leurs corps tel atournés, qu'il fut force à l'un et à l'autre d'abandonner la jouste pour ce jour. Du demourant je me tay. Chacun fit son mieux de la jouste, qui faillit par traict de temps : et quand elle fut faillie, chacun se retraït.

Puis à heure convenable se trouvérent en une sale, en laquelle mondict signeur avoit fait préparer un tresriche banquet : et là vint mondict signeur, acompaigné de princes et chevaliers, dames et damoiselles : et trouvans ledict banquet à servir, ils se prirent à regarder les entremets, qui edifiés y estoyent. La sale où se faisoit ce banquet estoit grande, et bien tendue d'une tapicerie en quoy estoit faicte la vie d'Hercules. Pour entrer en ceste dicte sale il y avoit cinq portes gardees d'archers vestus de robes de drap gris et noir : et dedans la sale avoit plusieurs chevaliers et escuyers conduisans ledict banquet : desquels les chevaliers estoyent vestus de drap de damas, et les escuyers de satin desdictes couleurs de noir et gris. En celle sale avoit trois tables couvertes, l'une moyenne, l'autre grande, et l'autre petite : et sur la moyenne avoit une eglise croisee, verree, et faicte de gente façon, où il y avoit une cloche sonnante, et quatre chantres. Il y avoit un autre entremets d'un petit enfant tout nu sur une roche, qui pissoit eaue rose continuellement. Un autre entremets y avoit, d'une caraque ancrée, garnie de toute marchandise, et de personnages de mariniers : et ne me semble point qu'en.

la plus grande caraque du monde ait plus d'ouvrages, ne de maniéres de cordes et voiles, qu'il y en avoit en ceste. Un autre entremets y avoit d'une moult belle fontaine, dont une partie estoit de verre, et l'autre de plomb de tresnouvel ouvrage : car il y avoit petis arbriceaux de verre, feuilles et fleurs, si nouvellement faictes qu'à merveilles : et l'espace de l'artifice estoit ainsi comme un petit preel clos de roches de saphistrins et d'autres estranges pierres, et au milieu d'iceluy avoit un petit sainct Andrieu tout droit, ayant sa croix devant luy : et par l'un des bouts de la croix sourdoit la fontaine, un grand pié de hauteur : et recheoit dedans le preel par si-subtile maniére, que l'on ne sçavoit que l'eaue devenoit.

La seconde table (qui estoit la plus longue) avoit premiérement un pasté, dedans lequel avoit vingt huit personnages vifs, jouans de divers instrumens, chacun quand leur tour venoit. Le second entremets de celle table estoit un chasteau à la façon de Lusignan : et sur ce chasteau, au plus-haut de la maistresse tour, estoit Mélusine, en forme de serpente : et par deux des moindres tours de ce chasteau sailloit quand on vouloit eaue d'orange, qui tomboit es fossés. Le tiers estoit un moulin à vent, haut sur une mote : et sur le plus-haut volant avoit une perche, au bout de laquelle estoit une pie, et gens à l'entour de tous estats, ayans arcs et arbalestes : et tiroyent à la pie, à demonstrer que toutes gens tirer à la pie est mestier commun. Le quart fut un tonneau mis en un vignoble, où il y avoit deux maniéres de breuvages : dont l'un estoit bon et doux, et l'autre amer et mauvais ; et sur ledict tonneau avoit le personnage d'un homme richement vestu, qui tenoit en sa main un brief où il estoit escrit : *Qui en veut, si en prenne.* Le cinqiéme estoit un desert, ainsi que terre inhabitee, auquel avoit un tygre merveilleusement vivement faict : lequel tygre se combatoit à l'encontre d'un grand serpent. Le sixiéme estoit un homme sauvage monté sur un chameau, qui faisoit semblant et maniére d'aler par païs. Le septiéme estoit le personnage d'un homme qui d'une perche batoit un buisson plein de petis oyseaux : et pres d'eux, en un verger clos de treilles de rosiers, faict tresgentement, avoit un chevalier et une dame assis à table : lesquels mangeoyent les oisillons dont l'un batoit le buisson : et monstroit ladicte dame, au doigt, qu'il se travailloit en vain, et follement perdoit son temps. Le huictiéme estoit un fol monté dessus un ours : et estoit entre plusieurs estranges montaignes de diverses roches, chargees de gresil et de glaces pendans de bonne façon. Le neufiéme estoit un lac environné de plusieurs viles et chasteaux, auquel lac avoit une nef à voile levee, tousjours vagant par l'eaue du lac à par soy : et estoit ceste nef gentement façonnee, et bien garnie de choses appartenantes à navire.

La tierce table (qui estoit la moindre des deux autres) avoit une forest merveilleuse, ainsi comme si ce fust une forest d'Inde : et dedans celle forest estoyent plusieurs bestes estranges et d'estrange façon, qui se mouvoyent d'elles-mesmes, ainsi que si elles fussent vives. Le second entremets de celle table estoit un lyon mouvant, attaché à un arbre au milieu d'un preau : et là avoit le personnage d'un homme qui batoit le chien devant le lyon. Le tiers et dernier entremets estoit un marchand passant par un vilage, portant à son col une hotte de toutes maniéres de merceries pleine.

Or, pour deviser la maniére du service et des viandes, ce seroit merveilleuse chose à racompter : et aussi j'avoye tant autre part à regarder, que deviser au vray n'en sçauroye : mais de tant me souvient que chacun plat fut fourny de quarante huict maniéres de mets, et estoyent les plats du rost chariots étofés d'or et d'asur. En celle salle, au plus-pres de la table, avoit un haut buffet chargé de vaisselle d'or et d'argent, et de pots de cristal garnis d'or et de piérreries : et n'aprochoit nul ce buffet plus-avant des gardes de bois qui estoyent là faictes : si non ceux qui servoyent de vin.

Ainsi comme au milieu de la longueur de la sale, assez pres de la paroy (1), à l'opposite de la longue table, avoit un haut pillier, sur quoy avoit une image de femme nuë qui les cheveux avoit si-longs, qu'ils la couvroyent par derriére jusques aux reins : et sur son chef avoit un chapeau tresriche : et estoit envelopee, ainsi que pour musser (2) où il appartenoit, d'une serviette à maniére de volet bien delié, escritte en plusieurs lieux de lettres gregeoises : et gettoit cest image, par la mammelle droite, ypocras (3), autant que le souper dura ; et aupres d'elle avoit un autre pillier large, en maniére d'un hourd, surquoy estoit attaché, à une chaisne de fer, un lyon vif, en signe d'estre garde et deffense de cest image : et contre

(1) *La paroy* : la muraille. — (2) *Musser* : cacher. — (3) *Ypocras* : hydromel.

son pillier estoit escrit en lettres d'or, en une targe, *Ne touchez à ma dame*.

Mondict signeur donques, madame la duchesse, et toute leur noble compaignie, mirent assez longuement à visiter ces entremets. Toute la sale estoit pleine de nobles gens, et peu en y avoit d'autres. Là estoyent cinq hourds bien ordonnés pour ceux qui ne voudroyent point seoir à table, qui tantost furent pleins d'hommes et de femmes, dont la plus-part estoyent déguisees : et tant en sçay, qu'il y avoit des chevaliers et des dames de grand'maison, et qui là estoyent venus de loing, les uns par mer et les autres par terre, pour veoir la feste, dont il estoit grande renommee. Pour le faire brief, apres que chacun eut assez regardé les entremets, les maistres-d'hostel, qui la besongne conduisoyent, vindrent faire l'ordonnance de l'assiette.

Au milieu de la moyenne table s'assit mondict signeur le duc, et à sa dextre s'assit Madamoiselle, fille de monsieur le duc de Bourbon : apres elle monsieur de Cléves, madame de Ravastain, niéce de madame la duchesse, et femme de monsieur Adolf; et madame la duchesse fut assise à la senestre du duc, avec madame de Charny, madamoiselle d'Estampes, monsieur de Sainct-Pol, madame de Beures, femme de monsieur le bastard de Bourgongne; monsieur de Pons, et madame la chanceliére. A la grande et seconde table fut assis monsieur de Charolois, monsieur d'Estampes, monsieur Adolf, monsieur de Fiennes, monsieur le bastard de Bourgongne, et monsieur de Hornes, meslés avec grand nombre de dames et de damoiselles, et aussi tant d'autres chevaliers, que les tables estoyent pleines d'un costé et d'autre : et pareillement à la troisiéme table furent assis escuyers et damoiselles ensemble, en telle façon que les tables furent fournies.

Quand chacun fut assis, ainsi que dict est, en l'église (qui fut le premier entremets), sur la principale table, sonna une cloche treshaut : et, apres la cloche cessee, trois petis enfans et une teneur chantérent une tresdouce chanson : et lors qu'ils l'eurent acomplie, au pasté (qui estoit le premier entremets de la longue table, comme dessus) un berger joua d'une musette moult-nouvellement. Apres ce, ne demoura guéres que, par la porte de l'entree de la sale, entra un cheval à reculons, richement couvert de soye vermeille, sur lequel avoit deux trompettes assis dos contre dos et sans selle, vestus de journades (1) de soye grise et noire, chapeaux en leurs testes, et faux visages mis : et les mena et rammena ledict cheval tout au long de la sale, à reculons : et tandis ils jouérent une batture de leurs trompettes : et y avoit, à conduire cest entremets, seize chevaliers vestus de robes de la livree. Cest entremets acompli, en l'eglise fut joüé des orgues : et au pasté fut joüé d'un cornet d'Alemaigne moult-estrangement : et lors entra en la sale un luyton, ou un monstre tresdefiguré, qui du faux du corps en bas avoit jambes et piés de grifon velus, et grans ongles : et, depuis le faux en amont, avoit forme d'homme, et avoit vestu une jaquette juste, de soye blanche, rayee de verd, et chaperon tenant en sus. Il avoit estrange barbe et visage ; il portoit en ses mains deux dards et une targe ; il avoit

---

(1) *Journades* : casaques.

sur sa teste un homme, les piés dessus, qui se soustenoit par ses deux mains sur les espaules du monstre : et ledict monstre estoit monté sur un sanglier couvert richement de soye verde : et quand il eût fait son tour parmy la sale, il s'en retourna par où il estoit venu. Quand le luyton s'en fut retourné, ceux de l'eglise chantérent, et au pasté fut joüé d'une doucine avec un autre instrument : et tantost apres sonnérent moult-haut quatre clairons, et firent une joyeuse bature. Ces clairons estoyent derriére une courtine verde, tendue sur un grand hourd faict au bout de la sale.

Quand leur bateure finit, soudainement fut tiree la courtine : et là fut veu, sur ledict hourd, un personnage de Jason armé de toutes armes, qui se prommenoit en celle place, regardant au tour de luy, comme s'il fust venu en terre estrange. Puis s'agenouilla, et regarda vers le ciel, et lisit un brief (1) que Medee luy avoit baillé, quand il se partit d'elle pour la Toison d'or conquerre : et, à son relever, il veit venir contre luy grands et horribles beufs, qui luy vindrent courir sus : et tantost ledict Jason coucha sa lance, et s'apoincta pour combatre ces bestes qui l'assailloyent de merveilleuse force, et si-vivement que c'estoit effrayante chose à regarder : car ils gettoyent feu et flambe par les narines et par la gorge : et ledict Jason se deffendoit et combatoit par si-belle façon, que tous disoyent qu'il avoit une contenance d'homme-de-bien. La bataille dura longuement, et tant que ledict Jason getta sa lance contre les beufs, et mit la main à l'espee : et, en soy com-

---

(1) *Brief* : lettre.

batant, luy souvint que Medee luy avoit donné une fiole, pleine d'aucune liqueur ayant telle vertu, qu'au moyen de ladicte liqueur il pouvoit lesdicts bœufs matter et subjuguer, et esteindre leur ardant feu, qui luy nuisoit fort. Si prit la fiole, et getta la liqueur contre les museaux desdicts bœufs : et prestement ils se rendirent domptés, veincus et mats : et à tant fut la courtine retiree, et cessa ce mistére pour celle fois. Apres ce mistére fut joué des orgues en l'eglise, par le long et espace d'un motet : et tantost apres fut chanté au pasté, par trois douces voix, une chanson tout du long, laquelle se nomme *la Sauvegarde de ma vie*.

Puis par la porte dont les autres mets estoyent venus, apres ce que l'eglise et le pasté eurent chacun joué quatre fois, entra dedans la sale un cerf merveilleusement grand et beau : lequel estoit tout blanc, et portoit grandes cornes d'or, et estoit couvert d'une riche couverte de soye vermeille, selon mon advis. Dessus ce cerf estoit monté un jeune fils de l'aage de douze ans, habillé d'une robe courte de velours cramoisy, portant sur sa teste un petit chaperon noir découpé, et estoit chaussé de gents souliés. Ce dict enfant tenoit, à deux mains, les deux cornes dudict cerf. Quand donques il entra dedans la sale, lors il commença le dessus d'une chanson moult-haut et clair : et ledict cerf chanta la teneur, sans y avoir autre personne sinon l'enfant, et l'artifice dudict cerf : et nommoit on ladicte chanson qu'ils chantoyent, *Je ne vey onques la pareille*, etc. En chantant, comme je vous racompte, ils feirent le tour par-devant les tables, et puis s'en retournérent : et me sembla bon cest entremets, et voulontiers veu. Apres ce bel entremets du blanc cerf et de l'enfant, les chantres chantérent un motet dedans l'eglise : et au pasté fut joüé d'un lut, aveques deux bonnes voix : et faisoyent ainsi tousjours l'eglise et le pasté quelque chose entre les entremets.

Apres ce, quand ceux dudict pasté eurent fait leur devoir, sur le hourd auquel l'on monstroit l'histoire de Jason, sonnérent une bateure les quatre clairons qui paravant avoyent joüé : et, apres celle bateure achevee, l'on tira la courtine dont devant est faicte mention : et à tant fut veu Jason qui se promenoit, tresrichement embattonné (1), comme à l'autre fois. Si luy avint, à cest heure, que tout soudainement luy vint courir sus un treshideux et epouventable serpent. Ce serpent donques avoit la gorge et la gueule ouverte, les yeux gros et rouges, et les narines enflees : et estoit composé et edifié en telle façon, que par sadicte gueule, et par la plus-grand part de ses conduits, il gettoit venin trespuant, et feu et fumees merveillables. Quand Jason regarda ce serpent, et le veit venir et tirer vers sa personne, il se mit en deffense moult bien, et tresordonnément : et là se commencérent à combatre ledict Jason et le serpent : et en ce feirent si-bon devoir, que ce ne sembloit pas mistére, ainçois sembloit trop mieux une tresaigre et mortelle bataille : et, pour l'assouvissement de leur personnage, Jason luy getta sa lance, puis le combatit de son espee, et tint maniére de soy remembrer d'un anneau que Medee luy donna, servant à ceste bataille. Si le monstra au serpent, et prestement il

---

(1) *Embattonné* : armé.

fut vincu : et lors Jason le ferit tant de son espee, qu'il luy coupa la teste devant tous, puis luy arracha les dents, et les meit en une gibeciére qu'il portoit : et à tant fut la courtine retiree. A tant fut joüé des orgues en l'eglise, et au pasté jouérent de flustes quatre ménetriers.

Puis par le haut de la sale partit, d'un bout, un dragon ardant qui vola la plus-part de la longueur de la sale, et passa outre, tellement que l'on ne sceut qu'il devint : et lors chantérent ceux de l'eglise, et au pasté jouérent de vielles les aveugles. Apres, à un des bouts de la sale en haut, partit tout en l'air un heron qui fut escrié de plusieurs voix, en guise de fauconniers : et tantost partit, d'un autre bout de la sale, un faucon qui vint toupier (1) et prendre son vent. Et d'un autre costé partit un autre faucon qui vint de si-grande roideur, et ferit le heron si rudement, qu'il l'abatit au milieu de la sale : et, apres la criee faicte, ledict heron fut présenté à mondict signeur : et alors fut encores une fois chanté en l'eglise, et au pasté jouérent trois tabourins ensemble.

Apres ce, sonnérent les quatre clairons sur le hourd : et, leur bateure achevee, fut tiree la courtine : et là fut veu Jason, armé et embattonné, qui les beufs avoit atachés à une charrue qu'il tenoit et gouvernoit à guise de laboureur, et faisoit les beufs aler et tirer. Quand il eut labouré la terre, il abandonna les beufs, et prit les dents qu'il avoit arrachés au serpent, et les sema parmy la terre qu'il avoit labouree : et, selon ce que ledict Jason aloit

(1) *Toupier* : tourner.

avant, en empleyant la semence desdictes dents, sourdoyent et naissoyent gens armés et embattonnés : et regardérent l'un l'autre, et s'entrecoururent sus sifiérement, qu'ils se firent le sang couler : et à la fin s'entretuérent en la presence de Jason (qui les regarda, quand il eut semé les dents); et, prestement qu'ils se furent tous abatus et occis devant luy, la courtine fut retiree.

Le mistére acomply, l'on joüa des orgues en l'eglise : et au pasté fut faicte une chace telle, qu'il sembloit qu'il y eust petis chiens glatissans, et braconniers huans, et sons de trompettes, comme s'ils fussent en une forest : et par celle chace finit l'entremets dudict pasté. Tels furent les entremets mondains de celle feste : et laisseray à tant à en parler, pour compter d'un entremets pitoyable qui me semble le plus espécial des autres, et fut tel.

Par la porte où tous les autres entremets estoyent passés et entrés, vint un geant plus-grand, sans nul artifice, que je visse onques, d'un grand pié, vestu d'une robe longue de soye verde, rayee en plusieurs lieux : et sur sa teste avoit une tresque, à la guise des Sarrasins de Grenade : et en sa main senestre tenoit une grosse et grande guisarme (1), à la vieille façon : et à la dextre menoit un elephant couvert de soye, sur lequel avoit un chasteau, où se tenoit une dame, en maniére de religieuse, vestue d'une robe de satin blanc : et par-dessus avoit un manteau de drap noir, et la teste avoit afulee d'un blanc couvrechef, à la guise de Bourgongne, ou de recluse : et si-tost qu'elle entra en la sale, et elle veit la

---

(1) *Guisarme :* hache à deux tranchans.

noble compaignie qui y estoit, lors, comme necessairement embesongnee, elle dit au geant qui la menoit :

> Geant, je veuil cy arrester :
> Car je voy noble compaignie
> A laquelle me faut parler.
> Geant, je veuil cy arrester ;
> Dire leur veuil et remonstrer
> Chose qui doit bien estre ouye.
> Geant, je veuil cy arrester :
> Car je voy noble compaignie.

Quand le geant ouy la dame parler, il la regarda moult-effrayément : et toutesvoyes il n'arresta, jusques il vint devant la table de Monsieur : et là s'assemblérent plusieurs gens, eux emerveillans que celle dame pouvoit estre. Parquoy, si-tost que son elephant fut arresté, elle commença une complcinte telle que cy-apres est escrite.

> Helas ! helas ! moy douloureuse,
> Triste, deplaisante, ennuyeuse,
> Desolée, las, peu-heureuse
>   La plus qui soit.
> Chacun me regarde et me voyt :
> Mais ame ne me recongnoit,
> Et me laisse on sur cest endroit
>   En tell' langueur,
> Qu'ame vivant n'eut onques tell' douleur.
> J'ay cueur pressé d'amertume et rigueur,
> Mes yeux fondus, flestrie ma couleur,
>   Qui bien y vise.
> Oyez mes plaints, vous tous, ou je ravise.
> Secourez moy, sans le mettre en feintise ;
> Plourez mes maux : car je suis saincte Eglise,
>   La vostre mére,
> Mise à ruine et à douleur amére,

Foulee au pié par aspre vitupére :
Et mes griefs maux porte, souffre et compére,
   Par voz desfertes.
Petitement vous souvient de mes pertes,
Lesquelles sont si cléres et apertes ;
Mes manoirs ars, et mes places desertes,
   Et mes enfans
Mors et noyés, et pourris par les champs,
Où sont chartriers (1) foiblement Dieu croyans.
Mon dommaine est es mains des mécroyans.
   J'en suis chacee
Honteusement, comme pauvre égaree,
Mussant, fuyant, par dure destinee;
Si lassee, si esteincte et grevee,
   Qu'à peine say
Dire les maux où je suis, et que j'ay :
Plus me complains, et moins de secours j'ay.
Ma pauvreté toutesfois maintiendray,
    Pour essayer
Lesquels premier se voudront empleyer
A secourir saincte-Eglise, et aider :
Qui ne requiers le travail sans mestier.
   Ainsi je cours
De lieu en lieu, et puis de tours en tours,
Criant premier l'Empereur au secours :
Et puis apres je gette cris et plours
   A toute outrance,
Pour estre ouie, et avoir allegeance
Devant le treschrestien roy de France
Victorieux : où j'ay bien ma fiance,
   Et doy avoir.
Puis chemine, sans guéres remanoir,
Aux autres roys, pour leur faire savoir
Le grand mechef où me faut remanoir :
   Et puis revien
Aux ducs, comtes, et puissans terriens,
Princes, marquis; aux grands et aux moyens;
Géneralment à tous bons chrestiens.

---

(1) *Chartriers* : prisonniers.

Pour remembrance
Du Createur (qui est nostre esperance),
Que tout chacun s'appareille, et avance
Pour le secours : qui est ma desirance.
Or suis joyeuse
Que puis faire ma complainte piteuse
Devant toy, duc, dont je suis desireuse.
Mets en mes mots entente savoureuse :
Et je t'en prie.
Aussi fay je à ceste compaignie.
Pour moy aider l'un à l'autre s'alie :
Car Dieu le veut, et nuls bien faicts n'oublie.

Ainsi me va, par le divin vouloir,
Qu'à ce banquet je me suis embatue,
Venant de loing par effrayé pouvoir,
Cherchant les lieux où cueurs sont à mouvoir
A secours moy doulente et éperdue.
Loué soit Dieu que je suis cy venue :
Car avis m'est que j'ay fait le voyage
Pour racheter mon ennuyeux dommage.

O toy, ô toy, noble duc de Bourgongne,
Fils de l'Eglise, et frére à ses enfans,
Enten à moy, et pense à ma besongne.
Pein en ton cueur la honte et la vergongne,
Les griefs remords, qu'en moy je porte et sens.
Infidelles, par milliers et par cens,
Sont triomphans en leur terre damnee,
Là où jadis souloye estre honnoree.

Et vous, princes puissans et honnorés,
Plorez mes maux, larmoyez ma douleur.
Ma joye n'est, s'emprendre ne voulez,
En moy vengeant (ce que faire devez),
En servant Dieu, et aquerant honneur.
Par mes enfans je suis en ce mesheur :
Par eux seray (si Dieu plaist) secourue ;
Si requier Dieu, de conseil estre acreue.

Vous, chevaliers qui portez la Toison,
N'oubliez pas le tresdivin service :

Et vous aussi, nés de bonne maison,
Gentilshommes, voicy belle ochoison (1)
Pour acquerir de los le bénéfice.
Mon secours est pour jeunes gens propice.
Les noms croistront, et l'ame enrichira
Du service que chacun me fera.

Dont en amour de Dieu premiérement,
Et en faveur de nom et de noblesse,
Je te requier à certes fermement,
Mon aimé fils, pour mon recouvrement :
Et vous, signeurs, pour toute gentilesse.
Par tout m'en vois : car à l'œuvre me presse
Mon faict piteux. Hélas! qu'on ne l'oublie.
Sous tel espoir, Dieu vous doint (2) bonne vie!

La lamentation de nostre mere saincte Eglise faicte, en la salle entrérent grand nombre d'officiers-d'armes : desquels le dernier estoit Toison d'or, roy-d'armes. Ce Toison d'or portoit en ses mains un faisan vif, et aorné d'un tresriche colier d'or, tresrichement garni de pierreries et de perles : et apres ledict Toison d'or vindrent deux damoiselles, c'estasçavoir madamoiselle Yoland, fille bastarde de mondict signeur le duc, et Ysabeau de Neufchastel, fille de monsieur de Montagu, adextrees de deux chevaliers de l'ordre de la Toison d'or : c'estasçavoir monsieur de Crequi et messire Symon de Lalain. En telle ordonnance vindrent lesdicts officiers d'armes et ledict Toison d'or, aveques le faisan, jusques devant monsieur le duc, auquel ils firent la réverence ; puis luy dit ledict Toison d'or, en ceste façon :

« Treshaut et trespuissant prince, et mon tresre-
« douté signeur, voicy les dames qui treshumblement

---

(1) *Ochoison* : occasion. — (2) *Dieu vous doint* : Dieu vous donne.

« se recommandent à vous : et pource que c'est la
« coustume, et a esté anciennement, qu'aux grandes
« festes et nobles assemblees on presente aux princes,
« aux signeurs et aux nobles hommes le paon, ou
« quelque autre oiseau noble, pour faire vœus utiles
« et valables, elles m'ont icy envoyé avec ces deux
« damoisèlles, pour vous présenter ce noble faisan,
« vous priant que les veuillez avoir en souvenance. »
Ces parolles dictes, mondict signeur le duc (qui savoit à quelle intention il avoit fait ce banquet) regarda
l'Eglise : et, ainsi comme ayant pitié d'elle, tira de
son sein un brief contenant qu'il vouoit qu'il secourroit la chrestienté, comme il sera dict cy-apres : dont
l'Eglise fit maniére de soy réjouir : et voyant que mondict signeur avoit baillé à Toison d'or son vœu, et que
ledict Toison d'or le lisit, elle s'escria tout haut, et
dît :

    Dieu soit loué, et servi hautement
    De toy, mon fils, doyen des pers de France!
    Ton treshaut vœu m'est tel enrichiment,
    Qu'il me semble que je suis clérement
    De tous mes maux à pleine delivrance.
    Par tout m'en vois requerir aliance,
    Et prie à Dieu qu'il te donne la gràce
    Que ton desir à son plaisir se face.

    O vous princes, chevaliers, nobles hommes,
    Voyez patron pour hauts faicts entreprendre.
    Rompez vostre aise, acoursissez voz sommes,
    Levez vos mains, tandis que nous'y sommes.
    Offrez à Dieu ce que luy devez rendre.
    Je pren congé : car cy ne puis descendre,
    Mais vois tirant la terre chrestienne,
    Pour Dieu servir et abreger ma peine.

A ce mot, le geant reprit son eléphant, et le remmena par-devant les tables, en la maniére qu'il estoit venu. Quand j'eu veu cest entremets (c'est-asçavoir l'Eglise) et un chasteau sur une si-diverse beste, j'arguay en moy si je pourroye comprendre que ce vouloit dire : et ne peu autrement entendré, fors que celle beste (qui nous est estrange et diverse pardeça) elle avoit emmenee, en signe qu'elle travaille et labeure sur grandes et diverses adversités, en la partie de Constantinoble (lesquelles adversités nous congnoissons); et le chasteau en quoy elle estoit signifioit Foy. En-outre, par ce que ceste dame estoit conduite et menee par ce grand geant, ayant la main armee, j'enten qu'elle donnoit à congnoistre qu'elle doutoit les armes des Turqs, qui l'avoyent chacee, et qui queroyent sa destruction.

Quand donques elle se fut partie d'ilec, les nobles hommes, à tous costés, par pitié et compassion, encommencérent à faire vœus, et ensuyvir mondict signeur le duc, chacun selon sa faculté : et mirent ces vœus par escrit, ainsi comme il sera dict cy-apres. Mais pource que tant de vœus se firent, ou s'appareillérent de faire, que la chose eust esté trop longue, mondict signeur fit crier par Toison d'or que la chose cessast atant, et que tous ceux qui voudroyent voüer baillassent le l'endemain leurs vœus audict Toison d'or; et il les tenoit valables, comme s'ils eussent esté faicts en sa presence.

Pour abreger mon escripture, tantost apres le cry dudict Toison d'or le banquet fut assouvi, les nappes furent levées, et chacun fut en pié par la sale; et quant à moy, ce me sembla lors un songe : car de tous les entremets des tables il n'y demoura sinon la fontaine de verre. Quand je ne vey rien plus de nouveau à quoy passer le temps, lors commença mon entendement à mettre devant mes yeux plusieurs choses touchant ceste matiére. Premiérement je pensay en moymesme les outrageux exces et la grande despense que pour la cause de ces banquets ont esté faicts puis peu de temps : car celle maniére de chapelets avoit là treslonguement duré, dont chacun s'efforçoit à son ordre, et mettoit peine de recevoir la compaignie plus-hautement; et principalement mondict signeur avoit fait si grand appareil, coust et assemblee, que je nommoye ceste chose outrageuse et deraisonnable despense, sans y trouver entendement de vertu, sinon touchant l'entremets de l'Eglise, et des vœus ensuyvans de ce : et encores me sembloit si haute entreprise trop soudainement commencee.

En celle pensee et imagination demouray longuement, et tant que je me trouvay d'aventure aupres d'un signeur conseiller et chambellan, et bien-privé de mondict signeur le duc, auquel j'avoye assez d'acointance. Lors je me pri à deviser aveques luy, et luy racomptay la fantasie en quoy j'estoye : et quand je luy eu tout dict, il me fit ceste response :

« Mon amy, saches (et je le t'afferme en foy de
« chevalier) que ces chapelets, banquets et festoye-
« mens, qui se sont menés et maintenus de longue
« main, n'ont esté sinon par la ferme entreprise et
« secrette desirance de monsieur le duc, pour parve-
« nir à faire son banquet par la maniére qu'on a cy
« veüe, desirant grandement et de tout son cueur
« conduire à effect un ancien sainct propos qu'il a
« eu de servir Dieu nostre Createur : lequel propos

« a esté et peut estre congnu par le vœu dont main-
« tenant il a fait publication : c'est asçavoir pour le
« bien de la chrestienté, et pour resister aux entre-
« prises des ennemis de nostre foy; et des pieça a
« bien monstré le grand desir qu'il en avoit, comme
« d'y envoyer, et soudoyer navires et gens-d'armes
« tres-longuement. Mesmement il y a trois ans, ou
« environ, qu'en la vile de Mons en Hainaut mondict
« signeur tint la feste de l'ordre de la Toison d'or :
« et là furent assemblés grand nombre de chevalerie,
« portans iceluy ordre : et, à la messe du jour, mon-
« sieur l'evesque de Challon, chancelier d'icelle, pro-
« posa, en sermon general, la grande désolation et
« ruine en quoy l'Eglise militante estoit, en reque-
« rant les chevaliers dudict ordre, et autres, pour le
« confort d'icelle nostre mére désolee. Et sur ceste
« matiére par iceux chevaliers furent prises de moult-
« belles conclusions pour le service de Dieu aug-
« menter, et la foy maintenir : desquelles choses
« mondict signeur fut tousjours principal emouveur,
« et le premier deliberé d'y employer corps et che-
« vance. Depuis lors (comme il est certain) luy est
« survenue la rebellion de Gand : à laquelle subjuguer
« a despendu du temps et de l'avoir; et, la grâce
« Dieu, il en est venu à si-bonne et honnorable
« conclusion que chacun sçait. Or est ainsi que pen-
« dant ce temps le Turq a fait de grandes choses sur
« la chrestienté : comme d'avoir gaigné Constanti-
« noble (qui jamais n'avoit eu villenie si grande des
« mécreans), l'Empereur mort, et l'Empire destruict.
« Ces choses ont tousjours entamé le cueur et le desir
« de mondict signeur au service de Nostre-Signeur

« Jesus-Christ: car au besoing est deu le secours. Dont,
« pour conclusion, saches qu'il mesme a ceste beson-
« gne conduite et demenee de longue main, pour avoir
« temps de pouvoir voüer et monstrer le bon vouloir
« et le desir qu'il a au bien-public, et géneral profit
« de la chrestienté. »

Ainsi que ce chevalier et moy parlions et devisions de la cause et principale occasion pourquoy, à son entendement, celle feste et grande assemblee fut faicte, en la salle entrérent, par la grande porte, grand' foison de torches : apres lesquelles venoyent plusieurs joueurs de divers instrumens, comme tabourins, luts et harpes : et apres eux vint une dame vestue d'une robe de satin blanc moult-simplement faicte, à guise de religieuse : et par-dessus elle estoit affulee et habillee d'un large manteau de damas blanc, et avoit le chef atourné moult-simplement d'un blanc couvrechef, mis tout ainsi qu'à une chose saincte et devote appartenoit; et sur son espaule senestre portoit un rollet (1), où estoit escrit en lettre d'or : GRACE DIEU, signifiant et monstrant le nom d'elle. Apres vindrent douze chevaliers, chacun menant une dame par la main : et estoyent habillés de pourpoints cramoisis, et de palletots à manches, la moitié gris et l'autre noir, de satin brodé de feuillage, et chargé d'orfaverie : et avoyent chapeaux de velours noir, orfaverisés comme lesdicts paletots : et lesdictes douze dames furent vestues de cottes simples de satin cramoisi, bordees de letices (2) : et par-dessus avoyent en maniére d'une chemise de si-fine toile, qu'on voyoit la cotte parmy : et avoyent un atour tout

(1) *Rollet :* petit rouleau. — (2) *Letices :* fourrures.

rond, à la façon de Portugal, dont les bourelets estoyent à maniére de rauces : et passoyent par-derriére, ainsi que pattes de chaperons pour hommes, de deliés volets, chargés d'orfaverie d'or branlant; et furent leurs visages couverts du volet : et pour declarer des dames, dont j'ay parlé par-avant, que Grâce Dieu menoit, il fait à sçavoir que tantost que ladicte Grâce se trouva devant mondict signeur, elle parla, et dît :

> Grace Dieu suis, la divine aumônniére
> Qui des biensfaits de paradis pourvoye.
> Ferme seurté, et esperance entiére.
> Misericorde est dessous ma banniére :
> Dieu ne permet nuls dons que je n'y soye.
> Par son plaisir à toy droit cy m'envoye,
> Pour toy bailler ce brief, et, au surplus,
> Te présenter ces dames de vertus.

« Pource que mon benoist Createur a ouy le vœu
« que toy Philippe, duc de Bourgongne, as n'aguéres
« fait en la presence de ceste noble compaignie, et
« mesmes plusieurs autres nobles hommes cy-presens,
« tous ensuyvans : lequel ton vœu, ensemble iceux
« procedans de bonne voulonté, sont agreables à Dieu :
« à ceste cause il m'envoye par toute chrestienté vers
« empereurs, roys, ducs, comtes, et autres bons
« chrestiens, leur présenter de par luy douze dames
« (que j'ay ici), chascune portant le nom de vertu :
« lesquelles si croire voulez, vous viendrez à bonne et
« victorieuse conclusion de vostre emprise, et aquer-
« rez bonne renommée par tout le monde, et en fin
« paradis. »

Le brief leu et ouy, ladicte dame Grâce Dieu reprit sa raison, et dît à Monsieur :

>Les dames cy bailleront par escrit
>Leurs parfaicts noms, lesquels je vous liray.
>Qui bien les voyt moult plaist à Jesus-Christ :
>Auquel je prie, et au Sainct-Esperit,
>Qu'en vous soyent : si m'en rejouiray.
>Voicy la Foy, que vous presenteray
>Premiérement. Or, je vous prie, oyez
>De tous leurs briefs ce que lire m'orrez.

En ce language proposant, comme vous avez ouy, ladicte dame Grâce Dieu présenta une de ses douze dames, et la premiere, qui avoit à nom Foy. Ceste dame portoit un brief en sa main. Tantost donques que Grâce Dieu l'eut présentée, et mise avant, elle (c'est à entendre Foy) bailla son brief à Grâce Dieu, la guide, maistresse et conduiseresse de ces douze dames : lesquelles toutes, l'une apres l'autre, pareillement que Foy, furent présentees en ordre, et baillerent leurs briefs, lesquels furent receus et leus de ladicte Grâce Dieu : et ces briefs signifioyent et demonstroyent ouvertement leurs noms, leurs vertus, leurs puissances, et trespleines et treshautes authorités et prerogations : et, pour entretenir propos, le brief de Foy contenoit les mistéres qui s'ensuyvent, sans adjonction ne diminution.

Couplet de Foy.

>Je suis la Foy, et divine esperance,
>Que chacun doit congnoistre sans erreur :
>Qui vien à vous, duc de noble naissance,
>Et à tous ceux qui sont cy en presence,

Pour mercier l'emprise de valeur,
Touchant aux vœus de merite d'honneur,
Et au secours que vous me presentez :
Qui moult voudra ; si vous ne m'oubliez.

Couplet de Charité.

Charité, mere des bienfaicts
Suis au palais de Dieu nommee :
Qui par voz hauts vouloirs parfaicts,
Signes d'amours non contrefaicts,
J'espére la Foy confortee.
Si suis en ce lieu arrivee,
Afin que la guide je soye
Qui voz œuvres vers Dieu convoye.

Couplet de Justice.

Justice ay nom, la droicturiére,
Le refuge des moins-puissans.
Quoy que l'on me nomme aspre et fiére,
Si ren je par bonne maniére
Les humains corps obeïssans.
Or vien j' à vous d'heure et de temps,
Pour advertir que servirez
Foiblement Dieu, quand ne m'aurez.

Couplet de Raison.

Je suis Raison, fille de sapience,
Amie de Dieu, son affine et prochaine.
Guerre amorti ; paix est ma nourrissance ;
Amour soustien, droict maintien en puissance.
A vous servir je mettray toute peine.
Je vien donques en la vostre demaine :
Et Dieu le veut, pource qu'en son service
Sur toute riens suis valable et propice.

Couplet de Prudence.

Pour vous parer, prince de haut affaire,
Prudence suis, que Dieu à vous envoye,
En esperant que ferez, pour luy plaire,
Et entendrez pour le plus nécessaire,

A secourir l'Eglise qui larmoye.
Tant que m'aurez, et serez où je soye,
Adversité n'aura nulle puissance
De vous oster foy ne bonne esperance.

Couplet d'Attrempance.

Attrempance, qui les hauts faicts mesure,
Me nomment ceux qui congnoissent mon estre.
Il n'est nul heur qui sans moy guéres dure.
Mon faict est seur, non pas à l'aventure.
De vous servir je me veuil entremettre.
Soudain vouloir ne peut estre mon maistre.
Si vous m'avez (je le dy seurement),
Rien ne ferez qu'à bon entendement.

Couplet de Force.

Force, ou bien Magnanimité,
M'appelle on, pource que je pense,
Par effort de bonne equité,
Pour tous en generalité,
A livrer vive resistance.
Je suis contre vices deffense,
Et puis moult en armes servir.
Pensez donc de moy retenir.

Couplet de Verité.

A vous je vien en telle intention,
Que ne ferez rien contre mon vouloir.
Verité suis, de tell' condition
Que je ne fay nulle part mansion,
S'honneur de bouch' ne m'y fait remanoir.
Tenez voz mots, si me voulez avoir.
Par voz vertus faites crier Montjoye,
Et je seray la vostre où que je soye.

Couplet de Largesse.

Grand faict sans moy nul ne peut achever,
Ost acquerir, n'acquerir bon renom.
Qui me reboute, il fait fort à blasmer.
Par moy peut on moult de gens assembler,

Et avoir bruit : qui que le veut, ou non.
A vous je vien. Largesse m'appelle on.
Je serviray pour les povres aider,
Qui serviront quand viendra le mestier.

Couplet de Diligence.

Diligence, la noble poursuivande,
Suis nommee, pource que tant travaille,
Que maintes fois mes fortunes amande.
Dieu me transmet à voz yeux, et vous mande
Qu'à le servir sans sommeiller on veille,
Et que m'ayez afin que je reveille
Les lasches cueurs qu'on ne peut émouvoir
A travailler, pour tous les biens avoir.

Couplet d'Esperance.

Esperance, guidee de bon vouloir,
D'ardant desir à vous je me presente.
Le grand honneur, la richesse et l'avoir
De ce monde, conquesterez pour voir.
Nul n'osera devant vous faire attente.
Requerez Dieu, et mettez ferme entente
D'estre en brief temps prests pour le Turq combatre :
Et vous verrez son grand orgueil abatre.

Couplet de Vaillance.

Prince, enflambé de desir pitoyable,
Et vous, nobles où tout honneur s'avance,
Cueurs tous enflés de vouloir honnorable,
Aimans renom, querans œuvre louable,
A vous j'acour en grande ejouissance.
Fille d'honneur suis, et m'appelle on vaillance.
Je vous requier qu'on ne me laisse point :.
Car, sans m'avoir, grand faict ne se fait point.

Apres les présentations de ces douze vertus, faictes par Grâce Dieu à mondict signeur, et nécessaires à la perfection de son emprise, quand les noms et leurs briefs furent leus, veus et ouis en plaine salle et en commune audience, atant elle, comme ayant sa charge parfournie et son œuvre parachevé, d'illeques se voulut retraire. Si prit congé par la maniére qui s'ensuit, conseillant et saluant mondict signeur ainsi :

> Puis qu'ainsi est que je vous ay baillees
> Ces filles cy pour vostre parement,
> Je vous requier que soyent recueillies
> Par tel moyen, que mjeux apareillees
> Soyent d'entendre à vostre sauvement.
> A vous les laisse. A Dieu je vous command :
> A qui prie que brief vous voye faire
> Chose de nom, et qui luy puisse plaire.

A tant s'en retourna Grâce Dieu, et laissa les dames qu'elle avoit amenees : et pource que leur mistére fut achevé, leur furent ostés les briefs qu'elles portoyent sur leurs espaules : et commencérent à danser en guise de mommerie, et à faire bonne chére, pour la feste plus joyeusement parfournir : et cy ensuyvent les noms des chevaliers et des dames de celle mommerie, et premiérement les noms des chevaliers, monsieur de Charolois, monsieur de Cléves, monsieur d'Estampes, monsieur Adolf de Cléves, monsieur Jehan de Coimbres, monsieur le bastard de Bourgongne, monsieur de Bouchain, messire Anthoine, bastard de Brabant; messire Philippe, bastard de Brabant ; messire Philippe Pot, messire Philippe de Lalain, et messire Chrestien de Digoine; et pour les dames, madamoiselle de Bourbon, madamoiselle d'Estampes, madame de Ravastain, madame d'Arcy, madame de Commines, madame de Santers, madame des Obeaux, madame Du Chasteler, Marguerite; bastarde de Bourgongne; Anthoinette, femme de Jehan Boudaut; et Ysabeau Constain. Tandis qu'on dansoit en telle manière, les roys-d'armes et heraux, aveques les nobles hommes qui furent ordonnés pour l'enqueste, alèrent aux dames et aux damoyselles, savoir à qui l'on devoit donner et présenter le prix, pour avoir le mieux jousté et rompu bois pour ce jour : et fut trouvé que monsieur de Charolois l'avoit gaigné et desservy.

Si prirent les officiers-d'armes deux damoyselles princesses (c'est assavoir madamoyselle de Bourbon et madamoyselle d'Estampes), pour le prix présenter : et elles le baillerent à mondict signeur de Charolois, lequel les baisa comme il avoit acoustumé, et qu'il est de coustume : et fut crié Montjoye moult-hautement. Tantost apres fut aporté le vin et les espices, lesquelles espices estoyent en sept dragœuers (1), dont la plus-part estoyent de pierreries : et furent à celle heure criees unes joustes de par monsieur de Charolois, pour l'endemain : lequel s'acompaigna de monsieur le bastard et de Benetru de Chassa : et se firent nommer, en ladicte criee, trois compaignons aventureux, portans escu violet et noir. Lesquelles joustes furent joustees tresbien : et gaigna messire Adolf le prix de dehors, et mondict signeur le bastard le prix de dedans : et donna ce jour mondict signeur le duc le banquet à toutes les dames en son hostel.

Entre deux et trois heures apres minuict, mondict signeur et sa compaignie se partirent de la place où ce

---

(1) *Dragœuers :* petites boîtes où l'on mettoit des dragées.

banquet fut faict, et se retraït chacun en sa chacune.
Or, pource que je sçay bien que plusieurs ont escrit
de celle feste, et que chacun ne peut avoir tout veu,
et pourroit on dire que j'en parle bien largement, afin
que l'on sache que la maniére de mon recit et enre-
gistrement est vray, je l'ay fait visiter par monsieur
de Launoy et par Jehan Boudaut, principaux gouverneurs des choses dessus-escrites, et par les maistres-
d'hostel de mondict signeur le duc : et apres leur visi-
tation faicte, et seelee de mondict signeur de Launoy,
je l'ay osé communiquer. Si supplie treshumblement
mondict tresredouté et souverain signeur monsieur
le duc dessusdict, et à tous ceux qui liront ou oy-
ront ceste chose, qu'ils veuillent mon ignorance
pardonner, et qu'ils prestent leurs oreilles à escouter
partie de vœus qui furent faicts à cause de cestuy
banquet.

CHAPITRE XXX.

*Ensuyvent une partie des vœus que firent le tres-
noble et tresredouté prince Philippe, par la grâce
de Dieu duc de Bourgongne, de Brabant, etc.; et
plusieurs autres grands signeurs, chevaliers et gentils-hommes, l'an 1453 : et premiérement le vœu
d'iceluy prince.*

« JE voüe tout premiérement à Dieu mon createur,
et à la glorieuse vierge Marie sa mére, en-apres aux
dames et au faisan, que si le plaisir du treschres-

tien et tresvictorieux prince monsieur le Roy est de prendre croisee, et exposer son corps pour la deffense de la foy chrestienne, et résister à la damnable emprise du Grand Turq et des Infidelles, et si lors je n'ay loyal ensongne (1) de mon corps, je le serviray, en ma personne et de ma puissance, audict sainct voyage, le mieux que Dieu m'en donnera la grâce : et si les affaires de mondict signeur le Roy estoyent tels qu'il n'y peust aler en sa personne, et son plaisir est d'y commettre aucun prince de son sang, ou autre signeur chief de son armee, je à sondict commis obeïray et serviray, audict sainct voyage, le mieux que je pourray, et ainsi que si luy mesme y estoit en personne. Et si, pour ses grans affaires, il n'estoit disposé d'y aler ne d'y envoyer, et qu'autres princes chrestiens à puissance convenable emprennent le sainct voyage, je les y acompaigneray, et m'empleyeray aveques eux à la deffense de la foy chrestienne le plus avant que je pourray, pourveu que ce soit du bon plaisir et congé de monsigneur le Roy, et que les païs que Dieu m'a commis à gouverner soyent en paix et seureté. A quoy je travailleray : et me mettray en tel devoir de ma part, que Dieu et le monde congnoistront qu'à moy n'aura tenu ne tiendra : et si durant le sainct voyage je puis, par quelque voye ou maniere que ce soit, savoir ou congnoistre que ledict Grand Turq ayt voulonté d'avoir à faire à moy corps à corps, je, pour ladicte foy chrestienne, le combattray, à l'aide de Dieu tout puissant et de sa tresdouce Vierge mere, lesquels j'appelle tousjours en mon aide. Faict à L'Isle le dix-

(1) *Ensongne* : empêchement.

septiéme jour de fevrier l'an de l'incarnation de Nostre Signeur 1453, signé de ma main.

« Philippe. »

Le vœu de monsieur de Charolois.

« Je voüe à Dieu mon createur, et à sa glorieuse mére, aux dames et au faisan, que si mon tresredouté signeur et pére va au sainct voyage, ainsi qu'il entreprend, et le desire d'acomplir, et ce soit son plaisir que j'y voise aveques luy, que j'y iray, et le serviray au mieux que je pourray, et sauray faire. »

Le vœu de monsieur de Cléves.

« Je voüe aux dames et au faisan que je serviray monsieur mon oncle s'il luy plaist, en cas que les affaires de mon païs le puissent porter. »

Le vœu de monsieur d'Estampes.

« Je voüe à Dieu mon createur, et à sa glorieuse mére premiérement, et en apres aux dames et au faisan, que si le plaisir de mon treshonnoré signeur et oncle est que je voise en sa compaignie au sainct voyage de la deffense de la foy chrestienne, et résistance de la damnable emprise du Grand Turq et des Infidelles, je l'acompaigneray et serviray de ma puissance : et durant ledict sainct voyage, si je puis savoir et congnoistre qu'il y ait aucuns grans princes ou grans signeurs de la compaignie dudict Grand Turq, et tenans sa loy, qui ayent voülonté d'avoir à faire à moy, corps contre corps, deux à deux, trois à trois, quatre à quatre, ou cinq à cinq, je, pour ladicte foy chrestienne soustenir, les combatray, à l'aide de Dieu le tout-puissant et de sa tresdouce mére : lesquels j'apelle tousjours en mon aide, par la maniére dessusdicte. ESTAMPES. »

Le vœu de monsieur de Ravastain.

« Je voüe, etc., si mon tresredouté signeur et oncle va en ce sainct voyage, si c'est son plaisir, que je seray prest d'aler avequès luy tout par tout où son plaisir sera. Et si tant est que mondict signeur ne puisse aler audict sainct voyage, et son plaisir soit à moy faire cest honneur de moy y envoyer, je m'offre à le servir de mon corps et de ma chevance tant et si-avant qu'il me sera possible. ADOLF DE CLÉVES. »

Le vœu de monsieur le bastard.

« Je, Anthoine, bastard de Bourgongne, voüe aux dames et au faisan que si mon tresredouté signeur va en ce sainct voyage, j'iray avequès luy, et le serviray de mon corps et chevance : et au cas qu'il n'y voise, et il luy plaise moy y envoyer, et commander aucune chose sur ce, en quelque maniére que ce soit, je m'y empleyeray de tout mon pouvoir, comme tenu y suis : et, des le jour que je partiray, je prendray une emprise, laquelle je porteray tout le voyage durant, pour combatre un Turq, en quelque maniére qu'il voudra requerre : et ce feray sçavoir en l'hostel du Turq. »

Le vœu de monsieur de Pons.

« Je voüe premiérement à Dieu, aux dames et au faisan, que s'il plaist à mon tresredouté signeur et puissant prince, monsieur le duc de Bourgongne, aler encontre le Grand Turq, et autre part sur les Sarrasins; et il me fait tel honneur que j'ale en son service, je le serviray de mon corps tant que ma vie durera, ou qu'il luy plaira. *Item*, si son bon plaisir n'est que je soye en son service, je voüe à Dieu comme dessus, en demy an prochain venant, que je ne sejourneray en vile quinze jours passés, jusques à tant que corps à corps j'aye combatu un Sarrasin d'iceluy Turq ou d'autre lieu, selon que je le pourray trouver premier à l'aide Nostre-Dame, pour l'amour de laquelle jamais ne coucheray en lict le samedy, jusques j'aye acompli ce que dict est. Faict le dixseptiéme de fevrier 1453. »

Le vœu de monsieur de Charny.

« Je voüe aux dames et au faisan que si mon tresredouté et souverain signeur monsieur le duc entretient le voyage sainct sur les Infidelles, je le serviray de mon corps et de mes biens, au cas toutesvoyes que je n'auray maladie, ou loyal ensongne de mon corps : et, en ce cas, j'y envoyeray huict ou dix gentilshommes payés pour un an. »

Le vœu de monsieur de Crouy.

« Je, Anthoine, signeur de Crouy, consideré le vœu qu'a fait mon tresredouté signeur monsieur le duc de Bourgongne en ensuyvant iceluy, voüe à Dieu mon createur, aux dames et au faisan, qu'au cas que mondict signeur le duc entretienne son voyage et armee, que sous les conditions contenues en sondict vœu, qu'il a voüé de faire sur les Sarrasins et mécreans, par ainsi que ce soit son plaisir, j'yray aveques luy et en sa compaignie, et le serviray pour l'honneur de Dieu, en sondict voyage, de mon corps et à mes despens, un an entier, sans pour ce prendre, ne de luy ne d'autres chrestiens, aucuns gages ou biensfaicts: et obeïray à luy, ou à celuy qu'il luy plairra ordonner son lieutenant en ceste partie, en tout ce qu'il luy plaira à moy enjoindre et commander, en renonçant à toutes vaines gloires, orgueil, et autres choses mondaines qui en aucunes maniéres pourroyent empescher ou retarder ce que dessus est dict; et generalement à toutes autres choses qui me pourroyent survenir, excepté mort, prison ou maladie, ou autre empeschement raisonnable, et tel qu'à mondict signeur et autres princes sembleroit estre digne et suffisant pour excusation; et tellement que ce sera au plaisir de Nostre-Signeur, à la salvation de mon ame, et à mon honneur. Tesmoing ceste cedule, signee de ma main, etc. A. DE CROY. »

Le vœu de monsieur de Cymay.

« Je, Jehan de Crouy, signeur de Cymay, fay autel et semblable vœu à Dieu mon createur, et à sa glorieuse mére, aux dames et au faisan, qu'a fait monsieur mon frére, et tel que cy-dessus est contenu: et au cas que, par maladie ou autre empeschement qui fust si-apparent que chacun congnust que je n'y pourroye aler, j'y envoyeray huict gentils-hommes de nom et d'armes à mes despens, payés pour un an entier, pour servir à l'honneur de Dieu mondict signeur et prince, sous et par la maniére dessusdicte. Tesmoing mon signe cy mis. I. . . . DE CROY. »

Le vœu de monsieur de Santes.

« Je voüe à Dieu mon createur, et à la glorieuse vierge Marie sa douce mére, en presence de treshaute et trespuissante princesse, des nobles dames et damoiselles qui cy sont, et à ce faisan, que si le Roy, ou mon tresredouté signeur monsieur le duc de Bourgongne, prendent la croisee, pour résister à la puissance et contre l'empereur des Turqs, ennemis de la saincte foy chrestienne, je les y serviray, et acompaigneray en ma personne l'espace d'un an : et si, à l'occasion de ma vieillesse et foiblesse de corps, je n'y pouvoye aler, si y envoyeray je pour gaigner les pardons, et satisfaire aux pechés et deffautes que j'ay par cy-devant commises, et moy aquiter de l'obligation que je doy à la foy de Jesus-Christ à cause du sainct baptesme, deux hommes-d'armes et deux archers suffisamment montés et armés : lesquels je payeray et soudoyeray, par l'espace d'un an, à mes despens. »

Le vœu de monsieur de Crequi.

« J'ay ouy et entendu la pitoyable complainte de nostre mére Saincte-Eglise, dont mon cueur a receu amére et douloureuse déplaisance : mais quand j'ay sceu le vœu de mon tresredouté signeur, celle douleur s'est ainsi comme cessee ou adoucie, pour le grand espoir que j'ay qu'aucun bon et sainct fruit s'en ensuyvra : et combien que chose que faire puisse pourroit peu profiter et valoir à la ressourse et grande desolation d'icelle, neantmoins, pource qu'aveques les grans princes de la chrestienté raison est qu'elle soit secourue et servie à sa necessité des moyens et des petis, je voüe aux dames et au faisan que, moyenant la grâce de nostre benoist Createur et de sa benoiste mére, au cas que les besongnes et affaires de mondict tresredouté signeur pourront souffrir qu'il entreprende le sainct voyage dont en son vœu est faicte mention, et il luy plaist moy recevoir en sa compaignie, je me mettray en son service, à mes despens, en tel estat et compaignie de gentils-hommes et autres que bonnement faire pourray, selon les biens que Dieu m'a donnés : et m'y empleyeray en telle façon, à mon pouvoir, que j'espére que Dieu et le monde seront de moy contens : pourveu toutesvoyes que lors ne soye empesché de mon corps; et s'il avenoit (que Dieu ne veüille), j'y envoyeray, tant de gentils-hommes comme autres, en tel et si grand nombre que la faculté de ma chevance pourra porter. »

Le vœu de monsieur de Haubourdin.

« Je voüe à Dieu mon createur, et à sa glorieuse mére, aux dames et au faisan, que si mon tresredouté signeur prend la croisee et va en ce sainct voyage, je le serviray de mon corps et de ma puissance tout le mieux que je pourray : et si mondict signeur avoit ensongne parquoy il n'y peust aler en sa personne, et il y envoye aucun de son sang en son nom, je luy serviray et obeïray comme je feroye à mondict signeur, et ne laisseray que je ne voise audict sainct voyage, en la maniére dicte, si méhaing (¹) ou prison ne m'en détournent : et ne m'en retourneray que je ne m'y soye empleyé un an du moins, si ce n'est pour aucuns grans biens ou profits pour la chrestienté, et par l'expres commandement ou ordonnance des princes avec qui je seray : et s'il avient que pendant le temps que je seray audict sainct voyage il y ait journee de bataille, je feray tant, au plaisir de Dieu, que Chrestiens et Turqs auront congnoissance de mon nom : et me mettray en mon loyal devoir, sans passer toutesfois, n'aller hors l'ordonnance faicte et commandee par les princes, si je suis à la bataille ou eschelle à l'endroit où le Turq soit, que j'aborderay le jour à sa personne. Et si Dieu par sa grâce donne victoire aux Chrestiens, et que je puisse veoir que le Turq parte de la bataille pour soy sauver (quelque chose qu'il m'en puisse avenir), je ne laisseray la chace de luy (si je ne suis mort, ou si fort navré que je ne le puisse parfournir, ou que mon cheval me faille en chemin), jusques je l'aye mort ou prisonnier : si, devant que je l'ataïgne, il ne se sauve en fortresse, ou par si-fort passage qu'on ne le puisse passer. »

Le vœu de monsieur le chancelier de Bourgongne.

« Pource que je, Nicolas Raoulin, obstant mon ancienneté et foiblesse, ne pourroye bonnement aler en

---

(¹) *Méhaing* : maladie, blessure.

personne au sainct voyage que mon tresredouté signeur monsieur le duc de Bourgongne entend faire pour la deffense de la foy chrestienne, et ainsi et par la maniére qui declairee est en son vœu sur ce fait, je voüe à Dieu premiérement, et apres aux dames et au faisan, qu'en mon lieu j'envoyeray, avec mondict tresredouté signeur, en son service audict sainct voyage, un de mes enfans, acompaigné de vingt-quatre gentils-hommes armés et montés suffisamment : et les entretiendray à mes despens, tant et si-longuement que mondict signeur le duc y sera. »

Le vœu de monsieur de Bergues.

« Je voüe aux dames et au faisan qu'au cas que mon tresredouté signeur le duc voise en ce sainct voyage, et qu'il luy plaise que je le serve, je le serviray de ma personne, en telle façon que mondict signeur le m'ordonnera : et si, par maladie ou autre empeschement, je n'y puis aler, j'y envoyeray et entretiendray douze gentils-compaignons crannequiniers un an, à mes despens. »

Le vœu de monsieur de Commines.

« Je, Jehan, signeur de Commines, voüe à Dieu et à la vierge Marie, aux dames et au faisan, que si mon tresredouté signeur monsieur le duc va en ce sainct voyage, qu'il a intention de faire pour résister aux emprises du Grand Turq et des mécreans, je le serviray par tout où bon luy semblera (soit par mer ou par terre) de mon corps, et à mes despens : et, en cas de maladie, ou d'autre empeschement si-apparent que chacun congnoisse que je n'y puisse aler, j'y envoyeray quatre gentils-hommes de nom, et à mes despens : lesquels je payeray tant et si-longuement, que l'armee de mondict signeur s'entretiendra par-de-là, pourveu que ce soit le bon plaisir de mondict signeur. »

Le vœu de monsieur de Rochefort.

« Je, Charles, signeur de Rochefort, fay vœu à Dieu mon createur, et à la glorieuse vierge Marie, aux dames et au faisan, que si mon tresredouté signeur monsieur le duc va au sainct voyage sur les Infidelles, ennemis de nostre foy; si son bon plaisir est, j'yray avecques luy, et l'acompaigneray et serviray de mon corps et de ma puissance : et au cas que mondict signeur n'yra en cedict sainct voyage, et mondict tresredouté signeur et maistre monsieur le comte d'Estampes y va; si c'est son plaisir, j'yray semblablement aveques luy; et le serviray de mon corps et de ma chevance, pourveu qu'aucun accident de maladie ou autre ne me survienne, parquoy je ne puisse aler au sainct voyage : auquel cas j'y envoyeray six gentils-hommes armés et habillés; et les payeray pour un an entier. Et si ainsi est que mondict signeur d'Estampes trouve lesdicts Infidelles, qui le fournissent pour son vœu (c'estassavoir de combatre deux contre deux, trois contre trois, quatre contre quatre, ou cinq contre cinq), et le plaisir de mondict signeur et maistre est que je l'acompaigne, en ce cas je seray voulontiers de ceux qui combatront aveques luy lesdicts Infidelles, par la maniére dicte, et ainsi que mondict signeur l'entent. »

Le vœu de Jehan Du Bois.

« Je voüe à Dieu, à Nostre-Dame, aux dames et au faisan, que s'il est ainsi que mon tresredouté signeur monsieur le duc de Bourgongne entreprenne et voise au sainct voyage ordonné pour la deffense de la foy chrestienne, et que son plaisir soit que je voise en sa compaignie, je le serviray de mon corps et chevance, et ne l'abandonneray tant qu'il y sera, ou que la vie me durera : et que, des le jour que partiray, ne mangeray par vendredy chose qui ait receu mort, jusques à ce que je me seray trouvé embesongné, combatant main à main à un ou plusieurs ennemis de ladicte foy. *Item*, et si mondict tresredouté signeur a bataille au Grand Turq, et que la banniére de mondict tresredouté signeur et celle de ses adversaires y soyent depleyees, et je soye en ma franchise et liberté, sans estre méhaigné, je m'aborderay à la banniére du Grand Turc, si je la puis nullement congnoistre : et la trebucheray par terre, ou je mourray en la peine. Et au cas que les affaires de mondict tresredouté signeur ne puissent porter d'y aler en sa personne, ou il y commette monsieur son fils, monsieur d'Estampes, ou autre, je le serviray en toute obeïssance, comme la personne de mondict signeur. Et s'il avient que monsieur d'Estampes emprende bataille à aucun prince, acompaigné de certain nombre de nobles hommes, et il luy plaise de sa grâce moy faire cest honneur que j'en soye l'un, je m'y empleyeray tellement, qu'au plaisir de Dieu, de Nostre-Dame, et de monsieur Sainct George (ausquels je prie qu'ils m'en donnent la grâce), je luy feray honneur. »

Les vœus de monsieur de Boussu et de messire Philippe de Lalain.

« Monsieur de Boussu et messire Philippe de Lalain vouent à Dieu, à Nostre-Dame, aux dames et au faisan, que si mon tresredouté signeur monsieur le duc de Bourgongne va en Turquie à l'encontre des Infidelles, les dessusdicts le serviront bien et loyaument, si le plaisir de mondict signeur est qu'ils y voisent : et du jour qu'ils partiront, ils porteront une emprise, pour en combatre deux : et si le tiers y venoit, ils en prendront telle aventure que Dieu et Nostre-Dame leur voudront envoyer. »

Le vœu de messire Claude de Toulongeon.

« Je voüe à Dieu, à Nostre-Dame, et à madame saincte Anne, aux dames et au faisan, que je serviray mon tresredouté et souverain signeur monsieur le duc et comte de Bourgongne, au sainct voyage qu'il a intention faire à l'encontre du Turq, ennemy de nostre foy : et le serviray du corps tout le temps qu'il y sera : et des biens que Dieu m'a donnés, j'y empleyeray tout ce qu'il me sera possible; et au cas que mondict signeur ait quelque empeschement par quoy il n'y peust aler, s'il y envoye aucun de son sang, je le serviray et obeïray, durant ledict voyage, comme je feroye la personne de mondict signeur : et outre-plus, incontinent que je seray hors des marches de pardeça, je porteray une emprise, pour faire armes, à pié ou à cheval, à l'encontre d'un des gens dudict Turq : laquelle emprise je feray signifier (si je puis) en son ost : et tout par le bon gré et licence de mondict signeur, lequel j'en suppliray et requerray. Et si celuy qui voudra lever madicte emprise ne me vouloit venir combatre devant mondict signeur ou son commis, je l'iray combatre devant le Turq, moyenant que je puisse avoir bonne seurté. »

Les vœus de messire Chrestien et de monsieur Évrard de Digoine.

« Nous, Chrestien et Evrard de Digoine fréres, chevaliers, vouons à Dieu, à la benoiste vierge Marie, aux dames et au faisan, que si nostre tresredouté signeur monsieur le duc de Bourgongne va au sainct voyage contre les Infidelles, nous irons aveques, et le servirons de corps et avoir ; et s'il avient que nous nous trouvions en bataille aveques les Infidelles, nous ferons nostre pouvoir de porter jus la premiere enseigne qui apperra des ennemis : et de ce ferons si grand devoir, qu'il ne sera point dit que nous n'en ayons faict nostre possible. Et s'il plaisoit à nostre tresredouté signeur monsieur d'Estampes de nous faire cest honneur et grâce que nous fussions deux de ceux dont il s'acompaignera pour fournir aux armes de son vœu, nous le servirons tellement, qu'au plaisir de Dieu luy et tous autres devront estre contens. Et outre, je, Chrestien de Digoine, voüe comme dessus que s'il plaist à mon Createur et à sa glorieuse mére moy faire tant de grâce que je retourne, je repasseray par trois royaumes chrestiens, dedans lesquels je porteray emprise, pour faire armes à pié et à cheval. »

Sur quoy finit ledict banquet et lesdicts vœus.

CHAPITRE XXXI.

Du mariage de l'aisné fils de Crouy à une fille du comte de Sainct-Pol; du voyage du bon duc Philippe en Alemaigne; et du mariage du comte de Charolois avec madame Ysabeau de Bourbon.

En ce mesme temps le signeur de Crouy, estant à Luxembourg, fit espouser Jehan de Crouy, son fils aisné, à la fille du comte de Sainct-Pol : laquelle fille fut baillee es mains du signeur de Crouy, qu'elle estoit jeune et enfant; et fut traité iceluy mariage entre le comte de Sainct-Pol pére de la fille, et le signeur de Crouy pére du fils. Mais, pour aucun mal content ou autres causes, ledict comte de Sainct-Pol ne vouloit point que le mariage se parachevast: et toutesfois il n'avoit sa fille en ses mains, mais l'avoit le signeur de Crouy, comme dict est. Parquoy il fit consommer le mariage, et envoya prier le comte et ses amis notablement : mais le comte n'y voulut point aler, ne les amis : dont grande haine se conceut entre les parties; et toutesfois fut et demoura faict ledict mariage, et soubtiva chacun de troubler son compaignon; et de l'effect, et de ce qui en avint, je deviseray cy-apres.

En ce temps du banquet du duc, se trouva à L'Isle le comte de Sainct Pol, comme l'on peut voyr cy-dessus : et ne se contenta point le duc du vœu qu'il avoit fait en sa presence (1), pource qu'il ne se monstroit point suget tel qu'il estoit. Or fit le comte une grande feste à Cambray et une grande assemblee, où il y eut tournois et joustes, et grans entremets : mais, pour la cause susdicte, ne voulut souffrir le duc que nul de son hostel y alast ; et commencérent telles choses à mettre le comte en défidence et soupson : parquoy il s'élongna de la maison de Bourgongne, et se tenoit aveques le roy de France. En ce temps le comte avoit besongné aveques le duc Charles de Bourbon pour avoir Ysabel de Bourbon sa fille en aliance de mariage pour Jehan de Luxembourg, aisné fils du comte ; mais la damoiselle avoit esté nourrie avec la duchesse de Bourgongne, et estoit en la maison du duc, qui estoit son oncle : parquoy le comte ne parvint point à son emprise ; et avint qu'en dissimulant ledict mariage, le bon duc (qui avoit empris d'aler à Rissebourg, et ne sçavoit s'il passeroit outre, ou s'il auroit autre détourbier) fut conseillé qu'avant son partement il mariast son fils : et voyant les mœurs,

---

(1) Voici ce vœu, dont il n'est pas fait mention dans le chapitre précédent : « Je voüe aux dames et au faisan que, avant qu'il soit six « sepmaines, je porteray une emprise en intention de faire armes à « pié et à cheval, laquelle je porteray par jour et la plus partie du « temps, et ne lairray pour chose qu'il m'avienne, si le Roi ne le me « commande ; ou si armée se face aler sur les Infidéles par le Roy en « sa personne, par son commandement ou autrement, si c'est le bon « plaisir du Roy, j'iray en ladicte armée de tresbon cueur pour faire « service à la chrestienté, et mettray peine au plaisir de Dieu d'estre « des premiers qui assembleront avec lesdicts Infideles. »

vertus et conditions de sa niéce Ysabel de Bourbon dessusdicte, il prit en son opinion de la donner à femme à son fils, et envoya querre le comte à toute diligence, qui desja avoit-pris congé de luy pour aler en Hollande, es affaires du duc son pére : lequel revint hastivement, pour obeïr : et à la verité la duchesse ne conseilla point le mariage, pource qu'elle queroit et entendoit de marier son fils en Angleterre à la fille aisnee du duc d'York (qui depuis fut duchesse d'Exestre), pource qu'elle le vouloit alier en Angleterre, où elle avoit le cueur par nature : car elle fut fille d'une fille de Lanclastre, mariee au roy de Portugal son pére : et toutesfois fut le duc obeï de la mére et du fils, combien qu'à ceste cause furent aucuns differens en ceste matiére. Moult prisoit et louoit la mére les vertus et conditions de la noble damoiselle.

Si furent fiancés secretement, pource que le duc n'avoit le consentement ne le sceu du duc de Bourbon pére d'elle, ne de la duchesse sœur germaine du duc : et tendoit le duc d'avoir la signeurie de Chasteau-Chinon, pour joindre à Bourgongne. Si fut envoyé Jehan Boudaut, escuyer dessusnommé, pour conduire ceste matiére : et s'en retourna le comte en son voyage de Hollande. Le bon duc (qui tout ardoit de faire son voyage et d'executer ce qu'il avoit promis) fit diligenter son partement, et se partit, à moins de cent chevaux, de la vile de L'Isle, le quinziéme jour de mars iceluy an 53, et se fit guider à Chastel en Porcien, dont le signeur de Crouy estoit comte et signeur; et sied assez prés de Bar sur-Aube, entree du païs de Bourgongne, où il fut noblement receu : et ainsi se mit le bon duc en son voyage d'Alemaigne, et laissa son fils gouverneur de tous ses païs, en son absence. Il laissa ses païs en paix et union, en richesses, en justice, et en toutes les bonnes prospérités que prince peut laisser païs. Il laissa son fils pourveu de conseil, comme du chancelier Raolin, du signeur de Crouy, du signeur de Goux, et d'autres grans personnages : et certes ses païs demourérent en telle prospérité, que l'on pourroit dire d'eux ce que dit le poëte, quand il dit que les siécles estoyent dorés. Et en ce gouvernement se gouverna le comte Charles si bien et si vertueusement, que nulle chose n'empira en sa main : et quand le bon pére revint de son voyage, il trouva ses païs entiers, comme devant.

En ce temps, plusieurs nobles hommes et femmes de l'hostel du duc se rendirent en l'observance : et nommément Anthoine de Sainct-Simon, Anthoine de Sailly, Jehannin d'Or, et plusieurs autres, qui menérent moult belle et saincte vie : et ainsi s'en ala le duc en Alemaigne, et son fils demoura gouverneur pour luy : et nous tairons un peu à parler du noble comte, et parlerons du pére, et comment il exploita en Alemaigne.

Quand l'empereur Frederic d'Austriche sceut la venue du duc Philippe de Bourgongne en Alemaigne, luy, craintif de sa personne, et voyant que tous les princes d'Alemaigne faisoyent grand honneur audict duc, et le festeyoyent honnorablement, se retira ès dernieres parties de son empire, et manda au duc qu'il n'allast plus-avant pour celle fois, et qu'il envoyeroit devers luy pour eux entendre l'un l'autre.

Ce qu'il fit : et y envoya son chancelier (qui fut depuis pape Pie (1). Mais ils ne se peurent acorder, et demoura la chose en roupture : et durant ce temps le duc Philippe prit une grande maladie, et fut longuement malade en une bonne vile d'Alemaigne. Toutesfois par la grâce de Dieu il en échapa : et, sans faute, les princes d'Alemaigne le festeyérent grandement (comme ceux de Baviére, à qui il estoit parent), et autres nobles princes, qui moult-honnorablement le receurent et festeyérent ; et le bon duc, voyant et congnoissant qu'il n'auroit autre response de l'Empereur, se delibera de s'en retourner en ses païs. Ce qu'il feit, et fut grandement festeyé en l'hostel du prince d'Orange : et en ce temps le signeur d'Antre maria son fils à la fille de Neufchastel : et de ceste aliance de Vergy et de Neufchastel fut faicte grande extime en Bourgongne, pource que ce sont deux grandes maisons. Le signeur d'Antre fit diligence d'arrester le duc son signeur à icelles noces, lesquelles furent moult-plantureusement servies de vins et de viandes, et y furent toutes les dames du païs : et devez entendre que le signeur d'Antre fut le plus large et abandonné de ses biens qu'homme de son temps, et ne plaindoit nulle despense. Les noces durérent quatre jours : et y estoit tout homme défrayé, et mesmes par les vilages, au fraiz et à la despense dudict signeur d'Antre : et, à la verité, iceluy signeur d'Antre fut un des larges despensiers et des liberaux hommes qui fust de son temps.

La feste achevee, le bon duc (qui avoit le cueur

(1) *Pape Pie :* Æneas Silvius Picolomini, connu sous le nom de Pie II.

et la voulonté que le mariage se fist de son fils et de sa niéce) dépescha messire Philippe Pot, un sien chevalier privé : et par lettres, et par commandement de bouche, manda à son fils qu'il espousast sadicte niéce, et qu'il trouvast le mariage consommé à son retour. Ce qui fut faict et acomply selon le desir du pére : et, à la verité, ladicte dame estoit toute vertueuse, et digne de ce grand bien avoir. Les noces furent à L'Isle, et y eut riches joustes : car monsieur de Ravastain et monsieur le bastard firent la feste grande et plantureuse : et ainsi fut madame Ysabel de Bourbon comtesse de Charolois : et fut ledict mariage en l'an 1454.

CHAPITRE XXXII.

D'un combat à outrance faict entre deux bourgeois de Valenciénes, en la présence du duc Philippe de Bourgongne, comte de Hainaut.

En continuant ma matiére, le bon duc se partit de ses païs de Bourgongne, et vint tout droit à Valenciennes, auquel lieu il trouva la bataille preste entre deux hommes pour franchise de vile : et devez savoir que la vile de Valenciennes est fondée sur priviléges donnés par les empereurs et par les comtes de Hainaut : et, entre autres, ils ont un privilége que quand un homme a occis un autre de beau faict (c'est-à-dire en son corps deffendant), il peut venir demander la franchise de Valenciennes, et qu'il veut maintenir, à l'escu et au batton, qu'il a faict le faict de beau faict : et sur ce luy est acordee la franchise, et ne luy peut nul rien demander pour ceste querelle, sinon qu'on le prenne et maintienne à l'escu et au batton (comme dict est), et devant la loy de la vile.

Or, pource que telles choses n'aviennent pas souvent, le bon duc s'arresta à Valenciennes pour veoir celle bataille : et fut vray qu'un nommé Mahuot avoit tué un parent de Jacotin Plouvier : et à ceste cause ledict Jacotin poursuyvit ledict Mahuot devant la loy de Valenciennes, et disoit qu'il avoit meurdry son parent par aguet, non pas de beau-faict; et que ce luy vouloit ledict Jacotin prouver et monstrer à l'escu et au batton, selon la franchise de la vile. Et de ce fut grand proces tenu devant la loy : et, fin de compte, fut jugé et dit que le gage de bataille y estoit maniteste, et furent pris tous deux par la justice, et mis chacun en prison fermee à part : et attendirent si-longuement que le duc revint des Alemaignes; et se trouvérent le pére et le fils à Valenciennes, pour veoir l'execution des deux champions, combien que le duc n'estoit point juge en ceste partie : mais l'estoyent, et sont ceux de la vile : et, à la verité, ils tindrent moult belle cerémonie à la bataille des dessusdicts : et combien que j'aye parlé de ceste matiére au volume que j'ay fait du gage de bataille, toutesfois ne me puis je tenir ne passer que je ne die aucune chose de ce que je vey en ceste bataille.

Les principaux assistans furent le prevost du comte et le prevost de la vile : et fut, pour ce jour, prevost du comte messire Gilles de Harchies, signeur de

Belligniers, et prevost de la vile un notable bourgeois nommé Merciot Du Gardin : et tenoyent ces deux la gravité et cerémonie du camp : et, de l'ordre de la vile, deux gentils-hommes avoyent le regard aux portes. Le peuple estoit grand sur le marché, et estoit conduit par un nommé Nicolas Du Gardin, qui se tenoit en une garne à l'hostel de la vile, à tout un grand batton : et s'il voyoit que le peuple se dérivast ou muast en rien [1], il feroit de son batton, et crioyt *Guare le ban!* Et sur ce mot chacun se tenoit quoy, et doutoit la punition de justice : et à la verité tout le peuple et ceux de la vile, estoyent pour Mahuot en courage, pource qu'il combatoit pour la querelle de la vile. Or avons devisé de l'ordre de ladicte vile : et faut escrire du faict de la lice et du champ clos, et comme les champions se maintindrent en ceste bataille.

Ce champ clos estoit rond, et n'y avoit qu'une entree : et tantost ceux de la vile firent apporter deux chaizes couvertes de noir, mises et apposees à l'opposite l'une de l'autre ; et tantost apres entra Mahuot en ladicte lice, et s'alla seoir en sa chaize, et n'arresta guéres que Jacotin Plouvier vint de l'autre part, qui semblablement s'asseit en la chaize pour luy preparee. Les champions estoyent semblables d'habillemens : ils avoyent les testes rases, les piés nus, et les ongles coupés, des mains et des piés : et au regard du corps, des jambes et des bras, ils estoyent vestus de cuir bouilli, cousu estroittement sur leurs personnes, et avoyent chacun une bannerolle de sa devotion en sa main : et tantost entrérent ceux de la

---

[1] *Muast en rien :* remuât en arrière.

loy commis à ce, qui portoyent un grand messel : et feirent le serment l'un contre l'autre, c'estassavoir que Mahuot jura qu'il avoit tué son homme de beau faict : et Jacotin Plouvier jura le contraire. Et tantost leur furent apportés à chacun un escu peint de vermeil, à une croix de Sainct George : et leur furent baillés les escus la pointe dessus, et me fut dict que quand le plus-noble homme du monde combatroit à Valenciennes, il n'auroit autre avantage, sinon que la pointe de son escu seroit en bas, et pourroit porter son escu comme un noble homme le doit porter. *Item,* leur furent baillés deux battons de mesplier (1), d'un poix et d'une grandeur : et puis furent les chaizes ostees, et mises hors de la lice : et s'en retournérent ceux de la loy, et laissérent les champions l'un devant l'autre : et le prevost de la vile rua le grand qui avoit esté getté pour faire ladicte bataille, et cria: *Chacun face son devoir!*

Et prestement se levérent les champions, et coururent sus l'un à l'autre moult-vigoureusement ; et devez entendre que les champions demandérent à ceux de la loy trois choses : à sçavoir sucre, cendres et oincture. Et premiérement leur furent apportés deux bacins pleins de graisse, dont les habillemens, que chacun d'eux avoit vestus, furent oingts et engraissés, afin que l'un d'eux ne peust prendre prise sur l'autre. Secondement, leur furent apportés deux bacins de cendres, pour oster la graisse de leurs mains, afin qu'ils peussent mieux tenir leurs escus et leurs battons ; et tiercement fut mise en la bouche de chacun d'eux une portion de sucre, autant à l'un comme

(1) *Mesplier* : néflier.

à l'autre, pour recouvrer salive et aleine : et de chacun des trois leur fut faict essay devant eux, comme devant deux princes.

Or combien que ledict Mahuot ne fust si-grand ne si-puissant de sa partie, toutesfois vigoureusement il puisa du sablon, et le getta aux yeux et au visage de Jacotin Plouvier : et de ce coup luy donna de son batton sur le front, dont il luy fit playe et sang. Mais ledict Jacotin (qui estoit homme fort et puissant) poursuivit tellement et si-aigrement sa bataille, que ledict Mahuot fut abatu à bouchon, et Jacotin Plouvier luy saillit dessus : et fut la bataille à ce menée, que ledict Jacotin creva les deux yeux à son adversaire, et puis luy donna un grand coup de son batton, dont il l'assomma, et le mit hors de la lice : et en ce faisant mourut ledict Mahuot, et fut condamné à estre mené au gibet, et pendu : et ainsi finit la bataille entre Jacotin Plouvier et Mahuot. Si soit pris en gré ce que j'ay sceu ramentevoir de ceste matiére.

Assez tost apres se firent unes autres armés à Valenciennes, de deux nobles hommes : dont l'un fut chevalier, et l'autre fut un escuyer de l'hostel de monsieur le bastard, et se nommoit Jehan de Rebremettes, signeur de Thibavile. Ces deux, pour aucun estrif, comparurent à jour ordonné au lieu de Valenciennes, armés comme il appartenoit pour combatre à pié : et devoyent iceux getter un gect de lance, et puis combatre de haches, jusques à vingt cinq coups. Les deux nobles hommes comparurent, parés de leurs cottes-d'armes, et se combatirent chevaleureusement, sans faire grande foulle l'un sur l'autre, et ainsi se partirent icelles armes : et disoit on que Dieu avoit envoyé ces deux nobles hommes pour faire honneur à Valenciennes, et tenoit on là bataille faicte entre Jacotin Plouvier et Mahuot plus honte qu'honneur, à cause du meurdre perpetré en la présence du prince.

CHAPITRE XXXIII.

De quelques particularités en la maison de Bourgongne; de la retraite du dauphin Louis vers le bon duc Philippe; et du courroux d'iceluy duc contre le comte de Charolois, son fils.

Le duc s'en retourna à L'Isle, où il fit de grandes chéres et de grans festiemens : et puis se tira en Hollande, où le faict de la Toison estoit préparé. Et en ce temps devint grosse madame de Charolois, dont le païs fut moult-réjouy : et en ce mesme temps monsieur David, bastard de Bourgongne, fut éleu evesque d'Utrecht; et ne furent pas ceux de Devantel (1) obeïssans audict evesque : mais falut faire une armee, en laquelle le duc Philippe en personne, et tous les grans de ses païs, alérent en armes, comme il appartenoit; et leur fit on forte guerre par eaue et par terre : car ledict Devantel est fortifié d'une grosse riviére, et estoit le siége des Bourgongnons deça la riviére; et à passer celle riviére eut plusieurs vaillances faictes, et plusieurs apertises d'armes : dont je me tay, pour abreger.

(1) *Devantel*, lisez *Deventer*.

En ce temps, vint devers le roy Charles l'ambassade du roy Lancelot de Hongrie, pour avoir madame Magdelaine de France en mariage pour ledict roy Lancelot; et fut la plus-belle et la plus-grosse ambassade qui onques vint en France : car ils portoyent le billon d'or, et par privilége du roy de France ils forgeoyent florins d'or parmy les vilages où ils se trouvoyent; et de trente six articles dont ils avoyent à faire au roy Charles, jamais ne voulurent parler du second que le premier article ne fust vuidé, fust par refus ou par acord : et ainsi de tous les autres points. Et sans faute le mariage eust esté faict, si ne fust la mort dudict Lancelot, qui mourut durant le parlement.

Durant iceluy siége de Devantel, nouvelles vindrent au duc que monsieur Louis de France, dauphin de Viennois, venoit de pardeça, et prenoit son chemin contre Brucelles. Et à ceste cause furent moyens trouvés de surseance de guerre entre le duc Philippe et ceux de Devantel, et prit le duc son chemin pour venir au-devant de mondict signeur le Dauphin : et envoya au-devant de luy jusques à Louvain le comte d'Estampes et autres grans personnages, pour le bien-viengner; et depuis y vint monsieur le comte de Charolois. Et aussi y envoya madame Ysabeau de Portugal, madame de Charolois, et madame de Ravastain, pour recevoir mondict signeur le Dauphin : et mondict signeur le Dauphin se tira à Brucelles, et fut logé au logis du duc : et ne demoura guéres apres que le duc vint; et tandis qu'il parloit à madame sa femme, monsieur le Dauphin descendit les degrés : dont monsieur le duc fut moult-déplaisant : et là s'embracérent, et fit le duc moult-grand honneur et révérence à mondict signeur le Dauphin; et faire le devoit : car c'estoit l'heritier de France. Ainsi s'entrerencontrèrent monsieur le Dauphin et monsieur de Bourgongne, et eurent plusieurs parolles ensemble secrettes, et qui ne sont pas venues à ma congnoissance; et firent grandes chéres ensemble, et y eut grandes joustes et grans festeyemens : et fut sa venue pardeça en l'an 1456.

En ce mesme temps, madame de Ravastain acoucha d'une fille, laquelle monsieur le Dauphin tint sur les fons : et assez-tost-apres madame de Charolois acoucha d'une fille (qui fut madame Marie, mére de monsieur l'archeduc qui est à present), et estoit monsieur le Dauphin alé chacer à Genespe : mais monsieur de Charolois, fort-acompaigné, l'ala prier et requerir d'estre son compére, et de tenir l'enfant. Ce qu'il acorda benignement, et retourna à Brucellés : et furent les choses préparees pour le baptisement de madamoiselle de Bourgongne : car en ce temps on ne la disoit point Madame, pource que monsieur n'estoit pas fils de roy. Ainsi se fit ce baptisement moult-solennel de prelats, de noblesse et de luminaire; et du surplus je me passe, pour abreger.

Le roy Charles de France voyant que son fils ne venoit point à son obeïssance, se mecontenta, et mesmement du duc de Bourgongne, et disoit qu'il le tenoit en ceste obstination. Mais il fut trouvé autrement : car mondict signeur le Dauphin déclara plainement que s'il n'estoit soustenu en ceste maison, il avoit son apointement en Angleterre, ennemis du royaume de France; et que là il seroit soustenu et bien-venu. Et pour l'entreténement de mondict signeur le Dauphin, monsieur de Bourgongne luy bailla trente six mille francs de pension ordinaire, pourveu qu'il espousast madame Charlote de Savoye, laquelle il avoit pieça fiancee. Ce qui fut faict, et vint pardeça : et leur fut baillé le chasteau et la vile de Genespe, pour tenir leur estat ; et demoura pardeça mondict signeur le Dauphin bien cinq ans, pendant lequel temps il eut de beaux enfans, et mesmement monsieur Joachin, qui fut l'aisné, et fut baptisé audict Genespe, où le duc, la duchesse et son fils furent au baptesme : et furent le duc Philippe et le signeur de Crouy compéres, et madame de Charolois commére : et certes monsieur le duc Philippe fut si-joyeux de la nativité de ce noble enfant, qu'il donna mille lions d'or à Josselin Du Bois, quand il luy aporta les nouvelles de celle nativité ; et fut nommé monsieur Joachin : mais il ne vescut guéres, ainsi qu'il pleut à Nostre Signeur. Et depuis fut nee audict Genespe madame de Bourbon d'à-present, et autres nobles enfans : et réjouit moult le païs : et, au partir de ce premier baptesme, monsieur de Charolois, madame, et son mesnasge s'en retournérent au Quesnoy, qui estoit lors le lieu de leur demeure ; et le bon duc Philippe s'en retourna en ses affaires. Et se passoit le temps en ambassades ; pour obvier à la guerre d'une part et d'autre : et tellement fut pratiqué, que nulle guerre ne se meut : et, à la verité, le duc se mettoit en grand devoir devers le roy Charles pour obvier à ces inconveniens : et monsieur le Dauphin, de sa part, se conduisoit sagement, et par conseil dudict duc Philippe : et les principaux du conseil dudict Dauphin furent le signeur de Montauban et le bastard d'Armignac, avec le signeur de Craon : et avoit mondict signeur le Dauphin de moult notables jeunes gens, comme le signeur de Cressol, le signeur de Villiers, de L'Estanc, monsieur de Lau, monsieur de La Barde, Gaston Du Lyon, et moult d'autres nobles gens, et gens eleus : car il fut prince, et aima chiens et oyseaux : et mesmes où il sçavoit nobles hommes de renommee, il les achetoit à poix d'or, et avoit tresbonne condition. Mais il fut homme soupsonneux, et legérement attrayoit gens, et legérement il les reboutoit de son service : mais il estoit large et abandonné, et entretenoit par sa largesse ceux de ses serviteurs dont il se vouloit servir, et aux autres donnoit congé legérement, et leur donnoit le bond à la guise de France.

En ce temps, et en celle saison, se meut une soupson et une deffidence entre le comte de Charolois et les signeurs de Crouy, ses parens et aliés : et disoit on que cette soupçon mouvoit à cause des meubles de madame de Bethune, tante de madame de Crouy, du costé de Lorraine et de Baudremont, pource que ledict signeur de Crouy avoit pris, et mis en ses mains, grande portion des meubles de madicte dame de Bethune; et le comte Charles disoit que son pére luy avoit donné la succession de madicte dame de Bethune en héritages et en meubles : et fut le premier poinct de la haine et de la soupson dudict comte de Charolois. D'autre part le signeur de Crouy et les siens faisoyent plus-grande adréce à monsieur le Dauphin qu'il ne sembloit bon audict comte pour son profit, et avoit abandonné le faict du comte pour celuy de monsieur le Dauphin. A quoy mondict signeur de Charolois voyoit grand dommage pour luy et pour la maison de Bourgongne; et avoit grande aliance le signeur de Crouy : car il avoit fait venir et arrester pardeça le mareschal de Bourgongne, homme actif, vindicatif, et prest pour soy venger; et hayoit le chancelier de Bourgongne Raolin, à l'occasion de la mort du signeur de Pesmes, que ledict chancelier avoit faict mourir par justice. Et ainsi ceux de Crouy et leur maison faisoyent leur faict à part, portés et aimés du duc merveilleusement : et d'autre part le chancelier Raolin se fit serviteur du comte de Charolois, et ainsi entra la maison de Bourgongne en bande et en partialité, les uns portés du père, et les autres portés du fils : dont grand dommage vint à ceste maison.

Or de nouvel estoit faict l'estat du comte de Charolois, auquel je fu mis et couché premier panetier du comte : et un moult honneste escuyer, nommé Philippe de Sasa, fut mon compaignon en iceluy estat par demy an, selon et par la manière que sont comptés la plus part des nobles hommes par les escroes (1), et selon la coustume de la maison de Bourgongne. Avint que, faisant iceluy estat, furent mis chambellans messire Philippe de Crouy, fils de messire Jéhan de Crouy, et aussi messire Anthoine Raolin, signeur d'Emeries, qui avoit espousé la sœur de madame d'Estampes. En ce temps alérent dehors et à leurs affaires le signeur d'Aussi, premier chambellan du comte, et le signeur de Formelles, second chambellan : et demouroit la place de tiers chambellan et du plat, et vouloit le duc que ledict Phi-

(1) *Escroes* : registres.

lippe de Crouy tinst la place de tiers chambellan, et le comte de Charolois y vouloit avoir le signeur d'E-meries : et ainsi furent en question le pére pour l'un, et le fils pour l'autre ; et le duc voyant qu'il n'estoit point obeï de son fils, et qu'il vouloit tenir son opinion contre luy, par un jour de Sainct George au matin ledict duc manda à son fils qu'il luy aportast lesdictes ordonnances en son oratoire. Ce qu'il fit : et le pére (qui moult estoit de grand cueur) prit les ordonnances en la présence de la mére et du fils, et les getta dedans le feu, et dît à son fils : « Or allez querre « voz ordonnances : car il vous en faut de nouvelles. » Et là moult-furieusement fit partir son fils hors de l'oratoire : et la duchesse se monstra mére, et suyvit son fils. Et ainsi commença le debat entre le pére et le fils, et la maison entra en partialité : dont moult de maux avindrent ; et avint que le duc abandonna sa maison, et s'en àla seul parmy les champs, comme un homme troublé outre la raison : et devez croire que monsieur le Dauphin fut moult-ébahy et epouventé de ceste aventure, et queroit par toutes voyes d'amender ce méchef : et luy sembloit bien qu'il seroit dict en France et ailleurs que sa personne portoit toute malaventure, et qu'il ne viendroit en lieu où debat et question ne se meust par malheur. Grandes diligences furent faictes pour trouver le duc, et fut sceu qu'il estoit arrivé en la forest, au feu d'un charbonnier : et de là se feit emmener au lieu de Sénembergue [1], où il trouva un sien veneur qui le logea, et le traitta de ses biens selon sa possibilité : et ainsi

---

[1] *Senembergue*, lisez *Sevenberghe*. C'étoit une petite ville voisine de Breda. L.

demeura ce grand duc celle nuict en la compagnie
d'iceluy veneur, et en sa povre maison : et devez
croire que ses povres serviteurs furent celle nuict en
grand souci et melancholie pour leur maistre, qui
s'en estoit allé, et égaré d'eux si estrangement. Mais
nous reviendrons à parler comment se conduisit le
fils.

Soy voyant en la male-grâce de son pére, il s'en ala
à Termonde, luy et son estat, escoutant et attendant nouvelles de son pére : et le lendemain furent
avertis monsieur le Dauphin et les gens du duc qu'il
s'estoit à Senembergue arresté, comme dict est : et
tantost vindrent devers luy ses principaux serviteurs.
Les uns le tensoyent, les autres le rejouissoyent, et
faisoit chascun le mieux qu'il pouvoit : et, entre autres choses, se plaindoit le duc de sa femme la duchesse, qui l'avoit abandonné pour suyvir son fils :
et je fu présent où le mareschal dît à madicte dame
le regret que mondict signeur le duc avoit en ceste
partie. A quoy elle respondit qu'elle congnoissoit
mondict sieur son mary pour un à redouter chevalier, et en ceste fureur douta qu'il ne courust sus à
son fils : parquoy elle le mit hors de l'oratoire, et s'en
alla apres, priant à mondict signeur qu'il luy vousist
pardonner, et qu'elle estoit une estrangere pardeça,
et n'avoit point de sousteuue que de sondict fils.

Ainsi se faisoyent allees et venues : et fut ordonné
que de-par monsieur le Dauphin, monsieur de Ravastain, et le roy-d'armes de la Toison d'or, iroyent
à Termonde pour entendre la voulonté du comte
de Charolois et de ses pratiques, dont je sçavoye à
parler : car je fu par plusieurs-fois envoyé à Bru-

celles de par mondict signeur de Charolois, pour avoir l'avis du chancelier Raolin, comment il se devoit conduire en ce present affaire. Les dessusdicts monsieur de Ravastain et Toison d'or demandérent à mondict signeur de Charolois s'il vouloit demourer en ceste obstination envers son pére : mais ledict comte leur respondit qu'il ne vouloit point demourer obstiné, mais tout humble et tout obeïssant au duc son pére, comme c'estoit raison; et sur ce point y eut alees et venues : car le duc fut content de se contenter de son fils, pourveu qu'il envoyeroyt deux hommes hors de son hostel, ayant le duc imagination que ceux estoyent cause de tenir en fiereté le fils contre le pére. L'un des deux fut Guillaume Biche, et l'autre fut Guillot Dusie. Iceluy Guillaume Biche se tira à Soissons et à Paris, et Guillot Dusie se tira en sa maison en Bourgongne : et à ces deux fit le comte de grans biens en leur exil, et mesmes le roy de France retint de son hostel ledict Guiot Dusie : et, à la vérité, ledict Guiot estoit pour lors un des gentils escuyers de la maison. Et ainsi fut le duc obeï : et Guillaume Biche (qui estoit un homme sage et subtil) s'acointa de ceux de Paris, tellement qu'il sçavoit les secrets des consaux tenus par les gens du roy de France : et moymesme fu par plusieurs fois envoyé devers luy, pour avertir monsieur le duc et monsieur le Dauphin de choses qui grandement leur touchoyent : et par telles maniéres se commença à bander le royaume de France, les uns pour le roy Charles le pére, et les autres pour monsieur le Dauphin, le fils : et se concluoit en France bien peu de matiéres de grand effect, dont monsieur le Dauphin ne fust averti. Ainsi se dissimuloit le temps par ambassades et par grans personnages envoyés de-par le duc devers le roy de France, qui moult profitérent que la guerre ne commença point pour ceste matiére, mais demoura chacun en son entier : et au regard du comte de Charolois, il retourna à Brucelles, où il trouva le duc son pére : et par le moyen de monsieur le Dauphin furent ces choses appaisees, et aussi moyenant les choses dessus-dictes.

CHAPITRE XXXIV.

D'une maladie du bon duc Philippe ; de la mort du roy Charles septiéme ; et du couronnement du roy Louis onziéme, son fils.

En ce temps le duc Philippe eut une maladie, et par conseil de ses medecins se fit raire (1) la teste, et oster ses cheveux : et pour n'estre seul rais et denué de ses cheveux, il fit un edict que tous les nobles hommes se feroyent raire leurs testes comme luy : et se trouvérent plus de cinq cens nobles hommes, qui pour l'amour du duc se firent raire comme luy ; et aussi fut ordonné messire Pierre Vacquembac, et autres, qui, prestement qu'ils veoyent un noble homme, luy ostoyent ses cheveux ; et vint ceste chose mal-à-point, pour la pareure de la maison de Bourgongne : car en ce temps vindrent nouvelles à monsieur

---

(1) *Raire* : raser.

le Dauphin que le roy Charles son pére estoit malade à Meun-sur-Yévre : et ne demoura guéres de temps apres que les nouvelles vindrent qu'il estoit mort. Ce qui fut vray : et mourut audict chastel de Meun-sur-Yévre, le jour de la Magdelaine 1461.

Ces nouvelles de la mort du roy Charles furent tost publiees : car monsieur le Dauphin (que je nommeray roy d'ores-en avant) fit ces choses hastivement sçavoir à monsieur le duc Philippe et à monsieur de Charolois : et devez sçavoir que grandes préparations se firent de pompes et autrement, pour mener le Roy à son sacre, où le bon duc le voulut bien acompaigner, pource qu'il l'avoit nourri cinq ans en sa maison, et à ses despens ; et luy vouloit bien monstrer qu'il ne le vouloit pas abandonner à son besoing : car, à la vérité, la faveur du duc de Bourgongne fit maint courage bon en France, et dont les affaires du roy Louis ne valoyent pas pis.

Or revenon à la maniére que tint mondict signeur le Dauphin. Quand il se trouva roy, il estoit à Genespe (un petit chasteau et un petit bourg qui estoit à monsieur de Bourgongne, comme duc de Brabant), et de là se tira à Mabeuge, et quit (1) tousjours les plus-petites viles des païs du duc de Bourgongne : et luy croissoyent gens de tous costés, grands signeurs, gens-d'armes, et autres : et le duc de Bourgongne le suyvoit, quelque part qu'il vousist aler. Le comte de Charolois, par le moyen d'aucuns ses serviteurs (et disoit on que c'estoit Guillaume Bische) s'entendit fort aveques le nouveau roy de France : et tellement que depuis son sacre il le mena à Tours, où il le

(1) *Mabeuge, et quit :* Maubeuge, et chercha.

festeya grandement ; et luy donna trente six mille francs de pension : mais il ne l'entretint guéres en celle pension, dont le debat et la noise commença entre eux, comme vous orrez cy-apres.

Ainsi fut conduit et mené le nouveau roy Louis de France à Reims, où il fut sacré moult honnorablement et solennellement : et de là vint à Paris, où il prit sa couronne, au plus-grand triomphe que fit onques roy de France couronné : car le duc de Bourgongne avoit amené, pour acompaigner le Roy, une noblesse si bien acoustree de pompes et d'habillemens, que c'estoit belle chose à les veoir : et estoit le duc de Bourgongne richement paré d'or et de pierreries, et son fils le comte de Charolois semblablement : et si je me vouloye arrester à escrire les pompes et les pareures qui furent faictes cedict jour, je pourroye estre prolix en mon escriture, et ennuyeux aux lisans : et pource m'en passeray, pour abreger.

Pendant le temps que le Roy se tenoit à Paris, le signeur du Lau estoit le mignon du Roy, et s'habilloit pareil de luy : et se faisoyent parmy Paris grandes guorres (1) et grans festeyemens : et le duc de Bourgongne estoit logé en sa maison d'Artois, auquel lieu il feit par plusieurs fois, et comme tous les jours, grande assemblee de dames, de damoiselles, et aussi des plus-notables bourgeoises de la vile, et leur donnoit grans soupers et grans banquets : et chacun jour estoit la sale paree de grans buffets de nouvelle vaisselle, aucunes fois doree, et aucunes-fois blanche : et se firent joustes moult-riches et moult pompeuses, où jousta le comte de Charolois, qui vint sur les rangs.

(1) *Guorres* : divertissemens.

moult-pompeusement, à campanes d'or et de soye : et s'armérent le comte et ses gens à l'hostel de messire Jehan d'Estouteville, lors prevost de Paris : et tenoyent les gens du comte de Charolois, et leurs pompes, toute ceste belle rue des Tournelles, qu'il faisoit moult-beau veoir. Moult de nobles signeurs de France jousterent bien-empoinct : mais quand vint à deviser du prix, il fut trouvé que Frederik de Wiltem, avec son escu et son cheval couvert de la peau d'un daim, avoit le mieux couru, rompu, et gaigné le prix. Iceluy Frederik de Wiltem estoit lors un jeune escuyer sujet de monsieur de Bourgongne, et des païs d'outre Meuse : et pourtant si son cheval n'estoit couvert si-richement comme les autres, si ne luy veux je point dérober son bien-faict.

Ainsi se passa celle jouste : et assez-tost-apres le comte de Charolois fit un tournoy en la salle de Bourbon, qui fut moult-bien combatu : et y fut monsieur Philippe de Savoye, qui s'aquita tres bien, pour sa premiére fois. Le Roy et la signeurie demourerent à Paris aucun temps, et se partit le Roy : et le convoya monsieur de Bourgongne, et tous les princes de France. Le Roy prit le chemin de Touraine, et monsieur de Bourgongne s'en retourna en ses païs, en apparence de toute bonne paix. Le comte de Charolois prit le chemin de Bourgongne, et de là passa la riviére de Loire, et ala à Tours devers le roy de France, qui le receut et traita honnorablement pour celle fois. Et devoit le duc François de Bretaigne venir devers le roy de France : mais le Roy ne voulut jamais souffrir que le duc de Bretaigne et le comte de Charolois se trouvassent ensemble, et pource depescha il le comte de Charolois avant la venue du duc de Bretaigne : et il s'en ala devers son pére au païs de Flandres, et le duc de Bretaigne besongna aveques le roy de France ce qu'il y avoit à faire.

CHAPITRE XXXV.

Comment le roy Louis mecontenta le comte de Charolois : dont luy sourdit guerre, sous couleur du bien-public de France.

COMME j'ai dit dessus, le roy de France donna à monsieur de Charolois trente six mille francs de pension, et par aucun temps fut le comte bien payé de sa pension. Mais le Roy (qui fut moult-subtil en ses affaires) tint une maniére que quand il se vouloit servir du comte il le traittoit bien, et tenoit mines contraires à ceux de Crouy : et quand il se vouloit servir d'iceux de Crouy, il traittoit mal le comte de Charolois. Et ainsi avint que le Roy rompit la pension de monsieur de Charolois, et rappela ceux de Crouy, dont il se vouloit servir et aider à ceste fois : et tant convindrent ensemble, que le Roy conclut de racheter la riviére de Somme ; et pour la vie du duc durant, le Roy avoit promis de ne la point racheter. Si montoit ledict rachapt à quatre cens mille escus, et contendoit le Roy qu'iceux quatre cens mille escus viendroyent en la main du comte : mais quand le roy de France veit son plus-beau, il ne tint rien au comte de ce qu'il luy avoit dict : mais en fit son profit, et furent deux choses qui moult depleurent au comte : l'une, que le Roy luy avoit osté sa pension, et l'autre qu'il avoit racheté (1) les terres engagees de la riviére de Somme, pour quatre cens mille escus, qui furent mis es mains de Jacob de Bresilles, lors garde des joyaux de mondict signeur le duc.

Le roy de France (qui lors se tenoit à Abbeville) visitoit souvent le duc de Bourgongne (qui se tenoit à Hédin), et entre autres parolles luy offrit le roy de France que s'il vouloit, il luy feroit venir le comte de Charolois son fils à la raison, et le mettroit totalement en son obeïssance. Mais le duc de Bourgongne (qui tousjours fut sage, prudent et courageux) respondit au Roy qu'il le laissast convenir de son fils, et qu'il en feroit bien : et sembla au duc que le Roy disoit ces parolles pour mettre sa maison et ses païs à plus-grand brouillis qu'ils n'estoyent : et ne le prit pas bien en gré.

En ce temps un bastard de Rubempré aborda en Zeelande, à tout un leger bateau davantage. Ledict bastard estoit homme-de-faict, courageux et entreprenant ; et fut tantost soupsonné contre luy qu'il ne venoit pas pour bien faire : car le comte de Charolois (qui estoit jeune) se tenoit lors en Holande, et s'aloit joüer à son privé de lieu en autre : parquoy les sages qui estoyent autour de luy ne s'asseurérent point dudict bastard, mais fut envoyé gens pour le prendre. Ce qui fut faict, et fut mis ledict bastard en prison fermee : et m'envoya ledict comte de Charolois à Hédin devers le duc son pére, pour

(1) Ce rachat eut lieu en 1463.

l'avertir d'icelle prise, et des causes pourquoy : et le bon duc ouit ce que je luy voulu dire humainement, et comme sage prince : et, à la vérité, il se soupsonnoit des-lors des soubtivetés du roy de France.

Assez-tost-apres se partit le duc de Hédin, et s'en revint en ses païs : dont le roy de France ne fut pas content, mais dépescha une grosse ambassade(1), dont fut chef le comte d'Eu : et vindrent trouver le duc de Bourgongne en sa vile de L'Isle, et firent grandes propositions contre luy : et vouloit le roy de France que je fusse mis en sa main, pour estre puni à son desir de ce qu'il me mettoit sus que j'avoye esté cause de la prise du bastard de Rubempré, et aussi que le duc de Bourgongne s'estoit parti de Hédin sans dire adieu au roy de France; mais le bon duc (qui fut amesuré en tous ses faicts) leur respondit que j'estoye son suget et son serviteur, et que si le Roy ou autre me vouloit rien demander, il en feroit la raison. Toutesfois ces choses se pacifiérent : et, pour guerdon de toute la grande despense qu'avoit fait le roy de France, luy estant dauphin, à la maison de Bourgongne, il luy donna, transporta et quitta vingt mille escus que le roy Charles son pére avoit payés, pour avoir le droit de la duché de Luxembourg : et pour icelle somme demoura la duché de Luxembourg en héritage paisible au duc de Bourgongne, pour luy, ses hoirs, et postérités quelconques.

Le bon duc en ce temps là estoit fort caducque et

---

(1) *Une grosse ambassade :* c'est à cette époque (1464) que commencent les Mémoires de Comines.

envieilly de sa personne, à cause d'une grande maladie qu'il avoit eue, et qui moult l'empira; mais toutesfois il estoit prince de si-grand cueur, qu'il supportoit son mal, et ainsi le porta longuement. En ce temps les comtes de Charolois et de Sainct-Pol se commencérent à entendre ensemble, pour la grande haine qu'ils avoyent à ceux de Crouy : et croy bien que les mauvais raports en estoyent bien cause; et visita le comte de Sainct-Pol mondict signeur de Charolois au Quesnoy et ailleurs, où ils conclurent partie de leur intention.

En ce temps monsieur Charles de France, frére du roy Louis, en esperance d'avoir partage au royaume de France par la main et en la conduite d'un noble capitaine nommé Oudet de Rie, se partit soudainement de Tours sur un bon cheval, et en peu de temps se trouvérent en Bretaigne, où le duc François receut la compaignie à grand joye, et prestement le fit sçavoir au comte de Charolois, son frére-d'armes : et par le moyen du comte de Sainct-Pol commencérent à faire aliances [1] de tous costés contre le roy de France : et de celle aliance estoit monsieur de Bourbon, le duc Louis [2] : et sur luy commença la guerre par le roy de France.

Si fut une journee tenue à Nostre-Dame de Paris, où furent les seelés envoyés de tous les signeurs qui voulurent faire aliance avec mondict signeur le frére du Roy : et portoyent iceux qui avoyent les seelés, secrétement, chacun une aiguillette de soye à sa ceincture; à quoy ils congnoissoyent les uns les au-

---

[1] *Aliances* : ces communications eurent lieu vers la fin de l'année 1464. — [2] *Le duc Louis*, lisez *le duc Jean*.

tres : et ainsi fut faicte ceste aliance, et dont le Roy ne peut onques rien sçavoir. Toutesfois il y avoit plus de cinq cens, que princes, que chevaliers, que dames et damoiselles, et escuyers, qui estoyent tous acertenés de ceste aliance : et se faisoit ceste emprise sous ombre du bien-publiq, et disoit on que le Roy gouvernoit mal le royaume, et qu'il estoit besoing de le reformer.

En ce temps se mirent sus en armes, de tous costés, iceux aliés, et autres du royaume de France ; et cuidoit le Roy que ce fust pour venir à son aide : mais il trouva bien le contraire. Et au regard du comte de Charolois, il avertit le duc son pére de l'aliance qu'il avoit faicte avec monsieur de Berry, frére du Roy, où estoyent compris les ducs de Bretaigne, de Bourbon et d'Alençon, ensemble le comte du Maine, le comte d'Armignac, le comte de Dunois, et moult d'autres grans personnages : et en ce temps se conduisoit mondict signeur de Berry par le conseil du duc de Bretaigne et par le comte de Dunois, et requirent leurs aliés de toutes pars : et quand le bon duc entendit que son fils estoit alié aveques tant de gens-de-bien, il fut content qu'il s'aquitast et qu'il tinst promesse aux autres princes, et qu'il fist son armee en ses païs telle qu'il la pourroit avoir. Ce qu'il fit, et assembla grans gens-d'armes et grande compaignie, et se tira aux champs au jour qui estoit ordonné : et avoit une moult-belle et puissante compaignie, où estoyent le signeur de Ravastain, le comte de Sainct-Pol, le bastard de Bourgongne, et plusieurs autres signeurs : et fut pour celle armee, par le commandement du duc, le signeur de Haubourdin, lieutenant général du comte de Charolois : et ainsi se tira celle armée aux champs, où il y avoit plus de dix mille chevaux, sans les sommiers et l'artillerie : qui estoit une grosse bande. D'autre part le duc de Berry et le duc de Bretaigne se tirérent aux champs, en intention d'eux joindre ensemble aveques le comte au lieu de Sainct-Denis, à un jour qui fut limité.

Mais le roy de France, acompaigné de dixneuf cens lances des ordonnances, prit conseil qu'il estoit de faire, et sur laquelle des deux bandes il couroit sus; ou sur les Bretons, ou sur les Bourgongnons : mais ils dirent tous qu'il valoit mieux courre sur les Bourgongnons, pource que l'ancienne haine d'entre les François et les Bourgongnons estoit plus grande que contre les Bretons, et esperoit le Roy qu'il auroit meilleur avantage et aventure. Les Bourgongnons marchérent jusques à Montlehery : et le roy de France marcha au devant d'eux, à grosse et fiére compaignie de François.

Le comte de Charolois mit ses batailles en ordre, et là furent faicts chevaliers d'une part et d'autre : et en puis parler, car je fu ce jour chevalier. Le signeur de Clecy, Jehan de Monfort, Hemer Bouton, et pour nostre chef le signeur de Chasteau Guyen, fils du prince d'Orange et de la sœur du comte d'Armignac, et plusieurs autres, fusmes chevaliers à ce premier rencontre. Le roy de France ordonna ses batailles oùtre un fossé, et fit partir environ trois cens hommes-d'armes, la lance sur la cuisse, sans varlet ou mesquine (1), qui vindrent donner du costé du

---

(1) *Mesquine*, lisez *méchin* : serviteur.

comte de Charolois : mais les archers de monsieur le bastard donnérent de leurs fléches par le ventre d'iceux chevaux tellement, qu'ils les firent ressortir, et tourner le dos : et le comte de Charolois donna dedans, et porta moult grand dommage aux François, et fit un tour autour du chasteau, et puis il s'en revint joindre avecques ses gens : et avint que le comte fut rencontré d'aucuns François, et fort occupé de sa personne, jusques à luy dire qu'il se rendist. Mais courageusement soustint l'assaut de ses ennemis : et avint que le fils de son médecin, nommé Robert Cotereau, monté sur un fort cheval, voyant son maistre en ce danger, se vint fourrer au milieu de ce debat, l'espee au poing : dont le François, qui tenoit le comte moult-de-pres, s'élongna de ceste place ; et fut le comte garenti pour celle fois : et prestement le comte fit chevalier ledict messire Robert Cotereau, et le pourveut de l'office d'estre lieutenant des fiefs en Brabant, qui est un bel estat, et profitable.

Ainsi avint de celle journee : et donnérent les François sur le quartier à la main senestre, dont plusieurs portérent le faix à grand'peine : et mesmement s'en fuïrent aucuns des capitaines bourgongnons, dont la compagnie du comte fut fort amoindrie : et en demandoit on au signeur d'Emeries, au signeur d'Incy, et à plusieurs autres ; et, à la vérité dire, je ne les sauroye comment excuser : car ils furent pris au pont Saincte-Maixance : et parut bien qu'ils estoyent pris sans tenir ordre, et comme gens fugitifs de la bataille.

Quant au comte de Charolois, combien qu'il fust blecé en la senestre partie de son col, et de poincte d'espee, toutesfois il ralia ses gens, et se mit en bataille devant ses ennemis : et dura longuement qu'ils estoyent les uns devant les autres sans guéres exécuter du mestier de la guerre : tellement que la nuict aprocha, et se retira chacun pour celle nuict : et pource que les François firent grands feux, et en plusieurs lieux, parmy le vilage de Montlehery, chacun de nostre parti cuidoit que le roy de France se fust arresté audict vilage, pour l'endemain venir combatre les Bourgongnons. Mais non feit : ains toute la nuict chevaucha, et s'en ala à Corbeil, combien que le chastel de Montlehery tinst pour luy : et le comte de Charolois (ainsi blecé qu'il estoit) se tira à une grosse haye sur le champ de la bataille, où il demoura pour la nuict : et fusmes ordonnés cinquante hommes d'armes, qui veillasmes celle nuict à cheval, pour soustenir les premiers : et sur le poinct du jour fusmes envoyés aveques le signeur de Morneil, lors maistre de l'artillerie, pour gaigner et recouvrer certaines piéces d'artillerie au pié du chastel de Montlehery. Ce qui fut faict : et à celle heure vint un cordelier du vilage, qui nous dît comme le Roy françois s'estoit en-alé à Corbeil, et que toutes maniéres de gens-d'armes françois avoyent abandonné Montlehery, exceptés ceux qui tenoyent le chastel : et, pour plus grande seureté, furent gens envoyés pour visiter le lieu : et fut trouvé que nuls François n'estoyent demourés audict vilage de Montlehery, n'à l'environ. Et fut la fuite des François longue : car le comte du Maine fut ce jour au giste à Chasteleraux ; et autres s'en alérent, d'une tire, à Partenay et à Lusignan, et firent grande diligence pour eux sauver.

En celle nuict le signeur de Condé fut tellement espouventé qu'il abandonna le comte de Charolois, et s'enfuït jusques en Bourgongne : et le comte de Charolois, cuidant que ses ennemis le deussent l'endemain combatre et assaillir, tint un conseil au long de ladicte haye, sur une piéce de bois abatue : et là se trouvérent les grans, les sages, et les plus-gens de-bien de son armee. Là ouy je parler le signeur de Crequi et le signeur de Haubourdin, qui ramentevoyent comment estant le duc Philippe à sa premiére bataille, qui fut à Sainct-Riquier, ladicte bataille fut ce jour perdue pour le duc, et puis recouvree ; et que plusieurs s'enfuyrent, qui depuis revindrent à icelle bataille : et fut cause du recouvrement d'icelle le comte de Ligny, qui amena une bande de gens-d'armes, qui moult de bien firent au duc et à sa compaignie ; et le duc s'éprouva si-bien de sa personne, qu'il prit trois prisonniers françois de sa main, comme il est escrit en autres chroniques : et mesmes le duc prit de sa main Poton de Saintreilles, qui pour lors estoit nommé et tenu l'un des experts et des gentils hommes-d'armes du royaume de France. Ainsi se ramentevoyent les beaus faicts du pére pour honnorer le fils : et devez sçavoir que les aucuns du conseil doutoyent la journee de l'endemain, et mettoyent avant que bon seroit de tirer en Bourgongne toute la nuict, et que là se pourroit recouvrer gens-d'armes et bonnes places, pour sauver et garentir ledict comte de ce danger. Mais quand vint à l'opinion du signeur de Contay, premier maistre-d'hostel du comte, il dît que Dieu n'avoit pas sauvé le comte de ce danger, s'il ne le vouloit mettre outre : et qu'il demouroit d'opinion que le comte attendist la fortune, et gardast le champ et Montlehery à l'encontre de ceux qui luy voudroyent calenger : et sur ceste opinion le jour commença à poindre, et demoura la conclusion que l'on attendroit la fortune.

Or est temps que je devise de monsieur de Berry et du duc de Bretaigne, qui s'estoyent retirés, eux et leur armee, à Chasteaudun. Ils eurent, pour les premiéres nouvelles, que le comte de Charolois estoit déconfit, et que le roy de France avoit gaigné la bataille : mais tantost apres leur vindrent certaines nouvelles que le comte de Charolois avoit gaigné la bataille, et tenoit le champ, et que le roy de France s'estoit retiré à Corbeil. Si conclurent les Bretons de se venir joindre avec mondict signeur de Charolois : et mondict signeur de Charolois garda ce jour le champ de la bataille (que l'on nommoit anciennement le champ de Plours), et le l'endemain se logea à Montlehery, où nous avions esté envoyés Jaques de Montmartin et moy, pour faire les logis : et là trouvasmes sur de la paille le corps mort du sénechal de La Varenne (qui fut grand dommage), et plusieurs autres nobles et bons personnages françois, les uns morts, les autres blecés, et les autres prisonniers en diverses mains ; et ainsi, pour ce jour second, se logea le comte à Montlehery, et le fit pour médeciner les navrés : dont il avoit grand nombre. Si moururent à ceste bataille, du costé du comte Charles, messire Philippe de Lalain, le signeur de Hames, Jehan de Pourlan, Jaques Du Chasteller, et plusieurs autres gens-de-bien : et, le lendemain du logis de Montlehery, le comte fit marcher à Chastres (où il n'y a qu'une petite lieue); et ce en intention de rencontrer le duc de Berry, le duc de Bretaigne, et leur armee, qui estoit tresbelle et puissante, et pleine de noblesse.

Or ay je devisé de la bataille de Montlehery, qui fut le seiziéme jour de juillet l'an 1465, et comment elle fut conduite d'une part et d'autre. Et ne deplaise à messieurs les historiographes françois, qui ont mis la bataille gaignee pour le roy de France, car il n'est pas ainsi : mais garda le champ, comme sa victoire, le comte de Charolois par trois jours, sans élongner en tout plus d'une lieue, et pour les causes que j'ay dites cy dessus. Quant au roy de France (qui s'estoit retiré à Corbeil pour sa plus-grande seurté, et aussi pour estre seur de sa cité), il se tira à Paris, et fit bonne chére à chacun, aussi bien à ceux qui s'en estoyent fuis comme aux autres : car il avoit, à celle heure, faute de gens et d'amis. Et ainsi se passa ceste bataille.

Si reviendrons à parler en celuy temps des Bourgongnons, que menoit et conduisoit le mareschal de Bourgongne, messire Thibaut de Neufchastel, signeur de Blancmont. Il avoit aveques luy les deux fréres de Toulongeon, messire Claude et messire Tristan, lesquels estoyent bien-acompaignés. Aussi avoit il le signeur d'Espiri, le signeur de Ru, le signeur de Soye, et les enfans de Vaudrey, que conduisoit Philippe de Vaudrey, gruyer (1) de Bourgongne. Il avoit Guiot Dusie, et plusieurs autres bons personnages : et d'autre part se joindit aveques eux le duc Jehan de Calabre, un moult-noble prince : et certes quand

---

Gruyer : garde forestier.

les Bourgongnons et les Lorrains furent assemblés ensemble, c'estoit une moult-belle armee, et puissante d'hommes-d'armes : et au milieu de la Beausse leur vindrent nouvelles que le roy de France avoit gaigné celle bataille de Montlehery, et que le comte de Charolois estoit ou mort ou pris : dont de plain saut la compaignie fut moult effrayee. Mais ce noble prince monsieur de Calabre reconfortoit toute la compaignie, et disoit qu'il ne croyoit point que celle noblesse et puissance fust déconfite pour un jour : et pria qu'on eust patience d'ouir les secondes nouvelles, et que les premieres nouvelles de la guerre ne sont jamais seures ne vrayes : et que quand il seroit vray de la deconfiture (que Dieu ne vousist), il s'offrit en sa personne de demourer aveques les Bourgongnons : et conseilloit d'eux tirer devers le bon duc Philippe, pour prendre vengeance de ce grand méchef à luy avenu : et se monstroit le duc de Calabre vray et loyal prince en ceste partie : et combien qu'il y eust des picques et des partialités entre luy et le mareschal de Bourgongne, toutesfois il mit tout arriére dos, et besongnoit de conseil et d'aide avec ledict mareschal familiérement, et le mareschal aveques luy : et en devisant de ces matiéres, et regardant qu'il estoit de faire, il vint un certain messager, qui luy certifia sur sa vie que le comte de Charolois avoit obtenu la journee, et gaigné la bataille. Si fut ce grand dueil mis en toute joye, et marchérent pour venir devers le comte, et estoyent tous en esquadres, qui estoit moult-belle chose à veoir.

Quand les ducs de Berry et de Bretaigne sceurent la venue des Bourgongnons, et mesmes du duc Jehan de Calabre leur cousin, ils partirent de Moret en Gastinois, pour aler au-devant : et d'autre part se partit le comte de Charolois, et se joindit aveques monsigneur de Berry, pour aler au-devant du duc Jehan de Calabre. Et pouvez croire qu'ils se firent grand honneur et grande feste à l'assembler : et pendant ce temps le comte de Charolois fit tendre ses tentes et ses pavillons sur la riviére de Seine, et sembloit que ce fust Raimondin qui eust fait une nouvelle vile.

Là tindrent les signeurs un conseil comment ils soustiendroyent la bataille, si les signeurs de France revenoyent encores une fois. Mais monsieur de Bueil (qui moult sçavoit de la guerre) affermoit tousjours qu'ils ne reviendroyent plus à la bataille, et que le roy de France en avoit assez pour ceste fois : et fut pris conclusion de tirer à Sainct-Maturin-de-Larchamp, et que là se prendroyent conclusions de ce qu'il seroit de faire : et fut celle grosse armee separee pour celle fois. Le duc de Calabre, et le comte de Charolois, et le comte de Sainct-Pol, demourérent à Sainct-Mathurin. Les ducs de Berry et de Bretaigne, et grande partie de la signeurie, se logérent à Nemours : et le signeur de Haubourdin se logea en une vile qu'il avoit gaignee, aveques grande partie des signeurs et de l'armee : et en ce temps fut tenu un conseil à Sainct-Mathurin (où estoit Tanneguy Du Chastel, grand-escuyer de France); et vouloyent les aucuns que celle noble armee se tirast sur les marches de Bourgongne, pour eux fortifier de gens et de vivres : mais le comte de Charolois (à qui estoit ceste premiére victoire) tenoit la main qu'on retournast devant Paris,

et que l'on fist bonne et forte guerre au roy de France:
et fu envoyé, aveques six archers, toute la nuict,
devers mondict signeur de Haubourdin, pour l'avertir de la voulonté du comte, et qu'il tinst la main à
monsieur de Dunois et aux autres signeurs d'ainsi le
faire : et fit celle nuict le signeur de Haubourdin si
bonne diligence, qu'il gaigna les signeurs qui estoyent en icelle vile : et l'endemain, au plus matin,
se tirérent à Nemours. Et fut la chose conclue que
l'on tireroit devant Paris, à l'appetit du comte de Charolois.

Et ne demoura guéres que toute l'armee tira devant
Paris : et se logérent monsieur de Berry et le duc de
Bretaigne au chasteau de Beauté, et là environ : et le
duc de Calabre et le comte de Charolois se logérent à
Conflans, au pont de Charanton, et à l'entour : et
tous les jours se faisoyent de grandes écarmouches devant Paris, du costé de la porte Sainct-Anthoine. Le
roy de France avoit assemblé à Paris grosse armee et
grans gens-d'armes, et les estoit alé querir jusques
en Normandie : et par une noire nuict envoya les
francs-archers normans faire un tranchis sur la riviére : et estoit iceluy tranchis garni d'artillerie tellement, qu'il batoit du long de la riviére et du travers, et se pouvoit on tenir à grand peine à Conflans.
Mais le duc de Calabre et le comte de Charolois visitérent en leurs personnes ledict tranchis, et prestement firent aporter grandes cuves à vendanger (car
legérement pouvoit on recouvrer desdictes cuves,
pource que grans vignobles sont en ce quartier); et
de ce firent gros boulovars, garnis de bonne artillerie : et tellement battoyent du travers de la riviére,

que les Normans qui estoyent es tranchis n'osoyent lever la teste : et firent iceux princes faire un pont sur la riviére, par lequel les Bourgongnons passoyent, et tous les jours y avoit grande écarmouche de là l'eaue : et quand François se venoyent monstrer, le duc de Calabre avoit une petite compaignie de Suisses qui prestement passoyent l'eaue, et ne doutoyent point les gens-de-cheval : car ils estoyent communément trois Suisses ensemble, un piquenaire, un coulevrinier et un arbalestier : et estoyent si-duits de ce mestier, qu'ils secouroyent l'un l'autre au besoing : et se bouta aveques eux un archer du corps du comte de Charolois, nommé Savarot, qui se monstra moult-bien aveques lesdicts Suisses.

Ainsi se continuoit la guerre du costé de Conflans, et quasi tous les jours se tenoit conseil à Beauté devant monsieur de Berry et les autres princes : et tous les jours y aloyent le duc de Calabre et le comte de Charolois, armés, et l'espee ceincte : et estoyent habillés de journades pareilles, et sembloyent bien deux princes et deux capitaines qui desiroyent plus le debat que la paix : et tousjours estoyent ces deux princes d'opinion de mener la guerre outre, pource qu'ils trouvoyent le roy de France variable en ses promesses. A ce conseil venoyent les députés de Paris, et nommément l'evesque de Paris, un moult notable clerc, frére de maistre Alain Chartier : mais à nulle fois ne se peut trouver nulle bonne conclusion. D'autre part le roy de France (qui moult estoit subtil en ses affaires) mit sus, de son costé, un parlement qui se tenoit en la Grange-aux-Merciers, assise assez pres de Conflans : et duquel parlement estoit chef monsieur Charles, duc d'Anjou (1) : et monsieur de Berry et les princes y envoyérent leurs députés : et tendoit iceluy parlement à fin de trouver un expedient sur la réformation du royaume et sur le bien-public, dont les princes faisoyent plainte.

En ce temps mourut madame Ysabel de Bourbon, comtesse de Charolois : et mourut à Anvers, et fut enterree en l'abbaïe de Sainct Michel, où elle gist moult-notablement ensepulturee : et fut le vingt-sixiéme de septembre l'an 1465.

En ce temps furent prises plusieurs tréves d'une part et d'autre : et, durant lesdictes tréves, nous allions à Paris faire grand chére, pour nostre argent, où nous estions les tresbien-venus. Et qui me demanderoit comment se trouvoyent les vivres pour si-grande et puissante armee qu'il y avoit à Paris et dehors, tant de gens-d'armes comme de chevaux, je respon certes que la cité de Paris estoit lors fort pleine de blés et de vins, et fit grandement son profit de l'armee. D'autre part, le comte de Roussi, fils du comte de Sainct-Pol, avoit trouvé maniére de soy bouter et tenir main forte dedans la vile de Laigni-sur-Marne : dont moult de biens et de pourveances vindrent aux princes et à l'armee, qui estoit hors de Paris.

En ce temps fut le comte Louis de Sainct-Pol faict connestable de France par le Roy : et depuis changérent les entendemens et bonnes amitiés qui estoyent entre le comte de Charolois et ledict connestable, pource que de là en-avant ledict connestable se declaira François, et abandonna la hantise dudict

(1) *Charles, duc d'Anjou:* lisez *Charles d'Anjou, comte du Maine.*

comte : et fu audict temps envoyé, par le saufconduit du roy de France, devers le duc de Bourgongne, pour pratiquer cent mille escus que le fils demandoit au pére pour payer ses gens-d'armes.

Or ne faut pas oublier que quand les Liegeois, anciens ennemis de la maison de Bourgongne, virent que le duc Philippe estoit dénué de ses gens-d'armes, et leur sembla que plus à leur avantage ne pouvoyent prendre le noble prince, ils commencérent la guerre de feu et de sang. Mais le bon duc (qui jamais ne s'effraya de chose qui luy avint) manda le signeur de Gasbecque, messire Philippe de Hornes, le séneschal de Hainaut, messire Anthoine, bastard de Brabant, et le fils du signeur d'Arcy : et de ces quatre fit capitaines, et leur bailla gens-d'armes pour les acompaigner : et les envoya au-devant desdicts Liegeois, qui desja estoyent aprochés de Montenak : mais lesdicts gens-d'armes, sous la conduite dudict messire Philippe de Hornes, signeur de Gasbecque, leur coururent sus moult-aspremeut (car il estoit un tresvaillant chevalier et asseuré), et déconfirent lesdicts Liegeois, et en firent grand meurdre : et fut nommee icelle journee le remonstre de Montenak : et ainsi la puissance du bon duc Philippe soustint la guerre et en France et en Liége : et en vint à son dessus et à son honneur, par l'execution de son fils.

En ce temps, pource que madame de Charolois estoit trépassée, entremetteurs se mirent sus pour faire le mariage de monsieur de Charolois et de madame Jehanne de France [1], fille du Roy (qui de-

---

[1] *Jehanne de France*, lisez *Anne*. Ce fut la célèbre Anne de Beaujeu.

present est duchesse de Bourbon); et, en espoir de faire celle aliance, le comte de Charolois, se fiant au roy de France, passa l'eaue, et ala souper en la bastille Sainct Anthoine aveques le Roy, où ils parlérent de plusieurs choses : et une autre fois le roy de France, luy sixiéme de chevaux, vint au milieu de toutes les gens-d'armes du comte : et sembloit d'eux toute privauté et bienveuillance. Et en ce temps nous amenasmes, du tresor du duc, trois sommiers chargés d'or, où il pouvoit avoir quatre vingts mille escus : et le lendemain furent reveües criees, et tous gens-d'armes sur les champs, pour recevoir argent : et là fut ce que le roy de France vint, à six chevaux, visiter l'armee : et le comte de Charolois se partit de Conflans sur un petit cheval, à tout son grand manteau de dueil, qu'il avoit fait pour la mort de sa femme : et sous les enseignes, et entre les batailles, se conjoingnirent et s'embracérent le Roy et le comte moult-amoureusement, comme il sembloit. Le Roy s'en retourna à Paris, et le comte veit ses reveües : et le lendemain furent payees toutes maniéres de gens-d'armes.

Grans parlemens furent tenus entre le comte et le Roy touchant iceluy mariage, et offroit le Roy de donner en mariage à sa fille les comtés de Brie et de Champaigne : et pour ceste matiére fut envoyé maistre Jehan Carondelet (qui depuis a esté chancelier de Bourgongne) avec charge d'aler à Paris, et de visiter les tiltres, pour sçavoir si un roy de France pouvoit donner en mariage à sa fille lesdictes comtés de Brie et de Champaigne, et les oster de la couronne : et combien que le comte de Charolois fust en guerre, il eut tousjours aveques luy deux notables clercs bourgongnons pour conduire ses matiéres : dont l'un fut maistre Guillaume Hugonet (qui depuis fut chancelier de Bourgongne), et l'autre fut maistre Jehan Carondelet, que j'ay nommé dessus.

Tousjours se continuoit le mariage dessusdict : et durant ce temps fut pratiqué en ladicte Grange-aux-Merciers une paix, qui fut telle que trente six hommes du royaume de France devoyent avoir le regard pour augmenter le bien-public, et en estoit le Roy content : et à la verité ce fut soubtiveté au Roy pour estre quite de celle charge, et venir à paix aveques les princes de son royaume : car j'en ay assez enquis, et ne sceu onques qui estoyent les trente six, ne qui estoit le premier ne le dernier : et, à mon jugement, le Roy se monstra le plus-subtil de tous les autres princes, et entretenoit le comte de Charolois du mariage dessusdict : et ne sçay s'il y avoit grande voulonté. Ainsi fut la paix criee de tous costés : et devoit le Roy, par ce traitté, bailler à monsieur de Berry la duché de Normandie pour son partage : mais quand vint au fort de besongner, le roy de France en ouvra tout autrement, comme vous orrez cy-apres. Ainsi se détendit celle armee. Monsieur de Berry et le duc de Bretaigne tirérent en Normandie, et le duc de Calabre et le comte de Charolois prirent le chemin de Villiers-le-Bel (qui est un gros vilage assez pres de Sainct-Denis), et là se visitoyent privément le Roy et le comte de Charolois, sous ombre dudict mariage : et tindrent la Toussaincts audict Villiers-le-Bel ensemble moult-familiérement : et puis se partit chacun, et se retira le Roy à Paris : et le comte de

Charolois prit son chemin contre Nostre-Dame de Liesse, auquel lieu il fit ses offrandes devotement : et puis se retira contre Liége, en intention de venger l'outrage et injure que pretendoyent faire les Liegeois au duc, en l'absence de luy son fils : et quand il vint au païs du Liége, il les epouventa tellement que les Liegeois vindrent à genoux crier mercy au comte pour et au nom de son pére, et promirent de non plus venir à armee contre luy. Mais Liegeois ne sont pas bien coustumiers de tenir ce qu'ils promettent, et aussi ne firent ils celle fois.

Quand le comte eut mis à mercy lesdicts Liegeois, il s'en retourna en ses païs, et nommément à Brucelles, où il fut grandement festeyé et receu, tant du pére et de la mére comme de ses sugets : et tousjours se continuoit le parlement d'iceluy mariage : et estoyent les principaux, du costé du comte, le signeur des Cordes, et Guiot Dusie (qui depuis fut chevalier), et messire Guillaume Bische, et principalement le signeur des Cordes et Guiot Dusie : et ainsi se couloit le temps, et vivoit le roy de France aveques le comte, et le comte aveques le Roy.

Or avons nous devisé de la guerre et de la paix, et est temps que je devise comment exploita monsieur de Berry à prendre sa possession de la duché de Normandie : à quoi le Roy avoit sagement pourveu, comme dict est : car prestement que le duc de Bretaigne fut entré à Rouen, plusieurs grans personnages (comme Jehan, monsieur de Lorraine, et autres) entrérent en debat pour les grans offices : et d'autre part le duc de Bretaigne élongna de luy Tanneguy Du Chastel : et disoit on que c'estoit à l'appetit du signeur de Lescut, Oudet de Rie. Par ces brouillis, le duc de Berry n'entra point à Rouen : mais fut logé à Saincte-Katherine du mont de Rouen, et quand le Roy sceut et entendit les brouillis qui estoyent à Rouen, il s'aprocha à grosse armee, pour voir et entendre à quoy celle chose prendroit fin : et rapela en sa bonne grâce le duc de Bourbon, et le traitta bien, pour aux autres donner à entendre que ceux qui se rendroyent à luy seroyent amiablement traittés et receus. Il entretenoit le comte de Charolois du mariage dessusdict, et se vengeoit à l'espee du surplus de ses ennemis : et le duc de Bretaigne prit conclusion de s'en retourner en ses païs, et monsieur de Berry fut conseillé de s'en aler aveques le duc. Ainsi s'en retournérent en Bretaigne, et le roy de France entra à Rouen, où il fit grand chére.

En ce temps je fu envoyé par monsieur de Charolois, pour sçavoir comment on exploitoit à ceste possession de Rouen et de Normandie : mais je fu tantost averti que les signeurs que je queroye estoyent desja en Bretaigne. Si passay parmy Rouen, et parlay au Roy, qui me demanda où j'alloye : et je luy respondy que monsieur mon maistre m'envoyoit devers monsieur de Berry son frére pour sçavoir son estat, et aussi pour soy affranchir et aquiter du serment qui estoit entre eux deux : et sur ce me laissa le Roy passer, et se contenta de mon voyage. Tant alay que je vein en Bretaigne, et trouvay le duc et son estat à Rénes : et le duc de Berry avoit passé l'eaue, et estoit logé au chasteau de Vennes (que l'on dit l'Ermine), où le duc me traitta honnorablement. Il estoit acompagné de monsieur de

Beaujeu, frére du duc de Bourbon; de l'evesque de Verdun (qui estoit de ceux de Heraucourt); de maistre Pierre Doriole, du neveu du comte de Dammartin. de messire Jehan Blosset, du signeur de Malicorne, de Joachin de Velours, et de moult d'autres gens-de-bien. Et, à la vérité, quand le duc de Berry et le duc de Bretaigne sceurent que j'estoye envoyé pour sçavoir de leur estat, et comment ils se portoyent, ils en furent moult-joyeux : et me fut faicte bonne chére de toutes pars, et me baillérent certaines bonnes charges à dire à mon maistre, toutes tendans à non rompre les premiéres aliances. Et ainsi m'en retournay en la compaignie de monsieur de Beaujeu, auquel monsieur de Berry avoit donné congé de s'en retourner en France : et le Roy sceut que j'estoye à Tours, et me manda, pour parler à luy, à Jargueaux. Ce que je fey : et si les bonnes parolles dont il me donna charge pour les dire à mon maistre de-par luy eussent esté vrayes, nous n'eussions jamais eu guerre en France.

Ainsi me party du Roy, et pri mon chemin pour aler à Paris, et de là es païs de monsieur de Bourgongne : et ne demoura guéres apres que monsieur de Beaujeu fut arrivé devers le Roy, que le Roy luy donna sa fille en mariage, celle mesme dont il estoit parolle de monsieur de Charolois : et dit aux ambassadeurs du comte qu'il avoit marié sa fille à meilleur marché que de luy donner les comtés de Brie et de Champaigne : et quand les ambassadeurs, et mesmes maistre Jehan Carondelet (qui avoit visité à Paris les lettres de-par le Roy, comme dict est), furent retournés devers le comte, et qu'il eut ouy les habilletés du roy de France, il dit que les heureux y faillent : et ainsi dissimulérent le Roy et le comte, l'un contre l'autre, ce qu'ils avoyent sur le cueur.

CHAPITRE XXXVI.

Comment le bon duc Philippe envoya son fils naturel Anthoine sur les Sarrasins de Barbarie ; et comment le comte de Charolois destruisit la vile de Dinand, et fit venir les autres Liegeois à mercy.

En ce temps, le duc de Bourgongne (qui avoit acoustumé de recongnoistre envers Nostre-Signeur les biens et les grâces qu'il luy faisoit, et mesmement par estre requis par nostre sainct-pére le Pape pour donner confort à la foy chrestienne) éleva ses deux fils (1) bastards, et grande noblesse de ses païs, pour s'aler joindre aveques le Pape, et servir la chrestienté : et fit freter et avitailler douze galees, et les armer d'environ dix mille combatans de la plus-belle jeune noblesse et gendarmerie qui fust en ses païs : et fut messire Symon de Lalain, signeur de Montigny, lieutenant général de monsieur le bastard, en celle armee; et estoit belle chose de voir les banniéres et les pennons en chacun bateau : car chacun capitaine vouloit monstrer quel homme il estoit en ce haut et sainct voyage. Les trompettes et clairons sonnoyent, à mon-

(1) *Eleva ses deux fils :* Cette expédition se fit en 1464, avant la guerre du bien public.

ter les gens-d'armes chacun en son navire, et sous leur capitaine, qui donnoyent moult-grand réjouissement : et d'autre part tiroit l'artillerie, qui épouventoit et effrayoit toute la compaignie.

Ainsi montèrent les nobles hommes et gens-d'armes chacun en son navire, par moult-belle ordonnance : et donna le duc Philippe, outre le ravitaillement et autres fraiz qu'il faut faire à freter tels navires, à mondict signeur le bastard, son fils naturel, cent mille escus d'or content, que luy delivra Jacob de Bregilles, des deniers de l'épargne. Et ainsi se partit le bastard de Bourgongne et celle tresbelle armee : et prirent la mer le plus-tost qu'ils peurent, costoyèrent les dunes d'Angleterre, passerent les Raz Sainct-Mathieu, entrèrent en la mer d'Espaigne, et tant vaucrérent, à l'aide de Dieu, du bon vent et de la bonne fortune, qu'ils abordèrent devant Sceulte (1), qui est une vile en Barbarie que le roy de Portugal a conquise, et la tient en ses mains comme chrestienne : et avoyent les Mores et les Barbares fait une grosse armee, et avoyent assiegé ladicte vile de Sceulte, et la tenoyent fort à destroit. Mais Dieu y amena monsieur le bastard et son armee, qui prestement prirent terre, et se preparèrent de combatre iceux Sarrasins, qui avoyent mis ledict siége. Mais les Sarrasins, voyans le courage des chrestiens, se levèrent, et abandonnèrent leur siége, et n'y eut autre chose faicte : car les Chrestiens n'avoyent nuls chevaux ; parquoy se sauvèrent legérement les Sarrasins et leur puissance. Monsieur le bastard ala visiter ceux de Sceulte, et les bons Chrestiens qui dedans

(1) *Sceulte* : Ceuta.

estoyent, qui moult le merciérent de son bon secours : et retourna chacun en son navire, et reprirent la mer en intention de venir à Ostie, et eux joindre aveques pape Æneas : mais ils trouvérent que le pape Æneas estoit mort, et son armee toute rompue : parquoy ils prirent le chemin de Marseilles, auquel lieu semblablement se rompit l'armee des Bourgongnons : et fut celle belle assemblee rompue à petit exploit.

En ce temps, le duc Philippe de Bourgongne prit une maladie dont il fut moult affoibli et agravé de sa personne : et depuis ne fit pas grand travail, ains se trouva vieil et maladif ; dont ce fut pitié et dommage : car il avoit vescu courageusement, et en prince vertueux ; et le bastard de Bourgongne, averti de la maladie de son pére, s'en vint à diligence pour le servir et honnorer comme il devoit. Le duc Philippe donna audict bastard la comté de La Roche en Ardaine : mais on y trouva des difficultés, parquoy il l'eut à moult grande peine. Grande chére fut faicte audict bastard par le pére et par le fils : car ils estoyent bien avertis qu'à luy n'avoit tenu l'execution de la guerre. Mais tint à ce que nostre sainct-pére le Pape mourut : parquoy toutes maniéres de gens-d'armes se retirérent. Et doy bien ramentevoir la grande chére et bon recueil que fit le duc de Calabre à monsieur le bastard et à ses gens, au lieu de Marseilles : et si fait à ramentevoir que l'armee toute rompue, messire Pietre Was et messire Frederic de Wittem garnirent leurs bateaux le mieux qu'ils peurent, et firent un an la guerre aux Sarrasins, vaucrant la mer à leur avantage, où ils aquirent grand honneur : car ce n'est pas peu de chose, apres l'armee rompue, de soustenir la guerre un an contre les Infideles et Sarrasins, comme dict est.

En ce temps (1), le signeur d'Escales, frére de la royne d'Angleterre, chargea une emprise pour faire armes à pié et à cheval : et fit sçavoir à monsieur le bastard de Bourgongne que s'il vouloit lever son emprise, et le décharger de sa charge, il le desiroit devant tous autres. Monsieur le bastard (qui des pieça avoit quis de faire armes, et combatre en champ clos) fut bien-joyeux de ces nouvelles, et les porta au duc son pére, qui liberalement luy acorda d'acomplir lesdictes armes au frére de la royne d'Angleterre; et ainsi furent icelles armes acceptées, et se prépara chacun de son costé de ce que besoing luy estoit : et, pour acompaigner mondict signeur le bastard, Philippe Bouton et Jehan de Chassa se préparérent de faire armes en Angleterre : et lors madame de Bourbon, sœur du duc Philippe, et ses filles, vindrent visiter le duc : et fut audict temps faict le mariage du jeune duc de Gueldres et de madamoiselle de Bourbon, niéce du duc : et ainsi se passoit la saison.

En celuy temps, les Liegeois de Dinand, ennuyés de leur bonne fortune et desirans réveiller leur malheur, s'élevérent, et prirent Jehan Le Charpentier, un moult-notable homme de Dinand, et le firent piteusement mourir, pource qu'il avoit communiqué avec le duc Philippe, et fait traitté aveques luy, au bien et utilité de ladicte vile de Dinand. Mais ils le tour-

(1) *En ce temps :* Cette entreprise fut commencée en 1466 et terminée en 1467, ainsi qu'il résulte du chapitre suivant.

nérent en un autre usage : et, comme dict est, firent mourir piteusement ledict Jehan Le Charpentier : et (qui plus est) disoyent du duc de Bourgongne toutes les injurieuses parolles dont ils se pouvoyent aviser; et mesmement boutérent le feu en la comté de Namur : et fut conseillé le duc, en ses vieux jours, de prendre les armes, et d'assembler gens-d'armes de toutes pars, pour soy venger d'iceux de Dinand : et se tira, luy et le comte son fils, à Namur : et fut conseillé le duc de demourer audict Namur, et envoya son fils à Bouvines : et l'acompaigna le comte de Sainct-Pol, connestable de France, le mareschal de Bourgongne, et plusieurs signeurs de Brabant et de Hainaut : et conclurent d'aler mettre le siége devant Dinand, et se departirent en trois parties.

L'un des siéges tenoit le comte de Charolois : le second, le mareschal de Bourgongne : et le tiers siége tenoit le bastard de Bourgongne : et la quarte partie estoit la riviére, où il ne faloit point de siége. Et ainsi fut Dinand assiegé de tous costés : et combien que j'eusse veu plusieurs siéges de prince, toutesfois fut il là faicte une chose que je n'avoye onques veue : car messire Pierre de Hacquembac, lors maistre-de-l'artillerie, amena les bombardes devant les portes de Dinand à heure de plain midi : et vous declaireray comment. Il avoit afusté sa menue artillerie, dont il avoit grand'planté (1), devant les portes et la muraille de Dinand : et quand il aprocha à tous ses bombardes, le traict à poudre voloit si dru, que ceux de la vile n'osoyent mettre la teste hors des portes ne

---

(1) *Grand'planté* : beaucoup.

des murailles : et ainsi aprocha ses bombardes, et mena le premier cheval par la bride : et, les bombardes assises, la vile de Dinand ne dura pas longuement, ains se rendit à voulonté. Et les Liegeois (qui leur estoyent venus à secours) s'enfuïrent, et s'elongnérent de ce lieu : et le comte de Charolois et ses gens entrérent dedans la vile, comme maistres et signeurs : et fut la vile pillee de toutes pars, et puis fut mis le feu dedans : et fut brulé Dinand par telle façon qu'il sembloit qu'il y eust cent ans que la vile estoit en ruine : et le comte (qui moult estoit grand justicier) fut averti que trois archers de sa compaignie avoyent dérobé une femme, et qu'ils l'emmenoyent derriére les montaignes, afin qu'elle ne fust ouÿe par les cris qu'elle feroit à son efforcement : mais le noble comte tira celle part, prit les malfaicteurs, et prestement les fit pendre et estrangler au premier arbre qu'il trouva : et à la femme fit des biens, comme il appartenoit : et signifia à son pére, par le signeur d'Imbercourt, la victoire qu'il avoit de ses ennemis, et l'execution qu'il avoit faicte ; luy priant qu'il se voulsist contenter (car il estoit bien vengé de ceux de Dinand), et aussi demandoit congé de poursuivre ses ennemis liegeois : car il les avoit fait chevaucher, et sçavoit où ils estoyent arrestés.

De son execution se contenta le duc Philippe, et luy donna congé de poursuivre ses ennemis : et s'en retourna le duc à Brucelles le plus-tost qu'il le peut faire, et le comte et sa compaignie tirérent apres leurs ennemis : et les trouvérent qu'ils se reposoyent de l'autre costé de la riviére de Haubsbaing : et les eust le comte défaicts sans nulle faute : mais un chevalier liegeois, nommé messire Regnaud Du Rouvray, moult-vaillant et sage chevalier, eut grand'pitié de veoir le peuple de sa nation en danger : car il congnoissoit bien que les gens-d'armes les déferoyent. Si prit un asseuré courage, et dît aux Liegeois : « Mes « amis, ne vous bougez : mais attendez que j'aye « parlé au comte de Charolois; et peut estre que je « trouveray le moyen que vous ne vous combatrez « point legérement. » Et sur ce departit ledict messire Regnaud, et dît à monsieur le comte : « Monsieur, ce « povre peuple ne vous demande rien. Ils entendent « d'avoir traité aveques vous, et vous prient que les « veuillez tenir paisibles. » Mais le comte (qui moult estoit fier) respondit qu'il ne sçavoit nulle cause de leur venue en ce lieu, si non pour luy porter dommage : et qu'il n'avoit pas intention de les laisser partir sans bataille. Messire Regnaud prit congé, et s'en retourna devers les Liegeois, et leur dît qu'il avoit bien parlé au comte à l'avantage des Liegeois, et luy avoit remonstré qu'ils ne luy demandoyent rien : mais ils se défendroyent s'il estoit besoing. Et ainsi parloit sagement messire Regnaud de Rouvray : et par ses alees et venues pratiqua tellement, que le jour faillit : et convint chacun soy retirer d'une part et d'autre, sans bataille, pour ce jour : et se logea chacun qui mieux mieux, comme il est coustume de loger devant ses ennemis. Si furent grans feux faicts d'une part et d'autre : mais la riviére de Habsbaing estoit entre deux, qui garda la vie ce jour à maint Liegeois : et quand le jour fut venu, et que le comte et son armee perceurent que les Liegeois s'estoyent retirés, le comte fit chacun tirer aux champs, à la poursuite desdicts Liegeois; mais pour celle fois il ne peut atteindre leur puissance : car ils s'estoyent ja retirés es bonnes viles. Toutesfois il marcha avant, et espouventa tellement iceux Liegeois, qu'ils furent contrains de luy venir crier mercy : voire eux mesmes abatirent les murailles et les portes de leur vile. Et ainsi se departit celle armee : et s'en retourna le comte de Charolois, et le bastard de Bourgongne, devers le duc leur pére, qui les recueillit à grande joye.

CHAPITRE XXXVII.

Comment le bastard Antoine de Bourgongne ala faire armes en Angleterre; et comment le bon duc Philippe son pére mourut ce pendant.

CES choses faictes, le duc envoya son fils naturel en Angleterre, moult-bien fourny de toutes choses : et y fut messire Symon de Lalain pour son principal conduiseur, et messire Claude de Toulongeon, signeur de La Bastie; messire Philippe, bastard de Brabant; messire Jehan de Montferrant, Gerard de Rossillon, le signeur de Tibaville, et plusieurs autres : et en ce temps je me trouvay en Angleterre, et m'y arrestay pour veoir icelles armes; et certes le bastard de Bourgongne tenoit tel estat et tel triomphe que peut faire le fils aisné légitime de Bourgongne. Mais nous nous tairons de toutes ces choses pour le present, pour parler de l'execution d'icelles armes.

Le roy Edouard d'Angleterre avoit fait préparer les lices grandes et pompeuses : et pour sa personne fut faicte une maison moult-grande et moult-spacieuse, et estoit icelle maison faicte en telle manière que l'on y montoit par degrés, au dessus où estoit le Roy. Il estoit vestu de pourpre, la jartiére en la jambe, et un gros baton en sa main ; et certes il sembloit bien personne digne d'estre roy : car il estoit beau prince, et grand, et bien amanieré. Un comte tenoit l'espée devant luy, un peu sur costière : et au tour de son siége estoyent vingt ou vingtcinq conseillers, tous blancs de cheveleures : et ressembloyent senateurs qui fussent là commis pour conseiller leur maistre. Le comte de Volsestre tint lieu de connestable, et estoit acompaigné du mareschal d'Angleterre, et sçavoit moult-bien faire son office. En descendant du hourd, avoit trois hourds deça et de là desdicts degrés. Au premier estoyent chevaliers, au second estoyent escuyers, et au troisiéme les archers de la couronne, chacun un voulge [1] en la main : et au pié desdicts degrés avoit deux chaizes, l'une pour le connestable, et l'autre pour le mareschal : et, à l'opposite, de l'autre costé de la lice estoit un hourd, non pas si haut que la maison du Roy, pour loger le maire de Londres, et les hondremans [2] servans pour celle annee.

Tantost apres que le Roy fut assis en son trosne et en sa chaize (qu'il faisoit moult-beau voir), le maire de Londres, acompaigné des hondremans et de ceux de la loy, entrérent en la lice, l'espée devant luy, et

---

(1) *Voulge* : dard. — (2) *Hondremans* : aldermans.

tira contre son hourd : et, en passant par devant le Roy, n'y eut autre difference si-non que celuy qui portoit l'espee devant le maire, en se mettant à genoux le maire et tous les autres, mit la pointe en bas en signe d'humilité, et puis se releva prestement : et s'en ala le maire de Londres mettre au hourd pour luy ordonné, et là demoura pour veoir les armes, et tousjours l'espee devant luy : et ne demoura guéres que les gardes de la lice (asçavoir huict hommes-d'armes, bien-montés et bien-armés) firent leur entree en ladicte lice, par le congé du connestable, qui leur ordonna ce qu'ils devoyent faire.

Tantost apres, monsieur d'Escalles vint à l'entree de la lice : et le connestable ala au-devant de luy, et demanda qu'il queroit : et il respondit qu'il se venoit presenter devant le roy d'Angleterre son souverain signeur, pour faire et acomplir les armes qu'il avoit emprises à l'encontre du bastard de Bourgongne ; et sur ce luy fut faicte ouverture : et certes il estoit monté et armé richement, et avoit dix ou douze chevaux de pareure bien-richement couverts : et, apres sa presentation faicte devant le Roy, il se tira de sa personne en une petite tente qui luy estoit ordonnee. Puis tantost apres vint le bastard de Bourgongne, qui pareillement demanda entree : ce que l'admiral luy acorda. Et se présenta ledict bastard devant le Roy, pour fournir ses armes : et devez sçavoir qu'il estoit moult-pompeusement acoustré, et avoit douze chevaux couverts, les uns de drap d'or, les autres d'orfaverie, les autres de velours chargés de campanes, et les autres couverts de martres, que l'on dit sables, si-belles et si-noires qu'il estoit possible d'en trouver. Les autres estoyent couverts de brodures faictes moult-richement. Les pages estoyent vestus de mesmes, comme il appartenoit : et certes ce fut une riche suite, et que le Roy veit voulontiers. Sa presentation faicte, il se retira en une petite tente faicte pour luy, et prestement se firent les cris et les deffenses acoustumees : et furent portees au Roy, par deux comtes, deux lances et deux espees d'une façon et d'une grandeur : car le signeur d'Escalles, par les chapitres, devoit livrer les batons au choix de sa partie adverse : et envoya lesdicts batons le Roy au bastard de Bourgongne, pour choisir ce qui luy seroit le meilleur. Le bastard de Bourgongne choisit assez legerement : et furent mis les deux batons qu'il retint es mains de deux officiers-d'armes, qui les tindrent dehors le pavillon jusques il fust prest pour saillir : et apres cris et ceremonies faictes, les champions furent saisis de lances et espees pour eux ordonnés.

Si mirent les lances aux arrests, et coururent celle course sans atteindre ou consuir l'un l'autre : mais au retour qu'ils firent, et qu'ils eurent mis les espees en leurs mains, le cheval de monsieur le bastard donna de la teste contre la have de la selle du signeur d'Escalles, et de ce coup ledict cheval se tua tout roide : et tomba mondict signeur le bastard sous son cheval, l'espee au poing ; et tantost le fit le roy d'Angleterre relever, et se monstra moult-courroucé à l'encontre de mondict signeur d'Escalles, pource qu'il cuidoit qu'il eust fait faussetè en la pareure de son cheval : mais non avoit, ains avint ce coup et ce choc par mesadventure, et comme je l'ay devisé : et le Roy leur donna congé pour celle fois, et s'en retourna mondict signeur le bastard en son logis, et me dît, en rentrant en sa chambre : « Ne vous souciez. Il « a aujourd'huy combatu une beste, et demain il com-« batra un homme. »

Et à celle heure vint le connestable, par le Roy, pour sçavoir s'il estoit aucunement blecé : mais monsieur le bastard respondit qu'il mercioit le Roy, et que nulle bleceure n'avoit : ains estoit prest l'endemain de faire ses armes de pié, priant qu'ainsi le vousist le Roy acorder. Et le l'endemain, à heure ordonnee, comparurent au camp monsieur le bastard et monsieur d'Escalles : et fut tousjours acompaigné mondict signeur le bastard du duc de Suffort, qui moult cordialement l'acompaigna : et apres cris et ceremonies faictes, monsieur d'Escalles envoya trois maniéres de batons présenter au Roy, pour icelles armes de pié fournir et achever : et d'iceux batons devoit avoir le bastard de Bourgongne le chois. Les deux premiers batons estoyent deux lances à getter, et les portoyent deux chevaliers. Les seconds batons estoyent deux haches, et les portoyent deux barons. Les troisiémes batons estoyent deux dagues, et les portoyent deux comtes : et quand iceux batons furent présentés au Roy, le Roy retint en ses mains les deux lances à getter, et les quatre autres batons envoya à monsieur le bastard, pour en prendre le chois selon le contenu des chapitres. Monsieur le bastard retint une hache et une dague, et le surplus fut aporté par le connestable à monsieur d'Escalles : et vindrent les escoutes de pié : asçavoir six hommes-d'armes de pié, bien-empoint, chacun un baton de bois en la main.

Le bastard de Bourgongne estoit paré de sa cotte-d'armes de Bourgongne, à une barre de travers, pour monstrer qu'il estoit bastard : et le signeur d'Escalles avoit sa cotte-d'armes au dos, et portoit sa hache sur son col, et en guise d'un espieu : et venoit criant *Sainct George!* par trois fois. Les champions se joindirent fiérement, et s'assaillirent l'un l'autre de grand courage : et fut moult-belle ceste bataille, ne je ne vey onques combatre de haches si fiérement ; et certes monsieur le bastard monstra bien, à celle bataille, qu'il estoit un homme, voire un chevalier, duit aux armes et au mestier : et furent tous deux pris et departis sans grand'foule l'un d'avec l'autre : et ainsi furent icelles armes faictes et acomplies : et, à la vérité, je vey depuis le harnois de monsieur d'Escalles, où monsieur le bastard avoit fait de grandes faulcées de la dague de dessous de sa hache : et au regard des dagues qui leur furent baillees, ils ne s'en aidérent point en celle bataille. Et ainsi prirent les champions congé du Roy, et se partirent tous à une fois de la lice, leurs haches sur leurs cols, pour monstrer qu'ils n'avoyent esté débatonnés : et se retira chacun en son logis.

Au regard du roy d'Angleterre et de la Royne, ils avoyent fait préparer le souper en la Grange des Merciers, et là vindrent les dames : et vous certifie que j'y vey soixante ou quatre vingts dames de si noble maison, que la moindre estoit fille de baron : et fut le souper grand et planteureux, et monsieur le bastard et ses gens festoyés grandement et honnestement.

Au l'endemain firent armes à pié messire Jehan de

Chassa, et un escuyer gascon nommé Louis de Bretelles, serviteur de monsieur d'Escalles : et acomplirent icelles armes sans grand foule l'un sur l'autre : et le l'endemain firent armes à cheval, esquelles messire Jehan de Chassa eut grand honneur, et fut tenu pour un bon coureur de lance : et le l'endemain fit armes messire Philippe Bouton, à l'encontre d'un escuyer du Roy. Iceluy escuyer estoit gascon, et se nommoit Thomas de La Lande, et estoit iceluy Thomas beau compaignon, et homme-de-bien; et entre eux sourdit une question : car ceux qui servoyent messire Philippe Bouton disoyent que l'arrest de Thomas de La Lande estoit trop avantageux. Si fut visité par les gens du Roy, et trouvérent qu'il estoit vray : dont le Roy ne fut pas content. Toutesfois ils conclurent de parfaire leurs armes, et fit chacun le mieux qu'il peut, comme il est coustume en tel cas : et ainsi furent les armes achevees d'une part et d'autre : et monsieur le bastard pria les dames le dimanche au disner, et nommément la Royne et ses seurs : et fit un grand desroy et une grande preparation; et nous partismes Thomas de Loreille, bailly de Caen, et moy, pour aler en Bretaigne fournir nostre ambassade : et vinsmes à Pleume, attendant le vent, et navires, pour nous passer en Bretaigne : et en ce temps vindrent les nouvelles à monsieur le bastard, en Angleterre, que le duc de Bourgongne estoit trépassé : et devez croire que grand dueil eut ledict bastard quand il ouit la mort de son pére, et toute la noblesse qui estoit aveques luy.

Si changérent leurs plaisances passées à plours et à larmes : car il estoit mort comme prince de toute vertu, et fit en sa vie deux choses à l'extrémité : dont l'une fut qu'il mourut le plus-riche prince de son temps : car il laissa quatre cens mille escus d'or contens, soixante douze mille marcs d'argent en vaisselle courant, sans les riches tapisseries, les riches bagues, la vaisselle d'or garnie de pierreries, et sa librairie, moult-grande et moult-bien étofee, et, pour conclusion, il mourut riche de deux millions d'or en meubles seulement : et, pour la seconde extime, il mourut le plus-large et le plus-liberal duc de son temps. Il maria ses niéces à ses despens ; il soustint grandes guerres, et longuement ; il refit par plusieurs fois, à ses despens, l'eglise et la chapelle de Jerusalem ; il donna dix mille escus pour faire la tour de Bourgongne qui est en Rodes ; il donna dix mille escus au roy d'Albanie. Nul ne s'en aloit de luy qu'il ne fust bien recompensé. Il tenoit grand estat, aprochant à estat de roy. Il entretint cinq ans monsieur le Dauphin en son estat, et fut prince si-renommé que tout le monde en disoit bien. Ainsi fit le duc Philippe de Bourgongne deux choses à l'extrémité, comme dit est : car il mourut tout liberal et tout riche, et trépassa de ce siécle le quinziéme jour de juin l'an 1467 : et le bastard de Bourgongne prit congé du roy d'Angleterre, de la Royne et des dames, moult-piteusement : et furent ses provisions perdues : et rompit le propos du festeyement : et s'en revint à Bruges, où il trouva le comte de Charolois (que l'on appeloit duc de Bourgongne), lequel luy fit grand chere. Et d'oresenavant, quand je parleray dudict comte, je l'appelleray duc de Bourgongne, comme c'est raison.

Si fut le corps de ce noble prince porté solennellement, à grand dueil, souspirs et larmes, en l'eglise de Sainct Donat, audict Bruges, où il reposa, et fut gardé jusques on le mena en Bourgongne, pour estre sepulturé es Chartreux de Digeon, aveques ses predécesseurs. Les preparations furent faictes pour mener le corps du duc Philippe en Bourgongne, et aussi le corps de madame Ysabel de Portugal, duchesse de Bourgongne, laquelle, apres son trépas, gisoit à Gonnaut. Et fut la preparation du duc moult bien ordonnee et faicte : les chevaux du chariot couvert de velours; et pennons, bannières et cottes-d'armes estoyent bien-ordonnés. Le corps gisoit en son chariot, et par dessus avoit un paisle élevé : et apres venoit le corps de madame de Bourgongne en son chariot, et chevaux couverts de velours : et sembloit bien que leans gisoit le corps d'une grande dame, et de noble recommandation.

Le duc leur fils estoit desja en Bourgongne, et en sa vile de Digeon : et conduisoyent les corps dessusdicts le signeur de Rayastain et messire Jaques de Sainct-Pol : et ne me puis passer de deviser comment iceux deux nobles corps entrérent à Digeon, et la maniére : et pour monstrer et donner à entendre les cerémonies et les pompes qui furent tenues à iceluy enterrement, et mesmes à celle entree de Digeon, mondict signeur voulut que l'on fist honneur à la nation de Bourgongne : et premiérement marchoit le signeur d'Irelain, qui portoit le pennon armoyé des armes du duc : et puis venoyent les deux fréres de Toulongeon, qui menoyent le cheval, couvert des plaines armes du duc : et puis venoit le signeur de Ray, qui portoit l'espee du duc : et apres venoit, à costiére l'un de l'autre, le signeur de Givry (qui estoit de Vienne), portant l'escu des armes du duc : et empres luy marchoit messire Guillaume, signeur de Vergy, portant le héaume et le tymbre du duc : et puis venoyent messire Charles de Challon, neveu du prince d'Orange, qui portoit la banniére : et apres venoit le roy-d'armes de la Toison d'or, vestu de sa cotte-d'armes, et portoit la cotte-d'armes du duc depleyee entre ses deux mains. Et puis venoit le duc Charles, à tout son habillement de dueil : et le suyvoyent les grans de son sang, qui estoyent ordonnés pour faire le dueil aveques luy : et puis si-grand nombre de chevaliers, escuyers et nobles-hommes, que c'estoit belle chose à voir. Les eglises aloyent devant, par ordre. Les chevaliers de l'ordre qui ne portérent point le dueil estoyent tous à pié, adextrans le chariot, et tenans le poisle couchant. Le poisle, élevé, fut sousténu par quatre des plus grans du païs de Bourgongne : et n'ay point de souvenance pour les nommer. Apres venoit le corps de Madame en son chariot, et estoit adextré (1) de huict ou de dix personnages des plus-nobles du païs : et ainsi et en telle maniére furent ces deux nobles corps menés à Digeon, et reposérent celle nuict en la chapelle de l'ordre : et toute nuict y eût grand luminaire, grandes priéres et grandes oraisons. Et le l'endemain, en ce mesme estat et triomphe, furent les deux nobles corps menés es Chartreux de Digeon, et logés en leur sepulture : et là fut faict grand et notable service : et, apres le service faict,

---

(1) *Adextré* : accompagné.

s'en retourna le duc en sa maison ainsi qu'il estoit venu, excepté que les deux corps demourérent en leur sepulture : et je prie à Dieu qu'il en veille avoir les armes en son sainct paradis.

FIN DU PREMIER LIVRE.

LE SECOND LIVRE

DES

MEMOIRES

DE

MESSIRE OLIVIER DE LA MARCHE.

CHAPITRE PREMIER.

Comment le duc Charles de Bourgongne, par-avant comte de Charolois, ayant succedé au bon duc Philippe de Bourgongne son pére, ala de-rechef contre les Liegeois ; et comment nouvelle querelle s'émeut entre le roy Louis et luy, tant pour les partialités d'Angleterre que pour les viles de la riviére de Somme.

Vous avez bien entendu comment je me parti de monsieur le bastard de Bourgongne, pour aler faire ce qui m'estoit commandé en Bretaigne. Sur mon chemin je fu averti de la mort de monsieur le duc Philippe, mon signeur et mon prince : qui me furent piteuses nouvelles. Toutesfois je passay en Bretaigne, pource que ma charge estoit et du pére et du fils :

et quand je vein en Bretaigne je trouvay que le duc se monstroit moult-troublé de la mort du duc Philippe, et avoit fait préparer un service et un oséque le plus-beau que je vey onques : car il y avoit quatorze prelats revestus, et toute la nef de l'eglise estoit toute parée de soye et de bougran aux armes de monsieur de Bourgongne, et non pas armes atachees à espingles, mais couchees et moulees, comme l'on fait les cottes-d'armes. Les cierges et le luminaire furent grans et planteureux : cinquante povres y eut, qui portoyent cinquante torches : et ne voulut souffrir le duc que nuls des signeurs de Bretaigne (combien qu'il y en avoit assez, qui estoyent partis de Flandres) portassent le dueil aveques luy : et disoit qu'il ne sçavoit nul en sa duché qui fust suffisant pour porter le dueil de si-haut prince. Et ainsi porta le dueil tout seul : et, au partir du service, je l'alay mercier de l'honneur qu'il avoit fait à la maison de Bourgongne; et il me respondit qu'il le devoit bien faire. Et ainsi se passa iceluy service : et exploitay ma charge le plus-tost que je peu, et puis repassay la mer, et m'en revein devers mon maistre.

Quand les Liegeois, ennemis de leur bonne fortune, entendirent que ceste signeurie estoit changee de pére à fils, et que le duc qui si bien les avoit chastiés estoit mort, ils vouldrent éprouver et essayer si leur fortune ne seroit pas meilleure à l'encontre du fils que contre le pére; et, pour commencer leur malheur, ils reprirent la vile de Saintron sur le duc de Bourgongne : laquelle vile, par les traités passés, le duc de Bourgongne avoit retenu en ses mains, pour faire barriére entre Liége et ses païs. Et disoyent iceux

Liegeois : « Pourquoy ne reprendrons nous Saintron,
« qui est une des filles de Liége ? »

Et le duc Charles de Bourgongne ne se voulut point
contenter d'icelle prise, mais à son commencement
voulut bien monstrer aux Liegeois qu'il estoit homme
pour garder le sien : et fit prestement une grosse armee, et manda par le mareschal de Bourgongne les
Bourgongnons : et prestement se mit aux champs, à
grande puissance d'archers et hommes-d'armes : et,
par une avantveille de Toussaints, se vint loger devant
Saintron, du costé de Habsbain, et trouva dedans
Saintron, pour capitaine, messire Regnaud de Rouvray, dont j'ai parlé cy-dessus : lequel messire Regnaud se conduisit, en ce qu'il avoit de charge, sagement et honnorablement, et gardant sa loyauté et son
parti.

Le duc de Bourgongne se logea celle nuict devant
Saintron, comme dit est : et en verité son logis estoit
si profond et si mol, qu'à peine pouvoit on aler de
logis à autre; et celle nuict le noble duc ne dormit
pas tousjours, mais mit par escrit les ordonnances de
ses batailles, et fit faire bon guet et bonnes escouttes :
car les Liegeois ont une maniére de parler, qu'ils
tiennent que nul ne passe le Habsbain qu'il ne soit
combatu le lendemain; et bien le monstrérent : car
le lendemain assez matin ils vindrent gaigner le vilage de Brustan, au plus pres du duc de Bourgongne,
à grosse puissance de Liegeois : et les conduisoit un
chevalier de Liége nommé messire Bare, et tantost
les compaignies du duc de Bourgongne se mirent aux
champs : et me souvient que le duc de Bourgongne
monta sur un courtaut, et s'en ala devant ses com-

paignies, et portoit son ordonnance par escrit en ses mains, et mit ses gens-d'armes en ordre et en bataille, ainsi qu'il avoit consulté la nuict devant : et monsieur de Roussi, fils du connestable de France, et le mareschal de Bourgongne, amenérent les Bourgongnons à moult-bel ordre, pour donner et ferir à leur bout, et à leur endroit de la bataille des Liegeois.

Le duc de Bourgongne s'arma, et furent ordonnés vingt chevaliers (dont je fu l'un) pour avoir le regard sur sa personne : et maintenant commença la bataille fiére, et bien-combatue : et furent envoyés pour renfort, en ladicte bataille, les archers du signeur des Cordes et du signeur d'Emeries, où il y avoit une grosse bande d'archers (et vous le certifie) à combatre icelle bataille. Le duc de Bourgongne eut tousjours douze cens hommes-d'armes, qui ne se bougérent, mais regardérent la bataille combatre devant eux : car le duc de Bourgongne estoit averti que le roy de France envoyoit une grosse bande d'hommes-d'armes pour rompre l'emprise du duc : mais le duc y avoit bien pourveu. La bataille ne dura pas longuement : car les archers bourgongnons estoyent embatonnés de grandes espees, par l'ordonnance que leur avoit faicte le duc de Bourgongne : et, apres le traict passé, ils donnoyent de si-grans coups de celles espees, qu'ils coupoyent un homme par le faux du corps, et un bras et une cuisse, selon que le coup s'adonnoit : et se mirent les Liegeois (qui ne peurent la puissance des archers soustenir) à fuïr et eux sauver qui mieux mieux : et ne trouvérent garant si-non en la noire nuict (qui fut tantost obscure); et le duc de Bourgongne vouloit aler apres passer la nuict, et poursuivre la chace : mais ceux qui l'avoyent en charge ne le souffrirent pas, pour les dangers qui en pouvoyent avenir.

Là fut occis messire Barre, liegeois, et maints autres Liegeois : et eût le duc de Bourgongne une belle aventure pour son premier avancement, et avénement à estre duc : et avoit laissé le duc le comte de Marle et sa compaignie devant Saintron, pour garder la saillie des ennemis : et se logea chacun, qui mieux mieux, en grande joye de la bonne aventure : et furent gens envoyés celle mesme nuict parlementer à messire Regnaud; mais ledict messire Regnaud ne respondit onques mot, et ne fit point de semblant d'avoir veu la bataille perdue pour eux. Plusieurs Liegeois furent tués devant Saintron, les uns de coup à poudre, et les autres autrement : mais leurs parens boutoyent les corps par piéces, et les boutoyent en tonneaux de chaux, en intention de les mener prendre sépulture aveques leurs ancesseurs; et certes ils monstroyent un merveilleux courage : et, fin de compte, messire Regnaud de Rouvray tint le duc et son armee trois jours avant qu'il voulust parlementer : et durant ce temps tua des gens au duc par traict à poudre et autrement : et mesmes y fut tué un de ceux de Velu, moult-honneste gentilhomme.

En fin de compte, messire Regnaud parlementa, et fit un traitté honneste pour lui et ses compaignons liegeois : et par ce moyen fut la vile de Saintron remise es mains du duc de Bourgongne, et s'en ala messire Regnaud à Liege, à son grand honneur : et monstra bien qu'il estoit chevalier de grand sens et de grande vertu : et le duc de Bourgongne marcha avant, et son armee : et vint devant Liége, et tellement y exploita que les Liegeois luy criérent mercy de rechef, et abatirent leurs portes et leurs murailles : et ainsi furent les murailles de Liége abatues et rasees, et le duc s'en retourna en son païs apres celle victoire.

Si nous tairons à present des guerres de Liége, pour deviser de ce qui avint depuis. En ce temps vint aucun discord entre le roy Edouard d'Angleterre, et le duc de Clarance son frére : et se doutoit le roy d'Angleterre de luy, pource qu'il estoit beau prince, fort-aimé au royaume, et porté et soustenu du comte de Varvich, dont il avoit espousé la fille : et en estoit le roy d'Angleterre en grande diffidence, et si grande que la guerre se meut entre eux. Mais le roy d'Angleterre se trouva le plus-fort : et fut forcé au duc de Clarance et au comte de Varvich de vuider le royaume d'Angleterre : et par une nuict traversérent la mer, et tirérent en France devers le roy Louis, qui les receut amiablement, bien joyeux de ce qu'ils estoyent venus à garant devers luy et en son royaume. Cestuy comte de Varvich fut homme sage et subtil en ses affaires, et entretint la cité de Londres et le royaume d'Angleterre par trois voyes. La premiére par caperonnees (1), et par humilité feinte au peuple de Londres, dont il estoit moult-aimé. Secondement il estoit maistre des cinq ports d'Angleterre, où il souffroit grand dommage faire : et jamais de son temps on ne fit droit en Angleterre à aucun estran-

---

(1) *Caperonnees* : flatteries.

ger, de perte qui lui fust faicte : parquoy il estoit aimé par les pillars d'Angleterre, qu'il vouloit bien entretenir. Et tiercement il entretint la vile de Londres par tousjours y devoir trois ou quatre cens mille escus à diverses gens et à diverses parties : et ceux à qui il devoit desiroyent sa vie et sa prosperité, afin d'estre une fois payés de leur deu.

En ce temps firent le roy d'Angleterre et le duc de Bourgongne une grosse armee par mer, dont fut chef pour les Anglois le signeur d'Escalles, et pour le duc de Bourgongne le signeur de La Vére, comte de Grandpré, lequel estoit moult experimenté en la mer. Et certes le duc de Bourgongne fit son armée par mer si-grande et si-puissante de gens et de navires, que c'estoit moult-fiére chose à voir : et tira ceste armee à la Hogue-Sainct-Vas en Normandie, pource que les navires du duc de Clarance et du comte de Varvich s'y estoyent retirees : et estoit l'intention du duc de Bourgongne de leur détourber leur retour en Angleterre. Le roy Edouard et le duc de Bourgongne conclurent ensemble de retirer icelle armee : et ainsi fut icelle armee rompue pour celle saison, et depuis le roy d'Angleterre trouva maniére de r'avoir son frére, et le fit mourir en un baing, comme l'on disoit : et au regard du comte de Varvich, il demoura en France assez longuement, et jusques à ce qu'il descendit aveques la royne Marguerite, fille du roy de Cecile, et aveques son fils, qui se disoit prince de Galles. Mais le roy Edouard les déconfit en bataille : et là mourut le comte de Varvich, le prince de Galles et le duc de Sombresset, et plusieurs autres grands personnages : et ainsi fut celle guerre achevée, et le roy Edouard asseuré tant du prince de Galles que du duc de Clarance, et de ses autres principaux ennemis.

En ce temps le roy de France, par moyen, et principalement par le moyen du connestable de France, fit tant que les viles d'Amiens et de Sainct-Quentin (1) se mirent en l'obeïssance du Roy, et abandonnèrent le duc de Bourgongne (combien qu'elles fussent de terres enclavees sous le traitté d'Arras); et prestement comme le duc de Bourgongne en fut averti, luy, comme prince courageux et de vertu, fit une grosse armee, et se vint loger devant Amiens : et se logea de sa personne à Sainct-Acheu, et fortifia son camp tellement qu'il estoit perilleux à y entrer : et le connestable de France, à tout quinze cens hommes-d'armes des ordonnances, se bouta à Amiens. Et ainsi se commença la guerre de tous costés et de toutes pars.

Le duc de Bourgongne, qui faisoit tirer son artillerie contre Amiens, deffendit expressément que l'on ne tirast point contre l'eglise : ce qui fut bien gardé ; et tint toute une quaresme le duc de Bourgongne iceluy logis : et là furent faictes plusieurs armes de nobles-hommes d'un costé et d'autre. Le signeur de Molembais, messire Baudoin de Launoy, fit armes à-l'encontre du signeur de Sainct-Simon, de certains nombres de courses de lances à fers émoulus, lesquelles armes furent bien-acomplies. Messire Claude de Vaudrey fit armes à-l'encontre du Cadat de Bueil, et estoyent d'une course de lance, et puis

(1) *Sainct-Quentin* : ce renouvellement d'hostilités eut lieu en décembre 1470.

combatre d'espees tranchantes et aigues : et avint, en icelles armes faisant, que, la course de lance passee, ils mirent les mains aux espees, et se coururent sus fierement et vigoureusement : mais, ainsi que la fortune meine les choses, messire Claude de Vaudrey atteindit de la pointe de l'espee ledict Cadat, et luy perça le bras : et ainsi furent icelles armes acomplies. Et tousjours se continuoit le siege : et avint un jour que les François estoyent alés jouer dehors Amiens, en intention de revenir le soir, et ce jour le duc de Bourgongne faisoit ses reveües : et les François cuidans rentrer paisiblement en la ville d'Amiens, rencontrérent des gens du duc, et y en eut de pris et de tués : et cuidérent les gens du duc gaigner une porte sur les François ; mais elle leur fut bien deffendue, et là fut blecé d'une fléche, au visage, messire Philippe de Crouy, signeur de Sainct-Py, et fils du comte de Cimay, qui moult-bien se porta à l'assaut d'icelle porte. Et ainsi se passa celle journee, et retournérent chacun en son logis : et le roy de France faisoit pratiquer unes tréves pour celle saison : et quand le duc de Bourgongne entendit l'intention du Roy, il envoya devers luy un sien grand page nommé Simon de Quingeay, lequel ala tant et vint d'une part et d'autre, qu'icelles tréves furent acordees, publiees et criees, tant en l'ost du duc de Bourgongne comme à Amiens : et ainsi se rompit celle armee pour celle fois, et le duc de Bourgongne vint faire ses pasques à Corbie : et là luy vindrent nouvelles de la mort du comte de Varvich, dont les François furent troublés, et les Bourgongnons réjouis : car il nous estoit grand ennemy.

En ce temps (1) fut pratiquée la descente du roy d'Angleterre en France : et passa la mer le roy d'Angleterre, bien acompaigné : et descendit en France, et marcha jusques outre la riviére de Somme ; mais il n'y aresta guéres : car le roy de France pratiqua les Anglois si-subtilement et par telle maniére, que moyennant trente six mille escus que devoit payer chacun an le roy de France au roy d'Angleterre, il fut content de s'en retourner : et ainsi fut celle descente abolie, et mise à neant.

En ce temps (2) le duc de Bourgongne mit sus douze cens lances : et fusmes envoyés, messire Jaques de Montmartin, le bastard de Viévile, capitaine des archers, et moy, pour passer les reveües des hommes-d'armes et archers qui se presenteroyent en icelles ordonnances : et en trouvasmes assez et largement, et de gens-de-bien, qui furent retenus et passés : et me fit le duc cest honneur, qu'il me fit capitaine de la première compaignie d'icelles ordonnances ; et pour la seureté de la vile d'Abbevile, que le signeur des Cordes avoit nouvellement conquise, il ordonna trois cens hommes-d'armes : et entrérent en celle vile à sçavoir le bailly de Sainct-Quentin, messire Jaques, signeur de Harchies, et moy : et, pour le vous donner à entendre, chácun homme-d'armes et chacune lance d'icelles ordonnances estoyent huict combatans : à sçavoir l'homme-d'armes, le coustillier à cheval, deux archers, deux coulevriniers, et deux piquenaires à pié : et faisoit les compaignies moult-beau voir. Et ainsi fusmes nous logés à Abbeville, où nous entre-

---

(1) *En ce temps :* cette expédition du roi d'Angleterre eut lieu en 1475.
— (2) *En ce temps :* 1471.

tinsmes noz gens en si-bon ordre, et en telle discipline de guerre, que nous eusmes plus d'honneur que de honte : et en ce temps nous courusmes le païs de Vimeu, et ramenasmes grand butin en la vile : et mesmement nous courusmes Gamaches et Loupy, et prismes le signeur de Loupy et ses enfans prisonniers. Et au regard de Gamaches, elle fut pillee et brulee, pource que le mareschal Joachin Rouaut s'estoit bouté à Beauvais contre monsieur de Bourgongne, qui mit le siége devant Beauvais, comme vous orrez.

En ce temps (1) se traittoit le mariage de monsieur de Bourgongne et de madame Marguerite d'Yorch : et pour ce faire furent longuement à Bruges, et devers le duc, un evesque d'Angleterre nommé l'evesque de Salsbery, et Thomas Vagant, un gentilhomme serviteur du roy d'Angleterre, né de la nation de Galles, et treshomme-de-bien : et tant traitérent iceux ambassadeurs, que le mariage fut fait et conclu : et se partirent pour retourner en Angleterre devers le Roy, pour faire leur raport.

(1) *En ce temps :* 1464.

CHAPITRE II.

Comment le duc Charles de Bourgongne, ayant couru par Vermandois, assiegea Beauvais; et comment le Roy, s'estant trop fié en luy à Peronne, fut contraint de l'acompaigner en armes contre les Liegeois, par-avant ses aliés.

Le duc de Bourgongne, qui avoit faict douze cens lances, ordonna ses capitaines, et se mit aux champs, et vint devant Roye et devant Neelle, où estoit Loïset de Balignen et autres capitaines françois : et au regard de Roye, ledict Loïset et ses compaignons s'en partirent par traitté. De Neelle, le duc la prit legérement, et fit grand'discipline de François : et ainsi fut ce quartier achevé (1), et tourna le duc de Bourgongne son armee sur Beauvais, et par un matin vint assieger icelle vile : mais les François furent diligens, et se boutérent audict Beauvais, à l'autre costé de la riviére, bien huict cens hommes-d'armes, et grand nombre de francs-archers. Et le duc de Bourgongne par un matin fit assaillir Beauvais : mais il n'y gaigna rien, ains y perdit beaucoup de ses gens : et là mourut un vaillant chevalier bourgongnon (que l'on nommoit le signeur d'Espiry); dont ce fut dommage : car il estoit moult-vaillant chevalier. Au l'endemain de l'assaut, les François firent une emprise, et vindrent, sur un poinct du jour, donner en l'ost du duc de Bourgongne : et là fut tué messire Jaques Dorsan, maistre de l'artillerie, et plusieurs des Bour-

(1) *Ce quartier achevé :* en 1472.

gongnons et des Picars pris et tués, avant que les compaignies fussent rassemblees : et ainsi les François s'en retournérent à Beauvais, et le duc de Bourgongne fit garder son camp plus-pres qu'il n'avoit fait par-avant : et voyant que l'on ne profiteroit rien devant Beauvais, le duc de Bourgongne manda les trois cens lances qui estoyent à Abbevile, et y mit messire Baudoin de Launoy et sa compaignie; lequel gaigna Sainct-Vallery : mais il ne la tint pas longuement, et fut conseillé d'abandonner sa prise : et le duc de Bourgongne marcha en païs et entra en Normandie, et gaigna le Neufchastel, et toutes les petites viles qui sont deça Rouen, où le connestable de France s'estoit bouté à plus de quatorze cens lances.

Vivres estoyent courts au duc de Bourgongne : tellement qu'un petit pain y valoit trois patars [1], et un pot de vin dix patars; et ne mengeoyent les povres gens que prunes et fruits (car c'estoit la saison); dont la courance se prit en l'ost, et y moururent beaucoup de noz gens : et le duc de Bourgongne le plus-souvent se présentoit à la bataille à-l'encontre du connestable de France : mais les François se tenoyent serrés en leur vile, et n'estoyent pas conseillés d'eux aventurer. Ce pendant un marchand de L'Isle, nommé Gantois, envoya à monsieur de Bourgongne certain nombre de chariots chargés de biscuit, et donna en pur don et biscuit et charroy, et fit iceluy biscuit grand confort à l'ost.

Apres avoir demouré douze jours devant Rouen, le duc de Bourgongne se conseilla (veu qu'il ne pouvoit finer de la bataille) qu'il se retrairoit : ce qu'il fit à

---

[1] Le *patar* valoit quatre deniers.

moult-belle ordonnance, et retira contre Amiens. Mais le connestable faisoit tousjours ses diligences, et tellement qu'il se boutoit tousjours es viles : dont le duc de Bourgongne pouvoit peu profiter; et, à l'aborder qu'il fit devant Amiens, il y eut une grande écarmouche d'une part et d'autre, et plusieurs gens morts, François et Bourgongnons.

En ce temps estoit venu, devers le duc, Nicolas, fils du duc Jehan de Calabre, en intention d'avoir madame Marie, fille du duc Charles, en mariage : et, pour dire le vray, il y eut des promesses faictes par l'ordonnance du duc Charles : et certes il avoit un bon esquadre de gens-d'armes, et bien en poinct, et acompaigna le duc de Bourgongne en toute celle raze, et mesmement devant Rouen : et apres que le duc de Bourgongne eut livré son écarmouche grosse et fiére devant Amiens, il se retira contre ses païs, et fit un gros logis à Falvy sur Somme, où il demoura assez longuement : et pendant ce temps, par le moyen et enhort d'un nommé Anthoine Du Monet, qui estoit fort privé dudict fils de monsieur de Calabre, iceluy delibera de s'en retourner en ses païs, et demanda congé au duc de Bourgongne; et ne fut pas acordé du premier jour : car le duc de Bourgongne avoit des imaginations, et mesmement des promesses faictes entre luy et sa fille : et tellement pratiqua, que ledict fils de monsieur de Calabre quita toutes promesses à luy faictes par la fille du duc, et renouvellérent autres aliances : et ainsi se departirent, et le duc de Bourgongne tira à Peronne et en ses païs, et ordonna ces douze cens lances par les frontiéres : et, de ma part, je fu logé à Roye et à Mondidier, et avoye à chacun d'iceux lieux cinquante hommes-d'armes, lesquels le duc fit tresbien payer et contenter, ensemble tout le surplus des douze cens lances : et ainsi se menoit la guerre guerroyable de toutes pars, et le duc de Bourgongne retourna à Arras, et manda ceux de Hainaut, et assembla ses douze cens lances autour de luy, et puis remarcha en païs, querant tousjours la bataille contre le roy de France : mais le Roy ne monstroit voulonté de combatre. Le duc se tira à Lyons en Santers, et là fit un gros logis de gens d'armes, et un camp que l'on appela le camp d'honneur, et tousjours se présentoit pour la bataille ; mais il perdoit le temps : car nul n'estoit deliberé de le combatre.

En ce temps (1), un sommelier de corps du duc, nommé Jehan de Boschuse, fut mandé par le roy de France, et par le congé du duc y ala ; et tant parlementérent ensemble, et fit ledict de Boschuse tant d'alees et de venues, que le duc asseura le Roy : et le Roy vint à Peronne aveques le duc : et en cedict temps l'evesque de Liége, cousin germain et beau-frére du duc, et le signeur d'Imbercourt messire Guy de Brimeur (lequel messire Guy estoit lieutenant dudict monsieur le duc en toute la terre de Liége et comte de Los), tindrent un parlement en la vile de Tongres : et durant ce parlement aucuns Liegeois s'assemblérent, et par nuict entrérent à Tongres, et prirent l'evesque de Liége et le signeur d'Imbercourt : et fut ledict signeur d'Imbercourt prisonnier au signeur de Hautepanne : et ainsi traitta ledict d'Imbercourt, que ledict de Hautepanne ne l'emmena pas prisonnier ; mais il promit de se rendre prisonnier audict de Hau-

---

(1) *En ce temps* : Comines place cet événement en 1468.

tepanné à certain jour qui fut limité entre eux : et au regard des Liegeois, ils traittérent bien leur evesque : mais ils gouvernoyent et conduisoyent ses affaires à leur plaisir et voulonté.

Le Roy estant au chasteau de Peronne, le duc de Bourgongne tint un parlement aveques son chancelier, et aucuns des chevaliers de l'ordre, et autres : et disoit le duc de Bourgongne que le Roy luy avoit promis d'aler en sa personne aveques luy, pour recouvrer et reconquerir l'evesque de Liége et le signeur d'Imbercourt, et que sans faute il ne feroit point de conscience de contraindre le Roy à faire ce qu'il luy avoit promis : et de ceste matiére fut grand debat et grande question entre eux, et disoyent les anciens et notables chevaliers qu'il avoit fait venir le Roy à sa seureté, et grande charge seroit à la maison de Bourgongne si le Roy avoit détourbier sur cest asseurement ; et le duc respondoit tousjours : « Il le m'a pro-
« mis, et il le me tiendra. »

Le chancelier messire Pierre de Goux persuadoit tousjours que monsieur de Bourgongne jurast la paix qui estoit escrite, et qu'il avoit promis une fois de jurer, et le Roy et mondict signeur. Mais le duc ne vouloit entendre à la paix que prealablement il ne fust seur que le Roy luy tiendroit ce qu'il luy avoit promis : et fut la conclusion telle, que lesdicts signeurs iroyent devers le Roy pour sçavoir son intention : et ne retint mondict signeur aveques luy que moy seulement. Et devez sçavoir que le Roy avoit bien ouy les aigres paroles que disoit le duc Charles, et n'estoit pas sans peur ne sans effray : et quand les chevaliers furent venus, ils pratiquérent qu'il se déclairast pour aler à Liége comme il avoit promis : et il pratiqua que la paix fust juree entre eux, selon qu'elle avoit esté pourparlee. Si revindrent querre le duc les signeurs de Charny, de Crequi et de La Roche : et menérent le duc devers le Roy, qui n'estoit pas bien asseuré de ses besongnes ; et si tost qu'il veit entrer le duc en sa chambre, il ne peut celer sa peur, et dît au duc : « Mon frére, ne suis je pas seur en « vostre maison et en vostre païs ? » Et le duc luy respondit : « Ouy, monsieur; et si seur, que si je voyoye « venir un trait d'arbaleste sur vous, je me mettroye « au-devant pour vous guarantir. » Et le Roy luy dît : « Je vous mercie de vostre bon vouloir, et veuil alér « où je vous ay promis : mais je vous prie que la paix « soit des maintenant juree entre nous. »

L'on fit aporter le bras Sainct Leu, et là jura le roy de France la paix entre luy et le duc de Bourgongne, et ne se pouvoit saouler de se fort obliger en ceste partie : et le duc de Bourgongne jura ladicte paix, et promit de la tenir et entretenir envers et contre tous. Le Roy et le duc dejeusnérent, et puis montérent à cheval pour tirer contre Liége : et passérent par le Quesnoy, où le duc festeya le Roy moult-grandement : et tirérent contre Namur : et, eux là venus, firent marcher leurs gens-d'armes contre le païs de Liége et contre la cité, que les Liegeois avoyent renforcee à leur pouvoir.

Le duc manda Philippe Monsieur de Savoye, le mareschal de Bourgongne, le signeur d'Imbercourt, et autres; mais ledict signeur d'Imbercourt n'y peut venir : car il estoit blecé en un pié d'une coulevrine; et là fut conclusion prise que le dimenche suyvant, au son d'une bombarde, chacun tireroit à l'assaut : ce qui fut faict, et bien entretenu. Et celuy dimenche au poinct du jour la bombarde tira, et courut chacun à l'assaut de son costé : et mesmes le signeur d'Imbercourt, tout ainsi blecé qu'il estoit, se fit porter par hommes en une biére de bois, armé de toutes piéces, et l'espee nue au poing : et vouloit bien monstrer qu'il estoit lieutenant du duc de Bourgongne en tout le païs de Liége.

Le Roy et le duc marchérent de leur costé pour venir à l'assaut : mais monsieur de Bourgongne ne voulut souffrir que le Roy se mist en ce danger, et luy pria de demourer jusques il le manderoit ; et j'ouy que le Roy luy dît : « Mon frére, marchez avant : car vous « estes le plus heureux prince qui vive. » Et prestement le duc entra dedans la vile, et gens-d'armes de tous costés. Mais je reviendray au signeur d'Imbercourt, et à ce qui luy avint celuy jour.

Vous estes bien recors que le signeur d'Imbercourt estoit prisonnier du signeur de Hautepanne, et avoit promis de se rendre à Hautepanne, dont il n'y avoit plus que trois jours à venir. Ainsi luy prit, et Dieu le voulut, qu'à celuy assaut ledict Hautepanne fut tué : et ne trouva plus le signeur d'Imbercourt qui luy calengeast (1) sa foy, et par ce moyen fut quite et aquité de sa foy et prison.

Les Liegeois s'enfuirent par le pont de Meuse, et demoura la vile de Liége en la main du duc de Bourgongne : et le roy de France (qui portoit en son chapeau la croix Sainct-Andrieu) entra en Liége (2)

---

(1) *Calengeast* : réclamât, demandât. — (2) *Entra en Liége* : cette ville fut prise le 30 octobre 1468.

tout asseurément, et crioit *vive Bourgongne!* et commença le pillage de toutes parts (qui fut grand); et le duc de Bourgongne se bouta en l'eglise pour sauver les reliques, et trouva aucuns archers qui y faisoyent pillage, et en tua deux ou trois de sa main : et le Roy se tira en l'hostel du duc, et chacun se logea pour garder son butin. Et ainsi fut la cité de Liége prise d'assaut, et pillee de tous costés : et quand la chose fut refroidie, le duc se retira devers le Roy, et firent grand' chére l'un à l'autre; et le duc de Bourgongne fit faire justice de plusieurs mauvais garsons, et nommément de ceux qui avoyent esté cause de la mort de Jéhan Le Charpentier.

Apres avoir demouré cinq ou six jours en la vile de Liége, le Roy parla à monsieur de Bourgongne, pour soy retirer en son royaume. Ce que le duc luy acorda liberalement, et le fit conduire jusques à Nostre-Dame de Liesse par le signeur des Cordes et par le signeur d'Emeries : et le l'endemain apres la messe il appela iceux, et en leur presence fit le Roy nouveau serment sur l'image de Nostre-Dame qu'il tiendroit la paix, ne jamais n'entreprendroit aucune chose contre la maison de Bourgongne : et s'en retourna le Roy en son royaume, et les signeurs des Cordes et d'Emeries s'en revindrent à Liége devers leur maistre.

Le duc depescha à Liége ses ambassadeurs pour aler en Bretaigne, pour signifier à monsieur de Berry et au duc ce qui avoit esté faict : car par celle paix le duc de Berry devoit estre comte de Champaigne et de Brie, et sembloit qu'on luy avoit bien asseuré son faict, veu qu'il estoit en Champaigne, et au plus-pres du duc de Bourgongne, pour en avoir secours et aide si besoing en avoit. Mais monsieur de Berry ne voulut point tenir cet apointement : ains marchanda avec le Roy son frére pour estre duc de Guienne : ce qui luy fut liberalement acordé : dont depuis il mourut piteusement, par soy trop fier au Roy son frére. Ainsi fut ceste paix faicte entre le roy de France et le duc de Bourgongne : dont tous les païs furent moult-réjouis.

CHAPITRE III.

Comment le duc Charles de Bourgongne assiegea la vile de Nuz; et comment il s'en retourna par appoinctement faict avec l'Empereur.

Tost apres se meut dissension et debat entre l'archevesque de Coulongne et le chapitre de la grand'eglise. Cestuy archevesque estoit frére du comte palatin de la maison de Baviére, et prochain parent du duc de Bourgongne, à cause de sa grand mére : et fut requis (1) le duc de Bourgongne d'aide par son cousin l'archevesque de Coulongne : et le duc (qui ne demandoit que d'entretenir et empleyer ses gens-d'armes) luy acorda liberalement : et, pour commencer sa guerre, il mit le siége devant Nuz, qui est une vile bonne et forte assise sur le Rin. En ce temps les Lombards et Italiens vindrent au service du duc de Bourgongne, et estoyent conduits par le comte

(1) *Et fut requis* : ceci arriva en 1474.

de Campobasse, par Jaques Galiot, par Troilus, et par les deux fréres de Lignane : et se tira le duc à Pierrefort pour veoir iceux gens-d'armes : et certes il y avoit une belle puissance d'hommes-d'armes, et tresbonne enfanterie, selon la coustume d'Italie. Le duc recueillit ses gens-d'armes, et se tira contre Nuz, où il mit le siége, comme dict est.

Entre le Rin et la vile avoit une isle qui ne se pouvoit lors passer que par le Rin; et là je vey une epreuve que firent les Italiens : car ils entreprirent, montés, armés et bardés, la lance sur la cuisse, de passer le Rin, et d'entrer en icelle isle, et la conquerir par icelle epreuve ; et en vérité iceux hommes-d'armes firent bien leur devoir : car ils se gettérent liberalement, une grosse flotte, en la riviére du Rin ; mais le Rin estoit si roide et si fort à iceluy endroit, qu'ils ne peurent leur emprise fournir, et en y eût de morts et de noyés : dont ce fut dommage : car il y avoit de gentils hommes-d'armes. Toutesfois, par commandement du duc, ils se retirérent au mieux qu'ils peurent, et me sembla celle epreuve proceder de grand hardement.

Ainsi fut le siége mis devant Nuz : et ceux de Coulongne renforcérent Nuz de bons gens-d'armes, et passoyent le Rin en petis bateaux : et n'y pouvoit on remédier, car le duc et ses gens estoyent nouveau-venus à ce siége : parquoy il falut qu'il endurast ce renforcement. Toutesfois à force de bras fit aporter tant de terre, qu'il secha le Rin du costé de l'isle, et entra en ladicte isle à puissance : et prestement furent faicts tranchis, où se pouvoyent couvrir les gens-d'armes bourgongnons ; et garda ladicte isle à

19.

son profit. Le duc feit tourner deux riviéres, et logea ses gens au long des riviéres perdues, encloant son ost : et mesmes y logea les Liegeois, que l'evesque du Liége avoit amenés au service dudict duc; et ainsi fut Nuz assiegé de toutes pars, et estoit le siége bien-étofé de toutes choses. Il y avoit hosteleries, jeux de paumes et de billes, cabarets, tavernes, et toutes choses que l'on sceut demander.

Le siége dura par tous les mois de l'an, et fut le plus beau siége et le mieux-étofé de toutes choses que l'on veit pieça. Les Lombards du comte de Campobasse perdirent un trenchis que les Alemans gaignérent sur eux, et en y eut beaucoup de morts et de tués : et le duc fut moult mal-content contre les Lombards, et entreprit de leur faire regaigner ce qu'ils avoyent perdu : mais il n'estoit pas conduisable.

En ce temps je fu envoyé pour ravitailler la vile de Lints, qui estoit en grande necessité; et me bailla le duc pour renfort le viscomte de Soissons, neveu de monsieur de Moreul, qui menoit une bonne bande d'archers à pié. Il me bailla environ cent hommes-d'armes italiens : et si me bailla messire Philippe de Bergues, qui menoit et conduisoit cent lances; et en celuy païs (qui estoit hors de nostre congnoissance) nous fusmes conduits par messire Evrard de La Marche, qui nous livra les vivres et les chevaux pour porter le ravitaillement de Lintz, comme dit est : et une froide matinee nous nous trouvasmes sur la montaigne d'un vignoble, où nous tinsmes conseil qu'il estoit de faire: Le signeur de Haremberch (qui nous avoit fait venir) ne nous osoit aventurer, et toutesfois nous voulions faire et essayer ce pourquoy nous estions venus : et sur le poinct du jour nous mena messire Evrard sur une haute montaigne, duquel lieu l'on pouvoit voir la vile de Lints (qui sied de l'autre costé du Rin); et si pouvoit on voir la puissance de l'Empire là logee, et qui tenoit le siége devant ledict Lintz : et d'un costé y avoit une vile, et de l'autre y avoit un vilage.

En ladicte vile estoit logé l'evesque de Tréves et sa puissance, et en ce gros vilage estoit logee la puissance du duc de Zasse : mais il n'y estoit point en personne. Pource que nous ne vismes nulles assemblees entre la vile et le vilage, nous prismes conclusion de descendre : et fut ordonné que le signeur de Sistain, à tout un nombre de cranequiniers, descendroit le premier, pource qu'il sçavoit le païs; et faloit descendre par une vigne, au plus-pres du chasteau. Le viscomte de Soissons descendit apres, à tout les archers à pié : et selon qu'ils descendoyent ils se mettoyent en bataille. Je descendy pour le tiers, à tout six-vingts hommes-d'armes. Messire Philippe de Bergues descendit pour le quart à tout cent hommes-d'armes : et puis descendirent les Italiens en deux esquadres, et en moult-belle ordonnance : et puis descendirent les vivres, chacun cheval chargé de blé ou de farine, et un homme qui menoit chacun cheval par la bride : et ainsi marchasmes contre Lints, où nous trouvasmes des bateaux qui prestement passérent noz vivres en la vile de Lints (car le passage estoit plus-pres); et prestement les gens-d'armes alemans de la vile et du vilage ennemis coururent aux armes, et y eut de grandes écarmouches d'une part et d'autre : et tandis que les ecarmoucheurs se batoyent, les vivres passoyent la riviére, comme dit est : et deça l'eaue avoit un gros boulovart que les Alemans avoyent fait pour garder la riviére : et ce jour là estoyent dedans les bourgeois d'Audrenac et leurs voisins. Noz gens-de-pié perceurent ledict boulovart, et de premier sault le vindrent assaillir : mais ils furent reboutés : et ainsi que noz dicts gens-de-pié se retiroyent d'entre iceux du boulovart, par inconvenient le feu se bouta en la poudre d'une coulevrine, qui fit tantost un grand effray parmy le boulovart, et cuidérent noz gens que ceux du boulovart eussent brulé toute leur poudre. Si retourna chacun celle part, en criant *à l'assaut, à l'assaut!* et en peu d'heure fut le boulovart gaigné d'assaut, et tué dedans plus de cent ou six vingts hommes de deffense. Noz archers trouvérent audict boulovart bon vin de Rin, et largement, et ne les pouvoit on retirer de la mangeoire : et ainsi fut le boulovart gaigné, et tousjours s'entretenoit l'écarmouche grosse et planiére entre les deux forts : et, à la plus grande diligence qu'il estoit possible, je retiray ceux du boulovart, et y eut chevaliers faicts, et une tresbelle besongne.

En la vile de Lints entra messire Lancelot de Barlemont, qui leur aporta argent pour leurs soudes, leur mena vivres comme vous avez ouy, et les renforça de gens et d'artillerie : et autre secours ne leur pouvions faire, et messire Evrard passa l'eaue, pour parler et acourager ceux de la vile ; mais rien n'y valut : car les gens de l'Empereur entrérent en ladicte vile à demy en parlementant : et fut ladicte vile pillee et mise à saquement, si-tost que nous fusmes élongnés du lieu.

Les Alemans du duc de Zasse avoyent gaigné la

montaigne par où nous estions passés; mais à nostre retour nous regaignasmes le passage sur eux, et y eut de belles armes faictes : et se retira chacun en son quartier et sous son enseigne, et remontasmes la montaigne comme nous estions venus : et ne perdismes, la grâce Dieu, nul homme ; et nous en retournasmes sains et saufs celuy soir chacun gesir en son logis. Et pource que nous ouismes dire que messire Guillaume d'Arembech avoit contresiegé les gens du duc de Bourgongne par l'autre costé de la riviére du Rin, et battoyent noz gens d'artillerie, nous en alasmes le l'endemain matin, et retournasmes devers le duc, en bon vouloir de luy faire service. Mais ledict messire Guillaume s'abusoit : car le duc de Bourgongne avoit meilleure artillerie et meilleurs canons que n'avoit ledict messire Guillaume : et ainsi retourna chacun en son logis : et ne demoura guéres depuis nostre partement que nous fusmes avertis que ceux de Lints avoyent perdu leur vile, et que les Alemans y estoyent entrés; et y moururent beaucoup de noz gens.

Ainsi fut la vile de Lints ravitaillee, et puis prise : et nous sceut le duc moult-grand gré de la diligence et execution que nous avions faicte : et ne demoura guéres qu'un debat se meut aux logis entre les Anglois et les Italiens; et à la vérité les Anglois avoyent le pire : car toutes les nations se joindoyent avec les Italiens. Mais le duc de Bourgongne chevaleureusement, l'espee au poing, se mit entre deux, et appaisa le debat, qui estoit bien dangereux.

Or, pour le vous donner à entendre, ce siége de Nuz dura par tous les mois de l'an si-planteureux de tous vivres et de tous biens, que l'on y estoit comme en une bonne vile, et y trouvoit on draps de toutes sortes, espices pour médécines, et toutes choses qu'on peut demander. L'artillerie batoit les murailles, et souvent y avoit de grandes écarmouches. Les aproches faisoyent si-pres les uns des autres, qu'il n'estoit jour qu'ils ne combatissent. Les Alemans vindrent loger à Uquerocq, un chasteau qui est à un quart de lieue de la vile de Nuz, et appartient au bastard de Gueldres : et là chargérent un tas de païsans, leur faisant porter chacun deux bissacs, l'un plein de poudre et l'autre de sel, et les envoyérent getter entre les murailles et les douves : et ceux de la vile les tirérent dedans, et firent grand joye de leur venue (car ils avoyent necessité); et fut ce ravitaillement faict par inconvénient, et par un grand froid. Et estoit venu le roy de Dannemarch, acompaigné de quatre ducs, pour parler au duc de Bourgongne, et pour pacifier le debat qui estoit entre l'Empereur et le duc : et luy ala le duc au-devant bien une lieue : et fut si-tard quand les gens-d'armes revindrent en leur logis, que le guet en valut beaucoup moins : et entrérent dedans la vile lesdicts ravitailleurs, par un quartier qui n'estoit ne clos ne fourny de gens-d'armes; et ainsi fut ce ravitaillement, qui recula fort les aproches qu'avoit fait le duc de Bourgongne : car à ce siége furent les riviéres détournées (comme j'ay dict), et faictes grandes batures de bombardes, grandes mines, pour aprocher la muraille, tranchis, roulans et engins, bastides et bastillons, et toutes choses dont on se peut deviser ou aviser pour mettre une vile à sugettion : et sans nulle faute celle vile eust esté prise par le duc, si ne fust pour trois points.

Le premier par le ravitaillement dessusdict, le second par les eaues qui vindrent, et noyérent ce dont le duc avoit fortifié en celle annee : et le tiers fut par la venue de l'Empereur, qui descendit le Rin à bien soixante mille hommes ; et certes l'Empereur et tous les princes de l'Empire, voire les communs et les païsans, estoyent tous pour le chapitre de Coulongne et à l'encontre de leur evesque, excepté le duc de Bourgongne seulement, et le comte palatin, qui monstra petit semblant d'aider son frére. Ainsi l'Empereur descendit devant Nuz, et tousjours costoyoyent la riviére du Rin : car il faut aux Alemans grand victuaille et grand mangeaille ; et n'eust peu l'ost de l'Empereur estre fourni, se n'eust esté que vivres leur venoyent par la riviére du Rin, tant de Coulongne comme de Zoux : et se fortifia l'Empereur en son camp, et tous les princes se logérent aveques luy. Et là estoit le marquis de Brandebourg (qui estoit le pillier et le grand conseil de l'armee de l'Empereur) ; et si y estoit le duc de Zasse, moult-beau jeune prince, et recommandé par tous ceux qui le congnoissoyent : et le duc de Bourgongne par un matin éleva son armee, et vint ferir sur l'ost et sur le logis de l'Empereur : et y fut le desroy si-grand qu'il falut la banniére de l'aigle mettre aux champs, laquelle portoit le duc de Zasse, comme mareschal de l'Empire.

Toutesfois le duc de Bourgongne n'entra point au camp de l'Empereur pour celle fois : mais l'artillerie y fit de grans outrages, et mesmes perça de part en part les chariots de l'Empereur : dont il se mecontenta fort. Sur le jour furent de grandes armes faictes à la chace des Alemans, qui furent poursuyvis par messire Josse de Lalain et par le signeur de Chanteraine, un moult-vaillant chevalier de l'ordre de Rodes : et entrérent iceux pesle-mesle dedans le Rin, et fut faict desdicts Alemans grande discipline celuy jour, et dura celle écarmouche jusques à la nuict, que chacun se tira en son quartier ; et tous les jours estoyent les écarmouches entre les deux logis si-grandes, que souvent l'evesque de Milan, le signeur d'Imbercourt, et autres ambassadeurs, ne pouvoyent passer par le milieu de l'écarmouche : et faloit souvent parler aux ecarmoucheurs d'une part et d'autre, pour faire cesser les écarmouches jusques iceux ambassadeurs seroyent passés. Longuement dura ce parlement : et en fin de compte fut conclu que le duc de Bourgongne se léveroit de devant Nuz, et que l'Empereur delogeroit de son camp, et que tous deux à une fois se delogeroyent et partiroyent de leurs logis, et se retireroit l'Empereur en l'Empire, et le duc de Bourgongne en ses païs. Et ainsi fut faict d'une part et d'autre, et fut le delogement (1) faict de devant Nuz : et se retira l'Empereur contre l'Empire, et le duc de Bourgongne en ses païs.

(1) *Et fut le delogement* : le siége de Nuz fut levé le 31 mai 1475. L.

CHAPITRE IV.

Du mariage du duc Charles de Bourgongne avec madame Marguerite d'Yorch, sœur du roy d'Angleterre; et des magnificences qui lors furent faictes en la maison de Bourgongne.

En ce temps (1) l'evesque de Salsbery et Thomas Vaguant (qui avoyent tousjours mené le mariage de monsieur de Bourgongne et de madame Marguerite d'Yorch, sœur du roy d'Angleterre) retournérent devers le duc, et luy aportérent le traité du mariage tel que le duc de Bourgongne le demandoit: et ainsi fut jour et temps pris pour faire les noces, en la vile de Bruges, qui furent les plus-belles noces où je me suis trouvé de mon temps; et ne me puis passer de mettre par escrit, et incorporer en ces presens Memoires, les pompes, l'ordre et la maniére de faire desdictes noces: et commenceray à la lettre que j'en escrivy à Gilles Du Mas, maistre-d'hostel de monsieur le duc de Bretaigne.

« Gilles Du Mas, maistre-d'hostel de treshaut et trespuissant prince monsieur le duc de Bretaigne, mon trescher sire et frére, à vous je me recommande, tant et de si bon cueur comme je puis. Pource qu'en celle haute et triomphale maison, où vous estes en estat pour avoir charge de conduire les grandes festes et recuillottes des princes et princesses quand elles

(1) *En ce temps*: Charles épousa la princesse d'Angleterre en 1468.

surviendront, je ne sçay si en la noble feste des noces de monsieur le duc de Bourgongne pourroit avoir aucune chose dont la memoire vous peust servir en temps et en lieu. J'ay recueilly grossement, et selon mon lourd entendement, ce que j'ay veu en ceste dicte feste, pour le vous envoyer, vous priant, tant comme je puis, que pareillement me veuillez avertir des nobles estats et hautes œuvres qui surviendront en vostre quartier, et que nous puissions tousjours demourer si-bons amis et si-familiers ensemble comme il appartient à deux nobles-hommes d'un estat et office, en deux fraternelles, alliees et amies nobles-maisons : et je prie à Dieu qu'il vous doint joye de vostre dame, et ce que vous desirez.

Au regard de moy, pour parler en gros, et de ce dont par necessité je ne me puis passer d'escrire, au regard du grand nombre de navires, richement étofees et garnies de gens-d'armes, que le roy d'Angleterre mit sus, et envoya pour amener madame Marguerite sa sœur par deça, et de la descente que madicte dame fit à l'Escluse, je m'en passe, pour abreger escripture, et venir au gros de ma matiére.

Madicte dame et sa compaignie arrivérent à l'Escluse par un samedy vingtcinqiéme jour de juing : et le l'endemain madame la duchesse de Bourgongne, mére de monsieur le duc d'alors, madamoiselle de Bourgongne, aveques elle madamoiselle d'Argueil, et plusieurs autres dames et damoiselles, allérent visiter et veoir madicte dame Marguerite, et n'y demourérent que la disnee seulement : et au regard que madicte dame la duchesse fit, elle fut tant joyeuse d'avoir veu celle belle dame, et congnu ses mœurs et ses vertus, qu'elle ne se pouvoit saouler d'en dire les biens qu'elle y avoit veus : et demoura aveques madicte dame Marguerite, de la part de madame la duchesse, monsieur le comte de Charny et madame la comtesse sa femme, messire Jehan de Rubempré et messire Claude de Toulongeon, et plusieurs autres dames et damoiselles et gentils-hommes, pour recueillir les estrangers et estrangéres d'Angleterre, qui estoyent venus à tresbelle compaignie : et y avoyent ledict comte et comtesse esté envoyés, pour recueillir madicte dame à la descente du bateau. Ce qu'ils firent bien et notablement, et ne bougérent d'aveques elle jusques à ce qu'elle vinst à Bruges, comme cy-apres vous pourrez voir et entendre.

Le l'endemain que madame la duchesse fut revenue de voir madicte dame Marguerite, monsieur de Bourgongne se retira au lieu de l'Escluse à petite compaignie, et entra par derriére dedans le chasteau : et apres qu'il eut soupé se partit, à tout six ou sept chevaliers de l'ordre seulement, et vint assez secretement à l'hostel de madicte dame Marguerite, combien qu'elle en estoit avertie, et s'estoit acompaignee des plus gens-de-bien de sa compaignie : comme du signeur d'Escalles, frére de la royne d'Angleterre, et de plusieurs autres nobles Anglois qui estoyent venus à celle feste. A l'arrivee, et quand ils se veirent l'un l'autre, ils se feirent moult-grand honneur : et puis s'assirent sur un banc, où ils devisérent longuement ensemble; et, apres plusieurs devises, monsieur l'evesque de Salsbery (qui tousjours avoit mené ceste matiére) se vint mettre à genoux entre eux deux, et les mit en plusieurs gracieux

devis : et assez tost apres vint monsieur le comte de Charny, qui dît telles parolles : « Monsieur, vous
« avez trouvé ce que vous avez tant quis et desiré :
« et puis que Dieu vous a amené ceste noble dame
« au port de salut et à vostre desir, il me semble
« que vous ne devez point departir sans monstrer la
« bonne affection que vous avez à elle, et qu'à ceste
« heure vous la devez fiancer, et luy faire pro-
« messe. »

Mondict signeur respondit qu'il ne tiendroit pas à luy : et l'evesque de Salsbery dît à madame Marguerite le propos en quoy ils estoyent, et ce que monsieur desiroit de sa part, luy demandant qu'elle en vouloit faire : laquelle luy respondit que pour ceste cause, et non autre, l'avoit envoyee le roy d'Angleterre son frére pardeça; et que ceste chose, laquelle le Roy luy avoit commandee, elle estoit preste de faire et acomplir. Et sur ce propos les prit l'evesque par les deux mains, et les fiança : et ainsi se partit pour ceste fois mondict signeur, et l'endemain s'en retourna à Bruges.

Madicte dame Marguerite demoura audict lieu de l'Escluse jusques à l'autre samedi suyvant, et fut encores visitee par mondict signeur : et, ledict samedi, furent les bateaux richement parés pour conduire et mener madicte dame au lieu du Dan (1) : auquel lieu elle fut receue honnorablement et en grand joye, selon le cas et la faculté d'icelle petite ville. Le l'endemain, qui fut troisiéme de juillet, mondict signeur le duc de Bourgongne et de Brabant se partit, à privee compaignie, entre quatre et cinq heures du matin,

(1) *Dan*, lisez *Dam*.

et se tira au lieu du Dan, où il trouva madicte dame Marguerite et sa compaignie, préparee et avisee de le recevoir comme il estoit ordonné : et là mondict signeur l'espousa comme appartenoit, par la main de l'evesque de Salsbery dessusdict : et apres la messe chantee, mondict signeur s'en retourna en son hostel à Bruges ; et croy que tandis que les autres ceremonies se firent il feit provision de dormir, comme s'il eust à faire aucun guet ou escoute pour la nuict avenir.

Tantost apres se rendirent au lieu du Dan monsieur Adolf de Cléves, signeur de Ravastain ; monsieur d'Argueil, monsieur de Chasteau-guion, monsieur Jaques de Sainct-Pol, monsieur de Roussy, monsieur de Fiennes, messire Jehan de Luxembourg, le comte de Nanso (1), messire Baudoin, bastard de Bourgongne, et tant d'autres chevaliers et nobles-hommes, que trop longue chose seroit de les racompter : et eux avoir fait la réverence à madicte dame la nouvelle duchesse, madicte dame entra en une littiére richement paree de chevaux, et de couverture de riche drap d'or : et au regard de sa noble personne, elle estoit vestue d'un drap d'or blanc en habit nuptial, comme il appartient en tel cas : et sur ses cheveux avoit une riche couronne : et au regard du colier et du fermail, elle en estoit richement et pompeusement paree : et apres elle avoit tréze haquenees blanches enharnachees de drap d'or cramoisy, dont les deux estoyent en main, au plus pres de sa littiére : et sur les autres estoyent montees les dames d'Angleterre, qu'elle avoit amenees en sa compaignie. Apres

(1) *Nanso* : lisez *Nassau*.

icelles haquenees venoyent cinq chariots richement couverts de drap d'or, dont au premier estoit la duchesse de Nolfolck, qui estoit une moult-belle dame d'Angleterre, laquelle estoit venue pour acompaigner et amener madicte dame pardeça; et aveques elle estoyent madame d'Escalles, madame la comtesse de Charny, madame la vidamesse d'Amiens, et non plus. Aux autres chariots estoyent plusieurs dames et damoiselles, tant Angloises comme autres : et puis qu'il me vient à point, je nommeray partie desdictes dames angloises qui vindrent pour amener madicte dame : et premiérement madicte dame la duchesse de Nolfolck, secondement madame d'Escalles, madame de Willebi, une tresbelle vefve; madame de Cliton, madame de Strop, madamoiselle Leonor, et plusieurs autres dames et damoiselles, jusques au nombre de quarante ou cinquante femmes.

En tel estat marcha madicte dame depuis le Dan jusques à la porte de Bruges, que l'on dit la porte Saincte Croix : et au regard du grand nombre des princes, chevaliers et escuyers, nobles-hommes et nations qui iceluy jour rencontrérent madicte dame, richement vestus et empoint (1), je m'en passe pour abreger, pource que je veuil venir à l'ordre comme ils entrérent en ladicte vile. Mais toutesfois suis je contraint de ramentevoir un noble chevalier zeelandois qui à celle heure et entree avoit six chevaux couvers de pareure de drap d'or, d'orfaverie, de drap de soye et de campanes tresrichement, nommé Adrian de Borsele, signeur de Bredam : lequel pour deux causes je ramentoy en cest article. La premiere,

---

(1) *Empoint :* faisant bonne contenance.

pource qu'il fut le mieux empoint à ceste entrée. La seconde, pource que, par la voulonté de Dieu, le mecredy apres il trépassa, à l'ocasion d'une maladie d'une jambe : dont ce fut dommage, et fut moult regretté de la signeurie.

A celle porte de Saincte Croix furent les ordonnances faictes : et marchérent par ordonnance ceux qui acompaignérent la noble espouse, en la maniére qui s'ensuit, sans y rien oublier. Premiérement tous les gens-d'Eglise et colléges, acompaignans les evesques, abbés et prelats, qui furent ordonnés à porter les reliques et conduire les processions, et qui avoyent attendu longuement madicte dame à icelle porte, marchérent les premiers, et par ordre et à l'ouvert, tellement qu'entre deux pouvoyt marcher l'ordonnance et la compaignie ainsi qu'elle venoit.

Les premiers qui marchoyent par ordonnance estoyent le bailly et escoutette de Bruges : et apres eux venoyent deux à deux les gentils-hommes de l'hostel des princes et signeurs, qui n'estoyent point de la retenue et ordonnance de monsieur le duc : et apres iceux venoit un gentilhomme capitaine des archers de monsieur le bastard de Bourgongne, et douze archers apres luy, vestus de palletotz d'orfaverie blanche, à un grand arbre d'or devant et derriére : qui signifioit le pas de l'arbre d'or, que monsieur le bastard commença celuy jour et maintint celle feste, dont cy apres sera faicte mention.

Apres iceux archers marchoyent les gentilshommes, deux à deux, de l'hostel de mondict signeur ; puis les chambellans, et apres les signeurs du sang, qui furent à moult-grand nombre, et furent tous vestus des robes et pareures de mondict signeur, qui furent telles, que les escuyers avoyent robes de drap de damas noir, et pourpoints de satin cramoisi. Les chefs d'office avoyent longues robes de satin noir figuré, et pourpoints de satin figuré, cramoisi : et les chevaliers et gens-de-conseil avoyent longues robes de velours noir, et pourpoints de velours cramoisi : et les serviteurs et varlets de la maison tous vestus de drap noir et violet, et pourpoints de camelot. Que vous diroye je? Tant et si-largement donna Monsieur, de drap de soye et de laine, pour cette pareure, qu'il cousta plus de quarante mille francs : et certes il faisoit beau voir marcher en ordonnance les chevaliers et gentils-hommes vestus de cette pareure.

Apres iceux du sang marchoyent toutes maniéres d'instrumens par ordre (qui estoyent de diverses nations); et apres iceux venoyent clairons, menestriers et trompettes, tant anglois comme bourgongnons, qui se faisoyent moult efforcément ouyr : et apres venoyent officiers-d'armes de divers païs, à grand nombre, dont il en y avoit vingt quatre portans cottes-d'armes. Apres iceux venoyent six archers portans la couronne d'or sur l'espaule, qui estoyent des archers de la couronne du roy d'Angleterre, et avoyent chacun une longue fléche en la main : et apres iceux venoit Madame en sa littiére, comme j'ay dit devant. Au costé deça et dela ladicte littiére, tenant la place large, estoyent les deux capitaines des archers de monsieur le duc, c'est-à-sçavoir monsieur de Rosimbas, et messire Philippe, bastard de La Viévile, acompaignés de vingt archers de corps seulement, et habillés de palletots d'orfaverie. Ceux là furent à pié, et avoyent leurs vouges, et gardoyent (comme dict est) la littiére de la presse, et que le peuple n'y aprochast; et au regard de la littiére, elle estoit richement adextree : car des Bourgongnons estoyent à pié les chevaliers de la Toison d'or richement vestus et parés, les uns vestus de drap d'or, les autres d'orfaverie moult-richement : et estoit en chef messire Adolf de Cléves, cousin germain de monsieur de Bourgongne, puis monsieur le bastard de Bourgongne, monsieur le comte de Charny, monsieur de Crequi, monsieur de La Vére, monsieur d'Auxi, messire Symon de Lalain, messire Philippe Pot, signeur de La Roche; messire Philippe de Crevecueur, signeur des Cordes; messire Jaques de Sainct-Pol, signeur de Richebourg; et generalement tous les chevaliers de l'ordre qui se trouvérent là : et du costé des Anglois avoit beaucoup de gens-de-bien à pié tenans la littiére : et pource qu'ils me viennent à point, je deviseray les noms des gens-de-bien envoyés pour conduire Madame pardeça.

Là estoit en chef monsieur le comte d'Escalles, frére de la royne d'Angleterre; messire Jehan d'Ondevile son frére, l'un des fils de monsieur de Talbot, frére de la duchesse de Nolfolcq; messire Thomas de Mongomeri, messire Jehan Havart, le signeur d'Acres, maistre Jehan Don, maistre Thomas Vagan, maistre Salengier, maistre Jehan Auperre, et moult d'autres chevaliers et gentils-hommes dont je ne sçay les noms : et pouvoyent estre jusques au nombre de quatre vingts à cent nobles, qui toute la feste furent tres-bien empoinct, et richement vestus : mais tous ceux cy n'estoyent point à pié au tour de ladicte littiére, sinon dix ou douze premiers nommés.

Apres ladicte littiére avoit encores six archers de la couronne, habillés comme les premiers : et certes c'estoyent beaux hommes, et bien empoint ; et apres iceux venoyent les haquenees et chariots, dames et damoiselles, en tel estat et ordonnance que les ay une fois devisees.

Apres la compaignie des dames venoyent les ambassadeurs, tant prelats que chevaliers, qui estoyent là, chacun tenant le degré de son maistre : et furent ordonnés, pour les acompaigner, monsieur le chancelier de Bourgongne, et le conseil de la maison. Là estoyent l'evesque de Salsbery, l'evesque de Mets, l'evesque de Verdun, l'evesque de Cambray, l'evesque d'Utrech, l'evesque de Tournay, un chevalier de par le roy d'Arragon, trois ou quatre chevaliers, clercs et gentils-hommes de par le comte palatin, et moult d'autres dont ne me souvient : et apres iceux venoyent les nations par ordre, qui marchoyent en la maniére qui s'ensuit.

Les Venitiens marchoyent les premiers, et estoyent eux et leurs serviteurs tous à cheval, les maistres vestus tous de velours cramoisi, et les varlets de drap vermeil : et devant eux avoyent cinquante hommes à pié vestus de vermeil, chacun tenant une torche en la main. Apres venoyent les Florentins, lesquels avoyent devant eux soixante torches, portees par soixante hommes à pié vestus de bleu : et apres les torches faisoyent marcher quatre pages, l'un apres l'autre, sur quatre destriers : et lesdicts pages avoyent pourpoints de drap d'argent, et mantelines de velours cramoisi : et les chevaux estoyent couverts de satin blanc, bordés de velours bleu. Devant les marchands florentins marchoit Thomas Portunaire, chef de leur nation, vestu comme les conseillers de monsieur le duc (car il estoit de son conseil) ; et apres luy marchoyent dix marchans deux à deux, vestus de satin noir figuré, et apres dix facteurs, vestus de satin noir simple, et tous avoyent pourpoints cramoisi : et apres eux avoit vingtquatre varlets à cheval, tous habillés et vestus de bleu. Apres marchoyent les Espagnarts (1), qui estoyent trente quatre marchands à cheval, vestus de damas violet : et avoit chacun marchand son page à pié devant luy, tous pareils, vestus de pourpoints de satin noir, et de jaquettes de velours cramoisi : et faisoyent lesdicts Espaignarts porter devant eux soixante torches par soixante hommes à pié, vestus de violet et de verd. Apres iceux venoyent les Génévois (2), qui faisoyent aler devant eux une belle fille à cheval, représentant la pucelle, fille du Roy, que sainct George guarantit du dragon : et sainct George venoit apres, armé de toutes armes, son cheval couvert de damas blanc, et une croix de velours cramoisi : et ladicte pucelle estoit vestue de damas blanc, et son cheval couvert de velours cramoisi : et, apres celle histoire, suyvoyent trois pages vestus de damas blanc, et leurs chevaux de damas violet : et puis suyvoyent les marchands génevois, jusques au nombre de cent et huict, tous vestus de drap violet. Et apres venoyent les Ostrelins, lesquels estoyent cent et huict à cheval, vestus de robes de violet, et plusieurs fourrees de gris : et avoyent six pages vestus de satin violet, robes de damas blanc, et leurs chevaux houssés de damas violet : et faisoyent lesdicts Ostrelins

---

(1) *Espagnarts* : Espagnols. — (2) *Génevois* : Génois.

porter devant eux soixante torches, les hommes portans icelles aussi vestus de violet.

En tel ordre et en telle ordonnance entra madicte dame en sa vile de Bruges : et faut commencer à réciter les personnages qui furent monstrés en sa joyeuse venue : et au regard des rues, elles furent tendues tresrichement de drap d'or et de soye, et de tapicerie : et quant aux histoires, j'en recueilly dix en ma memoire. La premiére fut comme Dieu acompaigna Adam à Eve en paradis terrestre. La seconde, comment Cleopatra fut donnee en mariage au roy Alexandre : et ainsi s'entretenoyent les histoires au propos, jusques l'on vint devant l'hostel de Monsieur.

Devant ledict hostel avoit un riche tableau tout peint d'or et d'asur, au milieu duquel avoit deux lions élevés, tenans un escu armoyé des armes de monsieur de Bourgongne : et à l'entour dudict tableau avoit douze blasons des armes des païs de mondict signeur, tant des duchés que des comtés : et au-dessus du tabernacle estoit à un des costés sainct Andrieu, et à l'autre sainct George : et au dessous dudict tableau estoyent les fusils pour devise, et le mot de mondict signeur, qui dît : *Je l'ay emprins.* Deça et dela dudict tableau avoit deux archers richement peints et élevés. L'un estoit un Grec tirant un arc turquois, et parmy le bout de son trait sailloit vin de Beaune, autant comme la feste dura ; et de l'autre costé avoit un Alemand tirant d'un crannequin, et par le bout de son mattras sailloit vin de Rin : et tous lesdicts vins tomboyent en deux grans bacs de pierre, où tout le monde en pouvoit combler et prendre à son plaisir. Dedans la court, vers l'espicerie, avoit un grand pellican qui se donnoit en la poitrine : et en lieu de sang qui en devoit partir, en sailloit ypocras, qui tomboit en une mande d'osier si soubtivement faicte que rien ne s'en perdoit ; mais en pouvoit chacun prendre, à qui il plaisoit.

Maintenant reviendrons à la descente de ceste belle dame, laquelle entra dedans la court, assez près de douze heures : et Madame, la mere de monsieur de Bourgongne, l'attendoit à l'entree de la salle, acompaignee de madamoiselle de Bourgongne et de madamoiselle d'Argueil, aveques bien cent dames et damoiselles de nom : et quand ladicte littiére aprocha, madicte dame luy ala au-devant. Mais tantost les archers de la couronne (qui estoyent à ce ordonnés) prirent la littiere sur leurs cols, et la mirent hors des chevaux, et l'aportérent plus-avant au devant de madicte dame : et puis mirent ladicte littiere à terre ; et là fut ladicte littiere découverte, et vint madicte dame la duchesse la mére prendre madicte dame sa bellefille hors de ladicte littiere, et l'emmena par la main, à son de trompes et de clairons, jusques en sa chambre : et pour le present nous tairons des dames et de la chevalerie, et reviendrons à deviser de l'ordonnance de l'hostel. Pour commencer aux communs offices, à la cuisine avoit trois cens hommes, à la saulserie quatre vingts, à l'echansonnerie et panneterie pour chascune soixante hommes, et en l'espicerie quinze : et généralement tous les offices furent fort fournis de gens.

A l'hostel avoit une petite salle ordonnee devant la chapelle, où mangeoit monsieur de Bourgongne seulement; et aupres d'icelle salle avoit une grand salle, où mangeoyent tous les chambellans; et plus-bas avoit une autre plus grande salle, où mangeoyent les maistres-d'hostel et tout le commun : et se couvroit celle salle à plusieurs fois, pour le grand nombre de gentils-hommes, archers, pages, officiers-d'armes, trompettes, menestriers et joueurs d'instrumens qui estoyent à icelle feste. Outre plus, avoit en la maison sept chambres ordonnees pour festeyer les estrangers : dont de l'une estoit chef monsieur le bastard, et l'acompaignoit monsieur de La Roche. Les autres estoyent monsieur Jaques de Sainct-Pol, messieurs d'Arcy, de Crequi, de La Gruthuse et de Bergues, et plusieurs autres qui les acompaignoyent : et en chacune chambre y avoit maistre-d'hostel, et gens ordonnés pour y servir : et, pour tenir le grand estat, fut faicte une salle en une grande place que l'on dit le jeu de paume de la court.

Ceste salle fut faicte hastivement de charpenterie, moult-grande, moult-haute, et moult-spacieuse. Elle estoit enluminee de verriéres si-bien et si-à-poinct, que tous disoyent que c'estoit une des belles salles qu'ils eussent veue. Ladicte salle estoit tendue par haut de drap de laine bleu et blanc, et par les costés tapicee et tendue d'une riche tapicerie faicte de l'histoire de Jason, où estoit compris l'avénement du mistére de la Toison d'or. Celle tapicerie estoit toute d'or, d'argent et de soye, et ne croy pas que l'on ait veu si-grande et si-riche tapicerie ensemble. Ladicte salle fut aidee de candelabres de bois peints de blanc et de bleu, et es deux bouts de ladicte salle pendoyent deux chandeliers moult-soubtivement faicts : car dedans l'artifice de chacun pouvoit estre un homme non veu. Les dessusdicts chandeliers estoyent en maniére de chasteaux, et les piés desdicts chasteaux estoyent hautes roches et montaignes moult-soubtivement faictes : et par les chemins, qui tournoyoyent au tour desdictes roches, voyoit on divers personnages à pié et à cheval, hommes, femmes, et diverses bestes (qui furent moult-bien faicts, et soubtivement); et le dessous desdicts chandeliers furent chacun de sept piéces de miroir moult-grandes, et si-bien composees que l'on voyoit dedans chacune piéce tout ce qui se faisoit dedans ladicte salle. Lesdictes montaignes estoyent pleines d'arbres, d'herbes, de fueilles et de fleurs : et certainement ils furent fort prisés et regardés d'un chacun, et furent faicts de la main d'un moult subtil homme, nommé maistre Jehan Stalkin, chanoine de Sainct Pierre de L'Isle : et par aucuns jours ledict Stalkin fit personnes mettre dedans lesdits chandeliers, qui faisoyent virer la moitié desdicts chandeliers aussi dru qu'un moulin à vent : et saillirent, hors des roches, dragons gettans feu et flamme moult estrangement : et ne voyoit on point comment la soubtiveté se conduisoit. Au bout de ladicte salle, devant la grand'porte, furent faicts deux grans hourds l'un sur l'autre, moult-gentement tapicés, pour mettre et loger les dames et damoiselles qui estoyent venues pour voir la feste, et se tenoyent comme non-congnues.

En celle salle avoit trois tables drecees, dont l'une fut au bout de dessus, traversant à potence : et estoit la table pour l'honneur. Celle table estoit plus-haute que les autres, et y montoit on à marches de degrés :

et tout du long d'icelle table avoit un riche ciel, et dossier si-grand qu'il faisoit tapis au banc, tout de tresriche drap d'or. Aux deux costés de ladicte salle, tirant du long, furent les autres deux tables drecees, moult-belles et moult-longues; et au milieu de ladicte salle avoit un haut et riche buffet, faict à maniére d'une losange. Le dessous dudict buffet estoit clos à maniére d'une lice, et tout tapicé et tendu des armes de monsieur le duc : et de là en-avant commençoyent marches et degrés chargés de vaisselle, dont par les plus-bas estoit la plus grosse, et par le plus-haut estoit la plus-riche et la plus-mignote : c'estasçavoir par le bas la grosse vaisselle d'argent dorée, et par l'amont estoit la vaisselle d'or, garnie de pierrerie : dont il y avoit à tresgrand nombre. Au-dessus dudict buffet avoit une riche couppe garnie de pierrerie, et par les quarres dudict buffet avoit grandes cornes de licorne toutes entiéres, moult-grandes et moult-belles : et de toute la vaisselle de la pareure dudict buffet ne fut servi pour ce jour, mais avoyent autre vaisselle d'argent, de pots et de tasses, dont la salle et les chambres furent servies ce jour; et à la verité monsieur de Bourgongne pouvoit bien servir sa feste largement en vaisselle d'argent : car le duc Philippe (dont Dieu ait l'ame) luy en laissa pour provision plus de soixante mille marcs, ouvrés et prests pour servir.

Les tables furent noblement couvertes et aprestees pour disner : et tantost madame de Bourgongne la mére amena la noble espouse sa belle-fille : et fut l'eaue cornee (1) et l'assiette faicte, telle que cy-

(1) *Et fut l'eaue cornee :* et l'on sonna de la corne pour inviter à se laver les mains.

apres ensuit. L'espouse fut assise au milieu de la table : et auprès d'elle, à la main dextre, estoit madicte dame : et au bout de la table, d'iceluy costé, estoit madamoiselle de Bourgongne : et du costé senestre fut ordonnee la place de madame la duchesse de Nolfolch et de madamoiselle d'Arguel; mais pour ce que ladicte duchesse estoit travaillee, elle disna ce jour en sa chambre : et n'y eut d'iceluy costé que madamoiselle d'Arguel. Derriére l'espousee furent ordonnees madame la comtesse d'Escalles et madame la comtesse de Charny, pour aider à supporter l'espousee, comme il est de coustume de faire en tel cas. Les autres tables furent pleines de dames et damoiselles moult-richement parees et vestues.

Au regard du service, madame la nouvelle duchesse fut servie d'eschançon et d'escuyer-tranchant, et de pannetier, tous Anglois, tous chevaliers; et gens de grand'maison; et l'huissier de salle cria : *Chevaliers, à la viande !* Et ainsi ala on au buffet la viande querir : et au tour du buffet marchoyent tous les parens de Monsieur, et tous les chevaliers tant de l'ordre que de grand' maison, tous deux à deux, apres les trompettes, devant la viande; puis grand nombre d'officiers-d'armes, leurs cottes-d'armes vestues; et puis venoyent tous les maistres-d'hostel, tant de monsieur que de madame : dont le dernier estoit messire Guillaume Bisse, premier maistre-d'hostel, lequel avoit levé la viande au buffet : et apres venoit le pannetier, et le suyvoyent dix ou douze chevaliers et gens de grand' maison, qui portoyent la viande. Et ne voulut point madame la duchesse la mére, pour celuy jour, estre servie à couvert : mais laissa l'honneur à sa belle-fille, comme estoit raison. Or, pour abreger l'ordonnance de la salle, on avoit ordonné quatre gentils-hommes, et après chacun dix gentils-hommes nommés, lesquels quarante quatre servirent la salle de viande, qui me sembla tresdiligemment servie : et fut le disner servi à trois fois; et n'est pas à oublier que toutes les salles, toutes les chambres, et la grande salle dont je parle, furent tous servis en vaisselle d'argent.

Les signeurs commis emmenérent les signeurs, chevaliers et gentils-hommes anglois par les chambres : et en un lieu que l'on dit la gallerie disna le legat, accompaigné des ambassadeurs des roys et des princes qui là estoyent; ensemble de tous les evesques de celle maison : et disna Monsieur en la salle pour luy ordonnee, et tous ses chambellans en leur reigle. Qui estoit moult-belle chose à voir, pource que tous estoyent vestus pareil de la livree de Monsieur, et tous les serviteurs de mesmes, à leur degré : et ne voyoit on homme, parmy leans, que vestu de velours, et grosses chaisnes d'or, à moult-grand nombre : et atant se taist mon escriture du disner, pour revenir à la jouste et au pas de l'arbre d'or, qui commença celuy jour, comme cy-apres orrez.

Le disner fut faict, et se retraïrent les dames pour eux aiser en leurs chambres un petit : et devez savoir qu'il y eut plusieurs habillemens changés et renouvellés; et puis montérent en leurs chariots et sur leurs haquenees, et en moult-grand' pompe et triomphe vindrent sur les rangs : et tantost apres vint monsieur de Bourgongne, son cheval harnaché de grosses sonnettes d'or, et luy vestu d'une longue robe d'orfaverie, à grandes manches ouvertes. Ladicte robe estoit fourree de moult-bonnes martres : et à la verité ce me sembla habillement moult princial et riche. Ses chevaliers et gentils-hommes l'accompaignoyent à moult-grand nombre, et ses archers et ses pages l'adextroyent à pié : et ainsi vint descendre devant l'hostel qui pour luy estoit préparé.

La place de la jouste fut drecee sur le marché de Bruges ; et fut toute close, qu'il n'y avoit que deux entrees : sinon pour celuy jour seulement, que monsieur Adolf de Cléves (qui devoit ouvrir et commencer le pas) avoit fait faire une entree au droit de là où il se devoit armer : et pour estre mieux averti de la cause de ceste emprise, monsieur le bastard de Bourgongne fonda son pas sur un geant qu'un nain conduisoit prisonnier, enchainé : dont la cause de sa prison est declairee en une lettre, laquelle lettre un poursuyvant nominé Arbre-d'or (qui se disoit serviteur de la dame de l'Isle celee) avoit aportee à monsieur le duc : et aussi par un chapitre baillé à mondict signeur.

Au regard de la place ordonnee pour la jouste, à l'entree, devers la chapelle Sainct-Christofle, estoit une grande porte peinte à un arbre d'or, et y pendoit un marteau doré ; et à l'autre bout à l'opposite, contre l'hostel de la vile, avoit une grande porte, pareillement à l'arbre d'or : et ceste porte estoit faicte à tournelles moult-gentement : et sur icelle estoyent les clairons de mondict signeur le bastard à grandes banniéres de ses armes, et vestus de sa livree (qui fut pour celuy jour robes rouges, à petits arbres d'or mis sur la manche, en signe du pas); et sur les deux tours de ladicte porte avoit deux bannières blanches à deux arbres d'or. A l'opposite des dames, du costé des grandes halles, fut l'arbre-d'or planté, qui fut un moult-beau pin tout doré d'or, exceptees les fueilles; et d'emprès iceluy pin avoit un perron à trois pilliers moult-gentement faict, où se tenoit le nain, le geant, et Arbre-d'or le poursuyvant, par qui se conduisoit le pas et le mistére de la jouste : et à l'encontre dudict pillier avoit escrit quatre lignes, qui disoyent ainsi :

> De ce perron nul ne prenne merveille :
> C'est une emprise qui nobles cueurs reveille,
> Ou service de la tant honnoree
> Dame d'honneur, et de l'Isle celee.

Au plus-près dudict perron avoit un hourd tapicé, où estoyent les juges commis de-par Monsieur pour garder ledict pas en justice et en raison : et furent ordonnés premiérement Thomas de Loreille, signeur d'Escoville, ambassadeur et serviteur de monsieur le duc de Normandie; messire Philippe Pot, signeur de La Roche; messire Claude de Toulongeon, signeur de La Bastie; et messire Robert, signeur de Miraumont, lieutenant de monsieur le mareschal de Bourgongne : et avec iceux estoit le roy-d'armes de la Jartiére, le roy-d'armes de la Toison d'or, Bretaigne le heraut, Constantin le heraut, Bourgongne le heraut, et plusieurs autres : et en un autre hourd tenant à cestui là estoyent tous les roys-d'armes et heraux (tant estrangers comme privés) qui estoyent à ceste assemblee. Devant le hourd des juges se ferroyent et mesuroyent toutes les lances : ne de tout le pas ne fut lance tenue pour rompue, qu'elle ne fust mesurée à la mesure par lesdicts juges ordonnés : ne lance courue sans mesure. Mais fut le droit de chacun moult-bien et loyaument gardé : et je respon que j'accompaignay lesdicts juges tout au long de la feste.

Les maisons, les tours, et tout à l'entour desdictes lices tant loing comme pres, tout estoit si plein de gens que c'estoit belle chose à voir. Mais puisque j'ay devisé de la maniére de la place, il est temps que je revienne à descrire l'entree de monsieur de Ravastain, et celle de monsieur le bastard, chevalier gardant l'Arbre-d'or, qui pour ce jour coururent, et non plus; et, à la verité, l'on doit legérement entendre qu'il fut tard : car la venue de l'espouse fut longue et le disner long, et pouvoit estre six heures avant. Comme dessus est dict, monsieur de Ravastain, environ six heures, arriva à la porte de l'Arbre-d'or (laquelle il trouva close); et son poursuyvant, nommé Ravastain, la cotte-d'armes vestue (qui portoit le blason de ses armes), heurta trois fois d'un marteau doré à ladicte porte : et tantost luy fut la porte ouverte; et vint Arbre-d'or le poursuyvant, ayant une cotte-d'armes blanche, à grans arbres d'or : et estoit acompaigné du capitaine des archers de monsieur le bastard, et de six de ses archers, qui deffendoyent l'entree. Ledict Arbre-d'or dit au poursuyvant : « Noble officier-d'armes, que demandez-vous? » Et le poursuyvant luy respondit : « A ceste porte est
« arrivé haut et puissant signeur monsieur Adolf de
« Cléves, signeur de Ravastain, lequel est ici venu
« pour acomplir l'aventure de l'Arbre-d'or. Si vous

« presente le blason de ses armes, et vous prie qu'ou-
« verture luy soit faicte, et qu'il soit receu. » Ledict
Arbre-d'or prit unes tables; où il escrivit le nom du
chevalier venant au pas : et puis prit en ses mains,
en grande réverence et à genoux, le blason de monsieur de Ravastain, et l'emporta solemnellement jusques à l'Arbre-d'or : et en passant par devant les
juges, leur monstra ledict blason; et leur dît l'aventure qu'il avoit trouvee à la porte. Si fut ledict blason mis et attaché à l'Arbre-d'or comme il estoit ordonné, et fut faict sçavoir au chevalier qui gardoit
le pas le nom de celuy qui estoit arrivé, pour son
emprise fournir.

A celle heure partirent du perron pour venir à la
porte Arbre-d'or (qui aloit devant), et apres luy le
nain qui menoit le geant enchainé : et le nain estoit
vestu d'une longue robe, la moitié de drap de damas
blanc, et l'autre moitié de satin figuré cramoisy, et
avoit une barrette en sa teste; et le geant estoit vestu
d'une longue robe d'un drap d'or d'estrange façon,
et n'avoit rien en sa teste qu'un petit chapeau de
Provence. Ledict geant estoit ceinct, parmy le faux
du corps, d'une chaine. Celle chaine estoit longue, et
trainant : et par le bout qui trainoit le tenoit ledict
nain, et le menoit apres soy : et ainsi arrivérent à la
porte.

Sur ce poinct fut la porte ouverte, et entrérent
premiérement les clairons de monsieur de Ravastain :
et apres lesdicts clairons venoyent les tabourins,
et apres les tabourins les officiers-d'armes, et apres
iceux officiers-d'armes venoit un chevalier, à maniere d'un homme-de-conseil. Ledict chevalier estoit

monté sur une petite mulle enharnachee de velours
bleu : et ledict chevalier vestu d'une longue robe de
velours bleu. Suyvant ledict chevalier venoit la personne de monsieur de Ravastain, en une littière richement couverte de drap d'or cramoisy. Les pom-
meaux de ladicte littière estoyent d'argent, aux armes
de mondict signeur de Ravastain, et tout le bois
richement peinct, aux devises de mondict signeur.
Ladicte littière estoit portee par deux chevaux noirs
moult-beaux, et moult-fiers : lesquels chevaux estoyent enharnachés de velours bleu, à gros cloux
d'argent, richement : et sur iceux chevaux avoit deux
pages vestus de robes de velours bleu, chargé d'orfaverie; ayans barrettes de mesmes : et estoyent housés
de petits brodequins jaunes, et sans esperons : et
avoyent chacun un fouet en la main. Dedans ladicte
littière estoit le chevalier, à demy assis sur grans
coussins de riche velours cramoisy : et le fond de sadicte littière estoit d'un tapis de Turquie. Le chevalier estoit vestu d'une longue robe de velours tanné,
fourree d'ermines, à un grand colet renversé, et la
robe fendue de costé, et les manches fendues par
telle façon, que quand il se drecea en sa littière l'on
voyoyt partie de son harnois. Il avoit une barrette
de velours noir en sa teste, et tenoit toute manière
de chevalier ancien, foulé et debilité des armes porter. Ladicte littière estoit adextree de quatre chevaliers qui marchoyent à pié, grans et beaux hommes,
qui furent habillés de paletots de velours bleu, et
avoyent chacun un gros batton en la main. Apres
ladicte littière venoit un varlet de pié vestu de la livree de monsieur de Ravastain, qui menoit en sa main

un destrier en selle, couverte d'un riche drap d'or bleu chargé de grosses campanes d'argent, et bordé de grandes lettres d'or, de brodure, à la devise du chevalier : et apres icelluy destrier venoit un sommier portant deux grans paniers, où pouvoit estre le surplus de son harnois. Les deux paniers furent couverts d'une couverte de velours noir, chargé de grosses campanes d'argent, à batons et à letres de mesmes : et entre les deux paniers avoit assis un petit sot vestu de velours bleu, à la devise dudict signeur de Ravastain.

En celle ordonnance marcha ledict signeur jusques devant les dames : et luy là arrivé, fut sa littiére ouverte par les quatre chevaliers : et là se mit le chevalier à genoux, et osta sa barrette : et le chevalier, monté sur la petite mulle, fit pour luy la présentation aux dames, dont les parolles ou semblables s'ensuyvent : « Treshaute et trespuissante princesse, ma
« tresredoutee et souveraine dame ; et vous autres
« nobles princesses, dames et damoiselles, voyez cy
« un ancien chevalier qui des long temps a frequenté
« et exercé les armes : lequel vous fait treshumble
« reverence. Si est ainsi que par longue vie il est venu
« à ses anciens jours, es quels il se trouve fort debilité
« de sa personne : tellement qu'il ne peut plus, ne
« pourroit, les armes suyvre ne porter : et à ceste
« cause a desja longuement delaissé le mestier, et
« n'est pas deliberé de plus porter armes. Mais toutes-
« voyes, pource qu'il a sceu ceste grande et solennelle
« feste du noble pas et emprise du chevalier à l'Arbre
« d'or, et la tresbelle et noble assemblee de dames
« d'icelle noble compaignie, il ne s'est peu tenir, pour

« sa dernière main, de venir faire son devoir. Si se
« presente treshumblement par-devant vous, treshaute
« et trespuissante princesse, et vous autres nobles
« princesses, dames et damoiselles, et vous requiert
« en toute humilité que le veuillez avoir pour re-
« commandé, et avoir son bon vouloir pour agreable,
« et d'ores-en-avant le tenir pour excusé, à cause de
« son antiquité et debilitation : et ceste emprise ache-
« vee, il entend de soy rendre et renoncer aux armes,
« en demourant tousjours vostre treshumble serviteur,
« et de toutes dames. »

Apres ce que le chevalier eut présenté monsieur de
Ravastain, il fut respondu par les dames qu'il fust
le tresbien-venu : et alors ledict se remit en son chemin, pour faire le tour au tour de la toile : et vint
passer par-devant le perron et l'Arbre d'or, où pendoit le blason de ses armes. Si fit le chevalier un en-
clinement, et puis se présenta devant les juges : et là
s'agenouillérent les nain et geant jusques à terre, et
s'en retournérent jusques au perron, où le nain rat-
tacha le geant à l'arbre d'or : et puis se monta le nain
sur son perron, à tout sa trompe et son horologe,
pour en besongner selon qu'il en estoit ordonné par
les chapitres : et mondict signeur de Ravastain partit
hors de la lice, pour soy aler armer par la porte
qu'il avoit fait faire, et dont cy-dessus est faicte mention.

Ne demoura guéres apres que le signeur de Ravastain vint pour fournir son emprise : et avoit les
quatre chevaliers qui avoyent adextré sa littiére, et
deux autres escuyers vestus comme devant, ayans
harnois de jambes, et leurs chevaux harnachés de ve-

lours bleu, chargés de campanes d'argent : et mondict signeur de Ravastain venoit après sur son destrier, armé comme il appartenoit, l'escu au col et le heaume en la teste. Son cheval estoit couvert de velours bleu à grandes lettres de brodure de fil d'or, et une grande bordure de mesme, chargee de campanes d'argent. Son escu estoit couvert de mesme : et apres luy venoit le destrier, qu'on avoit mené en main, apres sadicte littiére, couvert comme il est dict dessus : et n'y avoit autre chose à dire, si-non que dessus ledict destrier estoit monté un page habillé d'orfaverie, en manière de ceux qui menoyent ladicte littiére; et apres revenoit son sommier, et puis sa littiére, telle que dessus est escrit.

Apres que ledict signeur de Ravastain eut fait le tour parmy la lice, en attendant la venue du chevalier à l'Arbre-d'or, prestement sonnérent les trompettes qui estoyent dessus la porte : et fut ladicte porte ouverte par plusieurs archers de corps de mondict signeur le bastard, qui la gardoyent : et prestement s'apparut un grand pavillon jaune tout semé d'arbres d'or de brodure : et au-dessus avoit une pomme d'or, où estoit plantee une banniére des armes de mondict signeur le bastard : et fut conduit ledict pavillon jusques au bout de la lice : et ne voyoit l'on rien de la conduite dudict pavillon, exceptés six petis pages à pié, vestus d'orfaverie, qui tenoyent la main audict pavillon. Apres le pavillon venoyent sept chevaliers ou nobles hommes vestus de paletots de drap de damas blanc, montés sur bons chevaux, et ayans harnois de jambes. Lesdicts chevaux estoyent couverts de courtes couvertes de velours violet, semés de gros boulons dorés, auxquels pendoyent grosses campanes d'argent : et incontinent que le pavillon fut au bout de la lice, les lances furent choisies d'une part et d'autre devant les juges, et fut apporté à chacun une lance, et lors fut ouvert le pavillon où estoit le chevalier à l'Arbre-d'or, monté et armé comme il appartenoit. Ledict chevalier portoit un escu verd, lequel escu verd fut porté par le chevalier à l'Arbre-d'or, tout au long de l'emprise. Son cheval estoit couvert de velours violet.

Aussi tost qu'ils eurent d'un costé et d'autre les lances sur la cuisse, le nain (qui estoit sur le perron) drecea son horologe (qui estoit de verre plein de sablon, portant le cours d'une grand demye heure), et puis sonna sa trompe tellement que les deux chevaliers le peurent ouyr. Si mirent les lances es arrests, et commencèrent leur jouste, laquelle fut bien courue et joustee : et eust encores mieux esté, si ne fust esté le cheval de mondict signeur de Ravastain, qui sur la fin ne voulut si-bien aler qu'il avoit commencé : et durant celle demie heure rompit le chevalier à l'Arbre-d'or plus de lances que le chevalier venant de dehors : parquoy il gaigna la verge d'or, comme il estoit contenu es articles du Pas.

Ainsi se passa la demie heure que tout le sablon fut coulé : et ce faict, incontinent le nain sonna son cor, et furent toutes les lances ostees d'une part et d'autre : et lors Arbre-d'or le poursuyvant chargea sur son col deux gros planchons (1) blancs, et semés d'arbres d'or : et les aporta au chevalier venant de

---

(1) *Planchons :* piques ou bâtons de défense.

dehors, pour choisir lequel qu'il luy plairoit : et aporta l'autre à celuy qui gardoit le pas : et de ces deux planchons, à sons de trompes et de clairons, firent une course sans attainte : puis se vindrent entrerencontrer les deux chevaliers, et eux toucher au departir ; et à tant s'en retourna chacun pour celuy jour : car il estoit si tard, que plus ne pouvoyent nuls des coureurs courre.

Si me passe à temps de plus en escrire pour celle journee : et faut revenir au grand banquet qui fut tenu celle nuict en la grand salle : et au regard des salles et des chambres, où des grans signeurs plusieurs soupérent celuy soir, du service et de la maniére, je m'en passe pour abreger, et revien à l'estat qui fut tenu en la salle dessusdicte. Premiérement furent les tables drecees en la maniére de celles du disner : mais elles estoyent beaucoup plus larges, et sur lesdictes tables avoit trente nefz, chacune d'icelles portant le nom de l'une des signeuries de mondict signeur de Bourgongne : dont il y avoit cinq duchés et quatorze comtés ; et le surplus estoyent des autres signeuries, comme de Salins, de Malines, d'Arcle et de Bethune, qui sont grandes et nobles signeuries. Lesdictes naves estoyent toutes peintes d'or et d'asur, armoyees chacune des armes de la signeurerie, dont elle se nommoit es banniéres et es targeons, et sur les hunes : dont en chacune nave y avoit trois, où estoyent les banniéres de monsieur de Bourgongne ; et au plus-haut avoit un grand estendard de soye noir et violet, semé de fusilz d'or, et de grandes lettres où estoit le mot de Monsieur : *Je l'ay emprins*. La viande estoit dedans icelles naves, qui faisoyent les plats. Les blasons estoyent de soye, et tout le cordage doré de fin or. Gens-d'armes et marommers (1) estoyent faicts et élevés parmy les navires, et tout au plus-pres du vif qu'on pouvoit faire la semblance d'une carraque ou d'un grand navire.

Item, sur lesdictes tables avoit trente grans pastés couverts de differentes couvertures, en maniére de hauts chasteaux élevés, tous peints d'or et d'asur, à grandes banniéres de mondict signeur de Bourgongne : et sur chacun chasteau avoit les armes et le nom d'une bonne vile de mondict signeur : et ainsi fut monstré trente principautés et signeuries de l'héritage de mondict signeur le duc, et trente viles à luy sugettes, les non pareilles du monde. *Item*, pour la pareure d'icelles tables, avoit à l'entour de chacune nef quatre botequins chargés de fruictaille et espiceries, moult-richement étofés. *Item*, furent iceluy jour presentés trois entremets mouvans : dont l'un, et le premier, s'ensuit.

Premiérement entra dedans la salle une licorne grande comme un cheval, toute couverte d'une couverture de soye peincte aux armes d'Angleterre : et dessus icelle licorne avoit un liepard moult-bien faict, aupres du vif. Celuy liepard avoit en sa main senestre une grande banniére d'Angleterre, et à l'autre main une fleur de marguerite moult-bien faicte : et apres qu'à son de trompes et de clairons ladicte licorne eut fait son tour devant les tables, on l'amena devant mondict signeur le duc : et là un des maistres-d'hostel d'iceluy signeur, à ce ordonné, prit ladicte fleur de marguerite es mains du liepard, et se vint agenouiller

---

(1) *Marommers* : matelots.

devant mondict signeur, et luy dît telles parolles:
« Tresexcellent, treshaut et tresvictorieux prince,
« mon tresredouté et souverain signeur, le fier et redouté
« liepard d'Angleterre vient visiter la noble
« compaignie : et pour la consolation de vous et de
« vos aliés, pais et sugets, vous fait present d'une
« noble marguerite. » Et ainsi receut mondict signeur
ladicte fleur de marguerite moult-cordialement, et
ainsi s'en retourna ladicte licorne par où elle estoit
venue.

Assez tost apres rentra parmy la salle un grand
lyon tout d'or, et d'aussi grande grandeur que le
plus-grand destrier du monde. Celuy lyon estoit couvert
d'une grande couverte de soye toute peinte aux
armes de mondict signeur de Bourgongne : et dessus
iceluy lyon estoit assise madame de Beaugrant (c'est
asçavoir la naine de madamoiselle de Bourgongne),
vestue d'un riche drap d'or, et pardessus un petit
rochet de volet fin : et portoit pannetiére, houlette,
et tous habillemens de bergére, et menoit derriére elle
un petit levrier en laisse : et furent ordonnés deux
nobles chevaliers, monsieur de Ternant et messire
Tristan de Toulongeon, pour adextrer ladicte bergére :
laquelle bergére tenoit en sa main une grande
banniére de Bourgongne : et quand ledict lyon entra
parmy la salle, il commença à ouvrir la gorge et à
la reclorre, par si bonne façon qu'il prononçoit ce
que cy-apres est escrit. Et commença ledict lyon à le
chanter en chanson faicte à ce propos, à teneur et
dessus, qui disoit ainsi :

> Bien vienne la belle bergére
> De qui la beauté et maniére

Nous rend soulas et esperance !
Bien vienne l'espoir et fiance
De ceste signeurie entiére !
Bien devons celle tenir chére,
Qui nous est garand et frontiére
Contre danger, et tant qu'il pense.
  Bien vienne !
C'est la source, c'est la miniére
De nostre force grande et fiére ;
C'est nostre paix et asseurance.
Dieu louans de telle aliance,
Crions, chantons à lie chere :
  Bien vienne !

En chantant ceste chanson, fit ledict lyon son tour parmy la salle : et quand il fut devant madame la nouvelle duchesse, ledict maistre d'hostel (qui avoit fait le present de la marguerite) s'agenoilla devant madicte dame la duchesse nouvelle, et dît les paroles qui s'ensuyvent : « Ma tresredoutee dame, les pais
« dont aujourd'huy par la grâce de Dieu vous estes
« dame sont moult-joyeux de vostre venue : et en
« souvenance des nobles bergéres qui par-cy-devant
« ont esté pastoures et gardes des brebis de pardeça,
« et qui si-vertueusement s'y sont conduites que les-
« dicts pais ne s'en sçavent assez louer, à ce que soyez
« mieux instruicte de leurs nobles mœurs et condi-
« tions, ils vous font present de ceste belle bergére,
« habillee et embatonnee de vertueux habillemens et
« batons à ce servans et propices, vous suppliant
« que les ayez en souvenance et pour recommandés. »
Et en ce disant les deux chevaliers prirent ladicte bergére, et la présentérent sur la table, et madicte dame la receut tresbumainement : et n'est pas à oublier que la houlette et pannetiére servants à la ber-

gére estoyent tous peints et nommés de vertus. Et ainsi le lyon recommença sa chanson, et retourna par où il estoit venu.

Le tiers et dernier entremets pour celuy jour fut un grand dromadaire qui entra parmy la salle, faict auprès le vif par tel artifice, qu'il sembloit mieux le vif qu'autrement : et estoit enharnaché à la manière sarrasinoise, à grandes campanes dorees, moult-riches : et sur son dos avoit deux grans paniers, et entre iceux paniers assis un homme, habillé d'estrange façon : et quand il entra en la salle, ledict dromadaire remua la teste, et tenoit une contenance sauvage : et celuy qui estoit dessus ouvrit les paniers, et en tiroit oyseaux estrangement peints, comme s'ils veinssent d'Inde : et les gettoit parmy la salle, et par-dessus les tables; et en tenant ceste contenance, à sons de trompettes et de clairons fit le dromadaire son tour par-devant les tables, et retourna par où il estoit venu : et plus n'en fut faict pour celuy jour, et ne firent pas apres souper longues danses : car avant que les tables fussent ostees, il sonna trois heures apres minuict. Si fut tantost l'espouse menee coucher : et du surplus du secret de la nuict, je le laisse à l'entendement des nobles parties, et revien à deviser de l'aventure du lendemain, qui fut le lundy, second jour de la feste.

Ce lundy disna monsieur le duc en la grand salle : et avoit assis au-dessus de luy madame la duchesse de Nolfolck, et de l'autre costé Madame. Aux autres deux tables furent en l'une toutes les dames, et en l'autre tous les chevaliers et signeurs anglois : et fut on grandement servi; et au regard de madame de

Bourgongne la mére, et la nouvelle duchesse, elles disnérent en chambre : et tantost que le disner fut passé, on se tira sur les rangs, pour voir la jouste. Comme dict est dessus, les dames et la signeurie alérent sur les rangs, pour la jouste voir : exceptees les deux dictes duchesses, qui pour iceluy jour n'y alérent point : et si-tost que mondict signeur le duc fut sur les rangs, fut aporté le blason de monsieur de Chasteau-guion, frére de monsieur le prince d'Orange, et neveu de monsieur le comte d'Armignac; et apres fut allé querre par le geant et par le nain, et se présenta en la maniére qui s'ensuit.

Monsieur de Chasteau-guion estoit monté et armé, le heaume en la teste et l'escu au col, comme il appartenoit. Son cheval estoit couvert de drap d'or cramoisy : et apres luy avoit deux autres chevaux, dont le premier estoit couvert de drap d'or bleu, et le second de drap d'or violet; et sur lesdicts chevaux estoyent montés deux pages vestus de mantelines de satin verd, et devant luy avoit sept nobles hommes, pareillement vestus de mantelines de satin verd. Les chevaux estoyent enharnachés de drap, tous d'une façon : et ainsi fut par le geant présenté aux dames, et fit son tour, comme le premier, par-devant l'Arbre-d'or et par-devant les juges : et puis prit son rang pour son emprise fournir. Tantost apres fut la porte ouverte, par où devoit venir le chevalier à l'Arbre-d'or : et prestement saillit dehors ledict chevalier, à tout son escu verd, et son cheval couvert d'un riche drap d'or : et avoit devant luy quatre gentils-hommes, et leurs chevaux houssés de drap de Damas blanc, et pardessus semés d'arbres d'or de brodure ; et lesdicts gentils-hommes vestus de mantelines de satin tanné. Le chevalier venu, leur furent leurs lances présentees : et le nain mit son horologe, et sonna sa trompe : et ainsi commença la jouste.

Durant celle demie heure coururent les chevaliers dixhuict courses ; et rompit le chevalier à l'Arbre-d'or dix lances, et ledict signeur de Chasteau-guion neuf : et fut la premiére fois que ledict signeur de Chasteau-guion avoit jamais jousté. Mais il se porta si-bien et si-vivement en icelle jouste, qu'il en fut moult prisé de tous : et apres la demie heure achevee, coururent des planchons une course, sans atteinte : et paya ledict monsieur de Chasteau-guion une verge d'or, pource qu'il avoit moins rompu de lances que le chevalier à l'Arbre-d'or.

Apres iceluy fut présenté le blason de Charles de Visan, un escuyer varlet-de-chambre de monsieur de Bourgongne : lequel Charles se fit acompaigner de douze archers du corps de mondict signeur, qui le suyvoyent à pié, et avoit seulement un gentil-homme à cheval pour le servir : lequel gentil-homme avoit un palletot d'orfaverie, et son cheval enharnaché d'orfaverie, à la devise dudict Charles de Visan : et le cheval dudict Charles de Visan estoit couvert d'une couverture d'orfaverie, assise sur un drap violet. Ladicte houssure estoit tresriche, faicte à la devise dudict Charles : et son tour faict comme les autres, prit le bout de son rang. A sons de trompettes et de clairons partit le chevalier de l'Arbre-d'or, à tout son escu verd, comme il avoit de coustume. Son cheval estoit enharnaché d'un harnois bleu, chargé d'orfaverie et de grosses campanes d'argent : et coururent l'un contre l'autre, en celle demie heure, vingt et une courses : et rompit le chevalier gardant le pas neuf lances, et ledict Charles huict; et certes il y eut à celle jouste tresdures atteintes d'un costé et d'autre : car ils estoyent tous deux bons jousteurs, et rompirent plusieurs bois, dont on ne faisoit nulle mention en ce pas : car nulles lances ne furent tenues pour rompues, s'il n'y avoit quatre doigts de francs au-dessous du roquet, ou devant la grape. Ainsi fut celle jouste tresbien joustee : et le cor sonné par le nain, coururent une course de planchons qui ne fut point atteinte : et paya ledict Charles la verge d'or, pource qu'il avoit le moins rompu.

Pour le tiers et dernier d'iceluy jour, se présenta monsieur de Fiennes, neveu de monsieur le comte de Sainct-Pol, connestable de France : et fut son blason mis à l'Arbre-d'or comme les autres, et fut conduit par le nain et par le geant, entretenans l'ordonnance du pas. Il avoit devant luy quatre chevaliers : c'est asçavoir monsieur Jaques de Luxembourg son oncle, monsieur de Roussi son cousin germain, messire Jehan de Luxembourg son frere, et monsieur le marquis de Ferrare. Leurs chevaux estoyent harnachés de velours bleu brodé d'orfaverie, à grosses campanes d'argent : et avoyent palletots de velours noir brodés de lettres, à la devise dudict signeur de Fiennes; et y avoit plusieurs autres nobles-hommes et serviteurs, tant à pié comme à cheval, d'icelle pareure : et mesmes le cheval dudict signeur de Fiennes estoit couvert d'une houssure de velours noir bordee en brodure de fil d'or, à sa devise : et sur la croupe de son cheval avoit une moult-riche fleur de brodure, toute de fil d'or. Il y avoit apres luy quatre pages vestus de robes de velours, moitié tanné, moitié bleu, chargees d'orfaverie : et avoyent petits chaperons tannés, brodés de mesmes. Le cheval surquoy estoit le premier page estoit houssé d'une housseure d'orfaverie menue, enrichie de campanes d'argent. Le second estoit couvert d'ermines, à une grande brodure de drap d'or cramoisy : et le tiers, houssé d'orfaverie menue, enrichie de campanes dorees moult-richement. Le quart, de velours cramoisy brodé d'ermines : et son pallefrenier, vestu de mesmes les pages, venoit apres, monté sur un cheval couvert de velours bleu chargé d'orfaverie. Ledict pallefrenier menoit un destrier en main, houssé et couvert de riche drap d'or cramoisy, et la selle de mesme. En tel estat fit mondict signeur de Fiennes son tour parmy la lice : et tantost apres se présenta le chevalier à l'Arbre-d'or, son cheval couvert d'une riche couverte de drap d'or verd, brodé, par-dessus le verd, d'orfaverie blanche tresrichement : et estoit acompaigné des signeurs et nobles-hommes qui avoyent couru à l'encontre de luy, comme contenu est par les chapitres. Les deux chevaliers coururent, en celle demie heure, vingt deux courses : et furent rompues, par le chevalier à l'Arbre-d'or, onze lances : et ledict signeur de Fiennes en rompit six : et apres le cor sonné, coururent une course de bourdons [1], dont n'y eut atteinte nulle : et paya ledict signeur de Fiennes la verge d'or au chevalier gardant le pas, pour avoir moins rompu. Et à tant pour ce jour se departit la feste, et n'y eut chose qui à ramentevoir

---

[1] *Bourdons* : bâtons à grosse tête.

face, jusques au banquet, qui fut conduit par la maniére qui s'ensuit.

Pour mieux tenir forme de banquet, fut la table qui estoit à la dextre main ostee : et de l'autre costé fut la table ralongee, et faicte joindre et tenir à la table du prince : et de l'autre costé fut mis un grand buffet plat, et la vaisselle pour le service dessus : et fut assis et conduit comme il s'ensuit. Celuy jour fut le banquet conduit de vingt quatre plats, moult-grans et moult-somptueux : et n'y avoit autre pareure sur les tables pour celuy soir ; et assez tost apres fut veu au bout de la table, en la salle, un hourd encourtiné : et sur ce hourd commencérent trompettes à sonner, et sur ce fut la courtine tiree : et là se commencérent à monstrer les figures des douze travaux d'Hercules, dont le premier s'ensuit.

Premiérement fut veu Hercules en son bers, et sa nourrice, qui luy donnoit la mamelle : et, au plus-pres, le bers de son frére jumeau : et sa nourrice (qui le tenoit et portoit chaufer au feu) luy donnoit le tetin, et l'emmaillotoit, et faisoit maniére de nourrice à enfans : et apres le remit en son bers, et commença à bercer et le rendormir, et pareillement celle d'Hercules : et ainsi s'endormirent les enfans, et les nourrices pareillement : et tantost apres entrérent dedans ladicte salle deux serpens si bien faicts, que chacun disoit que l'on ne les sçauroit amender. Ces deux serpens vindrent premier au bers du frére d'Hercules, et le prirent et le devorérent, et puis vindrent au bers d'Hercules, pour faire le semblable : mais Hercules de force rompit ses liens, et se combatit auxdicts serpens de coups de poings, et de telle vigueur qu'il les occit : et fut la contenance si-bien tenue, tant des serpens comme d'Hercules, que ce sembloit chose vive, sans mistére; et ainsi s'éveillérent les deux nourrices, et firent un grand cry : et sur ce poinct fut la courtine retiree : et fut attaché, par dehors la courtine, certain escrit de certaines lignes, dont la teneur s'ensuit :

> Hercules en son bers, sous pouvoir de nourrice,
> Tua deux grans serpens de force, sans malice....
> A luy donc se monstra la fortune propice,
> Et son frére mourut, innocent et sans vice.
> Puis que sur deux bessons (1) portés d'une ventree,
> Fortune se depart par diverse livree,
> Dont l'un laisse perir ainsi qu'une fumee,
> L'autre porte en ses bras croissant en renommee,
> Bien devons Dieu douter de cueur et de pensee :
> Car c'est cil qui depart où il veut sa soudee (2).

Pour la seconde fois fut la courtine retiree, apres le son des trompettes : et pour le second travail d'Hércules, furent veus en bateau Hercules et Theseus, richement armés : et vindrent iceux, boutans leurs navires à leurs lances, jusques aupres d'une grande montaigne où il y avoit des moutons qui pasturoyent. Hercules convoita iceux moutons, pource qu'au païs de Gréce n'en avoit nuls. Si descendit jus de son navire, et fit reculer ledict navire par Theseus : et vint au pié de ladicte montaigne, et sonna une grande trompe qu'il trouva là, et fit semblant de prendre lesdicts moutons : et tantost saillit avant un geant merveilleusement grand, tenant une hache en sa main. Hercules courut sus audict geant, et le

---

(1) *Bessons :* jumeaux. — (2) *Soudee :* récompense.

geant à luy : mais en peu d'heure le déconfit ledict Hercules, et le mit mort à la terre : et tantost saillit de la montaigne le roy Philotes, la couronne en la teste, et armé moult-richement, qui courut sus moult-vigoureusement à Hercules : et dura moult-longuement la bataille entre eux deux : mais, en fin de compte, Hercules desembattonna ledict Philotes de tous ses battons, et il se rendit à luy à genoux, et Hercules le prit à mercy : et porte l'histoire que ledict Philotes demoura serf d'Hercules à sa vie. Philotes déconfit, Theseus ramena le navire : et là Hercules prit des moutons à son plaisir, et les mit audict navire, et fit entrer Philotes dedans, et puis rentra, et remit son navire en chemin : et sur ce poinct fut la courtine retiree, et remis contre la courtine un billet contenant ainsi :

>Hercules, pour mener en Grece le premier
>Les moutons et leur laine, comme bon chevalier,
>Deconfit un geant moult cruel et moult fier,
>Et le roy Philotes : dont il fit soudoyer.
>Bien devoit Hercules estre aimé par nature,
>Quand pour enrichir Grece emprit telle aventure.
>Là monstra il aux princes, par raison et droicture,
>Qu'ils doyvent corps et veine'estendre sans murmure,
>Et employer le temps par travail, sans lasseure,
>Pour le publique bien : lequel ils ont en cure.

Pour la troisiéme fois, au son des trompettes fut la courtine tirée, et là fut veu un navire ancré, dedans lequel avoit une pucelle richement vestue et habillee, qui tenoit maniére de soy rendre à la misericorde des Dieux : et tantost fut veu Hercules, Theseus, et le roy Philotes, aveques leurs moutons, qui vaucroyent en mer comme s'ils aloyent en Grece : et quand ils aprochérent de la pucelle, elle leur monstroit qu'ils n'approchassent point : et toutesfois Hercules tira celle part, et tint maniére de parlementer à la damoiselle : et quand il eut parlementé à elle, il entra dedans son bateau, et prit son escu et sa massue, et Theseus et Philotes reculérent leur navire : et lors ne demoura grandement qu'un monstre de mer, de merveilleuse façon, vint pour devorer la pucelle, laquelle de peur tomba toute pasmee : mais Hercules frapoit de sa massue sur la teste dudict monstre, et le monstre luy courut sus moult asprement : et, fin de compte, tant ferit Hercules de sa massue, qu'il occît ledict monstre. Et tantost revindrent Theseus et Philotes à tout leur navire, qui atachérent ledict monstre à une corde, et l'amenérent trainant à leur batteau : et Hercules desancra la navire de la pucelle, et s'en vint apres : et sur ce poinct fut la courtine retiree, et remis par escrit le rollet qui s'ensuit :

    Hercules conquesta de l'honneur grand monjoye
    D'occire le fier monstre qui vouloit faire proye
    D'Hesionne la belle, fille au grand roy de Troye :
    Et mit le peuple à paix, à repos et à joye.
    O nobles chevaliers, ô toute gentilesse,
    Prenez ici exemple! Hercules vous en presse.
    Pour garantir les dames, monstrez grand' hardiesse,
    Faites vous detrancher pour honneste prouesse ;
    Deffendez leur honneur : car n'ont autre richesse.
    Qui autrement le fait, il offense noblesse.

Pour la quatriéme et derniére fois d'iceluy jour, apres le son des trompettes fut la courtine retiree, et là fut veu Hercules soy promenant aveques Philotes : et y avoit un païsan sur un arbre, faisant maniére que ledict Hercules ny Philotes n'aprochassent; mais Hercules tira celle part : et quand il entendit que la place estoit dangereuse, il fit monter Philotes sur l'arbre, aveques le païsan : et tantost vindrent trois lyons qui partirent d'une montaigne, et coururent sus à Hercules moult-fiérement : et Hercules se deffendit de moult-bonne façon. Mais lesdicts lyons le pressérent moult-fort : et tant dura la bataille, qu'Hercules les occît tous trois l'un apres l'autre : et descendirent ledict Philotes et le païsan pour aider à escorcher lesdicts lyons. Et sur ce poinct fut la courtine retiree, et remis le rollet tel qu'il s'ensuit :

> Hercules se trouva assailli des lyons :
> Trois en occit en l'heure, ainsi que nous trouvons.
> Fier et fort se monstra sur tous les mortels hommes.
> Plus trouvons ses faicts grands, plus-avant les lisons.
> Les trois lyons terribles par Hercules veincus,
> C'est le monde, la chair, et le diable de plus.
> L'un souffle, l'autre atise, et le tiers rend abus.
> Maints hommes ont deceus, devorés et perdus.
> Or soyons bataillans des glaives de vertus,
> A ce que de noz ames Dieu ne face refus.

Assez tost apres entra parmy la salle un griffon moult grand et moult-bien faict. Ledict griffon remuoit les aelles et la teste, comme s'il fust en vie : et estoyent les plumes toutes d'or et d'asur, et le derriére du griffon si bien et perfaictement faict, qu'il sembloit en vie. Là croupe du griffon estoit couverte d'une couverte de soye blanche et bleue, semee des lettres de monsieur le duc et de Madame : et, entretant que ledict griffon marchoit parmy la salle, il ouvrit le bec, dont saillirent plusieurs oiseaux en vie qui s'en voloyent par-dessous les tables : et ainsi, à sons de trompes et de clairons, fit ledict griffon son tour parmy la salle, et s'en retourna par où il estoit venu : et sur ce poinct furent ostees les tables, et la dance commença, ne plus n'y eut celuy jour qui à ramentevoir face.

Le mardy ensuivant fut le disner, en diverses salles et chambres, richement servi : et, apres le disner, mondict signeur et les dames alérent sur les rangs pour voir les joustes : et le premier qui se présenta pour celuy jour fut messire Jehan de Luxembourg, frére de monsieur de Fiennes, et neveu de monsieur de Sainct-Pol, connestable de France. Il estoit acompaigné de plusieurs notables personnages, tant ses parens comme autres. Son cheval estoit couvert d'une couverture d'orfaverie doree tresbelle. Il avoit cinq pages apres luy, richement et gentement habillés : dont le premier des chevaux sur quoy lesdicts pages estoyent montés estoit couvert de velours cramoisy, à une grande brodure de drap d'argent bleu. La seconde fut de drap de damas bleu, à une brodure d'orfaverie blanche, à gros tronçons, en maniére de battons d'argent, et à grosses campanes de mesme. Le tiers cheval estoit couvert de velours noir, à grandes lettres de brodure de fil d'or, à sa devise. Le quart estoit couvert de bonnes martres, le poil dehors : et le cinquiéme de drap d'or cramoisy. Si tost que ledict messire Jehan de Luxembourg eut fait le tour acoustumé, saillit le chevalier à l'Arbre d'or, son cheval

couvert de velours tanné; à grandes barbacannes
de fil d'or en brodure, et lettres de mesme, à sa
devise : et d'icelles barbacannes, issoyent flammes de
feu. Si furent les lances baillees et l'horologe mis
en son cours : et y avoit apparence que la jouste
eust esté bien joustee, et la demie heure bien empleyee : mais il n'eust guéres couru, que l'arrest de
messire Jehan de Luxembourg fut rompu par tel mechef qu'il n'y eut nul moyen d'y remédier : parquoy
ledict messire Jehan, du consentement de mondict
signeur le bastard, se partit sans achever son emprise.

Tantost apres se présenta monsieur d'Arguel, fils de
monsieur le prince d'Orange, et neveu de monsieur le
duc de Bretaigne. Il avoit six nobles-hommes qui
aloyent devant luy, vestus, et arnachés leurs chevaux,
de velours, treshonnestement : et estoyent leurs harnois de chevaux semés de grosses campanes d'argent.
Son cheval estoit couvert d'un riche drap d'argent
violet. Il avoit trois pages aveques luy, sur trois chevaux couverts. Les pages estoyent vestus de paletots
de velours verd, et le premier cheval estoit couvert
de velours cramoisy; le second, de velours violet : et
le tiers, de velours bleu, chargés de campanes d'argent : et portoit son escu my-parti de blanc et de verd.
Monsieur le bastard se présenta sur un destrier couvert de drap de damas blanc, à grosses larmes d'or en
brodure : et, pour dire la verité, ils empleyérent celle
demie heure moult-bien et honnorablement, rompirent plusieurs lances, et firent plusieurs grandes
atteintes, non comptees par les juges pour les raisons
cy-dessus-escriptes : mais toutesvoyes en celle demie

heure ils rompirent chacun tréze lances deuement rompues; et pource que le nombre fut pareil, fut jugé que l'un ne l'autre ne devoit point de verge : et apres la demie heure coururent les planchons, sans faire atteinte qui à ramentevoir face.

Pour le dernier d'iceluy jour se présenta messire Anthoine de Hallewin, un noble chevalier flamand. Son cheval estoit couvert de velours noir, brodé et semé de fil d'or : et me sembloyent roses élevees, et d'icelles roses issoyent grosses campanes d'argent. La bordure d'icelle housseure estoit de grandes lettres de fil d'or, c'est-asçavoir A et I, lacés ensemble. Il avoit trois chevaux couverts apres luy, et dessus trois pages vestus d'orfaverie. Le premier cheval estoit couvert de drap d'or gris : le second, d'orfaverie blanche, à gros boulons d'argent : et le tiers, de velours cramoisy, à une grande bordure de drap d'argent. Tost apres se présenta le chevalier à l'Arbre-d'or. Son cheval estoit couvert d'un drap d'argent cramoisy, brodé d'orfaverie doree tresrichement : et ne rompit celle demie heure que trois lances, et lédict messire Anthoine de Hallewin en rompit cinq : parquoy audict de Hallewin fut adjugee la verge d'or. Puis coururent la course du planchon, comme il estoit de coustume : et ainsi se passa celle journee jusques à l'heure du souper, que le banquet fut appareillé en la grande salle, à telles tables comme le jour devant, ainsi que cy-apres orrez.

Celui mardi fut faict le troisiéme banquet : et furent tous couverts les plats de grandes tentes de soye, richement peintes et étofées d'or et d'argent diversement : et pareillement furent les pastés couverts de

pavillons, et par-dessus lesdictes tentes et pavillons
avoit banniéres des armes de mondict signeur de
Boúrgongne : et par les goutiéres avoit escrit, d'or
et d'argent, le mot de mondict signeur et celuy de
Madame; dont le mot de mondict signeur estoit : *Je
l'ay emprins;* et celuy de Madame : *Bien en avienne;*
et par-dessus chacune tente et chacun pavillon avoit
escrit en un rollet le nom d'une vile close, sugette à
mondict signeur; parquoy furent monstrees à celle
fois soixante viles closes sugettes, outre et pardessus les trente du premier banquet. *Item*, sur chacun
pasté avoit deux marmoùsets d'or et d'asur, et vestus
de soye, qui tenoyent maniére d'enfondrer lesdicts
pastés de divers outils : les uns de hoyaux, les autres
de massues, et les autres de besches : et chacun faisoit diverses contenances. Au surplus, fut le banquet
grand et plantureux, et bien fourni : et au milieu de
la salle avoit une tour aussi haute que la salle, faicte
au propos et au patron de la grosse tour que fit commencer monsieur le duc Charles, luy estant comte de
Charolois, en sa vile de Gorguan (1) en Hollande : et
certes celle tour fut moult richement faicte et bien
compassee, et toute peinte d'or, d'asur et d'argent :
et tantost apres que la signeurie fut assise à table,
une guette estant au-dessus d'icelle tour, en l'echauguette (2), sonna un cornet moult-haut : et apres le
cornet sonné ladicte guette fit semblant de faire son
guet, comme on a acoustumé de faire en tel cas : et
apres qu'il eut longuement regardé au tour de luy,
voyant les tentes et pavillons qui autour de luy es-

---

(1) *Gorguan* : lisez *Gorcum*. — (2) *En l'echauguette* : dans la guérite.

toyent, il tint maniére d'ebaïssement, et comme s'il eust esté assiegé en icelle tour : mais, à bien regarder, il les congnut, et congnut que c'estoyent viles pour son aide, et non pas pour sa nuisance.

Si se commença à réjouir : et appela ses trompettes, qu'ils vinssent faire une sonnade devant la compaignie : et prestement s'ouvrirent quatre fenestres au plus-haut de la tour, et de chacune fenestre saillit un gros sanglier, à tout trompettes, à grandes banniéres de monsieur de Bourgongne, et sonnérent une longue batture : et certes ce fut un estrange personnage à voir : et puis s'en retournérent lesdicts sangliers, et par ce furent lesdictes fenestres closes. Assez tost apres recommença ladicte guette son propos : et, pour mieux festeyer la compaignie, demanda ses hauts ménestriers : et tantost furent les quatre fenestres ouvertes, et par là saillirent trois chévres et un bouc, moult-bien et vivement faicts. Le bouc jouoit d'une trompette saqueboute (1), et les trois chévres jouoyent de schalmayes (2) : et en celle maniére jouérent un motet, et puis s'en retournérent comme ils estoyent venus. Pour la tierce fois commença la guette son propos, et dît qu'il estoit fourni de gens, d'artillerie et de vivres, et qu'il vouloit monstrer qu'il ne se soucioit que de faire bonne chére. Si manda ses joueurs de flustes, et prestement s'ouvrirent les fenestres : et là se comparurent quatre loups ayans flustes en leurs pattes, et commencérent lesdicts loups à jouer une chanson, et puis s'en retournérent comme les autres. Pour la quatriéme fois demanda la

---

(1) *Saqueboute* : lance crochue. — (2) *Schalmayes* : chalumeaux.

guette ses chantres, et là s'apparurent quatre gros asnes moult-bien faicts, lesquels dirent une chanson de musique à quatre pars, faicte à ce propos, qui se disoit ainsi :

> Faictes vous l'asne, ma maistresse?
> Cuidez vous, par vostre rudesse,
> Que je vous doive abandonner?
> Ja pour mordre ne pour ruer
> Ne m'aviendra que je vous laisse.
> Pour manger chardon comme asnesse,
> Pour porter bas, pour faix, pour presse,
> Laisser ne puis de vous aimer.
> Faictes vous l'asne?
> Soyez farsante ou moqueresse,
> Soit laschété ou hardiesse,
> Je suis faict pour vous honnorer.
> Et donc me devez vous tuer,
> Pour avoir le nom de meurdresse?
> Faictes vous l'asne?

Pour le cinqiéme et dernier entremets venant de la tour, sonna un cornet comme il avoit acoustumé à chacune fois, et la guette recommença son propos, et manda une morisque pour rejouir la compaignie : et maintenant par un huis venant sur un portouer, à maniére d'une galerie alant au tour de la tour, partit un singe dehors (qui tint maniére de soy ébahir de la compaignie); et tantost apres un autre, et jusques au nombre de sept, dont il y avoit une singesse. Lesdits singes estoyent moult-bien faits aupres du vif : et y avoit dedans les habillemens de tres-bons corps, et qui faisoyent de bons et nouveaux tours : et n'eurent guéres marché iceux singes par celle galerie, qu'ils trouvérent un mercier endormi aupres de sa mercerie : et, en tenant contenance de

singes, le premier prit un tabourin et un flageol, et
commença à joüer : l'autre prit un mirouer, l'autre un
pigne : et pour conclusion ils laissérent au mercier
petite part de sa mercerie : et le singe qui avoit le
tabourin commença à jouer une morisque : et, en
dançant icelle morisque, firent le tour au tour de la
tour, et apres plusieurs habiletés de singes s'en retournérent par où ils estoyent venus : et sur ce point
furent les tables ostees et levees, et la dance commença : et plus n'y eut faict pour celuy jour.

Le mecredy quatriéme jour d'icelle feste, les salles
et les chambres, tant pour le disner comme pour le
souper, furent richement servies de poisson, tant de
mer comme d'eaue douce : et ne fut celuy soir aucune assemblee faicte de dances ne de banquets
pour le jour, qui estoit de poisson. Mais celuy jour
la jouste continua, et fit messire Jehan de Chassa,
signeur de Monnet, un gentil chevalier bourgougnon
le premier présenter le blason de ses armes, pour ata-
cher à l'Arbre-d'or comme il estoit de coustume :
et avant que ledict chevalier envoyast son blason,
il avoit envoyé aux dames unes lettres closes, par
maniére de supplication : et apres que les dames
avoyent ouy les lettres dire et lire en leur presence,
luy donnérent licence d'entrer et venir au pas : auquel vint tresnouvellement, comme vous orrez, apres
la teneur de sa lettre, qui fut telle : « Tresexcellente,
« treshaute et trespuissante princesse, ma tresre-
« doutee dame, et vous autres princesses, dames et
« damoiselles, plaisir vous soit de sçavoir qu'un che-
« valier esclave, né du royaume d'Esclavonie, est
« presentement arrivé en ceste noble vile, en la con-

« duite d'une damoiselle errant, sous qui et en
« gouvernement de laquelle il est mis, par le com-
« mandement et ordonnance de sa belle dame. Or
« ne veut le noble chevalier soy presenter devant
« vostre noble signeurie, ne par-devant la noble,
« haute et belle compaignie, jusques à ce que vous
« soyez de son cas plainement averties. Vray est, tres-
« nobles princesses, que le chevalier esclave a toute
« sa vie servi et honnoré une dame d'Esclavonnie,
« loyalement à son pouvoir : et elle, de sa grâce, l'a
« entretenu d'esperance et de bonne chére assez lar-
« gement, sans toutesvoyes le vouloir jamais retenir
« pour serviteur : mais bien le nourrissoit en espe-
« rance de guerdon. Toutesvoyes ledict chevalier, par
« maladie d'amour agravee, longuement nourrie en
« son cueur, a souffert l'angoisseuse et travaillable
« peine qu'il n'estoit plus puissant de porter ne
« souffrir : et, par une esperance desesperee, s'est
« enhardi ledict chevalier de requerir misericorde,
« grâce et guerdon d'amours, soy tenant indigne de
« l'avoir, mais toutesvoyes l'avoir loyaument merité
« et desservi.

« Ladicte dame continuant en sa fiereté, desobeïs-
« sante à amours, et oubliant la vertu feminine de
« pitié, a refusé audict chevalier sa requeste, et luy
« a tenu termes si estranges, qu'il a demouré hors
« de toute esperance de jamais bien avoir en ce
« monde : et luy, plein de déplaisir et de rage, s'est
« quelque temps retrait en sa maison, emmy les
« bois, roches et montaignes, où il n'a vescu que de
« regrets, soûspirs et larmes, par l'espace de neuf
« mois entiers : et n'est point à douter que si lon-

« guement il y fust demeuré, il estoit à fin de sa vie.
« Ladicte dame, quand elle a ouy son cas, a eu au-
« cune repentance de son peché et ingratitude : et luy
« a envoyé ladicte dame une damoiselle errant qui le
« conduit, par laquelle luy a fait dire plusieurs belles
« et grandes remonstrances, luy disant que les biens
« d'amours doivent estre achetés par longs desirs,
« par longs travaux, et par inextimables souffrettes :
« et que quand aucun bien en vient, plus est ché-
« rement acheté, plus est aimé, cher tenu et gardé :
« et que le plus-grand peché d'amours qui soit, si est
« desesperance.

« Pource a conseillé ladicte dame audict chevalier
« qu'il prist esperance pour desespoir, et courage
« pour ébaïssement : et a persuadé ladicte damoiselle
« errant, audict chevalier, qu'il voyageast, et prist
« aucune queste pour oublier ses melancholies ; et
« qu'elle estoit contente de l'acompaigner en sadicte
« queste un an entier, tant pour le conforter en son
« déplaisir, comme pour raporter à sa dame les
« nouvelles de son aventure. Ledict chevalier, se
« laissant legérement conseiller, combien qu'il soit
« esclave et d'Esclavonie, et qu'il n'ait nulle con-
« gnoissance n'habitude es marches de pardeça, s'est
« souvenu comment plusieurs payens, et mesmement
« le preux Salhadin, estoyent venus en France pour
« louenges et vertus acquerre, et avoyent ésté au
« noble royaume de France si-honnorablement re-
« cueillis et traittés, que leurs hoirs et successeurs,
« sans la foy, portent encores honneur et reverence
« audict royaume, sur tous autres royaumes chres-
« tiens : et singuliérement a esté ledict chevalier

« averti du triomphe, de l'honneur et de la vertu de
« ceste treslouable maison de Bourgongne, et comme
« les estrangers y ont esté honnorablement recueillis,
« favorisés et retenus; et que plus de vertueux exer-
« cices, comme de faicts-d'armes, de joustes et de
« tournois se faisoyent et entretenoyent continuel-
« lement en ceste maison tresvertueuse, qu'en nulle
« autre dont il soit memoire.

« Ces choses considerees, ledict chevalier s'est re-
« tiré ceste part en la conduitte de ladicte damoi-
« selle errant; et, pour sa premiére et bonne aven-
« ture, il a trouvé la noble emprise du chevalier à
« l'Arbre-d'or, et le pas encommencé : parquoy il
« supplie à vous, treshaute et trespuissante princesse,
« et à vous autres princesses, dames et damoiselles,
« qu'il vous plaise de vostre grâce impetrer licence
« du tresexcellent, treshaut et tresvictorieux prince
« monsieur le duc de Bourgongne et de Brabant, que
« ledict chevalier esclave puisse courre à ceste noble
« emprise, et faire son devoir, et luy donner lieu et
« heure pour ce faire, et l'avoir pour recommandé :
« et autre chose n'escrit ledict chevalier, qui prie à
« Dieu qu'il vous doint ce que desirez, ensemble
« bonne vie et longue.

« Vostre treshumble et tresobéissant serviteur,

« LE CHEVALIER ESCLAVE. »

Le signeur de Monnet entra dedans la lice, et faisoit mener devant luy un sommier, portant deux
paniers couverts d'une couverte de velours bleu,
brodé à grandes lettres de fil d'or à sa devise : et
dessus avoit trois personnages de Mores, qui jouoyent

de divers instruments. Apres iceluy sommier venoit une damoiselle habillee estrangement, et comme une damoiselle errant : laquelle estoit montee sur une haquenee blanche couverte de drap d'or cramoisy, et tenoit maniére de conduire et mener ledict chevalier. Apres venoit le chevalier sur un destrier couvert de velours noir, brodé en croisee d'orfaverie doree par-dessus. Il avoit apres luy quatre nobles-hommes à cheval, habillés de soye, les robes et les chapeaux à la façon d'Esclavonnie : et sur leurs robes avoit escrit en grandes lettres d'or : LE CHEVALIER ESCLAVE; et pareillement luy-mesme estoit habillé sur son harnois. Ils avoyent longues barbes, et portoyent en leurs mains grans javelots empennés, et ferrés d'or tresnouvellement. Certes son entree et maniére de faire fut tresplaisante. En telle ordonnance fit le chevalier esclave son tour parmy la lice : et tantost apres se présenta le chevalier à l'Arbre-d'or, son cheval couvert d'une couverte de drap d'or cramoisy, bordee d'ermines : mais ainsi avint de leur aventure que le chevalier esclave se trouva mal-armé de sa veüe, et luy fut advis qu'il courroit sans asseoir, et pourroit faire perdre le temps aux autres coureurs sans grand fruict : parquoy il requit à mondict signeur le bastard qu'il s'en peust aler, et estre quitte de son emprise. Laquelle chose luy fut accordee.

Le second qui se présenta pour iceluy jour fut monsieur Jaques de Luxembourg, signeur de Ricquebourg, frére de monsieur de Sainct-Pol, connestable de France : et devant luy aloyent, pour l'acompaigner, le comte d'Escalles et messire Jehan d'Ondeville, tous deux fréres de la royne d'Angleterre; monsieur de Roussi, monsieur de Fiennes, et messire Jehan de Luxembourg, et tous cinq neveux dudict messire Jaques. Pareillement l'acompaignoyent monsieur de Renty et le marquis de Ferrare, tous richement vestus et montés. Son cheval estoit houssé de drap bleu, à une grande bordure de drap d'argent cramoisy, et son escu de mesme. Il avoit six chevaux de pareure apres luy : dont le premier estoit couvert de velours cramoisy, à une grande bordure d'ermines; et par-dessus le cramoisy avoit gros chardons d'orfaverie dorée, élevés et moult bien apparens sur la housseure. Le second fut couvert de velours bleu, à grandes lettres de brodure de sa devise : et fut frangée d'or. Le tiers estoit couvert de velours noir, à grandes lettres de brodure comme le premier, et semé de grandes campanes d'argent. Le quart, de satin violet semé de grans chardons d'orfaverie à grandes fueilles de mesmes : et estoit celle couverture bordée de velours noir, ladicte bordure semée de larmes d'or. Ses pages estoyent vestus de satin blanc, à lettres de brodure de sa devise : et apres iceux pages venoit un varlet vestu de mesme, sur un cheval couvert de drap de damas blanc, violet et noir, semé de brodures de lettres d'or à sa devise, et par-dessus chargé de grosses campanes d'argent. Ledict varlet menoit un destrier en main, couvert de drap d'or violet : et en celuy estat fit son tour devant les dames, pardevant l'Arbre-d'or et pardevant les juges : puis prit son rang au bout de la toile. Monsieur le bastard de Bourgongne se présenta à l'Arbre-d'or, pour iceluy deffendre, sur un cheval couvert de velours bleu : et sur la croupe de son cheval avoit un gros rabot d'argent élevé : et toute la couverte estoit semee moult-espessement de grandes rabotures d'argent élevées : et certes la couverture me sembla merveilleusement belle et riche. Les deux chevaliers coururent leur demie heure, et gaigna mondict signeur Jaques de Sainct-Pol la verge d'or, pource qu'il rompit sept lances, et monsieur le bastard n'en rompit que six.

Le troisiéme qui se presenta pour celuy jour fut messire Philippe de Poictiers, signeur de La Ferté, fils du signeur d'Arci. Cestuy chevalier se fit amener sur les rangs par une belle fille qui se nommoit la dame Blanche. Elle estoit en cheveux, moult-gentement mise empoint, et fut vestue de satin blanc : et à la verité elle estoit belle, et valoit bien estre regardee. Elle estoit montee sur un cheval tout erminé de son poil naturellement. Ledict cheval estoit couvert d'un delié volet, qui ne gardoit point qu'on ne veist les-dictes ermines, et le cheval parmy. A dextre d'elle venoit le chevalier, sur un cheval couvert d'une courte couverte, en maniére de harnacheure de satin cramoisy, frangé de franges d'or : et fut ladicte couverte toute chargee de grosses campanes d'argent, à façon de campanes de vache. Il avoit deux pages apres luy, vestus de cappes de satin violet : dont le cheval du premier estoit couvert de velours noir, à une croisure de velours cramoisi : et le second estoit couvert de drap d'or bleu ; et en cest estat vint le chevalier devant les dames, auxquelles ladicte dame Blanche présenta une lettre où estoit escrit ce qui s'ensuit :

Tresredoutee, excellente princesse,
Droit cy m'envoye envers vostre noblesse

Une moult-noble et gracieuse dame;
Et m'a requis que devers vous j'adresse
Le chevalier, pour croistre sa prouesse :
Lequel aussi elle avoue et confesse
Son serviteur, et seul de ce royaume.
Nommer se fait par nom, la dame Blanche.
Or elle a eu n'aguéres congnoissance
De cestuy pas (qui est de noble usance),
Et du perron à l'Arbre-d'or tresriche.
Dont, pour acroistre en gloire et en vaillance
Le chevalier qui là brandit sa lance,
Son serviteur l'y offre d'amour franche,
Pour le servir en tout humble service.

Le chevalier à l'Arbre-d'or se présenta sur un cheval couvert de velours noir, à grand fueillage d'orfaverie blanche branlant. Les deux chevaliers coururent moult-durement l'un contre l'autre, et gaigna ledict messire Philippe de Poictiers la verge d'or, pource qu'il rompit dix lances, et monsieur le bastard n'en rompit que neuf. Le dernier qui se présenta pour celuy jour fut messire Claude de Vaudrey, un jeune chevalier bourgongnon. Les nobles-hommes qui l'acompaignoyent avoyent mantelines de satin verd par devant, et de violet par-derriére. Son cheval estoit couvert de velours myparty de verd et de violet, semée sa houssure en brodure de coquilles d'or, et parmy de grosses campanes d'argent. Tantost se présenta mondict signeur le bastard sur un cheval couvert de drap d'or cramoisy, à une bordure decoupee de crezé blanc. Mondict signeur le bastard gaigna la verge d'or, pource qu'il rompit plus de lances que ledict messire Claude de Vaudrey; et ainsi se passa celle journee : car (comme j'ay dict dessus) on ne mangeoit point de chair, ains on mangeoit poisson : et à celle cause n'y eut nulle assemblee.

Le jeudi cinqiéme jour de celle feste, fut faict le disner par chambres et par salles, ainsi que l'on avoit acoustumé, et apres le disner l'on se tira sur les rangs pour voir les joustes : et là se présenta, en la maniére acoustumee, le comte de Psaulmes, un comte d'Alemaigne, chambellan de monsieur le duc de Bourgongne : et devant luy venoyent cinq nobles-hommes vestus de journades de damas violet et noir, et estoit son cheval couvert d'un drap d'or bleu. Son escu estoit violet, à deux lettres d'or de sa devise : et sur son heaume, en maniére de bannerolle, portoit un atour de dame. Il avoit apres luy un cheval seulement, couvert d'une couverture de velours en couleur de pourpre : et estoit la couverture toute semee de grosses campanes d'argent, à façon de campanes de vache : et dessus le cheval avoit un petit page tresgentement empoint. A l'encontre dudict comte de Psaulmes se présenta le chevalier de l'Arbre-d'or, sur un cheval couvert de satin cramoisy : et par-dessus avoit à grande foison de gorgerins d'argent, élevés, moult-bien faicts : et en celle demie heure gaigna le comte de Psaulmes la verge d'or : car il rompit sept lances, et mondict signeur le bastard n'en rompit que cinq.

Apres le comte de Psaulmes vint messire Baudouyn, bastard de Bourgongne. Il avoit devant luy quatre nobles-hommes vestus de velours bleu, en journades. Lesdictes journades estoyent brodees pardevant de houppes à façon de plumats (qui estoit la devise dudict messire Baudoin), et par derriére de deux W couplés ensemble, tenans à un baton dessus et un autre dessous, l'un des batons d'or, et l'autre d'argent. Il avoit trois chevaux harnachés de velours, semé de campanes d'argent. Son cheval estoit couvert de velours bleu, et sur sa teste avoit une grande bannerolle verde, frangée de blanc. Il y avoit trois pages apres luy, habillés de journades, comme ses serviteurs : dont le premier cheval sur quoy estoit le premier page estoit couvert de velours bleu, à grandes lettres d'or de brodure de sa devise. Le second, de drap d'or cramoisy, à une brodure de velours noir : et le troisiéme estoit de velours violet, semé de campanes d'argent. A l'encontre de luy se présenta monsieur le bastard de Bourgongne, gardant l'Arbre-d'or. Son cheval estoit enharnaché d'un harnois brodé d'orfaverie blanche, et par-dessus avoit grosses campanes dorees. En celle demie heure gaigna mondict signeur le bastard la verge d'or sur son frére, pource qu'il rompit huict lances, et ledict messire Baudoin n'en rompit pas tant.

Le dernier qui se présenta pour celuy jour fut monsieur de Renti, fils aisné du signeur de Crouy, comte de Portien. Il avoit devant luy cinq chevaliers de grand maison, ses aliés : comme monsieur Jaques de Sainct-Pol, monsieur de Roussy, monsieur de Fiennes, et messire Jehan de Luxembourg, et son frére messire Jehan de Crouy : lesquels avoyent tous journades de satin blanc, et, au remanent, furent richement montés et enharnachés, chacun à sa devise. Son cheval estoit couvert d'une double houssure : c'estaçavoir le fond de satin blanc, et par-dessus de velours noir tout decoupé et détranché à grandes lettres de Y Y gregeois, par où on voyoit le fond parmy. Son escu estoit de mesme, et avoit sur son heaume un moult-beau plumats. Il avoit deux chevaux couvers après luy : surquoy seoyent les pages, vestus de drap d'or cramoisy en mantelines. Le premier cheval estoit couvert de velours bleu, brodé de Y Y gregeois à grandes lettres d'or, à une grande bordure de drap d'or verd : et le second estoit couvert de moult-riche drap d'or cramoisy. Le chevalier gardant le pas se présenta, à l'encontre de luy, sur un cheval couvert de drap de damas jaune. La couverte estoit semee de testes de leopards d'argent élevés, ayans en la bouche une boucle de mesme : et à la course de celle demie heure rompirent chacun cinq lances : parquoy ne gaignérent point de prix l'un sur l'autre; et aprés le sablon couru et la demie heure passee, leur furent les planchons apportés comme il est de coustume, et d'icelle course atteindirent l'un l'autre tresdurement, et rompit ledict signeur de Renty son planchon en plusieurs piéces : et ainsi se passa celle jouste, et faut revenir au banquet, qui fut tel que vous orrez cy-apres.

Premiérement furent les plats et les suites plus-grands et plus-somptueux qu'ils n'avoyent esté à nuls des autres banquets : et sur la table avoit quinze paons revestus de col et de teste et de queüe, et les corps tous dorés de fin or : et parmy iceux paons estoyent entremeslés seize cignes tous d'argent, lesquels paons et cignes avoyent chacun un colier de la Toison, et à leurs piés un petit blason des armes de chacun des chevaliers vivans de l'ordre : et sur le dos petites mantelines de soye, armoyees pareillement : et par cest entremets furent monstrés les trente et un chevaliers de la Toison, à ce jour vivans; et furent assis lesdicts paons et cignes sur les tables, chacun en tel degré comme ils vont à l'eglise en l'ordre, le jour de la solennité de leur feste.

Item, et par-dessus lesdictes tables avoit plusieurs bestes portans sommages (1) : comme grans elephans, à tout chasteaux; dromadaires, à tout grans paniers; licornes, cerfs, et bisches, chacun portans divers sommages. Lesdictes bestes furent toutes étofees d'or, d'argent et d'asur, et les harnachemens de fil d'or et de soye tresrichement, et estoyent leurs sommages pleins et fournis de diverses espiceries : et outreplus portoyent chacun les armes d'un signeur suget de mondict signeur de Bourgongne, et le nom de la ville ou signeurie : comme l'un portoit Condé en Hainaut, au nom de Nemours; Avennes en Hainaut, au signeur de Pointiévres; Sainct-Pol et Enguyen la Bassee, au comte de Sainct-Pol, connestable de France; Dumkerke et Bourbourg, au comte de Marle; et pareillement de tous autres grans signeurs, sugets de mondict signeur de Bourgongne, en ses divers païs. Le banquet fut bel et riche, et fort regardé; et se seirent tous les signeurs, dames et damoiselles, à table : et apres qu'ils eurent commencé à manger, sur le hourd où paravant on avoit monstré quatre des travaux d'Hercules, sonnérent les trompettes : et là fut veu le cinqiéme travail d'Hercules, qui fut tel qu'il s'ensuit.

Premiérement furent veus Theseus et Pyrithous, armés de toutes armes : et tenoit maniére Theseus de soy plaindre à Pyrithous, son compaignon, de Pluto, qui avoit ravy Proserpine son amie, et icelle

---

(1) *Sommages* : fardeaux de bêtes de somme.

menee en enfer : et Pyrithous tenoit maniére de luy promettre de l'en venger, et la ravoir : et sur ses promesses vindrent, les glaives au poing, à la porte d'enfer, qui estoit moult-bien faicte. Ceste porte estoit à maniére d'une grand gorge de dragon noire et flamboyant, en maniére de flambe ardant, ayant deux grans yeux rendans merveilleuse clairté : et quand Pyrithous heurta de sa lance contre ladicte gorge, incontinent s'ouvrit, et en saillit un grand chien noir tout difforme, et ayant trois testes, à tout un glaive noir en ses pattes. Ce chien estoit appelé Cerberus, le portier d'enfer : et tantost courut sus aux deux champions, et fut longue la bataille entre eux : mais en fin le chien tua Pyrithous, et mena Theseus à telle necessité, qu'à peine se pouvoit plus soustenir ne deffendre; mais Hercules y survint, par bonne aventure : et lors commença bataille à l'encontre de Cerberus : et se retrait Theseus, pour guarir et faire médeciner ses playes. Mais Cerberus assailloit Hercules de merveilleuse force, et Hercules luy livroit merveilleuse bataille : et, pour abreger ceste matiére, Hercules abatit le chien par terre, et luy vouloit couper la teste, quand Theseus se vint agenouiller devant Hercules, et luy pria qu'il luy livrast ledict Cerberus. Hercules le fit : et Theseus le prit, et attacha d'une chaine : et puis s'en ala Hercules à la porte d'enfer, l'espee au poing, et là trouva grande resistance de feu et de fumee : mais ce nonobstant, il entra dedans : et là fut ouïe une grande voix et noise, comme il se combatoit aux infernaux : mais ne demoura guéres que celle noise fut appaisee, et ramena devant soy la belle Proserpine, richement vestue et atournée : et quand Hercules fut comme au milieu du hourd, il prit ladicte Proserpine en une main, et son espee en l'autre : et la courtine fut retiree, et mis le brevet dehors, tel qu'il estoit acoustumé : dont la teneur s'ensuit :

> Hercules entreprit voye moult-dangereuse
> Quand ala en enfer, l'abisme perilleuse.
> Cerberus combatit à la porte douteuse,
> Et reprit Proserpine, la belle et la joyeuse.
> Cerberus signifie peché, le dévoyable,
> Qui garde des enfers le gouffre redoutable.
> Or soyons Hercules, le vaillant et louable.
> Combaton Cerberus par vertu honnorable;
> Porton à Proserpine un bon secours aidable,
> Nostre ame retirans hors de vice damnable.

Ainsi se continua le banquet de manger et faire bonne chére : et tantost apres sonnérent les trompettes, et furent les courtines du hourd retirees : et là furent veues deux damoiselles amazonnes à cheval, richement armees, et leurs espees ceinctes, et leurs chevaux couverts richement. Leurs chefs estoyent parés de leurs cheveux, blonds et beaux, moult-noblement, et portoyent chapeaux de violettes pardessus, et derriére elles avoyent femmes à pié, en maniére de saquemans (1), armees et embatonnees, pour combatre et deffendre : dont les unes portoyent les bacinets, les escus et les glaives desdictes damoiselles : et en ceste ordonnance firent un tour ou deux parmy le hourd. Et tantost apres s'apparurent Hercules et Theséus, montés et armés moult-richement, et apres eux varlets-de-pié, armés et embatonnés

---

(1) *Saquemans* : vagabondes.

comme il appartient; et si-tost que les damoiselles amazonnes aperceurent lesdicts chevaliers, elles prirent leurs heaumes, leurs escus et leurs glaives, et les deux chevaliers pareillement se préparérent pour la jouste : et incontinent se coururent sus les uns aux autres, et s'entrerencontrérent tresrudement : et puis mirent les mains aux espees, et commença la bataille entre les quatre de cheval et les gens-de-pié, qui fut merveilleusement bien combatue et vivement faicte : et dura la bataille treslonguement : et, fin de compte, fut la courtine retiree, sans monstrer qui eust le meilleur d'icelle bataille ; et fut le billet mis dehors, tel qu'il s'ensuit :

> Hercules le vaillant, et le preux Theseus,
> En deux femmes armees trouvérent tels vertus,
> Que pour tous les perils où se sont embatus,
> Ils ne furent si pres d'estre morts ou veincus.
> Puis que deux amazonnes et deux feminins corps
> Contre deux si-puissans soustindrent tels effors,
> Exemple est qu'on doit craindre et bataille et discords ;
> Son ennemy douter, foible, manchot ou tors :
> Car on a veu souvent (qui bien en est recors)
> Que les victoires sont où Dieu donne les sorts.

Apres le sixiéme travail d'Hercules passé, assez tost apres fut la courtine retiree au son des trompettes, et là fut veu le septiéme travail, tel qu'il s'ensuit. Premiérement fut veu Hercules armé de toutes armes, soy promenant seul : et luy vint au-devant un monstre demy-homme et demy-serpent. Celuy monstre avoit la teste armee, et en la main dextre un gantelet et un glaive, et en l'autre main un grand targon : et quand Hercules aprocha, le monstre fit semblant de parlementer à luy. Hercules luy respondit par semblant : mais Hercules prestement luy courut sus, et le monstre à luy moult fiérement. Mais la bataille n'eut guéres duré, qu'Hercules le joindit de son espee, et le prit à une main, et de l'autre luy coupa la teste : mais non pourtant le monstre ne cheut à terre : dont Hercules démarcha, tout ébahi; et ne se donnoit garde Hercules qu'il veit que le monstre luy couroit sus, et avoit sept testes. Hercules getta la teste qu'il tenoit, et courut sus au monstre moult-vigoureusement, et fut la bataille assez longue : mais en fin l'occît Hercules, et tint maniére de bruler le corps : et à tant fut la courtine retiree, et le rollet mis dehors, qui disoit ainsi :

> Hercules es paluz trouva le fier serpent,
> La teste luy trencha : mais tout incontinent
> Sept autres luy saillirent emerveillablement;
> Mais toutes les trencha Hercules le vaillant.
> Qui un vice rencontre d'aguet ou d'aventure,
> Sept autres en viendra par estrange figure,
> Et sera fort constant qui n'en aura morsure.
> Faison comme Hercules à l'ennemy injure :
> Tranchons luy les sept testes, qui sont pleines d'ordure :
> Et nous gardon de faire à vice nourriture.

Apres le serpent des paluz occis, pour monstrer le huictiéme travail d'Hercules, fut la courtine retiree au son des trompettes, comme devant : et là fut veu Hercules armé et embattonné de son escu et de sa massue : et se promenoit devant une cité, remirant la beauté des maisons et des murailles; et tantost saillirent dehors plusieurs geans grans, fiers et hideux, et estrangement embatonnés. Hercules leur courut sus moult-vigoureusement, et fit tant en peu d'eure qu'il abatit quatre d'iceux geans, et les autres se mirent à genoux devant luy : et leur vouloit les testes couper, quand deux citoyens issirent de la cité, qui se mirent à genoux : et luy présenta l'un les clefs, et l'autre luy mit une couronne d'or sur la teste : et ainsi fut Hercules roy de Cramonne : et atant fut la courtine retiree, et mis un rollet hors, tel qu'il s'ensuit :

> Hercules, remirant les hauts murs de Cramonne,
> Unze geans trouva, par manière felonne :
> Mais à leur grand pouvoir n'acompta une pronne.
> Tous les defit, et prit cité, et la couronne.
> Hercules cy nous monstre vertueux exemplaire
> Que, pour tourbe de gens, pour menace, ou pour braire,
> L'homme chevaleureux ne se doit point deffaire,
> Mais est digne d'avoir de couronne salaire,
> Qui contre grand pouvoir ose frontière faire :
> Car on voyt peu souvent bon deffendeur defaire.

Sur ce point furent les tables levees, et commencérent les danses : et plus ne fut faict pour celuy jour.

Le vendredy suyvant fut faict, et tresrichement servi, le disner, es chambres et es salles : mais assez tard, pource que plusieurs jeusnoyent pour le vendredy : et mesmement les Anglois, qui en ont fort la coustume, et vindrent sur les rangs pour la jouste voir; et pource que monsieur d'Escalles devoit celuy jour courir, monsieur le bastard de Bourgongne (qui gardoit le pas) considerant qu'ils estoyent fréres d'armes, et qu'ils avoyent combatu en lices l'un contre l'autre, ne voulut point courre à l'encontre de luy : mais fit mettre monsieur Adolf de Cléves en sa place, pour garder le pas pour celle fois.

Ainsi arriva le premier sur les rangs monsieur le comte d'Escalles, frére de la royne d'Angleterre : et estoit acompaigné de la plus-grande noblesse qui là fut : comme de ceux de Sainct-Pol ses parens, et de moult-d'autres chevaliers et gentils-hommes, tant anglois, comme bourgongnons, et mesmes de monsieur le bastard de Bourgongne son frére-d'armes, monté sur un petit cheval, à tout une robe longue d'orfaverie chargee : et en iceluy point acompaigna mondict signeur d'Escalles. Le cheval dudict signeur d'Escalles estoit couvert de drap d'or, myparti de cramoisy et de bleu. Il avoit six pages apres luy, vestus de mantelines de satin verd figuré. Le cheval que chevauchoit le premier page estoit couvert d'une courte houssure de velours noir, et pardevant à poictral et à rénes : et estoit chargé de campanes d'argent, à façon d'ancolies. Le second estoit couvert de drap d'or cramoisy, à une bordure de velours noir brodee. Le troisiéme estoit d'une couverture de velours cendré. Le quatriéme estoit couvert d'un drap d'or dehaché, à façon de brodure, à lettres d'or pardessus, où tenoyent campanes d'argent. Le cinqiéme estoit couvert de pourpre en velours, à une bordure édentee de drap d'argent : et sur ledict pourpre avoit brodure de deux EE acolés ensemble. Le sixiéme estoit couvert de drap d'argent et de velours cramoisy édenté, et estoit semé de grosses campanes d'argent. Le septiéme estoit mené en main, et estoit couvert de velours bleu, à deux faces d'ermines chargees de grosses poires d'argent : et estoit celle couverte bordee de damas violet, brodee de deux EE à sa devise: et certes le chevalier estoit bel homme-d'armes, et bien seoit sur son cheval. Pour les causes que j'ay devant dictes se présenta monsieur Adolf de Cléves, signeur de Ravastain, à l'encontre du chevalier anglois, son cheval couvert d'une riche couverte d'orfaverie d'or et d'argent, à maniére de figures, sur velours cramoisy; et à la verité celle demie heure fut bien joustee et empleyee: car le chevalier anglois rompit onze lances; mais il perdit la verge d'or, pource que mondict signeur de Ravastain en rompit dixsept, franchement rompues: et n'est pas à oublier le mechef qui avint à celle heure et jouste: car mondict signeur le bastard de Boùrgongne eut un grand coup de pié de cheval au-dessus du genouil: dont il fut tresgriévement blecé, et en tresgrand danger, s'il n'eust esté bien secouru par bons chirurgiens; et par cest empeschement ne peut fournir son emprise: mais tout blecé qu'il estoit, fit maintenir et garder le pas, à ses despens, de houssures et de toutes autres choses, comme il avoit encommencé: et ne courut homme pour la garde dudict pas, ne mondict signeur de Ravastain, ny autre, qu'il ne courust, es couvertes et pareures, à la despense de mondict signeur le bastard. Qui fut grande et coustable chose, comme chacun peut legérement voir. Mais à tant se tait le compte de ceste matiére: et revient à la fourniture du pas, et comment il fut entresuyvi.

Le second qui se présenta pour celuy jour fut monsieur le comte de Roussi, fils de monsieur le comte de Sainct-Pol, connestable de France. Il avoit devant luy trompettes et clairons à grande foison, et

officiers d'armes qui l'acompaignoyent : et celuy
qui venoit droit devant luy estoit un petit nain de
Constantinoble, serviteur du roy d'Angleterre, que
madame de Bourgongne avoit amené aveques elle
pour voir la feste. Cestuy nain estoit monté sur un
petit cheval, et vestu d'une robe de velours noir à
une bande blanche, et portoit en sa main dextre un
papier, en maniére d'une requeste; et en son bras,
ataché à un lasset, une clef, qui servoit au mistére
qui s'ensuit. Apres venoit un grand chasteau, richement paré et étofé. Iceluy chasteau estoit faict à
quatre tours, et à quatre pans de murailles, et à
une grand'porte qui se pouvoit fermer et ouvrir : et
là dedans estoit monsieur de Roussy sur son cheval,
armé de toutes armes. Il avoit apres luy six chevaux
de pareure. Le premier estoit couvert de velours
noir, chargé, moult-espes, de campanes d'argent
en maniére de poires. Le second, de satin cramoisy,
à grans feuillages, en brodure d'or, et gros boutons
de mesme : dont la pareure de la fleur estoit argentee,
et estoit celle housseure frangee de franges noires. Le
troisiéme estoit de brodure semee et massonnee d'or
et d'argent, et par-dessus semee de larmes d'argent
de brodure : et la brodure d'icelle estoit entassee d'or
tresrichement : et, pour enrichir la massonnerie, y
avoit grans violiers de romarins, vermeils et blancs,
à grandes lettres de sa devise parmy : et certes la couverture me sembla tresriche. La quatriéme couverte
estoit chargee d'orfaverie blanche ; la cinquiéme de
brodure, à grandes fueillages d'or, aveques lettres
meslees, et semees de larmes d'argent : et fut celle
cinquiéme couverte de satin noir; brodee en lettres

gréques de brodure. La sixiéme estoit de drap d'or cramoisy, frangee de franges noires : et n'est pas à oublier que tous ses pages furent habillés de mantelines, chacun à la pareure de la houssure : et pour vous donner à entendre le mistére du nain, de sa requeste et de sa clef, il sembloit qu'il tinst le chevalier prisonnier, par le commandement d'aucune dame, et qu'il desirast sa delivrance : et à celle fin, quand le chastel fut au-devant des dames, se partit le nain, et ala devers les dames presenter sa requeste, qui disoit ainsi : « Excellentes, hautes et nobles prin« cesses, dames et damoiselles, le chevalier, prisonnier « de sa dame, vous fait treshumble reverence. Son cas « est tel que Danger tient la clef de ceste prison, et « l'a mis es mains de Petit-Espoir, son serviteur : et « n'en sera jamais tiré ne delivré, si ce n'est par la « bonté et pitié de vous. Parquoy supplie ledict che« valier prisonnier, à vous tresexcellentes, treshautes « et trespuissantes princesses, dames et damoiselles, « qu'il vous plaise, de vostre grâce, assembler vostre « tresnoble et tresvertueux college feminin (car entre « plusieurs s'en pourra trouver la voix d'une, et telle « que Danger ne voudroit ne pouroit luy faire refus « de la delivrance du chevalier), à celle fin qu'il soit « commandé à Petit-Espoir, qui le meine, qu'il le de« ferme et delivre de ceste prison tant douloureuse : « car autrement (s'il n'estoit à son delivre) il ne pour« royt courre à celuy noble pas, n'achever ne fournir « l'aventure de l'Arbre d'or. Ce qu'il desire de tout « son cueur, et de demourer treshumble serviteur de « vous, et de toutes nobles dames. »

Apres la requeste ouye par les dames, le congé fut

donné de deprisonner le chevalier ; et vint le nain à tout sa clef, et en ouvrit la porte : et saillit ledict chevalier dehors, armé de toutes armes, son cheval couvert de satin blanc, brodé de grandes lettres d'or à sa devise, et son escu estoit de mesme : et en tel estat et ordonnance vint prendre le bout de la lice. A l'encontre de luy se presenta Charles de Visan, gardant l'Arbre-d'or pour celuy jour, en l'absence de monsieur le bastard. Son cheval estoit couvert de satin blanc, semé et brodé d'arbres d'or : et coururent leur demie heure ; mais monsieur de Roussi gaigna la verge d'or : car il rompit huict lances, et ledict Charles n'en rompit pas tant.

Le troisiéme qui se présenta pour celuy jour fut Roskin de Rochefay, premier escuyer d'escuyerie de monsieur le duc de Bourgongne. Il avoit devant luy deux chevaliers de la Toison : c'estasçavoir monsieur d'Auxi et messire Philippe de Crévecueur, et deux autres escuyers. Ils estoyent habillés de palletots d'orfaverie à sa devise, et pareillement ceux qui le servoyent à pié. Son cheval estoit couvert d'une couverte de velours verd brodee de blanche orfaverie, à grandes lettres à sa devise, tresrichement. A l'encontre de luy se présenta ledict Charles de Visan, garde du pas. Son cheval estoit couvert d'ermines, à une grande brodure de martres : et coururent leur demie heure tresbien et roidement, l'un contre l'autre ; mais ledict Roskin gaigna la verge d'or : car il rompit onze lances, et ledict Charles n'en rompit que dix : et à la course des planchons firent une tresdure atteinte, et rompit ledict Roskin le sien. Ainsi se partit la jouste pour celuy jour, sans autre feste n'assemblee, pource que la pluspart des gens jeusnoyent, et estoit jour de poisson, qui ne sont point jours propres pour banquets ne festimens.

Le samedi septiéme jour d'icelle feste, se fit le disner, comme celuy de devant : et vindrent les dames sur les rangs pour voir la jouste, et là furent plantés deux blasons à une fois : c'estasçavoir celuy de messire Jehan de Ligne et celuy de messire Jaques de Harchies, deux chevaliers de Hainaut, tous deux chambellans de monsieur le duc. Les deux chevaliers entrérent en la lice à une fois, par le congé des juges. Leurs chevaux estoyent couverts tous pareils (car, fust à la guerre ou à la paix, ils ont tousjours esté compaignons); et estoit leur pareure de velours violet à une bordure de velours noir, chargee de campanes d'argent tresrichement, et de lettres de brodure d'or à leurs devises : et courut ledict messire Jehan de Ligne premier. A l'encontre de luy se présenta messire Philippe de Poictiers, qui garda le pas pour celuy jour. Son cheval estoit enharnaché d'un harnois d'orfaverie blanche : et gaigna ledict messire Philippe la verge d'or, pourcé qu'il rompit neuf lances, et Jehan de Ligne n'en rompit pas tant; et prestement retourna ledict messire Philippe, garde du pas, dedans la porte dont il estoit issu, pour changer la pareure de son cheval, comme il estoit accoustumé : et tantost revint apres, dehors, sur un cheval couvert de satin, à couleur de fleur de pescher, brodé à grands arbres d'or : et ledict messire Jaques de Harchies (qui avoit attendu son compaignon) se présenta d'autre costé, pour son emprise fournir : et coururent moult-bien et deüement d'un costé et d'autre. Si y eut plusieurs grandes atteintes, et rompirent plusieurs lances non comptees : et n'y eut homme qui si-pres marchandast le prix sur monsieur d'Arguel, que fit ledict messire Jaques de Harchies : car il rompit douze lances ; mais toutesvoyes perdit il la verge d'or, pource que ledict de Poictiers en rompit tréze : et, à la course des planchons, rompit ledict de Poictiers le sien : et ainsi firent les deux chevaliers une belle jouste.

Apres entra messire Philippe de Crévecueur, signeur des Cordes. Il avoit devant luy dix chevaliers de la Toison, et deux autres escuyers vestus de palletots de drap d'or cramoisy. Le cheval de luy estoit couvert d'un drap d'or cramoisy, et son escu de mesme : et après luy avoit trois chevaux de pareure, dont le premier estoit couvert de drap d'or cramoisy comme le sien : le second, de drap d'or verd : et le tiers, de drap d'or bleu. Ainsi fut sa pareure de quatre chevaux, de drap d'or : et dessus les trois chevaux qui le suyvoyent avoit trois petits pages vestus de satin cramoisy, et par-dessus de mantelines blanches et verdes, semees de larmes d'or en brodure : et estoyent en maniére de gorgerins de fil d'or, brochés autour de leur col. Il avoit onze ou douze hommes-de-pié, à journades de mesme : et fit son tour parmi les rangs, mené par le geant, comme il estoit de coustume. A l'encontre de luy se présenta messire Philippe de Poictiers, garde du pas. Son cheval estoit couvert de velours bleu, chargé de grosses campanes, moitié dorees et moitié blanches, et sur la croupe de son cheval une grosse pomme d'argent dorée : et d'icelle emprise gaigna ledict messire Philippe de Crévecueur la verge d'or : car il rompit neuf lances, et ledict de Poictiers n'en rompit que six.

Apres se présenta messire Jehan d'Ondevile, un chevalier anglois, frére de la royne d'Angleterre et de monsieur d'Escalles. Il avoit devant luy, pour l'acompaigner, dix nobles-hommes vestus de journades, my-parties d'une part de satin figuré, comme cramoisy, et d'autre part d'un satin figuré, assez sur estrange couleur. Son cheval estoit couvert de drap d'or blanc, à une brodure de drap d'or cramoisy. Il avoit apres luy quatre chevaux de pareure, dont le premier estoit couvert de drap d'or, my-parti de cramoisy et de bleu : le second, de drap d'or noir : et le tiers, de drap d'or cramoisy ; et faisoit mener un destrier en main par un gentilhomme vestu de velours noir, monté sur un cheval couvert de velours violet, chargé de poires d'argent blanches et dorees : et le cheval que ledict gentilhomme menoit en main estoit le cheval dessusdict, couvert de drap d'or noir. Ses pages estoyent vestus de mantelines, comme ses serviteurs. A l'encontre de luy se présenta ledict messire Philippe de Poictiers, sur un cheval couvert de martres sebelines, à une bordure d'ermines, de la longueur de la beste. Ils coururent l'un contre l'autre moult-vivement : et gaigna ledict de Poictiers la verge d'or, pource qu'il rompit sept lances, et ledict messire Jehan d'Ondeville n'en rompit que cinq.

Le dernier qui se présenta pour celuy jour fut le signeur de Ternant, lequel entra dedans les lices sur un cheval couvert d'un riche drap d'or cramoisy, semé de grosses campanes d'argent. Il estoit acompaigné de cinq nobles-hommes vestus de journades de satin violet : et tantost se présenta à l'encontre de luy ledict messire Philippe de Poictiers, sur un cheval couvert de drap d'argent : et quand ledict signeur de Ternant eut couru trois courses à l'encontre dudict de Poictiers, il tint manière que la couverte de son cheval le détourboit de courir. Si fit son cheval déharnacher, et demoura le destrier harnaché de drap d'or cramoisy, semé de campanes d'argent de mesme la houssure : et en cest estat acheva son emprise, et gaigna la verge d'or : car il rompit plus de lances que ledict de Poictiers. Ainsi se passa celuy jour de samedy, sans autre chose faire qui à ramentevoir face, pource qu'il estoit jour maigre comme le jour précedent, et n'y fit on nulle assemblee celuy soir.

Le dimanche, huictiéme jour d'icelle feste, fut le disner par les chambres, et par les salles, grand et plantureux, et tousjours de plus en plus : et apres le disner on ala sur les rangs pour veoir le pas et la jouste, qui se continua en grandes pompes : dont le premier qui se présenta pour iceluy jour fut un escuyer de noble maison, nommé Pierre de Bourbon, signeur de Carenci, cousin germain du comte de Vendosme. Il envoya présenter son blason (qui estoit armoyé des armes de Bourbon, à petite diference : car il en portoit le nom et les armes), et tantost se présenta ledict signeur de Carenci sur un cheval couvert de velours cramoisy, bordé de drap d'or noir. Son escu estoit de mesme, et avoit dedans deux os en brodure de fin or; dont l'un estoit un O d'une lettre, et l'autre l'os d'un cheval, qui estoit sa devise. Il avoit trois chevaux de pareure apres luy, dont le premier estoit couvert de drap d'or noir, le second de velours bleu : et avoit le cheval un riche chanfrain de

24.

brodure, et un plumas de mesme : et estoit ladicte couverture chargée de campanes d'argent faictes à la façon des deux os de son escu. Le tiers estoit couvert de drap d'or violet, et dessus iceux estoyent ses pages, vestus de mantelines de satin figuré bleu, et pourpoints de velours noir : et estoit acompaigné de quatre nobles-hommes vestus de mantelines de satin violet, brodé, devant et derriére, à sa devise dessusdicte. A l'encontre de luy se présenta ledict de Poictiers sur un cheval couvert de drap d'or bleu, bordé et santonné de velours cramoisy ; et gaigna ledict de Poictiers la verge d'or : car il rompit sept lances, et ledict signeur de Carency n'en rompit pas tant.

Le second qui se présenta pour iceluy jour fut le signeur de Contay, un chevalier de Picardie, chambellan de monsieur de Bourgongne. Son cheval estoit couvert de drap d'or noir, et son escu de mesmes. Il avoit apres lui un page seulement, monté sur un cheval couvert d'un riche drap d'or cramoisy : et prestement se présenta à l'encontre de luy ledict messire Philippe de Poictiers sur un cheval couvert de drap d'or, à une croix de Sainct Andri de damas blanc, et bordé de mesme ; et avint que lesdicts chevaliers ne coururent guéres l'un contre l'autre : car ledict signeur de Contay blecea, d'une atteinte, ledict de Poictiers, tellement qu'il le convint desarmer.

Et, en ensuyvant l'ordonnance du pas, fut l'horologe couché, afin que le sablon ne courust à perte ; et ne sçavoit on comment faire : car le jour s'en aloit, et ledict de Contay n'avoit point achevé son temps, et ne pouvoit estre un autre armé pour la garde du pas, qu'il ne fust bien tard. Si fut avisé par les juges que le marquis de Ferrare (qui estoit à l'entree de la lice, et avoit son tour de courir apres ledict de Contay) fourniroit, comme garde du pas, le demourant des courses audict de Contay, par tel convenant que, les courses achevees, ledict de Contay fourniroit audict marquis, comme garde du pas, l'emprise dudict marquis : et ainsi fut faict.

Le marquis de Ferrare entra dedans les lices, à douze chevaux de pareure : c'estasçavoir six couverts de riches couvertures, et six harnachés de harnois d'orfaverie. Ses pages et ses serviteurs, qui chevauchoyent sesdicts chevaux, estoyent habillés de palletots d'orfaverie : dont le cheval surquoy il estoit estoit couvert de drap d'or bleu, chargé de grandes lettres à sa devise, et brodé d'orfaverie blanche et doree. La seconde estoit de velours verd, à grande brodure de fleur de glay, et par-dessus la housse grosses campanes d'argent élevees. La tierce estoit de velours violet, chargee de roses d'argent, et à icelles roses pendoyent gros anneaux d'huis d'argent, élevés et dorés, et blancs. La quatriéme estoit de velours noir à pommes de feu en brodure, et à grandes esteincelles, et semé de pommes d'argent élevees. La cinqiéme estoit de drap de damas, jaune, brodee d'esteincelles d'orfaverie d'argent doré, et de grans croissans, et de raiz de souleil estincelant. La sixiéme, de velours noir, toute chargee de gros réchauffoers d'argent, gettans flambe : et les autres six chevaux estoyent enharnachés comme dict est. Il avoit devant luy quatre nobles-hommes vestus de satin bleu, brodé à lettres d'or de sa devise. Il fit son tour parmy les rangs : et fut telle son aventure, que son cheval ne

voulut aler, ne joindre à la lice, combien qu
plusieurs fois il se mist en son devoir : et par ce
vint que les deux chevaliers se departissent sans
rien, pour celle emprise, qui à ramentevoir fac

Le dernier qui se présenta pour celuy jour f
chevalier anglois, nommé messire Claude Waure
cheval estoit couvert d'un riche drap d'or verd, e
escu de mesme, et courut à l'encontre dudict sig
de Contay : mais son aventure fut telle, qu'
rompit qu'une lance qu'il ne fust desarmé : et ne
autre chose à la jouste pour celuy jour, ains s'en p
on des rangs, et vint on au banquet, qui fut tel qu
apres ensuit.

Celuy dimanche fut le banquet moult-bien fo
de grand plats et de grandes suites : mais su
tables n'y eut aucun entremets : et quand on
assis sur le hourd, où se monstroyent les tra
d'Hercules, fut la courtine retiree : et pour le
fiéme travail d'Hercules fut veu Hercules armé d
peau de lion, à tout son targon et sa massue. Le
Hercules chaceoit devant soy plusieurs beufs, e
mena jusques devant une montaigne, où les
beufs tindrent maniére de pasturer ; et Hercule
semblant de soy endormir, et tantost apres p
hors de la montaigne le grand larron nommé Ca
à tout grandes cordes : et luy voyant qu'Herc
dormoit, tira tous lesdicts beufs, l'un apres l'au
dedans sa caverne : et tantost apres ledict Herc
se réveilla, et regarda au tour de luy, et ne vit nul
ses beufs : car le larron ne luy avoit laissé qu'un p
veau seulement : et ne sçavoit quel chemin lesd
beufs avoyent tiré, pource que le fort larron Ca

par sa grande force les avoit trainés en sa caverne à reculon. Si chacea Hercules au long de la montaigne le veau, qui tenoit maniére de braire : et Hercules, monstrant semblant d'avoir ouy respondre lesdits beufs en la montaigne, monta amont, et aracha une grosse pierre pour regarder dedans la caverne : et illec vit Cacus et ses beufs. Si getta audict Cacus de grosses pierres, et Cacus lui gettoit feu et flammé au visage : mais en fin Cacus fut contraint saillir hors de sa caverne à tout une grande hache, et Hercules luy courut sus moult-fiérement, et fut la bataille moult-grande d'entre eux deux : mais en la fin fut Cacus abatu et occis par Hercules : et atant fut la courtine retirée, et le rollet mis dehors, disant :

> Hercules endormi, Cacus, le fort larron,
> Ses beufs luy déroba, trainant à reculon.
> Mais (quelque fort qu'il fust) l'occit le champion,
> Et fit de luy justice sans mercy ne ranson.
> Empereurs, roys et ducs, princes en géneral,
> Faites comme Hercules, le tresespecial;
> Soyez prompts en justice, et à chacun egal.
> Destruisez les tyrans, dont il ne vient que mal;
> Et vous souvienne bien de ce vers principal :
> Justice fait aimer et douter le vassal.

Assez tost après sonnérent les trompettes, et fut la courtine retirée : et là furent veus plusieurs païsans, les uns coupans bois, et les autres labourans la terre : et tout à coup survint sur eux un sanglier merveilleusement grand. Lesdicts païsans s'enfuirent : mais le sanglier en porta un à terre, et le foulla merveilleusement : et les fuyans rencontrérent Hercules armé de toutes armes, à tout son targon, et un grand espieu sur son col : et tindrent maniére de monstrer à Hercules ledict sanglier. Hercules alla celle part, et le sanglier prestement luy courut sus, de merveilleuse force : dont il avint qu'à celuy aborder ledict sanglier porta jus le targon d'Hercules, et Hercules se deffendoit de son espieu, et fut moult longue la bataille : mais en fin l'occît Hercules, et fut la courtine retiree, et mis hors le rollet, contenant :

> Hercules le trespreux, qui de son temps n'eut per (1),
> Trouva en Arcadie un merveilleux sanglier :
> Les hommes destruisoit, chacun faisoit trembler.
> Mais le vaillant l'occît, pour le peuple sauver.
> Faites comme Hercules, princes de haut parage.
> Si vous sçavez faux us en vostre baronnage,
> N'en voz sugets regir, chacun se monstre sage
> De les bien tost destruire, pour echever dommage.
> Car certes le sanglier, merveilleux et sauvage,
> Ne fait pas tant à craindre que le mauvais usage.

Le dixiéme travail d'Hercules monstré, jouérent les trompettes pour la tierce fois d'iceluy jour : et là fut veu Hercules, soy proumenant par un desert, à tout son escu et sa grosse massue : et des deux costés luy coururent sus plusieurs sagittaires, qui tiroyent fléches de tous costés, tellement qu'Hercules fut long espace qu'il ne faisoit autre chose que soy couvrir de son escu, à l'encontre du trait : mais, en fin de compte, Hercules prit sa massue à deux mains, et ferit à dextre et à senestre sur les sagittaires, tellement qu'en peu d'heure les déconfit et mit en fuitte : et les rateindoit à force de courir, et les occioit :

(1) *N'eut per* : n'eut pas son pareil.

et, la déconfiture faicte, fut la courtine retiree, et mis le rollet dont la teneur s'ensuit :

> Hercules es deserts trouva les sagittaires,
> Qui de leurs fortes fléches luy firent mains contraires :
> Mais tous les déconfit, par monceaux et par paires,
> Et ceux qui échapérent priva de leurs repaires.
> Les grans fléches agues, qui Hercules batirent,
> Furent les faulses langues qui contre luy médirent.
> Les grans valeurs de luy les bourdes contredirent,
> Et fit tant par vertu qu'en le blasmant mentirent :
> Et n'eut pas tant à faire à tous ceux qui nasquirent,
> Qu'à combatre parolles : mais d'elles se veinquirent.

Or fut passé l'onziéme travail d'Hercules : et tantost apres ressonnérent les trompettes, et furent les courtines retirees ; et là fut veu un navire auquel avoit deux mariniers, dont l'un tenoit le gouvernail, et l'autre tiroit à deux avirons : et estoit chargé ce navire de deux bornes ou coulomnes en maniére de marbre, de moult-grande grandeur et grosseur : et au milieu dudict navire estoit Hercules, vestu d'une robe longue de drap d'or, ses cheveux blancs, et longue barbe : et avoit une couronne d'or en sa teste, et monstra à ses mariniers le païs où il vouloit aler : et quand il fut un peu avant il fit arrester son navire, et prit une de ces coulomnes sur son col, par apparence de grand faix et de grande pesanteur : la planta dedans la mer, et puis fit tirer plus avant son navire, et replanta par pareille façon l'autre coulomne : et, en graciant Dieu de son œuvre, fut la courtine retiree, et furent par ces trois jours monstrés les douze travaux d'Hercules, comme dict est : et pour ce douziéme et dernier travail fut remis le rollet dehors, qui disoit ainsi :

> Hercules en son temps, où tant de renom a,
> Entre ses grans prouesses douze fois travailla :
> Dont le dernier fut tel, que les bornes planta
> En la grand mer d'Espaigne, dont sa gloire monta.
> Or, vous tous qui lisez ceste signifiance,
> Mettez borne à voz faicts : si monstrerez prudence.
> Faites comme Hercules en vostre désirance :
> Abornez voz desirs en mondaine esperance.
> Car le jour est prescript (et faut que l'on y pense)
> Que passer ne pouvons pour or ne pour chevance.

Et pour celuy jour n'y eut autre chose qui à ramentevoir face : fors que les tables furent ostees, et apres commencérent les dances.

Le lundy neufiéme jour de ceste feste, fut le disner richement et solennellement faict, comme devant : et tantost apres l'on se tira sur les rangs pour véoir clorre le pas, tant de la jouste que du tournoy : et combien que monsieur le bastard de Bourgongne, entrepreneur en ceste partie, et garde de l'Arbre-d'or, eust esté blecé (comme dict est dessus) tellement que lors, ne grand temps apres, ne se pouvoit soustenir sur sa jambe, toutesfois il se fit aporter en une litiére couverte de drap d'or cramoisy : et les chevaux qui portoyent la litiére estoyent enharnachés de mesme, à gros boullons d'argent dorés. Il estoit dedans sa litiére, vestu d'une moult riche robe d'orfaverie. Ses archers marchoyent au tour de sa litiére, et ses chevaliers et gentils-hommes au tour de luy; et certes il entra dedans la lice, selon le cas, si pompeusement et par si bel ordre, qu'il ne sembloit pas estre un bastard de Bourgongne, mais héritier d'une des plus grandes signeuries du monde. En ceste ordonnance se fit amener jusques à un hourd qu'il avoit fait faire à ce propos au bout de la lice : sur lequel hourd fut sa littiére posee, et fut soudainement close et baillee : tellement qu'il fut hors du danger de toute presse de chevaux. Tantost apres arriva le roy-d'armes de la Toison d'or, acompaigné de deux chevaliers de l'ordre : c'estasçavoir de monsieur de Crequi et de monsieur de La Gruthuse. Ledict Toison-d'or avoit sa cotte-d'armes vestue, et portoit en sa main dextre le blason des armes de monsieur le duc de Bourgongne : lequel blason fut ataché à l'Arbre-d'or, au dessus de tous les autres. Ne demoura guéres apres que mondict signeur le duc arriva sur les rangs.

Il avoit devant luy forces trompettes et heraux, et grand nombre de chevaliers et nobles-hommes de grand maison, tous vestus de paletots d'orfaverie, harnaché chacun à sa plaisance tresrichement. Il estoit armé de toutes armes, le heaume en la teste, l'escu au col (lequel escu estoit tout couvert de florins de Rin branlans), et seoyt sur un cheval couvert de velours cramoisy, brodé d'orfaverie, à maniére de fusils. Il avoit apres luy neuf pages, sur neuf chevaux couverts : le premier de velours cendré, la couverte toute batue de grans fueillages d'or élevé, moult-riche. La seconde fut de drap d'or noir : la tierce, de drap d'or cramoisy : la quatriéme, de drap d'or violet : la cinqiéme, toute couverte d'orfaverie d'or moult-riche : la sixiéme, d'un drap d'or vermeil, toute chargée de fusils d'or, aveques cailloux et estincelles de feu élevés, moult-riche. La septiéme fut d'orfaverie blanche; la huitiéme fut d'orfaverie dorée; et la neufiéme d'orfaverie meslee, blanche et dorée. Apres iceux neuf pages venoit un pallefrenier, monté sur un cheval couvert de velours brodé des lettres de mondict signeur : et menoit un cheval en main, chargé d'orfaverie d'or branlant, moult-riche. Les pages et le varlet avoyent pourpoints de velours noir, et dessus mantelines de velours, toutes couvertes d'orfaverie à fusils : et avoyent sur leurs testes carmignoles de velours bleu, aveques plumes d'austruches blanches.

En tel estat fit mondict signeur de Bourgongne son tour en la lice, en la conduite du geant et du nain : et quand il eut pris son rang, les trompettes qui estoyent sur la porte du chevalier à l'Arbre-d'or commencérent à sonner : et tantost saillit hors de ladicte porte un grand pavillon de drap de damas blanc et violet : et, à ce que j'entendy, ainsi que le chevalier à l'Arbre-d'or avoit ouvert son pas par un pavillon jaune, ainsi pareillement vouloit qu'il fust clos par un autre pavillon. Apres cestuy pavillon marchoyent les pages de mondict signeur le bastard, vestus d'orfaverie, sur chevaux couverts de plusieurs riches housseures, en quoy il avoit couru en celuy pas : et apres plusieurs gentils-hommes couverts de mesme; et, à la vérité, il avoit beau couvrir chevaux : car à celle heure il avoit dépleyé vingt quatre, que couvertures, que harnois d'orfaverie et de campanes. Quand le pavillon eut fait son tour au tour des lices, on ouvrit le pavillon : et là fut veu monsieur Adolf de Cléves, signeur de Ravastain, qui pour celle fois garda le pas contre monsieur de Bourgongne. Son cheval fut couvert de la vingt quatriéme couverte d'orfaverie, à grandes lettres, à la devise de monsieur le bastard, entrepreneur. Il avoit l'escu verd, tel qu'il avoit esté porté à la garde du pas : et quand ils eurent les lances sur les cuisses, le nain laissa courre le sablon, et sonna sa trompe : et à present commencèrent les chevaliers à courre : et, pour abreger, celle demie heure fut durement bien courue et atteinte par lesdicts deux princes : et y eut plusieurs dures atteintes et lances rompues, qui ne sont point mises en compte, pource que l'on garda tousjours le droit de la mesure telle qu'elle devoit estre : mais, pour lances deüement et franchement rompues, monsieur de Bourgongne rompit huit lances, et monsieur de Ravastain en rompit onze : parquoy il gaigna la verge d'or. Les courses faictes, ils touchérent ensemble : et en ce point fut le pas pour la jouste achevé, et à tant se fit monsieur de Bourgongne dehéaumer. Monsieur de Bourgongne, sa jouste achevée, se dehéauma : et tandis les roys-d'armes et heraux se tirérent devers les juges pour sçavoir à qui le prix devoit estre donné : lesquels juges les renvoyérent aux dames, pour en ordonner à leur bon plaisir : mais les dames les renvoyérent aux juges, et s'en raportérent à l'ordonnance des chapitres.

Si fut regardé, par les livres et escritures des roys-d'armes et heraux, qui plus avoit rompu de lances en la demie heure : et fut trouvé que s'avoit esté monsieur d'Arguel, lequel avoit rompu treize lances. Si fut par Arbre-d'or, acompaigné d'autres officiers-d'armes, à grand bruit et à grans sons de trompettes et de clairons, amené le prix sur les rangs pour le delivrer. Lequel prix estoit un dextrier couvert d'une couverture de satin noir figuré : et par les figures estoit brodee d'orfaverie blanche, houssee et branlant : et dessus le destrier avoit deux paniers, esquels estoit le harnois de jouste, tout complet, de mondict signeur le bastard : et, à la verité, ledict harnois estoit l'un des beaux harnois de jouste qu'on peust voir; et ainsi ledict Arbre-d'or mena son prix au tour de la lice, et puis vint trouver mondict signeur d'Arguel, et luy présenta le prix, de-par les dames et de-par les juges, pour avoir le plus rompu de lances à ce noble pas. Et ainsi fut le prix présenté, et le pas achevé, quant à la jouste.

Incontinent apres, les manouvriers à ce ordonnés abatirent la toile et la loge des juges, et firent la place la plus-unie qu'on peut faire : et tantost furent envoyés les vingt cinq blasons des chevaliers et nobles-hommes qui devoyent fournir le tournoy à l'encontre du chevalier à l'Arbre-d'or et ses compaignons : et furent mis et attachés à l'Arbre-d'or semblablement, comment les autres. Toutes choses achevees, arrivérent lesdicts vingt cinq nobles hommes, dont messire Charles de Challon, comte de Joingny, cousin germain de monsieur le prince d'Orange, estoit le chef. Il avoit son cheval richement couvert de velours et brodures, à sa devise : et apres luy un page chevauchant un cheval couvert de velours myparti de bleu et de violet, tout chargé de grosses campanes blanches et dorees; et apres luy venoyent les autres : c'estasçavoir messire Philippe de Commines, dom Petre, messire Jaques d'Emeries, monsieur de Mousures, messire Anthoine de Trappesonde, messire Huges de Torcy, monsieur de Lens, Dru de Humiéres, Robinet de Mannevile, Hervé Garlot, Hierosme de Cambray, Anthoine, bastard d'Auxi; George, bastard d'Auxi; Jehan Haufort, l'un des fils Talebot; le fils messire Jehan Auvart, tous trois Anglois; Charles d'Haplaincourt, Pietre Metenay, Pierre de Salins, Jehan Le Tourneur, Frederik le Palatin, Anthoine Duisy, et Anthoine Doiselet, tous richement couverts ou harnachés, les uns de soye, les autres de brodure ou d'orfaverie. Ils estoyent armés et emplumés comme en tel cas appartient, et portoit chacun d'eux une espee rabatue en sa main : lesquelles espees furent présentees aux juges, pour sçavoir si elles estoyent rabatues et coupees en pointe, comme il appartenoit.

Apres la présentation du comte de Joingny et de ses compaignons sus-nommés, fut la porte de l'Arbre-d'or ouverte, à grans sons de trompettes et clairons : et de là saillirent les princes, chevaliers, et nobles-hommes, qui avoyent jousté à l'encontre du chevalier à l'Arbre d'or, et couru à iceluy pas, et dont les noms sont enregistrés cy-dessus, en la forme de leur venue. Lesquels princes, chevaliers, et nobles-hommes acompaignoyent le chevalier à l'Arbre-d'or, et, en lieu de luy, celuy qu'il avoit commis en sa place : et furent tous leurs chevaux couverts à la pareure dudict chevalier, et semblable de luy : qui estoyent toutes couvertes de velours violet brodees à l'Arbre-d'or : et, par ceste derniére couverte du chevalier à l'Arbre-d'or, trouverez en son pas avoir depleyé vingt-cinq couvertes et pareures, dont celle derniére fut de moindre prix. Ainsi partirent les dessusdicts de la porte à l'Arbre-d'or, et se mirent en bataille au long de la lice, selon qu'ils venoyent : et le dernier qui entra fut monsieur de Bourgongne, habillé comme les autres : et apres qu'il eut veu la forme de sa bataille, il reprit son rang et sa place : et furent leurs espees envoyees présenter, comme les autres, aux juges, qui apres les leur renvoyérent, et à chascun une lance garnie comme il appartenoit : et quand ils eurent tous leurs lances sur les cuisses, il est à croire que la place estoit richement paree de cinquante personnages tels, et ainsi armés et montés qu'ils estoyent : et incontinent que la trompette eut sonné, couchérent leurs lances d'une part et d'autre : et à celle rencontre eut mainte atteinte de lances et maintes rompues, et plusieurs chevaux portés par terre; et de tels y eut affolés (1) et blecés pour à tousjours.

Apres la course des lances passee, ils mirent la main aux espees, et commença le tournoy d'une part et d'autre : lequel tournoy fut feru et batu si longuement et par telle vigueur, qu'on ne les pouvoit departir : et convint que mondict signeur de Bourgongne (qui iceluy jour avoit tournoyé et jousté, et qui à la vérité s'estoit grandement porté à toutes les deux fois) se desarmast de la teste, pour estre congnu : et vint l'espee au poing, pour departir la meslée qui recommençoit puis de l'un des bouts, puis de l'autre; et à les departir n'épargna ne cousin, n'Anglois, ne Bourgongnon, qu'il ne les fist par maistrise departir : et ledict tournoy rompu, se mirent en bataille les uns devant les autres, et par requeste combatirent par plusieurs fois un à un, deux à deux, et trois à trois : mais toutesfois mondict signeur tousjours les depar-

---

(1) *Affolés* : estropiés.

toit : et ainsi fut ce pas achevé, tant de la jouste comme du tournoy : et à tant reconduirent mondict signeur en son hostel, qui chevaucha le dernier d'eux tous : et alors le suyvit sa pareure, qui fut telle qu'il avoit dix pages après luy, ses dix chevaux couverts de velours cramoisy, tous pareils, et un cheval qu'on menoit en main tout de mesme, et toutes les couvertures chargees de campanes d'or, à moult grand nombre. Le cheval que chevauchoit le varlet qui menoit le destrier en main estoit couvert de velours, et de brodure d'autre sorte. Les pages estoyent vestus de velours cramoisy, chacun ayant une grande echarpe d'or au col ; et, à la vérité, celle pompe fut moult-grande et riche : car il y avoit es campannes et es echarpes huit cens marcs d'or : et ainsi avoit eu mondict signeur, pour iceluy jour, tant à la jouste comme au tournoy, vingt-cinq couvertes : et en l'estat dessusdict s'en ala en son hostel, et se retraït chacun pour revenir au souper, qui fut tel qu'il s'ensuit.

Celuy mesme jour de lundy fut le dernier banquet d'icelle feste : lequel fut en croissant et en multipliant de plus en plus, tant de mets que de suittes. Sur les tables avoit trente plats, lesquels plats furent faicts à maniére de jardins, dont le pié desdicts jardins estoit faict de bresil massonné d'argent, et la haye du jardin estoit toute d'or. Au milieu d'icelle closture avoit un grand arbre-d'or, et à l'encontre d'iceluy arbre estoit la viande. Les arbres furent de divers fruits, de diverses fueilles, et de diverses fleurs. L'un fut un oranger, l'autre un pommier, et par consequent de toutes autres sortes : dont les fruits et fueilles, et fleurs, furent si-proprement faicts, qu'ils sembloyent proprement arbres et propres fruits, et les faisoit tresbeau voir. Au tour de chacun arbre avoit un rollet, où estoit escrit le nom d'une abbaïe : et ainsi furent monstrees trente abbaïes, sugettes de monsieur de Bourgongne, dont l'une fut Clugny, et l'autre Cisteaux, chacune mere et chef de leur ordre en chrestienté.

Item, parmy la table, et au tour d'iceux arbres, avoit plusieurs personnages, tant hommes que femmes, étofés d'or, d'asur et de soye, qui tenoyent diverses contenances. Les uns tenoient maniére de getter battons contre les arbres, et les autres avoyent de grandes perches pour abatre des fruicts. Aucunes femmes tenoyent leurs chapeaux pour recueillir les fruits, et autres tendoyent les mains par bonne contenance.

Item, avoit pareillement parmy les tables autres personnages d'hommes et de femmes, richement étofés, dont il y avoit les aucuns, deux à deux, portans une riviére : autres portans cretins (1) et panniers sur leurs testes : autres portans panniers en leurs mains : autres portans la hotte : et autres portans panniers à merciers en leur col; et furent iceux panniers et portages chargés d'espices, d'oranges et autres fruits : et d'iceux personnages estoyent les tables tresrichement parees.

Item, et sur lesdictes tables avoit trente pastés, dont sur chacun avoit un chapeau de vigne plein de fueilles et de grappes blanches et vermeilles, si-bien faictes que ce sembloit proprement raisin. *Item*, et au plus beau de ladicte table, et à l'endroit de Monsieur, avoit

---

(1) *Cretins.*: petites corbeilles.

un riche édifice, fait des mains de maistre Stakin, chanoine de Sainct-Pierre de L'Isle. Cestuy édifice estoit haut et somptueux, et moult soubtivement faict : car il y avoit un palais, et un haut mirouer où l'on voyoit personnages inconghus. Il y avoit personnages et morisques mouvans, moult-bien et soubtivement faicts, roches, arbres, fueilles et fleurs : et devant iceluy palais avoit une fontaine qui sourdoit du doigt d'un petit sainct Jehan. Celle fontaine rendoit eaue rose moult-soubtivement contremont, et sembloit que celle fontaine arrosast les arbres et jardins d'iceluy banquet : et certes la fontaine fut moult-bien et soubtivement faicte ; et apres que la signeurie eut regardé les tables et ordonnances bien au long, chascun s'alla seoir qui mieux mieux.

Assez tost apres entra parmy la salle deux geans de merveilleuse grandeur, richement et estrangement habillés en armes, et estoyent embatonnés de merveilleux batons : et apres eux venoit, en leur conduitte, une baleine la plus-grande et la plus-grosse qui fut jamais veue par nuls entremets et présens en un personnage. Ceste baleine avoit bien soixante piés de long, et de hauteur si grande que deux hommes à cheval ne se fussent point veus l'un l'autre aux costés d'elle : ses deux yeux estoyent des deux plus-grans mirouers que l'on avoit sceu trouver. Elle mouvoit les aellerons, le corps et la queue par si-bonne façon, que ce sembloit chose vive : et en celle ordonnance marcha parmy la salle, au son de trompettes et de clairons, jusques à tant qu'elle eut fait un tour parmy la salle, et qu'elle fut retournee devant la table où mangeoit mon signeur, et la plus grande signeurie : et prestement ouvrit ladicte baleine la gorge (qui estoit moult-grande), et tantost en saillit deux sirénes, ayans pignes et mirouers à leurs mains, qui commencérent une chanson estrange emmy la place : et au son de celle chanson saillirent l'un apres l'autre, en maniére de morisque, jusques au nombre de douze chevaliers de mer, ayans en l'une des mains talloches, et en l'autre battons deffensables. Et tantost apres commença un tabourin à jouer dedans le ventre de la baleine, et à tant cessérent les sirénes de chanter, et commencérent à danser aveques les chevaliers de mer : mais entre eux se meut une amoureuse jalousie, tellement que le debat et tournoy commença entre les chevaliers, qui dura assez longuement : mais les geans, à tous leurs grans battons, les vindrent departir, et les rechacérent dedans le ventre de la baleine, et pareillement les sirénes : et puis recloït la baleine la gorge, et en la conduitte des deux geans reprit son chemin, pour s'en retourner par où elle estoit venue. Et certes ce fut un moult-bel entremets : car il y avoit, dedans, plus de quarante personnes.

Sur ce point furent les tables levees, et commencérent les danses : et tantost apres (pource qu'il estoit tard) les roys-d'armes et les heraux se mirent en la queste pour sçavoir à qui le prix seroit donné. A quoy il y eut de grandes differences : car le chaplis [1] des espees avoit esté grand et bien-combatu, et s'y estoyent tant de grans et bons personnages si-bien monstrés, qu'à la vérité on ne sçavoit à qui donner le prix. Les dames, toutes d'un acord, disoyent que monsieur de Bourgongne le devoit avoir; pource

---

[1] *Chaplis* : combat.

qu'il s'estoit moult-bien éprouvé à celuy tournoy; et consideroyent en outre qu'il avoit ce jour tres-rudement jousté : parquoy, mis ensemble le tournoy et la jouste, leur avis estoit tel que dit est. Mais mondict signeur ne le voulut accepter : et, pour finale conclusion, fut avisé que messire Jehan d'Ondeville, frére de la royne d'Angleterre, auroit le prix : et fut faict pour trois raisons. La premiére, pource qu'il estoit estranger, et qu'aux estrangers, en toutes nobles maisons, doit on faire l'honneur. La seconde, pource qu'il estoit bel et jeune chevalier, et aux jeunes gens doit on donner courage de persévérer en bien faire; et la tierce raison, pource que, tant à la jouste qu'au tournoy, il s'estoit bien et honnorablement aquité. Si luy fut présenté le prix par une des dames de-par-deçà, et par une autre d'Angleterre, des plus-grandes et des meilleures maisons, comme il est de coustume en tel cas.

Monsieur d'Argueil (qui avoit eu le prix de la jouste) vint requerir à Monsieur qu'il peust faire crier une jouste au lendemain : et s'acompaigna de plusieurs nobles-hommes apris au mestier. Laquelle jouste fut merveilléureusement-bien joustee, et de bon bois; et gaigna mondict signeur d'Argueil le prix de ceux de dedans; et un jeune escuyer, nommé Billecocq, eut le prix de ceux de dehors. Et pource que c'est chose commune de jouster à la foulle, je n'en fay autre relation.

Le mardy, dixiéme et dernier jour de celle feste, fut la grand salle parée en tel estat comme le premier jour des noces, excepté du grand buffet, qui estoit au milieu de la salle. Les trois grandes tables y furent drecees et couvertes, et fut assis mondict signeur de Bourgongne au milieu de la haute table : et à sa main dextre estoit assis monsieur le legat, et puis l'evesque de Verdun et monsieur l'evesque de Mets. A la main senestre estoit monsieur de Ravastain, et apres luy monsieur d'Escalles. La table de la dextre main estoit toute pleine de barons, chevaliers et nobles-hommes anglois; et celle du senestre costé pareillement des gens de l'hostel de Monsieur. Au milieu d'icelle salle avoit trois tables drecees, mises du long. En la premiére estoyent assis huissiers et sergens-d'armes : en l'autre, roys-d'armes et heraux; et en la tierce trompettes et ménestriers : et au regard du service, il fut grand et sollenniel, et de plus en plus en multiplication de plats et de viandes. Et sur la fin du disner se levérent roys-d'armes et heraux, et vestirent leurs cottes-d'armes : et puis prirent deux roys-d'armes un batton, et le mirent sur leurs espaules : et sur iceluy batton portoyent les deux roys-d'armes un grand sac plein d'argent, et vindrent crier, devant la personne de monsieur le duc, *Largesse!* comme il est de coustume, et pareillement es deux bouts de la haute table : et puis s'en allérent parmy la salle, et trompettes et clairons sonnérent, tellement que tout retentissoit. Aprés les tables leveés et grâces dictes, tandis qu'on ala querir les espices, vindrent les officiers d'armes de sa maison devant luy : et là publiquement il changea les noms de plusieurs, et fit, de heraux, roys-d'armes et mareschaux, et, de poursuivans, heraux : et de nouveaux poursuivans baptisa il, comme il est de coustume. Et ainsi se passa la solennité et triomphe d'icelle festé : car l'endemain, pour une affaire qui survint à mondict signeur au païs de Holande, il se tira celle part, et prit congé de la duchesse de Nolfolck et des autres signeurs et dames d'Angleterre, et leur donna dons, chacun selon sa qualité, et aux nobles-hommes et aux dames. Et à tant se taist le compte de ceste noble feste, et ne say pour le present chose digne de vous escrire, fors que je suis le vostre.

CHAPITRE V.

Comment le duc Charles de Bourgongne se saisit de la duché de Gueldres, et de celle de Lorraine aussi.

Trois ou quatre ans devant les choses dessusdictes, le jeune duc de Gueldres avoit pris son pére le duc Arnoul, et l'avoit mis en prison, lui imposant certains cas assez deshonnestes : dont le duc Charles de Bourgongne ne se contentoit point du jeune duc Adolf; et avint que le jeune duc vint voir monsieur de Bourgongne, qui le fit prendre et arrester, pour le contraindre à luy rendre son pere le duc Arnoul. Ce qui fut faict par traitte de temps : mais le duc Adolf fut tousjours detenu prisonnier du duc de Bourgongne.

Au temps dessusdict, le roy de France et le duc de Bourgongne prirent en haine Louis, comte de Sainct-Pol, connestable de France : et, pour conclusion, tant se continua ceste haine, qu'ils le firent mourir publiquement [1]. De ceste mort je ne quier

---

[1] Le connétable fut décapité à Paris le 19 décembre 1475.

guéres parler : car je ne l'appreuve, ne contredy, et en laisse faire aux nobles princes dessusdicts, qui en ordonnérent à leur plaisir. Et en cedit temps le duc de Bourgoigne tint sa feste de la Toison en la ville de Valentiennes : et y fut le signeur de Crouy, duquel le duc de Bourgongne s'estoit nouvellement contenté ; et vaut bien à ramentevoir que ceux de Crouy avoyent un neveu, nommé messire Jehan de Rubempré, lequel fut si bon et si cordial parent, qu'il fit la paix de tous ses parens envers le duc : dont il eut grand honneur et bonne renommee.

Celle feste de la Toison d'or fut moult-belle et somptueuse : car quant aux manteaux des confréres (qui n'estoyent que d'escarlatte), le duc Charles les fit faire de velours cramoisy : et estoit moult-belle chose à voir, tant les chevaliers comme les pareures. Et ainsi fut celle feste moult-notablement célebree : et là furent chevaliers de l'ordre le signeur de Clecy, le signeur d'Imbercourt, comte de Maigne ; le comte de Cimay, ledict messire Jehan de Rubempré, messire Anglebert de Nassau, comte de Vienne, et plusieurs autres dont je n'ay point de souvenance : et, ce jour, messire Jehan de Luxembourg tint unes joustes contre tous-venans, et fut merveilleusement pompeux et acompaigné de sa personne. Et gaigna ce jour le prix messire Jehan Raolin, aisné fils du signeur d'Emeries : et, au partir d'icelle feste, le duc tira son armee au païs de Gueldres, et conquesta tout le païs sans grande résistance, reservee la vile de Vannelock (1), qui soustint ne sçay quants jours le siége ; mais en fin ils se rendirent, comme les autres : et

---

(1) *Vannelock* : lisez *Venloo*.

ainsi fut le duc de Bourgongne duc de Gueldres (1), et fit passer ses gens le Rin, pour aler conquerir la comté de Zutphem. Ce qui fut legérement faict : et les gougeas de l'hostel du duc aloyent tous les jours voir les dames à Devantel, qui sont femmes moult-gracieuses, et qui prennent plaisir à festeyer estrangers. Le duc laissa à Zutphem messire Baudoin de Launoy, signeur de Molembais; Le Veau de Bousanton, et plusieurs autres bons gens-d'armes : et puis repassa la riviére du Rin, et prit son chemin contre Bourgongne.

Le duc passa par Ferrette, et vint en Bourgongne : et à Sainct-Benigne de Digeon luy fut, par l'abbé, mis au doigt un riche anneau, en l'espousant du duché de Bourgongne, ainsi que c'est l'ancienne coustume : et s'en retourna le duc en son hostel, auquel il tint estat de duc, et ses principaux officiers aveques luy : comme le chancelier, le premier chambellan, le mareschal, et le grand maistre-d'hostel. Et estoit belle chose de voir iceux en leur triomphe : et apres avoir demouré à Digeon huict ou dix jours, le duc ordonna ses affaires, et ala faire un tour par la comté de Bourgongne, et visiter et aorer (2) le corps de monsieur sainct Claude (qui est un noble reliquaire); Et s'en revint par Lyon le Saunier (où il trouva le prince d'Orange, qui le festeya grandement), et de là retourna à Digeon, et n'y arresta guéres : mais disposa de s'en retourner en Flandres, et s'arresta à Luxembourg, pour aviser sur ses besongnes.

(1) *Duc de Gueldres :* Le droit de Charles à ce duché étoit la vente qui lui en avoit été faite par Arnoul, dont il avoit pris la défense. —
(2) *Aorer :* honorer.

En ce temps, Henry, comte de Vistemberg, vint passer pres du duc, ses gens tous vestus de jaune: et fut le duc averti que c'estoit contre luy. Si l'envoya prendre, et amener prisonnier : et en sa prison promit au duc de luy rendre le chasteau de Montbeliart, et fusmes envoyés, monsieur Du Fay et moy, pour avoir la place; mais le comte Henry ne pouvoit fournir à sa promesse : car la coustume de Montbeliart est telle, que plus-tost verroyent les soudoyers couper la teste à leur signeur, que de rendre une telle place : mais la gardent jusques au dernier des signeurs qui demeure en vie. Et ainsi nous en revinsmes sans rien faire.

En ce temps (1) mourut le duc Nicolas, fils et seul héritier de monsieur Jehan de Calabre : et au regard du duc, il vouloit bien dissimuler le temps aveques le duc Nicolas : mais au duc Regnier, fils du comte de Vaudemont (à qui l'héritage venoit), il ne se pouvoit accorder ne dissimuler : et quant le duc Nicolas fut trépassé, le duc de Bourgongne entra au païs à main forte, et se fit duc de Lorraine, sous la querelle que les Lorrains l'avoyent abandonné devant Nuz, à son grand besoing : et si-bien exploita, qu'il chacea le duc Regnier (2) hors du païs, et gaigna tout le païs de Lorraine en peu de temps : et se tint Nancy, qui assez-tost parlementa; et fut rendue (3) par appointement. Et ainsi en une saison, ou bien pres, il se fit duc de Gueldres et de Lorraine, et establit messire Jehan de Rubempré pour gouverneur de Lorraine, et y laissa bonne garnison, et principalement

---

(1) *En ce temps*: au mois d'août 1473. — (2) *Le duc Regnier*: le duc René. — (3) *Fut rendue*: en novembre 1476.

d'Anglois : et de là s'en ala en Bourgongne. Et est vray que grans languages estoyent tenus du jeune duc de Savoye et de madame Marie, fille du duc de Bourgongne.

CHAPITRE VI.

Comment les Suisses déconfirent le duc Charles de Bourgongne par deux fois.

En ce temps le comte Amé de Romont (1) rua jus certain nombre de chariots apartenans aux Suisses, lesquels prirent mal en gré d'avoir esté pillés par le comte de Romont, et se mirent sus à grosse puissance : et le duc de Bourgongne vint au secours dudict de Romont, et prit aucuns Suisses qui estoyent pour garder la place de Granson, apartenant au prince d'Orange : lesquels Suisses le duc de Bourgongne fit pendre et estrangler; et desiroit moult le duc de trouver les autres aux champs, et de les combatre : et pour leur donner amorse de venir, il envoya ses archers de corps dedans le chastel de Vaumarcou : et le duc de Bourgongne l'endemain amena son armée pour secourir ses archers de corps, et y eut grosse écarmouche, et fut le duc, et ses gens, rebouté : et à celle écarmouche mourut Pierre de Lignane, qui estoit un moult vaillant escuyer. Là mourut le signeur de Chasteauguyon, le signeur du Mont-Sainct-Sorlin, Jehan de Lalain, Louis Raulin,

---

(1) *Amé de Romont* : lisez *Jacques de Romont.*

signeur de Prusely, et plusieurs autres gentils personnages. En fin de compte (1), le duc de Bourgongne perdit celle journee; et fut rebouté jusques à Joingné, où il se sauva et garantit : et est raison que je die comment et par quelle maniére se sauvérent les archers de corps du duc. Après la bataille déconfite, le capitaine d'iceux archers (qui estoit un jeune escuyer nommé George de Rozimbos) quand il veit la bataille perdue pour nous, il parla aux archers, et leur dît :
« Vous voyez l'inconvénient qui nous est advenu, et
« le danger où nous sommes. Je seroye d'opinion
« qu'encores-ennuict, à l'heure qu'il fera la plus-
« grande nuict, et que les ennemis seront le plus-
« endormis, que nous saillions tous ensemble l'espee
« au poing, et passions parmy l'ost : car il est heure
« de garantir noz vies. » Tous s'acordérent au conseil de leur capitaine, excepté un qui estoit blecé. Si se partirent tous ensemble du chasteau, ainsi qu'il avoit esté conclu : et fut leur fortune si bonne qu'ils passérent franchement, et toute nuict chevauchérent, et se vindrent rendre à Salins, où je les vey arriver : car je ne fu point à la journee, à cause d'une maladie que j'avoye. De Joingné, le duc tira à Noseret : et devez entendre que le duc estoit bien-triste et bien-melancholieux d'avoir perdu celle journee, où ses riches bagues furent pillees, et son armee rompue.

Le duc se tira devant Lonzanne, où il se refortifia le mieux qu'il peut, et fit venir gens nouveaux, du païs de Hainaut, et aussi du païs de Gueldres : et en peu de temps refit une grosse armee, et se tira en

---

(1) *En fin de compte :* la bataille de Granson fut livrée au mois d'avril 1476.

païs, pour trouver lesdicts Suisses : et à la mettre le siége devant Morat (qui est une vile de la comté de Romont), et y fit grandes batures et grandes aproches : et ne faillirent point lesdicts Suisses d'y venir, et pour la seconde fois fut déconfit (1) le duc de Bourgongne devant Morat, et luy tuérent beaucoup de ses gens. Ainsi eut le duc de Bourgongne la fortune deux fois contre luy en peu de temps : et là mourut le comte de Marle, fils du comte de Sainct-Pol ; et ce bon et vaillant escuyer Jaques Du Mas, l'estendard du duc de Bourgongne en ses bras, qu'onques ne voulut abandonner.

Et afin que je n'oublie rien, j'ay à ramentevoir ce que fit le duc de Bourgongne apres qu'il eut gaigné Liége, et que le Roy se fut party de luy. Le duc ouït dire (2) que les Liégeois s'estoyent retirés au païs de Franchemont, et se delibera de les aler combatre : et vint en Franchemont par le plus grand froid qu'il est possible de faire, et se logea en un vilage qu'on appelle Pouleuvre, où luy et ses gens endurérent et faim et froidure. Toutesfois ceux d'Ais en Alemaigne luy envoyérent quatre queues de vin, qui luy vindrent bien à point : et prestement en envoya l'une à monsieur de Bressé et au signeur de Savoye (qui estoyent aveques luy), dont ils firent grand' feste : et commencérent vivres à venir, qui moult reconfortérent l'armee. Au regard des Liégeois et de ceux de Franchemont, quand ils sceurent la venue du duc et de son armee, ils s'enfuirent tous en divers lieux ; et mesmement au plus espois des bois : et avint que

---

(1) *Fut déconfit* : la bataille de Morat fut livrée au mois de juin 1476.
— (2) *Le duc ouït dire* : cet événement est de l'année 1468.

le signeur de Traves, bourgongnon, et de ceux de Toulongeon, se mirent si-avant en leur poursuitte qu'ils furent par les Liégeois merveilleusement batus et navrés, et en danger de mourir : et apres que le duc de Bourgongne eut demouré certains jours à Pouleuvre, cuidant que les Liégeois luy deussent venir courre sus, il se partit d'iceluy lieu, et prit le chemin contre ses païs, et traversa les riviéres de Franchemont (qui sont roides et profondes) par si-grand froid, qu'on ne pourroit plus-grand froid au monde. Là vey j'un flascon d'argent plein de tizanne. La tizanne fut si-engelee dedans le flascon, que la force de la glace rompit ledict flascon : et pouvez penser si les pouvres gens-d'armes eurent pas leur part de la grande froidure : et le duc passa outre lesdictes riviéres, et se mit en chemin contre Namur, pour retourner en ses païs.

Et apres les deux fois (1) qu'avoit esté le duc rompu, nouvelles luy vindrent que le duc de Lorraine avoit mis le siége devant Nancy, et reconquis la plus-part du païs de Lorraine sur le duc de Bourgongne : et le duc (qui moult estoit courageux), à tout les gens-d'armes qu'il peut recueillir, se tira prestement en Lorraine, en intention de secourir messire Jehan de Rubempré, son lieutenant, en la ville de Nancy. En ce temps, ou peu par-avant, les comtes de Chimay et de Maigne, en intention de fortifier la paix qui estoit entre le Roy et le duc de Bourgongne, conclurent une tréve de neuf ans pour le Roy, pour le

---

(1) *Et apres les deux fois* : l'auteur se reporte ici aux deux défaites que Charles éprouva en Suisse. La tréve dont il est question fut conclue au mois de septembre 1475.

duc et leurs hoirs, où fut compris nommément monsieur le Dauphin, fils du Roy, et madame Marie de Bourgongne, fille du duc de Bourgongne (car ils estoyent nés et vivans); et fut celle tréve jurée et acordée du Roy et du duc. Et afin qu'il en soit memoire, j'ay incorporé et enregistré ladicte tréve de neuf ans en ces presents Memoires, ainsi que le contenu de mot à mot ensuit.

CHAPITRE VII.

S'ensuit le contenu, au long, des tréves de neuf ans, faictes et conclues par le roy Louis de France d'une part, et mon tresredouté signeur et prince Charles, duc de Bourgongne, d'autre part, le treiziéme jour de septembre l'an de grâce 1475.

« CHARLES, etc., à tous, etc., salut. Comme par-cy-devant plusieurs journees ayent esté tenues en divers lieux, entre les gens à ce commis et deputés de par le Roy et nous, pour trouver moyen de reduire et mettre à bonne paix et union les questions, divisions et differences estans entre nous, et sur icelles trouver, recevoir et accepter une paix finale (laquelle chose jusques ici n'a peu prendre conclusion); considerans qu'à l'honneur et louenge des princes chrestiens rien n'est plus convenable que de desirer et aimer paix, de laquelle le bien et le fruit, es choses terriennes et mortelles, est si grand que plus ne pourroit : nous, desirans envers Dieu nostre createur nous monstrer, par effect, vertueux, obeïssant en toutes noz operations, afin que l'Eglise, en vaquant au service divin, puisse prendre vigueur et demourer en vraye et seure franchise les nobles, et le cours des autres hommes mortels abandonner en repos et tranquillité sans servitude d'armes, et que l'entreténement de noz païs et signeuries, tant au faict de la marchandise qu'autrement, puisse estre parmaintenu, et l'estat d'un chacun demourer en son entier; et consequemment le povre menu peuple, ensemble tous noz sugets, puissent labourer et vaquer, chacun endroit soy, à leurs besongnes, industries et artifices, sans quelconque violence et oppression; et le temps à venir, moyennant la grâce de Dieu, entre eux vraye et perpetuelle paix et justice, necessaire à toute la terre chrestienne, garder, entretenir et observer, et en icelle vivre et mourir inviolablement : avons, par l'avis et deliberation de plusieurs signeurs de nostre chambre, et gens de nostre grand conseil, fait, conclu et acordé entre le Roy et nous, pour nous, noz hoirs et successeurs, et par tous les païs, terres et signeuries, d'une part et d'autre, tréves génerales, en la forme et maniére qui s'ensuit. Premiérement, bonne, seure et loyale tréve, estat et abstinence de guerre, sont pris, acceptés, fermés, conclus et acordés par terre, par mer, et par eaues douces, entre le Roy et mondict signeur de Bourgongne, leurs hoirs et successeurs, païs, terres et signeuries, sujets et serviteurs : icelle tréve, seur estat et abstinence de guerre commençant ce jourd'hui treiziéme jour de ce present mois de septembre, durant le temps et terme de neuf ans, et finissant à semblable treiziéme jour de septembre, lesdicts neuf ans révolus, que l'on dira l'an 1484. Pendant lesquelles tréves, seur estat et abstinence de guerre, cesseront d'une part et d'autre toutes guerres, hostilités et voyes de faict : et ne seront faicts par ceux de l'un party sur l'autre, de quelque estat qu'ils soyent, aucuns exploits de guerre, prises et surprises de viles, fortresses ou chasteaux tenus et estans es mains ou obeïssance de l'un ou de l'autre, quelque part qu'ils soyent situés ou assis, par assauts, siéges, emblees, eschellemens et compositions; par actions, ne sous couleur de marque, contremarque et represaille, ne sous couleur de debtes, obligations, tiltres n'autrement, en quelque forme ou maniere que ce soit : supposé ores que les signeurs ou les habitans desdictes viles, places, chasteaux, fortresses, ou ceux qui en auront la garde, les vousissent rendre, bailler et delivrer, de leur voulonté ou autrement, à ceux du parti ou obeïssance contraire. Ouquel cas (s'il avenoit) celuy par lequel, ou à l'aide duquel, auroit esté ce faict, et prise la vile ou les viles, places et chasteaux ou fortresses, les seront tenus faire rendre et restituer plainement à celuy sur qui ladicte surprise auroit esté faicte; sans delayer à ladicte restitution, pour quelque cause ou occasion que ce soit avenu, en dedans huit jours apres la sommation sur ce faicte de l'une desdictes parties à l'autre. Et au cas que faute y auroit de ladicte restitution, celuy sur le party duquel ladicte emprise auroit esté faicte pourra recouvrer ladicte vile ou viles, cités, places et chasteaux ou fortresses, par siéges, assauts, eschellemens, emblees et compositions, et par voye de faict et hostilité de guerre ou autrement, ainsi qu'il pourra, sans ce que l'autre y donne résistance ou empeschement : ou qu'à l'occasion de ce lesdictes tréves, seur estat et abstinence de guerre en puissent estre n'entendues, rompues, n'enfreintes, mais demourans, ledict temps durant, en leur plaine et entiére force et vertu : et sera tenu celuy qui aura fait ladicte restitution rendre et payer tous cousts et dommages qui auront esté et seront faicts et soustenus, en général ou particulier, par celuy ou ceux sur qui ladicte prise aura esté faicte.

« *Item*, et par les gens-de-guerre, et autres du party et aliance de mondict signeur de Bourgongne qui voudront estre compris, ne seront faicts aucuns rançonnemens, prises et détrousses de personnes, de bestes, ou d'autres biens quelconques, sur les gens, viles, places, signeuries et autres lieux estans du parti et obeïssance du Roy : et pareillement par les gens-de-guerre, et estans du parti et aliance du Roy, qui voudront estre compris sur les terres, viles et places estans du parti et obeïssance de monsieur de Bourgongne : ains seront et demoureront tous les sugets et serviteurs d'un costé et d'autre, de quelque estat, qualité, nation et condition qu'ils soyent, chacun en son parti et obeïssance, seurement et sauvement, et paisiblement, de leurs personnes, et tous leurs biens : et y pourront labourer, marchander, faire et préparer toutes leurs autres besongnes, marchandises, negotiations et affaires, sans détourbier ou empeschement quelconque.

« *Item*, pendant et durant lesdictes tréves, seur estat et abstinence de lerre, les sugets, officiers et serviteurs d'une part et d'autre, soyent prelats, gens-d'Eglise, princes, barons, nobles, marchans, bourgeois, laboureurs, et autres quelconques, de quelque estat, qualité, nation ou condition qu'ils soyent, pourront aler, venir, sejourner, converser, marchandement et autrement, en tel habillement que bon leur semblera, pour quelconques leurs negociations et affaires les uns avec les autres, et les uns es païs, signeuries et obeïssance de l'autre, sans saufconduit, et tout ainsi que l'on pourroit communiquer, aler et marchander en temps de paix, et sans aucun détourbier, arrest ou empeschement : si ce n'est par voye de justice, et pour leurs debtes, ou pour leurs delicts, abus ou excès, qu'ils y auront par-cy-devant perpetrés et commis : sauf aussi que les gens-de-guerre en armes n'a puissance ne pourront entrer de l'un parti en l'autre, en plus haut nombre d'octante à cent chevaux, et en dessous : et ne seront dictes ne proferees, à ceux qui iront ou converseront d'un parti à l'autre, aucunes injures ou opprobres, à cause du party : et si aucuns font le contraire, ils seront punis et corrigés, comme infracteurs de tréves.

« *Item*, tous prelats, gens-d'Eglise, nobles bourgeois, marchans, et autres sugets, officiers et serviteurs d'un parti et d'autre, de quelque estat ou condition qu'ils soyent, durant lesdictes tréves, seur estat et abstinence de guerre, auront et recouvreront la jouissance et possessions de leurs benefices, terres, places, signeuries, et autres biens immeubles, en l'estat qu'ils les trouveront : et y seront receus sans empeschement, contredict ou difficulté, et sans obtenir autres lettres de main levée, n'estre contrains à en faire nouvelle feauté ou hommage, en faisant serment en leurs personnes ou par leurs procureurs en la main du bailly ou son lieutenant, sous qui seront lesdicts bénefices, placés, terres, signeuries et biens immeubles, de non traitter et pourchacer d'iceux quelques choses préjudiciables au party où ils seront : et les signeurs d'un party ausquels appartiennent places, estans és frontiéres de l'autre party, bailleront leurs seelés de non en faire guerre au party : et, en recevant ladicte delivrance d'iceux, promettront, jureront et bailleront leurs seelés de non en faire guerre au party où elles sont; et que, cesdictes tréves expirees, les delaisseront en la plaine obeïssance dudict party où elles sont. Toutesfois, pour aucunes causes et considérations, le Roy est content que la place de Rambures soit entiérement baillee et delivree au signeur d'icelle, sans y mettre autre capitaine ou garde, pourveu qu'il fera serment aussi qu'il baillera son seelé, en la main de celuy qui luy fera ladicte restitution, que durant ceste presente tréve, n'apres icelle finie, il ne fera ne pourchacera chose préjudiciable au Roy, à ses païs, signeuries ou terres, n'aussi à mondict signeur de Bourgongne, ses païs ou signeuries : et ne mettra garnison en icelle place qui porte ou face dommage à l'une ou à l'autre des parties. Et quant aux places et fortresses de Beaulieu et de Vervin, mondict signeur de Bourgongne consent qu'en luy faisant la delivrance reelle des viles et bailliages de Sainct-Quentin et places dont le traitté est faict entre le Roy et luy, les fortresses desdicts lieux soyent abatues, la revenue et signeurie revenant et demourant entiérement aux signeurs desdicts chasteaux. Et aussi est traitté et acordé, pour plus-ample declaration, que les terres et signeuries de La Ferté, Chastellier, Vendeul et Sainct-Lambert, dependans de la comté de Marle, demoureront au Roy en obeïssance, pour y prendre tailles, aides, et tous autres droits, comme des autres terres de son obeïssance, la signeurie et revenue demourant à monsieur le comte de Marle : et pareillement les chasteaux, viles, terres, chastellenies et signeuries de Marle, Gerrain, Moncornet, Sainct-Gobain et Damsi, demoureront à mondict signeur de Bourgongne en obeïssance, pour y prendre tailles, aides, et tous autres droits dessus-dicts : les signeuries et revenues demourans au comte de Marle, selon le contenu de l'article précedant. Et aussi esdictes tréves et abstinence de guerre, en tant qu'il touche lesdicts articles de communication, hantise, retour et jouissance de biens, ne seront compris messire Baudouin, soy disant bastard de Bourgongne, le signeur de Renty, Jehan de Chata, et messire Philippe de Commines : ains en seront et demoureront du tout exceptés et forclos.

« *Item*, si aucune chose estoit faicte ou attentee au contraire de ceste presente tréve, seur estat et abstinence de guerre, ou d'aucuns des poincts et articles qui y sont contenus, ce ne tournera ou portera préjudice qu'à l'infracteur ou infracteurs seulement, ladicte presente tréve tousjours demourant en sa force et vertu ledict temps pendant : lesquels infracteur ou infracteurs seront punis si-griévement que le cas requerra : et seront les infractions (si aucunes sont) reparees et remises au premier estat, par les conservateurs cy-apres nommés, promptement, si la chose y est disposée : ou, du plus tard, commenceront à besongner dedans six jours, apres que lesdictes infractions seront venues à leur congnoissance : et ne departiront lesdicts conservateurs, d'une part et d'autre, d'ensemble, jusques à ce qu'ils auront apointé et fait faire lesdictes réparations ainsi qu'il appartiendra, et que le cas le requerra.

« *Item*, pour la part du Roy, seront conservateurs pour la comté de (1) et Sainct-Vallery, et les autres places à-l'environ, monsieur le mareschal de Gamaches; pour Amiens, Beauvoisis, et marches à l'environ, monsieur de Torchi; pour Compiengne, Noyon, et marches à l'environ, le bailly de Vermandois; pour la comté de Guise, La Trace et Archelo, le signeur de Villiers; pour la chastélenie de La Faire et Larry, le prevost de ladicte Larry; pour toute la Champaigne, monsieur le gouverneur illec y pourra commettre; pour le païs du Roy, environ les marches de Bourgongne, monsieur de Beaujeu y pourra commettre; et pour le bailliage de Lyonnois, et pour toute la coste de la mer de France, monsieur l'admiral y pourra commettre.

« *Item*, pour la part de mondict signeur de Bourgongne, seront conservateurs, pour les païs de Ponthieu et de Brimeux, messire Philippe de Crévecueur, signeur des Cordes; pour Corbie et la prevosté de Feuillay et de Beauquesne, le signeur de Contay; pour Peronne et la prevosté dudict Peronne, le signeur de Clerry; et en son absence le signeur de La Hergerie, et pareillement pour les viles et chastellenies de Mondidier, Roye, et places d'environ; pour

---

(1) *Pour la comté de :* lisez *pour la comté d'Eu.*

Artois, Cambresis et Beaurevois, Jehan de Longueval, signeur de Vaux; pour la comté de Marle, le signeur d'Imbercourt; pour le païs de Hainaut, monsieur d'Emeries, grand-bailly dudict païs; pour le païs de Liége et de Namur, mondict signeur d'Imbercourt, lieutenant de mondict signeur le duc esdicts païs; pour le païs de Luxembourg, le gouverneur d'illec, marquis de Rothelin; pour le pays de Bourgongne, duché et comté, viles et places à l'environ, estans en l'obeïssance de mondict signeur de Bourgongne, monsieur le mareschal de Bourgongne, qui commettra en chacun lieu particuliérement où il sera besoing; pour le païs de Masconnois et places à l'environ, monsieur de Clecy, gouverneur dudict Masconnois; pour le pays et comté d'Auxerre, et le païs à l'environ, messire Tristan de Toulongeon, gouverneur dudict Auxerre; pour la vile et chastellenie de Bar-sur-Seine, et places à l'environ, le signeur des Chanets; pour la mer de Flandres, messire Josse de Lalain, admiral; et pour la mer de Hollande, Zeelande, Artois et Boulongnois, monsieur le comte de Boucam, admiral desdicts lieux.

« *Item*, s'il avenoit que, pendant et durant ledict temps de ladicte tréve, aucuns conservateurs, nommés d'une part et d'autre, alassent de vie à trépas, en ce cas le Roy de sa part, et mondict signeur de Bourgongne de la sienne, seront tenus nommer, commettre et establir autres conservateurs, qui auront tel et semblable pouvoir comme les précedans : et le signifieront aux conservateurs prochains, afin qu'aucun n'en puisse pretendre ignorance.

« *Item*, que tels conservateurs particuliers, qui

ainsi seront commis pour la part du Roy et pour la part de mondict signeur de Bourgongne, ou leurs subrogués et commis (s'ils avoyent légitime excusance de non y vaquer en personne), c'estasçavoir les deux de chacune marche pour les deux costés, seront tenus d'eux assembler une fois es limites du Roy, et autresfois de mondict signeur de Bourgongne, en lieux propices et convenables qu'ils aviseront, pour converser illec de toutes les pleintes et doleances qui seront mises en-avant d'un costé et d'autre touchant lesdictes tréves, et prestement en apointer, et faire réparation, ainsi qu'il appartiendra. Et s'il avenoit que, pour autre grande matiére, il y eust difficulté entre eux dont ils ne peussent apointer, ils seront tenus de signifier et faire sçavoir incontinent (c'estasçavoir les conservateurs de la part du Roy pour les marches et païs de-pardeça, et les conservateurs de la part de mondict signeur de Bourgongne es marches de-pardeça) à monsieur le chancelier et gens-de-conseil de mondict signeur de Bourgongne, et, es marches de Bourgongne, à monsieur le mareschal et aux gens du conseil estans à Digeon, la qualité desdictes plaintes, et faire ce qu'ils en auront trouvé : lesquels seront tenus incontinent, et le plus brief que faire se pourra apres ladicte signification, vuider et décider lesdictes plaintes et doleances, et en faire jugement et decision telle que de leurs consciences aviseront estre à faire.

« *Item*, au cas qu'à cause desdites difficultés lesdicts conservateurs renvoyent lesdictes plaintes ainsi que dict est, et s'il y a personne qui empesche lesdicts conservateurs, ils pourvoyent d'elargissement : et s'il avenoit qu'aucuns desdicts conservateurs se vousissent excuser d'entendre ausdictes réparations, maintenans et prétendans les infractions non estre avenues en leur limites, ils seront en ce cas tenus le signifier au conservateur, es limites duquel ils maintiendront lesdictes infractions estre avenues : lequel conservateur, au cas qu'il ne voudra entreprendre la charge d'amender seul ladicte réparation, sera tenu de soy assembler aveques l'autre conservateur qui luy aura fait faire ladicte signification, pour ensemble, aveques le conservateur ou conservateurs de l'autre costé, besongner esdictes réparations par la maniére dessusdicte.

« *Item*, seront lesdicts jugemens, que feront lesdicts conservateurs d'une part et d'autre, exécutés reellement et de faict : et à ce seront contrains les sugets d'une part et d'autre, nonobstant appellation ou opposition quelconque, et sans ce que les condamnés puissent avoir n'obtenir aucuns remédes au contraire, en quelque maniére que ce soit.

« *Item*, en ceste tréve sont compris les aliés d'une part et d'autre cy-apres nommés, si compris y veulent estre : c'estasçavoir, pour la part du Roy, treshauts et trespuissans princes le roy de Castille, le roy d'Escoce, le roy de Dannemarc, le roy de Jerusalem et de Cecile, le roy de Hongrie, le duc de Savoye, le duc de Lorraine, l'evesque de Mets, la signeurie et communauté de Florence, la communauté et signeurie de Bergue, et leurs aliés, qui furent compris en la tréve précedente faicte en l'an 1472, et non autrement; ceux de la ligue de haute Alemaigne, et ceux du païs de Liége qui se sont déclairés pour le Roy, et retirés en son obeïssance : lesquels aliés seront tenus de faire leur déclaration s'ils voudront estre compris en ladicte tréve, et icelle signifier à mondict signeur de Bourgongne, en dedans le premier jour de janvier prochain venant. Et, pour la part de mondict signeur, y seront compris (si compris y veulent estre) treshauts et trespuissans princes le roy d'Angleterre, le roy d'Escoce, le roy de Portugal, le roy Fernand de Jerusalem et de Cecile, le roy d'Arragon, le roy de Castille, le roy de Cecile le fils, le roy de Dannemarc, le roy de Hongrie, le roy de Poulaine, le duc de Bretaigne, madame de Savoye, le duc son fils, le duc de Milan et de Gennes, le comte de Romont et maison de Savoye, le duc et signeurie de Venise, le comte palatin, le duc de Cléves, le duc de Juliers, les archevesque de Coulongne, et evesques de Liége, d'Utrech et de Mets : lesquels seront tenus de faire déclaration s'ils veulent estre compris en ladicte tréve, et le signifier au Roy en-dedans le premier jour de janvier prochain venant. Ce toutesfois entendu que si lesdicts aliés, compris de la part du Roy ou aucuns d'eux, à leur propre querelle, ou en faveur ou aide d'autruy, mouvoyent ou faisoyent guerre à mondict signeur de Bourgongne, il se pourra contre eux deffendre, et à ceste fin offendre [1], faire et exercer la guerre, ou autrement remédier ou obvier de toute sa puissance, et les contraindre et réduire par armes et hostilités ou autrement, sans ce que le Roy leur puisse donner ou faire donner secours, aide ou assistance à l'encontre de mondict signeur de Bourgongne, ne que ladicte tréve soit par ce enfrainte : et pareillement

(1) *Offendre* : faire une guerre offensive.

si lesdicts aliés, compris de la part de mondict signeur le duc, ou aucuns d'eux, à leur propre querelle, ou en aide et faveur d'autruy, mouvoyent ou faisoyent guerre au Roy, il se pourra contre eux deffendre, et à ceste fin les offendre, faire et exercer guerre, ou autrement y remédier et obvier de toute sa puissance, et les contraindre et reduire par armes, hostilités et autrement, sans ce que mondict signeur de Bourgongne leur puisse donner ou faire donner secours, faveur n'assistance à-l'encontre du Roy, ne que ladicte tréve soit par ce rompue n'enfreinte.

« *Item*, pour oster toutes matiéres et occasions de guerre ou de debat pendant la tréve, le Roy se declairera pour mondict signeur de Bourgongne; à-l'encontre de l'empereur des Rommains, ceux de la cité de Coulongne; et tous ceux qui leur feront cy-apres aide ou serment, à-l'encontre de mondict signeur de Bourgongne : et promettra le Roy de non leur faire aide, secours n'assistance quelconque, à-l'encontre de mondict signeur de Bourgongne, ses païs, signeuries et sugets, en quelque maniére que ce soit ou puisse estre.

« *Item*, pour considération de ce que ce present traitté fut des pieça, mesmement au temps de may l'an 74, pourparlé entre les gens du Roy et entre les gens de mondict signeur de Bourgongne, le Roy consent et acorde que toutes les places, viles et terres qui, depuis ledict pourparlement de cedict present traitté, ont esté prises et occupees sur mondict signeur de Bourgogne, ses païs, sugets et serviteurs, de quelque païs que ce soit, par les gens du Roy et autres, qui de sa part sont et voudront estre compris en ceste presente tréve, soyent rendues et restituees à mondict signeur de Bourgongne et à sesdicts sugets et serviteurs : et ainsi le fera faire par effect le Roy, de toutes celles qui sont en son obeissance : et les autres, qui sont de sa part en ceste-dicte tréve, seront tenus de le faire, quant à celles qui sont en leur puissance, avant qu'ils puissent jouïr de l'effect d'icelles tréves. *Item*, pour meilleur entreténement desdictes tréves, est acordé que les places de Harcy et de Grondelle seront abatues, si desja elles ne le sont : et les terres demoureront de tel service qu'elles sont.

« *Item*, pour consideration de laquelle tréve, et mieux préparer et disposer toutes choses au bien de la paix perpétuelle, le Roy sera tenu de bailler et delivrer, et par effect baillera et délivrera, à mondict signeur de Bourgongne, les vile et bailliage de Sainct-Quentin, pour les tenir en tel droit qu'il faisoit par-avant l'encommencement de ces presentes guerres et divisions : et dedans quatre jours apres la delivrance de toutes les lettres acordees, le Roy en baillera ou fera bailler l'entiére et plaine delivrance et obeïssance à mondict signeur de Bourgongne, ou à son commis à ce, en telle puissance et à tel nombre de gens qu'il plaira à mondict signeur de Bourgongne, en rendant seulement par le Roy ladicte vile de Sainct-Quentin : en sorte qu'il en pourra retirer son artillerie telle qu'il l'y a fait mettre et amener depuis qu'icelle vile s'est mise en son obeïssance, sans toucher à l'artillerie appartenant au corps de ladicte vile, n'à autre y estant avant que ladicte vile fust mise hors de l'obeïssance de mondict signeur de Bourgongne, ou appartenant à autre qu'au Roy ou à ses capitaines : et à ceste fin pourra mondict signeur de Bourgongne avoir aucuns de ses gens pour voir charger et emmener ladicte artillerie, appartenant au Roy et à sesdicts capitaines : et en recevant ladicte ouverture, obeïssance et delivrance de ladicte vile de Sainct-Quentin pour mondict signeur de Bourgongne, iceluy signeur baillera ou délivrera, ou par son commis fera bailler et delivrer, es mains des gens et commis du Roy à faire icelle delivrance, ses lettres pour les manans et habitans dudict Sainct-Quentin, de les garder et entretenir en leurs biens, droits et priviléges, et de non les travailler ou molester pour les choses passees; et aussi main levee de leurs biens immeubles, et de leurs meubles estans en nature, et debtes non receues ou aquitees estans es païs de mondict signeur de Bourgongne, et de les traitter ainsi que bon signeur doit traitter ses bons sugets. *Item*, quant à toutes viles, places et autres choses quelconques dont cy-dessus n'est faicte expresse mention, et sur lesquelles n'est aucunement disposé et ordonné, elles demoureront en tel estat, party et obeïssance, durant et pendant ladicte tréve, comme elles sont de-present.

« *Item*, icelle tréve et abstinence de guerre, et autres poincts cy-dessus declarés, le Roy et mondict signeur de Bourgongne, pour eux, leurs hoirs et successeurs, promettront, en bonne foy, en parolle de roy et de prince, par leurs serments donnés aux sainctes Evangiles de Dieu, sur leur honneur, et sous l'obligation de tous leurs biens, païs et signeuries, avoir et tenir ferme et stable, et icelle garder, entretenir et acomplir, et faire garder, entretenir et acomplir inviolablement, durant ledict temps et en la manière cy-dessus specifiee et declairee, sans aler ne faire aucune chose au contraire, directement ou indirectement, sous quelque cause et occasion que ce soit ou puisse estre : et en seront faictes et passees lettres d'une part et d'autre, en telle forme qu'il appartiendra : et sera ladicte tréve publiee dedans le.... d'une part et d'autre, sauf toutesvoyes et réservé que s'il avenoit (que Dieu ne veuille!) que de la part du Roy ladicte vile et bailliage de Sainct-Quentin ne fussent baillés et délivrés à mondict signeur de Bourgongne dedans le temps dessus-declairé, et les choses contenues es articles de ce faisans mention, et dont lettres seront faictes et depeschees, ne fussent acomplies, mondict signeur de Bourgongne, nonobstant ladicte publication, ne sera tenu (s'il ne luy plaist) de garder et observer ladicte tréve de neuf ans, et les articles contenus en icelles, plus-avant qu'au premier jour de may prochain venant, que l'on dira 1476 : jusques auquel premier jour de may ladicte tréve neantmoins demourera en sadicte force et vertu.

« Parquoy savoir faisons que, pour consideration des choses dessusdictes, et singuliérement en l'honneur de Dieu nostre createur, auteur et signeur de paix (lequel seul peut donner victoire aux princes chrestiens, telle qu'il lui plaist), et pour envers luy nous humilier, afin de finir et éviter plus-grande effusion de sang humain ; et que par les inconvéniens procedans de la guerre ne soyons abdiqués et ostés de la maison de Dieu le Pére, exhéredés de la maison du Fils, et perpétuellement alienés de la grâce du benoist Sainct-Esperit; desirans la seureté, repos et soublévement du povre peuple, et iceluy relever de la grande désolation, charge et oppression qu'il a soustenue et soustient de jour en jour, à cause de la guerre, en espérant de parvenir à paix finale, comme dit est : nous avons accepté, fermé et conclu, promis et acordé lesdictes tréves, seur estat et abstinence de guerre; et par la teneur de ces présentes, par l'avis et deliberation que dessus, faisons, acceptons, promettons, fermons et concluons, et acordons pour nous, nozdicts hoirs et successeurs, et avons promis et juré, promettons et jurons, en parolle de prince, par la foy et serment de nostre corps, sur la foy et la loy que nous croyons de Dieu nostre createur, et que nous avons receu au sainct sacrement de baptesme, aussi par le sainct canon de la messe, sur les sainctes Evangiles de Nostre Signeur, sur le fust de la vraye et précieuse croix de nostre sauveur Jesus Christ (lesquels canon, Evangiles et saincte croix nous avons manuellement touchés pour ceste cause), d'icelles tréves, et toutes choses contenues esdicts articles, et chacune d'icelles, particuliérement et spécialement les choses que nous devons faire de nostre part, ainsi qu'elles sont contenues esdicts articles, garder, tenir et observer de poinct en poinct bien et loyalement, tout selon la forme et teneur desdicts articles, sans rien en laisser ne faire ne dire au contraire, ne querir quelque moyen, couleur ou excusation pour y venir, ne pour en rien pervertir, ne faire quelque mutation des choses dessusdictes : et s'aucune chose estoit faicte, attentee ou innovee au contraire par noz chefs-de-guerre, ou autres noz sugets et serviteurs, de la faire réparer, et des transgresseurs ou infracteurs faire telle punition que le cas le requerra, et en telle maniére que ce sera exemple à tous autres : et à toutes les choses dessusdictes nous sommes submis et obligés, submettons et obligeons, par l'ypothecque et obligation de tous et chacuns noz biens presens et à venir, quelconques, sur nostre honneur, et sur peine d'estre perpetuellement deshonnorés, reprochés et vituperés en tous lieux. Et avec ce avons promis et juré, promettons et jurons, par tous les serments dessusdicts, de jamais n'avoir ne pourchacer, de nostre sainct-pére le Pape, de concile, legat, penitentier, archevesque, evesque, n'autre prelat, ou personne quelconque, dispensation, absolution ne relévement de toutes les choses dessusdictes, ne d'aucunes d'icelles : et quelque dispensation qui en seroit donnée ou obtenue par nous ou par autres, sous quelque cause, couleur ou excusation que ce soit, nous y renonçons des-à-present pour lors, et voulons qu'elle soit nulle, et de nulle valeur n'effect, et qu'elle ne nous soit ne puisse estre valable ne profitable, et que jamais nous ne nous en puissions aider, en quelque maniére que ce soit ou puisse estre. Et pource que de cesdictes presentes l'on porra avoir à faire et à besongner en divers lieux, nous voulons qu'au *vidimus* d'icelle, faict et signé par l'un des notaires ou secretaires du Roy, ou de l'un de noz secretaires, ou sous seaux royaux ou autres autentiques, foy soit adjoustee, comme à ce present original : et à fin que ce soit ferme et stable, nous avons signé ces presentes de nostre main, et seelees ou fait seeler de nostre seel, donné au chastel de Souleuvre, le treiziéme jour de septembre l'an de grâce 1475. Ainsi signé Charles; et, du secretaire, par monsieur le duc, I. Gros.

« Collation faicte à la copie, collationnee et signee I. Gros. »

CHAPITRE VIII.

Comment le duc Charles de Bourgongne se saisit de madame de Savoye et d'un sien fils; et comment il fut déconfit et tué devant la vile de Nancy en Lorraine.

Après que le duc de Bourgongne eut esté la deuxiéme fois deconfit des Suisses devant Morat, luy, cuidant conduire son faict cauteuleusement, fit une emprise pour prendre madame de Savoye [1] et ses enfans, et les mener en Bourgongne : et moy estant à Genéve, il me manda, sur ma teste, que je prisse madame de Savoye et ses enfans, et que je les luy amenasse : car ce jour madicte dame de Savoye revenoit à Geneve. Or, pour obeïr à mon prince et mon maistre, je fi ce qu'il me commanda, contre mon cueur : et pri madamé de Savoye et ses enfans, au plus-pres de la porte de Genéve. Mais le duc de Savoye me fut dé-

[1] *Prendre madame de Savoye* : Quelque temps auparavant, Charles avoit fait la guerre aux Suisses pour défendre les droits de la maison de Savoie. Après sa défaite de Morat, il apprit que cette maison avoit traité avec Louis XI. Ce fut ce qui le détermina à s'assurer de madame de Savoie. Cet événement est de 1476.

robé (car il estoit bien deux heures en la nuict), et ce par le moyen d'aucuns de nostre compaignie, qui estoyent sugets du duc de Savoye : et certes ils ne firent que le devoir; et ce que j'en fi, je le fi pour sauver ma vie : car le duc mon maistre estoit tel, qu'il vouloit que l'on fist ce qu'il commandoit, sur peine de perdre la teste. Ainsi je me mi en chemin, et portoye madame de Savoye derriere moy : et la suyvirent ses deux filles, et deux ou trois autres de ses damoiselles : et prismes le chemin de la montaigne, pour tirer à Sainct-Claude. J'estoye bien asseuré du second fils, et le faisoye porter par un gentilhomme, et cuidoye estre bien-asseuré du duc de Savoye : mais il m'avoit esté dérobé, comme j'ay dit : et si tost que nous fusmes élongnés, les gens de la duchesse, et nommément le signeur de Manton, firent aporter torches et falots, et emmenérent le duc de Savoye à Genéve : dont ils eurent grande joye. Et je, à tout madame de Savoye et le petit fils (qui n'estoit pas le duc), passasmes la montaigne à la noire nuict, et vinsmes à un lieu que l'on appelle My-Jou, et de là à Sainct-Claude : et devez sçavoir que le duc fit tresmauvaise chére à toute la compaignie, et principalement à moy : et fu en danger de ma vie, pource que je n'avoye point amené le duc de Savoye.

Si s'en ala le duc à Morat, et de là à Salins, sans me rien dire ne commander. Toutesfois je menay madame de Savoye apres lui, qui ordonna qu'on l'amenast au chasteau de Rochefort : et de là fut menee à Rouvre, en la duché de Bourgongne : ne depuis je ne me meslay d'elle, ne de ses affaires : et fut pratiqué, devers le roy de France, d'envoyer querir sa sœur. Ce qu'il fit : et y envoya deux cens lances, qui eurent entendement au chasteau : et par ce moyen fut la duchesse de Savoye recousse de la main de monsieur de Bourgongne.

Au temps dessusdict (1), le comte de Varvick contraindit le roy Edouard d'Angleterre de partir hors du royaume, et vint descendre en Zeelande, où le duc de Bourgongne l'ala voir, et le reconforta de ses biens le mieux qu'il peut, comme l'un frére doit faire l'autre, en tel cas; et aussi y descendit le duc d'Yorck son frére, et fut le roy d'Angleterre grandement festeyé par messire Loïs de Bruges, signeur de La Gruthuse : et depuis luy donna le roy d'Angleterre une comté, et luy fit des biens largement. Le roy Edouard estoit moult-aimé en Angleterre : et, conclusion, il retourna en son royaume, et en chacea le comte de Varvick : et ainsi je ren compte, par ce present volume, de moult de choses avenues en six ou en huict ans par-avant (2). Ainsi, et par la maniére dessusdicte, se fit la paix entre le roy de France et le duc, qui donna moult-grand joye à tous leurs païs.

Alors le duc, averty du siége de Nancy, se hasta, à toute diligence, pour venir au secours de ses gens : et vint faire un logis es fauxbourgs de la vile de Tou (3), et fut averti que ses gens, qui estoyent à Nancy, avoyent rendu la vile es mains du duc Regné : et fut par les Anglois (qui estoyent les plus-forts dedans Nancy), qui contraindirent messire Jehan de

---

(1) *Au temps dessusdict :* l'auteur se reporte à 1470. — (2) *Par-avant :* avant la trève qui se trouve dans le chapitre VII de ce livre. — (3) *Tou :* lisez *Toul.*

Rubempré à rendre ladicte vile : et estoit mort nouvellement un gentil compaignon anglois, nommé Jehannin Collepin : et, tant qu'il vescut, il tint les Anglois ses compaignons en telle discipline, qu'ils n'eussent jamais rendu ladicte vile, ne tenu les termes qu'ils tindrent audict messire Jehan de Rubempré : et en ce temps revint le comte de Campobasse des marches de Flandres, et le comte de Chimay, qui amena les fiefs de Flandres : et estoyent desja une grosse bande; et le duc de Bourgongne retourna aveques eux, et revint mettre le siége devant Nancy : et commença la bature des gros engins de toutes pars : et ne demoura gueres que le comte de Campobasse se partit du duc bien-mal-content, pour certains deniers que le comte disoit que le duc luy devoit. Soit vray ou non, il abandonna le duc, et fit son traité secrettement aveques le duc de Lorraine (ce que le duc de Bourgongne ne vouloit croire); et le duc de Lorraine pratiquoit les Suisses, pour les faire venir devant Nancy : et le Roy secrettement fournissoit argent au duc de Lorraine, desirant que l'on fist au duc de Bourgongne ce que luy-mesme n'osoit entreprendre : et tant fit le duc de Lorraine, qu'il amena les Suisses bien douze mille combatans, et le duc de Bourgongne leur ala audevant : et pren, sur ma conscience, qu'il n'avoit pas deux mille combatans : et estoit le duc mal-party : et assemblerent les deux puissances. Mais les gens du duc de Bourgongne ne tindrent point, ains s'enfuirent, et se sauva qui mieux mieux : et ainsi perdit le duc de Bourgongne la troisième bataille [1], et fut en sa personne ra-

---

[1] *La troisième bataille* : elle eut lieu le 5 janvier 1477.

teint, tué et occis de coups de masse. Aucuns ont voulu dire que le duc ne mourut pas à celle journee : mais si fit, et fût le comte de Chimay pris et mené en Alemaigne : et le duc demoura mort au champ de la bataille, et estendu comme le plus-pauvre homme du monde : et je fu pris, La Mouche de Vere, messire Anthoine d'Oiselet, Jehan de Monfort, et autres, et fusmes menés en la vile de Fou en Barrois : et fut celle journee par un grand froid merveilleusement : et pouvez bien entendre que quand nous fusmes avertis de la mort de nostre maistre, nous fusmes bien deconfortés : car nous avions perdu en celuy jour honneur, chevance, et esperance de ressourse. Toutesfois il faut faire du mieux que l'on peut, quand l'on est en necessité.

Si fismes aveques noz ennemis, pour noz rançons, le mieux que nous peusmes : et je demouray pleige (1) pour tous les autres, lesquels s'en alérent au païs faire leur finance : et tant fi, que je finay la finance dont j'avoye respondu : et, de moy, je demouray prisonnier toute la quaresme, et jusques environ Pasques, que ma finance fut trouvee, qui me cousta bien quatre mille escus : et avoye à faire à gentils compaignons de guerre, qui me tindrent ce qu'ils m'avoient promis : c'est qu'ils ne me revendirent point, et n'eu à faire qu'à un homme, nommé Jehannot le Basque, duquel je me loüe, et de sa bonne compaignie. Mon argent trouvé, mes maistres me menerent jusques à une vile qu'on appelle Yguis, et là me delivrérent et quitérent de toutes choses : et en celle vile d'Yguis j'avoye bien cent chevaux de la garde (dont j'es-

---

(1) *Pleige* : caution, ôtage.

toye capitaine.), qui attendoyent mon retour de prison : et apres avoir demouré trois jours à Yguis, je m'en party, et m'en retournay en Flandres, devers madame Marie de Bourgongne ma princesse, qui me receut de sa grâce humainement.

CHAPITRE IX.

Comment madame Marie, fille et seule héritiere du feu duc Charles de Bourgongne, fut mariée à l'archeduc Maximiliam d'Austriche; et des guerres qu'ils eurent avec le roy Louis de France, onzieme de ce nom.

En ce temps, les Gandois tenoyent prisonniers messire Guillaume Hugonet, chancelier, et le signeur d'Imbercourt; et quelque requeste ou priere que leur sceust faire madicte dame pour eux, combien qu'elle fust leur princesse, ils firent iceux deux mourir, et les decapitérent (1) sur le marché de Gand : et au regard de moy, je ne fu pas conseillé de me bouter en leurs mains, et demouray à Malines aveques madame la grande, qui me traitta humainement : et me tint tousjours compaignie un sommelier de corps du duc Charles, nommé Henry de Vers : et ainsi je dissimulay le temps jusques apres Pasques.

En ce temps, le duc Louïs de Bavière et l'evesque de Mets (qui estoit de Bade), par charge l'Empereur

---

(1) *Les decapitérent :* cette exécution fut faite le 3 avril 1477. Les ministres étoient accusés d'intelligences avec Louis XI.

vindrent devers madame Marie, et pratiquérent le mariage de monsieur Maximiliam d'Austriche, fils de l'Empereur, et de madame Marie de Bourgongne; et à la verité ils avoyent bien couleur de poursuyvre ledict mariage : car monsieur le duc Charles, en son vivant, desira qu'iceluy mariage se fist. D'autre part, Madame estoit requise du roy d'Angleterre pour monsieur d'Escalles, frére de la Royne : et faisoit le Roy de grandes offres, et le roy de France vouloit avoir madicte dame pour monsieur le Dauphin. Monsieur de Cléves la vouloit avoir pour son fils, et monsieur de Ravastain pour le sien : et ainsi estoit madicte dame pressee de toutes pars; et à un conseil qui fut tenu, fut dict à madicte dame qu'elle feroit bien de déclairer son vouloir, et lequel d'iceux maris elle vouloit avoir; et elle respondit froidement : « J'enten « que monsieur mon pére (à qui Dieu pardoint) con- « sentit et acorda le mariage du fils de l'Empereur et « de moy : et ne suis point deliberee d'avoir d'autre « que le fils de l'Empereur. » Et, par celle seconde raison, les deux ambassadeurs dessusdicts avoyent bien cause de poursuyvre Madame : et, à la vérité, madame la grande (1) tint fort la main au fils de l'Empereur, et au mariage d'eux deux : lequel, averti, descendit le Rin : et je m'en alay aveques le signeur Du Fay et le signeur d'Irlaïn : et furent mes aproches tellement faictes, que je fu retenu grand et premier maistre d'hostel du fils de l'Empereur, lequel vint à Coulongne, et de là se tira à Gand, où il fut honnorablement receu; et à grand triomphe : et le soir,

---

(1) *Madame la grande* : la duchesse douairière.

apres souper, monsieur Maximiliam, archeduc d'Austriche, vint veoir madamoiselle Marie de Bourgongne : et à l'aborder fut si-grand'foulle et si-grand'presse, qu'on ne sçavoit où se sauver.

Si vindrent en la chambre de parade, et là fut parlé du mariage, et ne fut pas ce propos longuement tenu : car tantost l'on fit venir un evesque, qui les fiança tous deux : et prirent jour, au l'endemain, de faire les noces : et l'endemain au matin fut amenee Madame, nostre princesse, par deux chevaliers ses sugets (asçavoir le comte de Chimay et le signeur de La Gruthuse), et devant elle (qui portoyent les cierges) estoyent Min Joncker de Gueldres, et madamoiselle de Gueldres sa sœur, qui estoyent lors deux beaux jeunes enfans : et fut toute la pompe qui fut faicte à marier le fils de l'Empereur à la plus-grande héritiére du monde : et ainsi se passérent icelles noces [1], et n'y eut autre chose faicte pour celuy jour.

Apres la mort du duc de Bourgongne, le roy Louis (qui avoit juré la tréve de neuf ans) n'en tint rien, mais assembla grosse armee, et prit des seigneuries et des biens de madame Marie de Bourgongne, héritiére, ce qu'il en pouvoit prendre et avoir. Il prit la duché et comté de Bourgongne, les comtés de Mascon, de Charolois et d'Auxerre, et tout ce mit en sa sugettion. Il prit la comté d'Artois, et mesmement Arras : et luy changea son nom, en l'appellant Franchise. Il gaigna des principaux du conseil de la duchesse, et fit d'iceux païs comme des siens propres, et marcha jusques devant Sainct-Omer : mais le signeur de Chan-

---

[1] *Icelles noces* : le mariage de Maximilien et de Marie fut célébré le 18 août 1477.

teraine, acompaigné des gens de l'hostel du duc
Charles et autres, entra dedans Sainct-Omer, et fit
grande résistance à l'encontre des François; et pource
que la duchesse de Bourgongne n'estoit pas lors bien-
fournie d'argent, ledict signeur de Chanteraine fit
pour dix ou douze mille escus de monnoye de plomb,
et la faisoit courre, et avoit cours parmy Sainct-Omer
et à-l'environ : et par traitte de temps il rachapta
toute icelle mauvaise monnoye, et paya ses crédi-
teurs : qui luy fut grand honneur et grande décharge
de conscience.

Quand le roy de France eut demouré assez longuement devant Sainct-Omer, et il veit et congnut
qu'il n'y auroit point d'entendement, et que la vile
estoit bien gardee, il se délogea, et s'en retourna
contre Arras : et, par entendement qu'il eut aveques
le signeur des Cordes, la vile luy fut rendue (1); et
en ce temps monsieur Maximiliam d'Austriche, nostre
prince, prit cœur et courage, et commença à congnoistre quels gens-d'armes il avoit : et, depuis sa
venue, je ne trouve point que mondict signeur ne
Madame perdissent aucune chose, par la puissance
ou soubtiveté du roy de France : et tantost se tira
l'archeduc aux champs, à bonne puissance de gens-
d'armes : et vint mettre son camp assez pres de Valenciennes, et de là es faux-bourgs de Douay : et
pendant ce temps le comte de Chimay, à la requeste
du roy de France, se tira devers luy, et pratiquérent unes tréves briéves : et par ce moyen rendit le
Roy la vile du Quesnoy, qu'il tenoit en ses mains :

(1) *La vile luy fut rendue* : Louis xi prit Arras au mois de mars
1477.

auquel estoit le comte de Dammartin et ses neveux, et beaucoup de bons gens-d'armes qui abandonnérent le Quesnoy par le commandement du Roy : et fut icelle tréve bien entretenue, et l'archeduc s'en retourna voir sa femme.

En ce temps, par le moyen de l'evesque de Tournay et de maistre Anthoine Auveron, le roy de France acorda unes tréves pour les laboureurs et seyeurs de blé : et quand le roy de France veit que lesdicts seyeurs estoyent au plus grand-nombre, nonobstant la tréve il envoya ses gens-d'armes, et fit prendre tous iceux laboureurs et seyeurs : et en tirérent les gens-d'armes françois grans deniers et avoir, et oncques depuis le roy de France ne voulut ouïr parler de celle tréve ne de celle execution. L'archeduc d'Austriche se tira en sa vile de Bruges : et là furent mandés ceux qui estoyent demourés des chevaliers de la Toison d'or, qui n'estoyent point grand nombre. Mais l'archeduc fut conseillé de relever ladicte ordre, vaquant par la mort du duc Charles; et estoit commune renommee que le roy Louis vouloit relever ladicte ordre de la Toison d'or, comme duc de Bourgongne : et vouloit dire que par les ducs de Bourgongne estoit celle ordre fondee : et luy sembloit qu'il se fortifieroit pour relever icelle ordre, et que sa conqueste de Bourgongne en vaudroit de mieux. Mais l'archeduc anticipa : et vous declaireray la maniére qui fut tenue à relever icelle ordre.

Les chevaliers de l'ordre, venus en leur conclave, trouvérent en la place du chef (c'est à dire de monsieur le duc Charles) un coussin de velours noir : et sur iceluy avoit un colier de la Toison ; et les chevaliers requirent tous à mondict signeur l'archeduc qu'il vousist iceluy ordre renouveler, et prendre le lieu de monsieur le duc, que Dieu pardoint. Ce qu'il accorda liberalement : et marchérent, pour venir à l'eglise preparee à ce, par la maniére qui s'ensuit. Premiérement marchoyent quatre officiers de la Toison, et apres iceux toutes maniéres d'officiers-d'armes, la cotte d'armes au dos : et les deux principaux menoyent par la bride une blanche haquenee couverte de velours noir : et portoit ladicte haquenee le coussin et le colier dont j'ay premier parlé : et puis venoyent les chevaliers de l'ordre, à tout leurs manteaux, deux et deux : et puis venoit monsieur l'archeduc d'Austriche, qui ne portoit point encores l'habillement de la Toison (et estoit ce triomphe bel et piteux à veoir); et vindrent descendre à Nostre-Dame : et y avoit un hourd préparé, et principalement pour seoir les chevaliers : et les chevaliers assis, monsieur de Tournay fit une harangue en latin, par laquelle il donnoit à congnoistre à monsieur l'archeduc que c'estoit de celle Toison, et comment il en falloit user : et fit de moult-belles remonstrances à mondict signeur l'archeduc d'Austriche : et, pour accomplir le mistére, monsieur de Ravastain fit chevalier monsieur l'archeduc, et puis luy et Toison-d'or le menérent en une chapelle, où ils luy vestirent le manteau de l'ordre, et luy mirent le colier de la Toison au col, et puis le ramenérent à la veüe d'un chacun ; et lors commença la messe et le service de Dieu : et, la messe achevee, s'en retournérent comme ils estoyent venus, excepté qu'il ne fut plus nouvelle ne de la haquenee ne du coussin : et sur ce point s'en alérent disner, et tantost furent nouvelles aportées à l'archeduc que le roy de France estoit entré en ses païs, et avoit assiegé la vile de Condé, en laquelle estoit capitaine pour l'archeduc le signeur de Mingonal, qui ne tint pas la vile longuement, mais la rendit au roy de France.

En celuy jour qu'il avoit relevé la Toison d'or, se partit l'archeduc, acompaigné du comte de Chimay, et rassembla ses gens-d'armes le mieux qu'il peut, et tira contre le roy de France à toute puissance et diligence : et si vivement marcha, que le roy de France fut contrainct de mettre le feu à Condé, et mesme à Mortaigne (qui est l'ancien héritage du roy de France); et se retira le Roy à Arras, et l'archeduc d'Austriche le suivit jusques au Pont-à-vendin : et ainsi l'archeduc reconquit en peu d'heure plus que le roy de France ne luy avoit pris du sien : et monstroit bien que luy, qui n'avoit que dixneuf ans, avoit courage de prince et d'homme chevaleureux : et marcha contre le Pont-à-lesaux, et eut tantost des gens-d'armes assez : et y vindrent les Brabançons en grosse puissance : et monsieur de Romont et le bailly de Gand amenérent les Flamans en grand nombre.

En ce temps, madame l'archeduchesse accoucha à Bruges d'un beau fils, qui est à-présent nostre prince, le plus bel, le mieux-adextré et adrecé que l'on pourroit nulle part trouver. Dieu le nous veuille garder! Grande joye fut parmy l'ost de la nativité de ce noble enfant; et fut requis monsieur l'archeduc que l'enfant eust nom Philippe, en memoire des biens et de la tranquillité que les païs eurent du temps du bon duc

Philippe, que Dieu pardoint (1). Le noble enfant fut baptisé à Bruges, et fut monsieur de Ravastain compére, et madame la douágiére commére : et fut porté à Sainct Donas, par-dessus un pont élevé à grand nombre de torches et lumiére. Là estoyent madame de Ravastain, madame de La Vére, et si-grand nombre de dames et de damoiselles, que c'estoit belle chose à voir. Les nations, tant estrangéres que privees, firent de celle nativité grande feste : et fut l'enfant baptisé solennellement, et eut nom Philippe, comme j'ay dit dessus. Encores vit et regne iceluy Philippe, et est nostre prince : et Dieu le nous veuille garder !

Or laisserons à parler du faict du baptesme, et retournerons à la conduite de la guerre et du logis de monsieur l'archeduc, qu'il fit au pont-à-Lessault. L'archeduc estoit fort acompaigné : car il avoit Flamans et Brabançons en grand nombre, et si avoit une bonne puissance de ceux de Juilliers, que le duc de Juilliers luy avoit baillés pour ce voyage. Il avoit une bonne esquadre de lansquenets : et se meut un debat entre lesdicts de Juilliers et les lansquenets : mais l'archeduc les appaisa, et ne fut pas sans grand'peine. Ainsi fut longuement nostre prince attendant la bataille : car le roy de France estoit à Arras, à grosse puissance de gens aveques luy, et faisoit le Roy pratiquer une tréve de dix mois : laquelle, apres plusieurs journees tenues, luy fut acordee, en esperance que pendant iceluy temps un bon appointement de paix se trouveroit. Les tréves jurees (2) d'une-part et d'autre, l'archeduc s'en retourna à Bruges, et destendit

(1) *Pardoint* : pardonne. — (2) *Les tréves jurees* : ces trèves sont du mois de juillet 1478.

son armée : et, au relévement de celle noble princesse, furent faictes joustes, tournois, banquets, danses et carolles, et toutes maniéres de bonne chére : et se retirérent l'archeduc et l'archeduchesse à Gand : et certains jours apres, ils firent venir l'enfant (1) au maillolet, et es mains de sa nourrice : et devez croire que l'on luy fit bonne chére, et principalement madame sa mére; et de Gand tirérent à Brucelles, et l'archeduc sollicita de ses affaires : car il voyoit la tréve faillir, et estoit besoin qu'il pourveust à son faict.

En ce temps, sous le port et faveur du prince d'Orange, les Bourgongnons mirent les François hors de la comté de Bourgongne : mais le roy de France fut diligent et bien servi : et si tost que la tréve fut passée (2), il reconquit la comté sur les Bourgongnons : et disoit on que c'estoit le signeur d'Arban qui avoit vendu au Roy le chasteau de Jou quatorze mille escus (lequel chastel madame Marie luy avoit baillé en garde), et que par celle entree la comté de Bourgongne fut legérement par les François reconquise : et sur la fin d'icelles tréves, le roy de France fit ses aprestes, de son costé, pour courre sus à l'archeduc : et l'archeduc faisoit semblablement ses aprestes pour courre sus au Roy : et tira l'archeduc à L'Isle, et de là au Pont-à-vendin : et estoit fort acompaigné de Flamans, et plus que je n'en vey onques ensemble : et certes le bailly de Gand, messire Jehan, signeur d'Adizelle, les tenoit en bon ordre et en grande crainte,

---

(1) *Venir l'enfant* : Cet enfant fut porté à Gand au mois d'août 1478. Les Gandois allèrent au devant de lui avec trois mille chevaux ; il fut reçu à la porte par une députation de deux cents enfans des meilleures familles. — (2) *La tréve fut passee* : en 1479.

et estoit fort-aimé en Flandres. L'archeduc avoit une bonne bande d'Alemans, lansquenets, et bonne et grosse armée des nobles-hommes de ses païs : et le Roy envoya au Pont-à-vendin, devers luy, monsieur de Courton, neveu du comte de Dammartin, et un escuyer de sa chambre nommé Brandely de Champaigne : et tendoit à fin de ralonger lesdictes tréves : mais l'archeduc n'y vouloit entendre ; et se partit ledict signeur de Courton, sans rien faire pour celle fois : et je fu envoyé devers le Roy pour luy parler de ceste matiére, en luy persuadant et réquerant qu'ils se peussent voir eux deux, et qu'ils acorderoyent bien ensemble. Mais le roy de France s'excusa, et à ceste veüe ne voulut point entendre : parquoy l'archeduc passa le Pont-à-vendin, et luy et son armee, à moult-belle ordonnance, et vint prendre camp, et se mettre en bataille demie lieue outre le Pont-à-vendin ; dont le roy de France fut moult-mal-content, car il n'avoit voulonté de combatre : et tant pratiqua le Roy, que tréves nouvelles furent acordees et jurees d'une part et d'autre : et l'archeduc repassa le pont, et donna congé à toutes maniéres de gens-d'armes, et s'ala festeyer à L'Isle, à son privé estat (1).

(1) *A son privé estat :* La bataille de Guinegate, gagnée par Maximilien, est omise dans ce récit : ce qui fait croire que le texte a été mutilé.

CHAPITRE X.

De la nativité de madame Marguerite d'Austriche, et du mariage d'icelle avec le dauphin Charles; de la mort du roy Louis onziéme; et d'autres particularités.

En ce temps, madame l'archeduchesse estant à Brucelles, s'accoucha d'une fille (1), dont madame la grande fut commére: et fut celle fille Marguerite, qui depuis deust estre royne de France, et dont on luy fit tort: et fut celle mesme Marguerite qui espousa le prince de Castille; mais il ne vescut guéres, combien qu'il laissa madicte dame grosse d'un fils, qui ne vescut pas longuement. Et pour donner à entendre ce qui avint entre le roy Charles et madicte dame Marguerite, combien qu'ils fussent fiancés et espousés, la consommation du mariage estoit à parfaire: et en ce temps la guerre estoit grande entre France et Bretaigne, et avoit le roy des Rommains, par procureur (qui fut messire Wolfart de Polhem, beau chevalier, et homme de vertu), fait espouser la duchesse, héritiére de Bretaigne; et le roy de France luy faisoit guerre de toutes pars: et croy bien que le roy des Rommains ne fit pas si grande diligence à aider et secourir la duchesse de Bretaigne comme il devoit: et, durant ce temps, le prince d'Orange, amy des François et des Bretons, se mit en pratique,

---

(1) *S'accoucha d'une fille :* le 10 janvier 1480.

et tellement pratiqua, que le roy de France fut content d'espouser la duchesse de Bretaigne : comme la duchesse n'y mit pas grand contredict, et remonstra au Roy que s'il avoit celle duché de Bretaigne ajoincte à son royaume, il pouvoit bien dire qu'il avoit faict une grande et riche conqueste : et à la duchesse remonstroit à part que si elle estoit royne de France, elle seroit la plus-grande princesse du monde. Et ainsi furent acordés : et vint le roy Charles à Nantes, fort-acompaigné de nobles-hommes et de beaux gens-d'armes, et prestement furent fiancés et espousés (1) : et celle nuict couchérent ensemble : dont ledict de Polhem (qui se veit abusé) fut merveilleusement troublé, ne jamais ne voulut aler ne se trouver en l'hostel du Roy ne de la duchesse de Bretaigne ; et assez tost apres vint le Roy, où estoit madame Marguerite, pour prendre congé d'elle. Et ainsi fut la departie du roy de France, et de celle qu'il avoit le premier prise : et ne fut pas sans pleurs ne sans larmes d'un costé et d'autre : et de ce fut le roy des Romains bien tost averty, par un gentilhomme maistre-d'hostel de madicte dame Marguerite, nommé Le Veau de Bousanton, qui loyalement se porta en ceste besongne. Mais j'ay tousjours ouy dire que contre forts et contre faux ne valent ne lettres ne seaux : et ne fait pas à douter que le mariage de monsieur le Dauphin et de madame Marguerite d'Austriche fut bien dicté et bien seelé, et que par raison de droit on n'y pouvoit rien changer ne muer : mais les forts (c'est à dire la puissance du roy de France) et les faux hommes de son conseil

---

(1) *Espousés* : ce mariage fut célébré en 1491.

tournérent ceste raison en mesus (1) de justice : et ce fut faict pour le mariage de Bretaigne, comme dict est ; et madame Marguerite d'Austriche, qui avoit esté tenue neuf ans pour devoir estre royne de France, sans l'avoir desservi fut expulsee du mariage où elle avoit esté donnee : et tantost apres monsieur l'archeduc son frére envoya le comte Anglebert de Nassau, pour pratiquer que sa sœur luy fust rendue. Ce qu'il obtint à grand peine.

Toutesfois les François voyans que ce leur estoit plus de honte que d'honneur de tenir ceste noble princesse, la rendirent à mondict signeur de Nassau : et la fit le Roy honnorablement acompaigner, et la remener à son frére, qui la receut de bonne affection et voulonté. Et luy ala l'archeduc et la noblesse audevant, bien une lieue : et descendirent tous deux à terre, pour eux bien-viengner : et faisoit l'archeduc à sa sœur tout tel et aussi grand honneur que s'elle eust esté royne de France : et ainsi fut amenee à Malines, et receue à grand'joye : et l'acompaignoit madame de Ravastain, fille du comte Louis de Sainct-Pol, et d'une fille de Savoye.

En ce temps (2), les Gandois faisoyent pratiquer d'avoir les enfans en leurs mains, et s'adrecérent, pour mener leur pratique, à aucuns d'entour le prince : et tant pratiquérent, qu'il fut ordonné que chacun païs auroit les enfans en leurs mains chacun quatre mois : et furent menés les nobles enfans à Gand pour les quatre premiers mois. Mais quand on les demanda aux Gandois pour les mener en Brabant, ils furent

---

(1) *Mesus* : abus. — (2) *En ce temps* : à l'époque de la naissance de Marguerite.

refusans, et dirent qu'ils avoyent privilége de gouverner les enfans du prince en leur jeunesse. Et y avoit à Gand un nommé Guillaume Rin, qui les mettoit tous à querir des choses deraisonnables ; et ainsi furent lesdits enfans refusés par ceux de Gand : et en ce temps (1) madame l'archeduchesse acoucha, en la vile de Brucelles, d'un fils, lequel le duc de Bretaigne fit tenir sur les fons par monsieur le comte de Chimay, et l'autre compére fut le cardinal de Clugny : et fut baptisé solemnellement à Saincte-Goulle, et eut nom François, pour le duc de Bretaigne ; mais il ne vescut gueres, et mourut en l'aage de quatre mois, et est enterré à Cambergne, devant le grand autel.

En ce temps, maistre Jehan Du Fay s'acointa des François, et pratiquérent le mariage de monsieur le Dauphin, fils du roy Louis, avec madame Marguerite d'Austriche, fille du duc d'Austriche : et se firent forts les Etats des païs d'iceluy mariage, en intention d'avoir paix : et, conclusion, celle nostre princesse, environ l'aage de cinq ans, fut amenee à Hedin, où madame de Beaujeu la receut comme Dauphine : et toutes choses pourparlees, le signeur des Cordes fit acompaigner madicte dame, et mener à Amboise : et luy fut baillée pour dame d'honneur madame Du Secret, qui moult bien s'en acquitta : et nourrit madicte dame en toute bonté et vertu : et n'amena aveques elle que la femme du Veau de Bousanton, qui estoit sa nourrice, et ledict Veau et son frére, aveques peu de gens de nostre nation. Et certes, pour dire la verité, le roy Louis fit bien traitter et honnorablement madame Marguerite : et tant-qu'elle fut en France, elle

(1) *En ce temps :* en 1481.

fut bien et honnorablement traittee, et jusques à ce que le roy Charles la laissa pour une autre, comme j'ay dit dessus.

En ce temps mourut le roy Louis (1), et fut roy Charles son fils; et assembla l'archeduc son conseil, pour sçavoir qu'il estoit de faire : et fut en la vile d'Utrecht, et trouva par conseil que prestement il devoit envoyer devers le roy Charles un ambassade chargé de toutes bonnes et gracieuses parolles : et fut ordonné que je feroye ce message, et tant alay que je trouvay le Roy à Bogency. Là estoit monsieur de Bourbon, connestable de France; monsieur d'Orleans, monsieur de Beaujeu, et madame de Beaujeu, sœur du Roy, laquelle gouvernoit tout le royaume. Le Roy, de sa grâce, me bailla bonne audience : et n'arrestay guéres, que je ne fusse dépesché pour retourner devers l'archeduc mon maistre. En ce temps monsieur d'Orleans, par congé du Roy, fit son entree en sa cité d'Orleans, où je me trouvay : et certes l'entree fut belle et honneste, et y estoyent, pour l'acompaigner, la plus-part des gens-de-bien de France : et celle entree passee, je pry congé, et m'en retournay devers l'archeduc mon maistre, lequel s'en revenoit à Malines.

(1) *Le roy Louis :* Louis XI mourut le 30 août 1483.

CHAPITRE XI.

Comment l'archeduc Maximilian d'Austriche fit guerre aux Gandois pour retirer Philippe son fils, comte de Flandres, hors de leur gouvernement.

Or reviendrons aux Gandois, qui firent grande feste de ce qu'ils avoyent le jeune prince en leurs mains : et tantost trouvérent assez d'adherans à leur voulonté, tant pource qu'ils payoyent bien et largement (car les deniers venoyent du peuple, et ne leur coustoyent rien), comme pource que ledict Guillaume Rin leur preschoit et leur donnoit à entendre (à sçavoir au peuple) que ce qu'ils faisoyent estoit pour le bien et utilité du jeune prince, et que tousjours vouloyent demourer ses loyaux sujets : et disoyent que l'archeduc le pére ne vouloit avoir gouvernement du païs ne du fils, sinon pour porter les grans deniers des païs de pardeça en Alemaigne. Et ainsi abusoit les gens et le peuple : et au regard des adherans, ils eurent le comte de Romont, fils de Savoye; le signeur de Ravastain, le signeur de Beure, fils du bastard de Bourgongne; le signeur de La Gruthuse, le signeur de Treisignies, le signeur de Raceguyen, le bailly de Gand, le signeur d'Adiselle, et moult d'autres. Et ainsi monsieur l'archeduc, nostre prince, ressembla sainct Eustace, à qui un loup ravit son fils, et un lyon sa fille : et par ce moyen s'aigrit la guerre de toutes parts : et ne veuil point parler des menues choses avenues en icelle guerre (car ce ne sont que meurdres, et rançonnemens de gens); mais parleray des grandes choses qui avindrent en celuy temps et durant celle guerre : et commencerons à la prise de Termonde, faicte par l'archeduc sur les Gandois (1).

En ce temps l'archeduc nostre prince (qui avoit bon vouloir de se venger de ceux de Gand) conceut secretement comment il pourroit prendre Termonde, et fit son assemblee de gens-d'armes en la vile de Malines : et estoit acompaigné de messire Jehan de Bergues, de messire Baudoin de Launoy, et du signeur de Chanteraine. Et pour conduire son faict plus subtilement, avec un peu d'entendement qu'il avoit en aucuns de la vile de Termonde, mit sus une douzaine de compaignons de guerre, dont Jaques de Fouquesolles estoit le chef : et habilla les uns en moynes-noirs, et les autres en moynes-blancs; les autres en religieuses noires, et les autres en religieuses blanches : et fit d'iceux religieux et religieuses deux chariots, et les envoya contre Termonde, pour aborder à la porte sur le poinct du jour : car ceux qui avoyent entendement aveques l'archeduc devoyent avoir la garde de la porte à icelle heure. Si se partit l'archeduc, à tout ses gens-d'armes à cheval, bien-matin, et ala mettre une grosse embusche assez pres de Termonde, en un lieu qu'on dit la Maladrie : en laquelle embusche il estoit luy-mesme en personne.

(1) *Sur les Gandois :* On voit que plusieurs grands seigneurs s'unirent avec les Gandois contre Maximilien. Ils craignoient que si ce prince avoit la garde de ses enfans, l'administration du pays ne tombât entre les mains des Autrichiens.

Il avoit ses signes entre les moynes et nonnains, et luy et son faict tresbien ordonné : et quand vint à la porte ouvrir, les deux chariots de moynes et nonnains entrérent en la porte, et firent signe à l'archeduc, lequel luy et sa compaignie, à course de cheval, ala vers la porte de Termonde, et trouva que ledict Jaques de Fouquesolles et ses gens estoyent à pié, les vouges et les battons au poing, et avoit gaigné la porte : et tantost les gens-de-cheval entrérent dedans, et tirérent tout droit jusques au marché; et, à gaigner iceluy marché, fut tué l'un des fils du comte de Sorne : dont ce fut dommage, car il estoit bel et bon gentilhomme. Si ordonna l'archeduc gens-de-bien, pour aler par les rues et asseurer le peuple : et par ce moyen chacun rentra en sa maison, et le l'endemain il ne sembloit pas que la vile eust eu affaire n'effroy : mais estoit toute rapaisee, sans pillage n'autre meurdre; et demoura l'archeduc à Termonde assez longuement : et pour la seureté et gouvernement d'icelle bonne vile, il y ordonna capitaine messire Jehan, signeur de Melun, qui s'y conduisit notablement; et s'en retourna l'archeduc à Brucelles.

En ce temps, monsieur de Romont (qui estoit lors capitaine de Gand et de Flandres pour les Gandois) fit une assemblee de Flamans, et principalement Gandois : et se mit aux champs, et marcha jusques à Asselè (1), où il se logea, et y demoura certains jours; et monsieur l'archeduc, desirant de le combatre, voulut assembler gens pour luy courre sus. Mais ceux de Brucelles ne voulurent point que l'on fist guerre de la vile de Brucelles contre ceux de

---

(1) *Assele* : lisez *Assche*, ou *Ascha*.

Gand, et ainsi ne peut l'archeduc pour celle fois rien exécuter : mais il fit practiquer le peuple de la vile de Brucelles, et par un matin le fit venir sur le marché en grand nombre : et luymesme ala en l'hostel de la vile, et demanda aux gouverneurs s'ils entendoyent point qu'il se deust deffendre de ses ennemis par la vile de Brucelles. Ils furent un peu longs en response, et l'archeduc leur dit : « Le peuple est as-« semblé pour me donner aide ; et (qu'il soit vray) « venez aveques moy, et nous sçaurons d'eux leur « voulonté. »

Les gouverneurs furent tous ébahis, et parlérent autrement qu'ils n'avoyent fait : et l'archeduc parla au peuple, qui tous se déclairérent à faire ce qu'il voudroit et commanderoit : et celle response ouïe, me dépescha l'archeduc, et à celle propre heure je me parti pour aler pratiquer les Hannuyers, pour venir au service de l'archeduc. En ce temps l'archeduc avoit fait pratiquer un serviteur de Pietre Metenay, nommé le bastard de Retane : et estoit lors capitaine du chasteau d'Audenarde pour les Gandois. Iceluy serviteur estoit lieutenant dudict Pietre audict chasteau, et asseura ledict archeduc de le mettre au chasteau fort et foible : et pour parfaire et asseurer ceste pratique, apres que le comte de Romont et ses gens se furent délogés du lieu d'Ask, l'archeduc se partit, et vint à Mons en Hainaut, et éleva les signeurs et les compaignons-de-guerre de Hainaut, pour l'acompaigner à mener fin à son emprise : et ne s'en découvrit pas à chacun. Il se mit devant, pour guider les gens-d'armes, et chevaucha la plus-part d'icelle nuict : et prit un si-grand tour au tour d'Audenarde, qu'il ne fut point ouy de ceux du guet, et par bonne guide fut mené à l'entrée du chastel d'Audenarde, où il trouva ledict bastard de Retane, son marchand : et fut pris dedans Pietre Metenay, couché avec sa femme, lequel ne sçavoit rien de celle emprise.

L'archeduc mit bonne garde audict chasteau : et à torches et falots, et à grande puissance de gens-d'armes, entra dedans Audenarde environ heure de minuict, et fit dire par les rues et par les maisons que nul ne s'effrayast, ne bougeast de sa maison : et qu'il ne vouloit que bien à ceux de la vile d'Audenarde. Chacun se logea quoyement et sans bruit, et le noble archeduc se logea au Cerf, et tint ses gens-d'armes en telle discipline, qu'il n'y eut ne pillage, bature ne meurdre fait en icelle prise : et le l'endemain furent les eschoppes et bouticques ouvertes, et toute maniére de marchandise mise comme par-avant : et ainsi fut celle vile d'Audenarde prise par le chasteau, et l'archeduc donna la capitainerie dudict chasteau audict bastard de Retane, pource qu'il avoit esté cause qu'il avoit gaigné ladicte vile et le chasteau.

En ce temps le comte de Romont, averty d'icelle prise, assembla une grosse bande de François, de Gandois, et autre maniére de Flamans, autant qu'il en pouvoit finer ne trouver : et vint faire un gros logis entre Ayne et Audenarde, sur la riviére : et fortifia iceluy logis de tranchis et d'artillerie, tellement qu'il estoit fort à conquerir : et en ce mesme temps le signeur des Cordes, fort-acompaigné de François, entra à Gand fort et foible, et à son plaisir :

et estoit commune renommee qu'il estoit venu pour emporter au roy de France le jeune archeduc. Fust vray ou non, il ne se hasta point de découvrir son intention : et durant ce temps une écarmouche fut entre aucuns Gandois et François à l'encontre des gens de l'archeduc : mais pource que lesdicts François ne s'avanturérent point assez au gré des Gandois leurs compaignons, ils mirent sus ausdicts François qu'ils les vouloyent trahir et laisser meurdrir par les gens de l'archeduc : et sur ce s'en revindrent en leur ost, et emplirent tantost de ce language toute la compaignie : et les Flamans, doutans que ce ne fust vérité, s'élevérent tous à une flotte, et tous ensemble tirérent contre Gand : et quand le signeur des Cordes (qui estoit à Gand) fut averty de la venue d'iceux Flamans, il monta à cheval luy et sa compaignie, et se partit, sans dire à Dieu, par une autre porte, et tira à Tournay.

L'archeduc et ses gens firent grande poursuitte pour les atteindre : mais ils ne peurent, et tourna l'archeduc son armee contre Gand, deliberé d'y donner l'assaut ; et s'il eust esté bien obeï, il leur eust fait une terrible venue, car il avoit sagement pourgetté son faict. Mais les Flamans firent un alarme à l'autre bout de l'armée, auquel alarme monsieur Philippe de Cléves courut, acompaigné de ses gens, et de grande partie de ceux de monsieur de Nassau, et par ce moyen le noble archeduc faillit à son emprise. L'emprise faillie, l'archeduc s'en retourna à Audenarde, et là les Wallons l'abandonnérent : et, à la verité, ils servirent longuement sans payement. Mais le noble prince ne s'ébahit de rien, et rassembla ce qu'il avoit d'Alemans, où il avoit une bonne bande : lesquels Alemans il contenta le mieux qu'il peut, et prit une picque dessus son col, comme un pieton, et mena iceux Alemans au païs de Vas, où ils trouverent grande paye, et grand butin de bestes à corne: et de là tira à Anvers, et fit desdictes bestes argent, et en revestit tous les povres compaignons de sa compaignie : et pendant ce temps il fit venir des navires, et se bouta en mer, et fit grande guerre aux Flamans de ce costé, et mesmes au quartier de Bervillier (1) : et estoyent les Flamans tous ébahis de la diligence et travail de ce prince, qui espousa la guerre incessamment, maintenant par la mer, maintenant par la terre: et ne sçavoyent de quel costé eux garder.

En celle saison, Guillaume Rin (qui estoit l'idole et le dieu des Gandois) se tira à Allost pour faire une exécution : mais ceux de Gand machinoyent desja contre ledict Guillaume Rin, et luy mettoit on dessus qu'il avoit esté cause de faire venir le signeur des Cordes à Gand, et les François, et qu'il queroit de prendre et emmener le jeune prince es mains du roy de France; et plusieurs autres choses que l'on a acoustumé de trouver sur un homme que l'on veut deffaire. Et principalement lui disoyent qu'il avoit esté cause de rompre certain traitté faict à Termonde pour le bien de la paix, et disoit que ses maistres ne vouloyent point tenir le traitté : et sesdicts maistres (c'est à dire ceux de la loy) disoyent qu'ils n'en avoyent onques ouy parler : et à deffaire Guillaume Rin tint fort la main le signeur de Ravastain et maistre Jehan Du Fay. Si fut dépesché un mande-

(1) *Bervillier*: lisez *Biervliet*.

ment, de-par ceux de Gand, pour aler prendre ledict Guillaume Rin au corps, et l'amener à Gand : et fut la commission baillee au bastard de Fievin, bon homme-d'armes, qui bien et diligemment l'exécuta, et amena Guillaume Rin prisonnier : et fut son proces faict, et par ce proces condamné à avoir la teste coupee. Ce qui fut faict, et exécuté publiquement sur le marché de Gand. Or pouvez à ce cognoistre quelle seureté on a à servir peuple : car Guillaume Rin avoit plus grande voix à Gand et plus grand crédit que n'avoit le prince du païs, ne les plus-grans de Flandres : et soudainement changérent propos, et tous en generalité consentirent à sa mort : et sur le hourd on luy laissa faire ses remonstrances; mais onques personne ne respondit, et dit ledict Guillaume, sur ces derniers mots : « Ou vous ne me « respondez point, ou je suis devenu sourd. » Et sur cela prit la mort en gré, et eut la teste coupee, comme dict est : et, depuis icelle mort, monsieur l'archeduc eut plus d'entendement, pour le bien du païs et pour la paix, qu'il n'avoit onques eu : et restoit encores, pour ceux qui tenoyent la vile contre le prince, un nommé Jehan Coppenolle, chaussetier demourant à Gand, qui n'estoit guéres meilleur de condition que Guillaume Rin : et fut retenu, pour entretenir ces brouillis, maistre-d'hostel du roy de France, à six cens francs de pension par an.

Or est temps que je revienne au faict de Bruges. Les marchands et les notables de la vile se tannérent (1) de la guerre : et, à la vérité, ils devenoyent

---

(1) *Se tannérent* : se fatiguèrent.

pauvres et souffreteux. Si s'appensérent de mander
monsieur l'archeduc d'Austriche et monsieur de Nassau, pour traitter d'appointement (¹) : et vint monsieur d'Austriche à Bruges, acompaigné de monsieur
de Nassau et de grans personnàges de son hostel :
et fut receu, par ceux de Bruges, de grand cueur
et de toute bonne voulonté : et en ce temps estoit
revenu de France le signeur de La Gruthuse. Et pour
la premiére execution qui fut faicte à Bruges, mondict signeur de Nassau sachant que le signeur de La
Gruthuse estoit en l'hostel de la vile, l'ala prendre
en la presence de la loy, et le fit prisonnier du
prince : et luy fut demandé s'il vouloit estre jugé par
ceux de l'ordre de la Toison d'or (dont il estoit con-
frére), ou par ceux de la loy de Bruges : et il respondit qu'il vouloit estre jugé par ceux de la loy de
Bruges. Si fut mené en la maison des prisons de la
vile, où il fut prisonnier par certain temps : et
l'an 81, le vendredy des quatre-temps, avant Noël,
la vile de Bruges murmura de rechef. Et avoit un
capitaine nommé Piccanet, qui n'estoit pas bon pour
le prince : et ala en ce temps ledit Piccanet courre
par mer, et fut pris des gens de monsieur de Nassau
assez pres du Dam : et desiroyent qu'il vinst à Bruges,
pour fortifier les bons et rebouter les mauvais. Mondict signeur de Nassau prit aveques luy le chevalier
de Tinteville, monsieur Jehan de Montfort, Philippe
Dale, et aucuns autres, et s'en ala à pié du Dam à
Bruges : et courageusement, et en danger, entra à
Bruges, où il fut recueilly des plus-gens-de-bien,
et se trouva le plus-fort en ladicte vile : et preste-

(¹) Cela arriva en 1485.

ment manda monsieur d'Austriche (qui estoit descendu de la mer assez pres de là), et fut mondict signeur d'Austriche le bien-venu en sa vile de Bruges: et furent toutes choses appaisees, et prestement l'on fit decapiter ledict Piccanet, capitaine de Bruges, et certains autres ses complices: et de là en-avant fut monsieur d'Austriche et ses gens paisibles et bien-venus en sa vile de Bruges : et y fit regner justice, et la marchandise. Dont il fut beaucoup mieux-aimé, et bien-voulu.

CHAPITRE XII.

Comment l'archeduc Maximiliam recouvra la vile de Gand, et le comte de Flandres son fils dedans.

Or regardon comme ce bon Dieu meine les choses à son bon plaisir, et comme il fait de la guerre la paix, et de la paix la guerre. Iceluy bon Dieu inspira un grand doyen de Gand qui avoit esté l'annee de devant doyen des navieurs, et avoit grande puissance en la vile, et se nommoit Matis Paiart. Cestuy Matis voyant le tort que ceux de Gand avoyent de leur prince, de luy tenir son fils contre son gré, la destruction du peuple de Flandres, et les maux qui tous les jours avenoyent, s'acompaigna d'aucuns compaignons de bonne part : lesquels estoyent serviteurs de monsieur de Ravastain et de sa maison, et ausquels Matis Paiart decouvrit son intention, et chacun assembla ses amis et bien-vueillans : tellement qu'ils se trouvérent si-bon nombre de gens de bon vouloir, qu'ils furent maistres de la vile de Gand, et crioyent *vive Austriche et le jeune prince!* Tellement que nul n'osoit parler au contraire.

Coppenolle s'enfuit en France, et demoura la vile de Gand es mains de gens qui ne demandoyent que la paix, et l'amour de l'archeduc et de leur prince : et prirent en conseil d'envoyer devers l'archeduc, qui estoit à Bruges : et y fut Matis Paiart, et autres des meilleurs de la vile. L'archeduc leur fit bonne chere : et tellement traitérent, que jour fut pris que l'archeduc devoit aler à Gand, fort et foible, et à son plaisir : et luy devoit on amener son fils au-devant, pour le recevoir ; et quand ce vint au partir de Bruges, il m'envoya querre le signeur de La Gruthuse en la prison, lequel me fut prestement délivré : et je l'amenay par derriére à l'Hostel-Verd, et trouvay deux gentils-hommes à qui monsieur l'archeduc avoit baillé la charge, aveques aucuns archers, pour garder mondict signeur de La Gruthuse : et le fey venir apres luy, à chariot, jusques à Gand : et le jour venu que l'archeduc devoit faire à Gand son entree, il assembla son armee (où il pouvoit avoir trois mille combatans, et non plus), et les mit en ordre comme je vous diray. Et quand l'archeduc approcha Gand à une lieue pres, le signeur de Ravastain acompaigna monsieur l'archeduc le jeune, à venir au-devant de son pére : et estoit fort acompaigné, et monsieur l'archeduc s'arresta emmy les champs, et luy fut amené son fils, dont il eut moult-grande joye : car il y avoit ja huict ou neuf ans [1] qu'il ne l'avoit veu. Le

---

[1] *Huict ou neuf ans :* le jeune archiduc n'étoit séparé de son père que depuis quatre ou cinq ans.

fils ne congnut point le pére : si-non que quand il aprocha, le pére baisa son fils, et alors se prit le fils à larmoyer. Et ainsi chacun se mit au chemin contre Gand ; et messire George des Cornets, signeur de Meulebeck, alors grand-bailly pour ceux de Gand, présenta à mondict signeur la verge de baillieu : mais mondict signeur ne la voulut point prendre, et dît qu'il la portast encores, jusques autrement en auroit ordonné. Et ainsi se tira la compaignie contre Gand : et conduisoit monsieur de Nassau les gens-de-pié, et estoit mondict signeur de Nassau le premier en front comme les autres, la picque sur le col : et d'empres luy estoit Min Joncker de Gueldres, Philippe monsieur de Ravastain, et le comte de Joingny : et, par ordonnance faicte, ils devoyent tousjours marcher cinq ensemble, et apres suivoyent barons et chevaliers, et puis les pietons alemans, et estoit une moult-belle bande à veoir : car ils estoyent bien deux mille combatans ; et puis venoyent les gens-de-cheval en une grosse flotte, et entre les gens-de-pié et les gens-de-cheval estoyent monsieur l'archeduc son fils, monsieur de Ravastain, et les autres grans signeurs et les gens-de-conseil.

Ainsi entrérent ils à Gand sans nul contredict : et fut mené monsieur l'archeduc et monsieur son fils en leur hostel à Gand, lequel ils trouvérent préparé pour les y loger : et se logea chacun, et mesmement les pietons furent logés es hostels des bourgeois (qui n'estoit pas au gré de tous) ; et quand vint sur le soir, ceux de Gand se commencérent à mutinacer, et tous d'une opinion coururent au marché : et les pietons alemans et autres se tirérent à l'hostel du prince, et monsieur l'archeduc se vint loger en ma chambre (qui estoit sur la porte, devant), et ce fit il pour estre entre ses gens : là tint conseil qu'il estoit de faire, et sembla, pour le mieux, de voir que les Gandois feroyent pour celle nuict : et chacun se tint sur sa garde. Mais le comte de Nassau, acompaigné de Wallons, avoit gaigné le pont, là où on coupe les testes : qui estoit la droite venue des Gandois pour venir contre l'hostel du prince.

Ainsi se passa celle nuict : et, le lendemain matin, l'archeduc, acompaigné des pietons d'Alemaigne, marcha contre l'hostel de la vile, et fit arrester ses gens en un coing de rue vers la poissonnerie, et ala parler à ceux de la vile, et leur offrit de prestement déloger ce peuple. Mais ils luy priérent qu'il n'en fist rien, et qu'ils trouveroyent maniére que chacun s'en retourneroit en sa maison : et alérent deux des notables de l'hostel de la vile parler au peuple, et leur remonstrérent comment le prince ne pouvoit voir ne souffrir iceux assemblés contre luy, et qu'ils mettroyent la vile en grand peril : car s'ils estoyent déconfits, ils estoyent morts, et la vile perdue : et leur conseilloyent d'eux retirer chacun en son hostel, et qu'ils estoyent bien-asseurés du prince, et qu'il ne leur demanderoit rien. Ce peuple promit d'eux en retourner en leur maison, priant à l'archeduc qu'il se retirast en la sienne, et retirast ses gens-d'armes. Ce que l'archeduc fit, et ramena tous ses gens en sa maison, et se repeut chacun de ce qu'il pouvoit avoir : mais les Gandois ne bougérent du marché ; et à la vérité ils estoyent si effrayés, qu'ils ne sçavoyent qu'ils devoyent faire : car ils estoyent peu de gens, mal-conduits et mal-empoint : et le comte de Nassau offroit tousjours de leur courre sus, et de les deffaire : et par ce moyen estoit le prince perpetuellement signeur et maistre de Gand et de toute Flandres. Mais monsieur Philippe de Cléves favorisoit les Gandois, et disoit à monsieur l'archeduc qu'il ne se pouvoit faire sans détruire Gand : et quand Gand seroit destruite, il perdroit la fleur et la perle de tous ses païs. Et ainsi ne sçavoit l'archeduc que faire, et dissimula jusques à la nuict : et les Gandois se delogérent du grand marché, pource qu'ils estoyent trop peu de gens, et se vindrent loger au petit marché, qui est entre le chasteau et Saincte Vairle ; et fut une fois conclu de les assaillir par-derriére, du costé de la coppe, et de rompre les maisons pour passer les gens-d'armes : et ne demandoit monsieur de Nassau autre chose, et persuadoit tousjours que l'on fist celle execution. Et au regard des Alemans qui estoyent en la court, à l'hostel du prince, ils estoyent en bonne voulonté de bien besongner : et estoit belle chose de voir faire les dévotions, et eux recommander à Dieu, et s'estendoyent tous sur la terre, en baisant icelle : et, en vérité, je vey voulontiers leur maniére de faire. Et ainsi vint le noir de la nuict, et ne peut estre monsieur de Nassau creu, au conseil qu'il donnoit : et par celle noire nuict les Gandois se dérobérent de la compaignie, et se retira chacun en sa maison.

Au poinct du jour, les notables de l'hostel de la vile vindrent à monsieur l'archeduc, et luy remonstrérent que ce peuple estoit retiré, et qu'il luy pleust avoir pitié d'eux. Ce que l'archeduc acorda : et ordonna à monsieur de Ravastain et à moy de conduire monsieur son fils à Termonde. Ce qui fut faict : et l'archeduc vint convoyer son fils jusques hors de la vile de Gand, et avoit ses gens-d'armes aveques luy : mais ils ne partirent point hors de la vile de Gand; et ainsi ut monsieur le jeune prince tiré de la vile de Gand, et hors de leur pouvoir, et mené en sa vile de Termonde, où il fut receu à grande joye : et l'archeduc s'en retourna à Gand, et furent aucuns pris des plus-coupables de celle emotion, et furent décapités : et le tout pardonné à Gand, moyennant certaine somme de deniers.

L'archeduc envoya messire Baudoin de Launoy et messire Jehan de Bergues pour mener monsieur l'archeduc son fils à Brucelles. Ce qui fut faict, et puis l'archeduc vint apres, et fut l'armée destendue pour celle fois : et se tira l'archeduc en sa vile d'Utrecht sur Meuse, où il séjourna assez longuement : et là eut nouvelles d'Alemaigne (qui luy furent fort-agreables), et se tira en son païs de Brabant, et s'en ala tenir en un petit chasteau qui est à l'abbé de Sainct-Michel d'Anvers, et hors de la vile : et là n'avoit que ceux de son secret conseil, et fit plusieurs lettres en Alemaigne pour gaigner les électeurs et princes du païs; et là fit préparer secrétement les dons et presens qu'il vouloit faire : et à son partement d'Utrecht il ordonna l'evesque de Cambray, l'abbé de Sainct-Bertin et moy, pour demourer audict lieu d'Utrecht, et parlamenter aveques les Liegeois; et y demourasmes bien six mois à peu d'exploit, et à grandes paroles : car messire Guillaume d'Aremberch tenoit la vile de Liége sous sa main, et ainsi y perdismes le temps.

CHAPITRE XIII.

Comment l'archeduc Maximilian d'Austriche fut eleu roy des Rommains; et comment l'empereur Federic son pére le delivra des mains de ceux de Bruges.

Monsieur l'archeduc eut nouvelles d'Alemaigne, et se tira celle part bien-acompaigné et bien-empoint: et ne demoura guéres, que nouvelles nous vindrent qu'il avoit esté eleu et sacré [1] roy des Rommains du vivant et en la présence de l'Empereur son pére, et du plaisir et voulonté de tous les princes d'Alemaigne. Et dévez sçavoir que ce nous fut grand'joye par deça d'avoir un tel posteau et une telle espaule, qu'un roy des Rommains pére de nostre prince : et avoit commandé, avant son partement, que je fusse mis grand et premier maistre-d'hostel de son fils, et par luy fu je mis aveques son fils, ou j'ay demouré jusques à present : et le Roy manda monsieur de Mingonal, et le feit son grand et premier maistre-d'hostel en ses païs de pardeça, et ainsi nous pourveut tous deux selon son desir : et d'ores-en-avant, quand je parleray de luy, je le nommeray roy, comme c'est raison. Grande feste et grand estat tint le Roy à Nostre-Dame d'Aix, à son sacre : et puis se retira chacun des princes en son païs, et ne demoura guéres que le roy des Rommains vint pardeça : et luy fut faict l'honneur qui

---

[1] *Eleu et sacré* : l'élection eut lieu à Francfort le 16 février 1486.

luy appartenoit, et la réception par toutes les viles comme à roy : et luy ala son fils au-devant jusques à Utrecht sur Meuse, et puis s'en reviendrent en Brabant : et, la premiére chose qu'il fit, il se tira à Louvain : et là fit monsieur l'archeduc son entree comme duc de Brabant, et mit le pére son fils en possession de tous les païs dont il avoit la mambournie (1) : et s'en vint la Royne à Malines, fort acompaignee de dames et de damoiselles, et en grand triomphe : et, pour abreger mon escriture, le Roy se tira à Anvers, et d'Anvers à Bruges.

En ce temps (2) courut une voix que le Roy vouloit faire passer sa garde par Bruges, en intention de mettre Bruges à sugettion; et fut bien vray que le Roy manda sa garde, pour les faire tirer en d'aucuns lieux où il avoit à faire : mais il n'avoit pas la voulonté de mettre Bruges en autre sugettion qu'elle estoit. En conclusion, ceux de Bruges avoyent ceste opinion, et principalement le commun : et commencérent à estre sur leur garde, et à garder leurs portes : et contraindirent le Roy de s'aler tenir sur le marché, en la maison d'un espicier nommé Crainebourg : et se mirent sur le marché, en grand nombre : et Coppenolle (qui estoit en France) revint bien-dili-

---

(1) *Mambournie* : tutèle, administration. — (2) *En ce temps* : L'auteur passe ici tous les événemens de l'année 1486. L'ancien commentateur flamand, zélé partisan des libertés de son pays, se plaint de cette omission, et prétend que l'auteur l'a faite à dessein, afin de ne point parler des sujets de plainte que Maximilien avoit donnés aux villes de Gand et de Bruges. « Il ne faict, dit-il, que montrer seulement le « frappant et le frappé, sans découvrir le tiltre ne le glaive de jus- « tice ; ou s'il en touche quelque peu, ce n'est que soubs termes dis- « simulez, et autres que la vérité en requiert. »

gemment, et firent un hourd sur ledict marche (que le Roy pouvoit bien veoir de sa fenestre), et sur ce hourd, et publiquement, firent gehainer et couper la teste à un bien noble homme, le signeur de Dugelle, disans qu'il avoit favorisé le prince, à l'encoutre d'eux : et firent abatre la maison de Dugelle, et luy firent tous les dommages qu'ils luy peurent faire : et assez tost apres firent venir messire Pierre Lanchals, un des principaux tresoriers du Roy et de monsieur son fils : et le firent gehainer publiquement et decapiter, et, non pas eux seulement, mais plusieurs autres.

Mais nous nous tairons à-présent de ce, pour parler de la division de ceux de Gand : et peut on legérement entendre que Coppenolle réveilla ses amis et ceux de sa secte à Gand : et legérement se firent les plusforts, et prirent Mathis Paiart, que le Roy avoit fait chevalier, et luy avoit donné une chaine d'or, et vouloit qu'il fust continué grand-doyen de Gand, pour les services qu'il lui avoit faicts : mais, au contempt du Roy, ils prirent ledict messire Mathis, et luy coupérent la teste, disant qu'il avoit esté cause que le Roy avoit receu son fils hors de leurs mains, et qu'il ne tint pas à luy que la vile ne fust perdue et perie, par ce qu'il fut cause que le Roy y entra fort et foible. Encores se vengérent ils d'aucuns qu'ils hayoyent en ladicte vile, et ceux de Bruges continuérent en leur erreur et mauvais propos, et firent tousjours au Roy de pis en pis : et se sauvoyent, des gens du Roy, ceux qui pouvoyent, en habit dissimulé, et autrement : et, en conclusion, pourchacea tant Coppenolle, que plusieurs des plus-grans personnages du Roy furent delivrés à ceux de Gand, et menés à Gand; dont l'un fut le chancelier de Bourgongne, l'abbé de Sainct-Bertin, messire Martin de Polem, messire Wolfart de Polem, le comte Philippe de Nassau, le signeur de Villarnou, et messire Philippe Loete, et un Alemant, nommé messire Jaspart May.

Ceux furent prisonniers à Gand, et souvent menacés de faire mourir : et le tout faloit prendre en patience; et au regard de ceux de Bruges, ils en firent mourir autant qu'ils en peurent atteindre : et pour monstrer leur mauvaise voulonté, ils firent crier que tout homme serviteur du roy des Rommains, qui voudroit partir hors de Bruges, se trouvast, à une heure nommee, sur le vieil marché, et on leur donneroit passage : et, pour ce faire, s'assemblérent un grand tas des plus-mauvais garsons de la vile, et trouvérent sur le vieil marché gens de tous estats, qui cuidoyent partir hors de ladicte vile comme on l'avoit crié. Mais iceux mauvais garsons frapérent dessus, et en meurdrirent à leur voulonté : et ceux qui peurent échaper nagérent le fossé. Et voila la justice et la raison qui en ce temps regnoit à Bruges.

Ceux de Bruges preparérent l'hostel de maistre Jehan Gros, pour loger le Roy. Ils firent faire une cage de gros bois, et toute ferrée de fer, et en celle cage firent tenir le Roy, pour leur seureté : et luy baillérent maistre-d'hostel, pannetier, eschanson et escuyer-tranchant, pour le servir. Ils le traitérent bien de sa bouche, mais ils le tenoyent en grand regret et sugettion, et en ceste sugettion fut longuement : et pendant ce temps les nouvelles de sa prise et de sa detention coururent en Alemaigne. Et pouvez penser que l'empereur Frederik d'Austriche, son pére, en ses vieux jours receut dures nouvelles que son fils estoit prisonnier de ses sugets et de ceux qui luy avoyent fait foy et serment, comme à pere et mambour de son fils comte de Flandres, leur signeur et leur prince.

Le vieil Empereur se trouva contraint d'amour paternelle, et prit courage, mandant tous les princes de son sang en Alemaigne : et leur déclaira qu'il vouloit, en sa personne, venir pardeça pour la recouvrance de son fils, pour le mettre en son franc arbitre, et pour le venger de ceux qui contre droit le molestoyent. Et les princes d'Alemaigne se conclurent d'acompaigner l'Empereur, et descendre pardeça, et le firent : et les premiers qui descendirent, ce furent deux ducs de Baviére, asçavoir le duc Christofle de Baviére, et le duc Wolfkam de Baviére, son frére : lesquels amenérent environ deux mille combatans. Mais ils ne vindrent pas comme les autres qui vindrent depuis : car c'estoyent deux maisnés (1) de Baviére : et les convenoit payer, ou certes je croy qu'ils se fussent tournés du costé des Flamans. Toutesfois l'on pratiqua tellement, qu'ils furent contentés, et servirent bien : car, pour la crainte de leur venue, ceux de Bruges firent apointement aveques le roy des Rommains pour sa delivrance (2) ; et fut cest apointement sur certains points,

---

(1) *Maisnés* : cadets. — (2) *Pour sa delivrance* : Maximilien fut délivré le 12 mai 1485.

dont les espéciaux contenoyent que le Roy pardonnoit à ceux de Bruges ce qu'ils avoyent fait, sans jamais en rien quereler ne demander. Secondement, ils voulurent que messire Philippe de Cléves demourast pleige pour le Roy : et de tous les poincts contenus entre ceux de la vile et le Roy, monsieur Philippe s'en faisoit pleige et principal. *Item*, voulurent avoir autres pleiges que le Roy, mis en sa pleine délivrance, ratifieroit de nouvel tout l'apointement faict entre eux; et (comme j'ay dit cy-dessus) des menues choses avenues en ceste guerre, je me passe legérement, pour venir es grandes choses et es grans poincts avenus : et commenceray pourquoy n'à quelle cause mondict signeur Philippe de Cléves se tourna ennemy de Roy et de son prince : et le coucheray au plus-pres de la verité qu'il me sera possible.

CHAPITRE XIV.

Comment ceux de Bruges et de Gand firent de rechef guerre au roy des Rommains, sous la conduitte de monsieur Philippe de Cléves; et comment cette guerre fut appaisee.

Or fut vray que monsieur Philippe de Cléves, quand vint à pleiger le Roy, requit au Roy qu'il ne fist point de guerre, jusques à ce qu'il fust hors de sa pleigerie. Ce que le Roy avoit voulonté de faire : mais l'Empereur et les princes d'Alemaigne descendirent à val le Rin, et vindrent à Malines, si courroucés et en si-grande malveuillance contre ceux de Bruges et de Gand, qu'il n'estoit pas au roy des Rommains de les démouvoir de faire guerre : et commença la guerre plus-forte que devant, de tous costés : et quand monsieur Philippe de Cléves veit que la guerre recommençoit, et que le Roy ne luy avoit pas tenu ce qu'il luy avoit promis, il fit son profit de ceste matière, et fit le serment à ceux de Gand et de Bruges, et aussi au roy de France, de servir leur party bien et loyaument : dont il s'aquita plus qu'il ne devoit, et recommença la guerre de tous costés. Et le roy de France envoya tantost gens à messire Philippe, et luy fit des biens en deniers et autrement, pour l'entretenir en ceste nouvelle guerre et voulonté : et luy disoient les François qui venoyent devers luy, que le roy de France le feroit connestable de France. Et on s'abuse bien sur moindre esperance.

L'Empereur et les princes alérent devant Gand [1] : et quand ils virent la puissance de la vile, ils coururent le païs de Flandres, et principalement ce qu'ils entendoyent qui estoit ennemy du roy des Rommains et de monsieur son fils : et apres avoir demouré certain temps au païs, l'Empereur et les princes se deliberérent d'eux en retourner en Alemaigne, et revindrent à Brucelles : et certes il y avoit une belle

---

[1] *Devant Gand :* Cette ville fut assiégée par l'Empereur le 5 juin 1488. Le siége dura quarante jours : l'Empereur le leva, après avoir perdu le marquis de Brandebourg, qui fut tué d'un trait d'arbalète.

compaignie de princes et de gens-d'armes, tant des viles comme autrement; et s'ensuyvent les noms des princes d'Alemaigne qui descendirent en esperance de tirer le roy des Rommains hors de prison : c'est-assavoir l'empereur Frederik d'Austriche, pére du roy des Rommains; le marquis Frederik de Brandebourg, le marquis Simon son frére, le duc de Bronsvick, le duc Hoste de Bautere (1), le duc Christofle de Baviére, le duc de Wolfkam de Baviére son frére, le duc Albert de Zasse et son fils, le duc de Juilliers, le marquis de Bade et son frére, le lantgrave de Hessen, et plusieurs autres comtes, barons, chevaliers et grand peuple : et certes c'estoit une puissante armee, et de gens bien-deliberés : et estoyent étofés d'argent et de vaisselle, et monstroyent bien qu'ils estoyent grans princes, et qu'ils venoyent pour exercer la guerre. Et quand ils eurent presenté la bataille devant Gand et au milieu de Flandres, et qu'ils virent le roy des Rommains hors de prison, ils conclurent d'eux en aler en Alemaigne, et tindrent conseil pour laisser l'un d'eux au gouvernement de monsieur Philippe, archeduc, et de ses païs; et conclurent de laisser le duc Albert de Zasse pour lieutenant du roy des Rommains : car il faloit que le Roy retournast en Alemaigne, tant pour les affaires de l'Empire, comme aussi pour certaine guerre particuliere que l'Empereur et le Roy avoyent, et dont je parleray cy-apres. Et certes ils ne pouvoyent laisser meilleur lieutenant ne gouverneur par-deça que le

---

(1) *Hoste de Bautere* : lisez *Oto de Baviére*.

duc de Zasse : car il s'y est si-bien aquité, si-loyaument et si-honnorablement, qu'il en sera tousjours à priser et loüer.

Sur ceste ordonnance, l'Empereur et les princes d'Alemaigne s'en retournérent chacun en son païs, et le duc de Zasse se trouva obeï des grans et des petis : et tellement se conduisit, que chacun le doutoit et aimoit; et au regard de monsieur Philippe de Cléves, il fit la guerre aveques les François et Gandois, et mena de prim-saut son prince, le jeune archeduc, à ce qu'il n'avoit en Brabant n'en Flandres que trois viles qui ne luy fussent contraires : et lesdictes trois viles furent Malines, Anvers et Bosleduc : et certes (puis qu'il en vient à parler) Malines garda le prince songneusement et bien : et (que le prince ne doit jamais oublier) ils firent flotter les eaues autour d'eux, avec gros boulovarts qui gardoyent les passages. Ils firent grand guet et grande garde, et tellement qu'ils rendirent de leur prince bon compte à l'Empereur, qui à ceste cause en fit compte, et fit chevaliers messire Philippe Carreman, et autres de ladicte vile, pource qu'ils s'estoient si-bien conduits au service de son fils, leur prince. Et ainsi se continuoit la guerre de tous costés, et avoit messire Philippe de Cléves un grand avantage : car il avoit le chasteau de l'Escluse, que le roy des Rommains luy avoit baillé, en fiance qu'il le serviroit dudict chasteau; et il en feit tout le rebours : car par iceluy chasteau il fit bonne et forte guerre au Roy et à monsieur son fils, combien qu'il disoit et faisoit publier par tout que ce qu'il faisoit, il le faisoit pour le bien et utilité du jeune archeduc son prince.

En ce temps, monsieur de Zasse fit une assemblee de gens-d'armes, et s'en ala contresieger l'Escluse (1): et luy vint en aide, de par le roy d'Angleterre, une bonne bande d'Anglois, et furent longuement devant l'Escluse : mais peu y profiterent. Et en cedict temps monsieur de Ravastain, pére de messire Philippe, envoya un officier-d'armes, à present roy-d'armes de Hainaut : et manda audict messire Philippe son fils qu'il se deportast de celle guerre, et qu'il fist apointement avec l'archeduc son prince : et ce dedans certains jours; et au cas qu'il ne le faisoit, il luy declairoit qu'il feroit son héritier l'archeduc, et que jamais il n'amenderoit de chose qu'il eust vaillant, et luy mandast pour la derniére fois ce qu'il vouloit qu'il fist. Ledict messire Philippe fit rendre response : mais il pensa sus au dommage qu'il pouvoit avoir de desobeïr à son pére : et de là en-avant fut plus-gracieux en reponse qu'il n'avoit esté. Et le duc de Zasse poursuyvoit sa guerre, et reconquesta Saintron, Tieulemon, Genespe, et plusieurs autres viles et chasteaux. En ce temps le signeur des Cordes, acompaigné de grand nombre de François, entra au West-païs de Flandres, et s'arresta à Nieuport : mais, à l'aide du souverin de Flandres nommé messire Daniel de Morquerke, et de Denis de Morbecke, ladicte vile de Nieuport luy fut si-bien deffendue qu'il n'y gaigna rien, et y fut ledict signeur des Cordes blecé. Par quoy il

---

(1) *Contresieger l'Escluse* : au mois de juillet 1491.

convint qu'il s'en retournast en son quartier pour se faire guarir. Et ainsi fut le siége levé.

Et en ce mesme temps les Gandois firent une emprise pour cuider gaigner Dixmuyde, et y mirent le siége (1) : auquel siége tirérent les François qui estoyent devant Nieuport, et plusieurs autres de leur party : et prestement et diligemment Denis de Morbecke et Raouland Le Fevre, lors receveur de Flandres, tirérent à Calais, et élevérent une bonne compaignie d'Anglois et de gens-de-bien, qu'ils amenérent pour lever le siége : et les acompaignérent tous les nobles et toute la commune dudict West-païs : et se trouvérent si-bon nombre, qu'ils se déliberérent de combatre ceux qui tenoyent le siége : et à l'aborder eut grande meslee d'archers et de traict-à-poudre, et fut tué un chevalier anglois, nommé ......, moult-vaillant chevalier, et de bon lieu : et fut la conclusion de la bataille telle, que les François et les Flamans, tenans party contraire, y furent déconfits; et y mourut grand nombre de gens : car les Anglois n'en prenoyent nuls à mercy, pour le déplaisir qu'ils avoyent du bon chevalier qui estoit mort en ceste bataille : et ainsi le roi Henri d'Angleterre permettoit que monsieur le jeune archeduc fust servi de ses gens : et firent les Anglois à mondict signeur de bons services celle saison. Tant fut parlementé entre le duc de Zasse et messire Philippe de Cléves, qu'apointement y fut trouvé tel qu'il rendroit le chasteau de l'Escluse, et le mettroit es mains du comte de Nassau, et le

---

(1) *Et y mirent le siége* : les Gandois surprirent Dixmude dans la nui du 25 janvier 1491.

Roy et Monsieur luy pardonneroyent toutes offenses passees, et lui rendroyent sa pension (car sans icelle ne pouvoit il vivre). Et ledict messire Philippe renonçoit et quittoit toutes autres aliances, promesses et sermens, pour se rendre bon et loyal suget de mondict signeur l'archeduc : et pour abreger mon escriture, le traitté fut faict, acompli et acepté d'une part et d'autre : et par ce moyen entra mondict signeur de Nassau au chasteau de l'Escluse, et la vile luy fit de-nouveau serment. Et pource que mondict signeur de Nassau ne se pouvoit arrester, ne vaquer au chasteau de l'Escluse, il y commit pour son lieutenant un escuyer bourgongnon nommé Philippe d'Alles, et mit dehors les soudoyers et serviteurs de messire Philippe. Et ainsi fut la paix faicte, et ceux de Gand rançonnèrent les prisonniers qu'ils avoyent : comme le chancelier de Bourgongne, l'abbé de Sainct Bertin, et les principaux et les plus-riches des Alemans, et en tirérent de grands deniers : et encores fut au bien venir qu'ils ne les firent mourir en prison.

En ce temps se mit avec ceux de Gand un mecanique (1) menant la charrue : mais bel homme estoit, et eut tantost autorité à Gand. Mais l'autorité ne luy plaisoit guéres, comme bien le monstra : car, entre les commissions qui luy furent baillees, on luy bailla charge, aveques cinq cens hommes, d'aler garder le pont à Dunze (2) : et luy, qui avoit tousjours une voulonté de quelque bien faire, quand il fut hors de la porte de Gand il parla à ses gens, et leur remons-

---

(1) *Mecanique* : artisan. — (2) *Dunze* : lisez *Deinse*.

tra qu'on l'envoyoit, et eux aveques luy, afin qu'il fust tué, et sa compaignie : car ils n'estoyent pas puissans de faire ce qu'on leur commandoit. Si conclurent d'eux rentrer en la vile, et de tuer tous ceux qui leur voudroyent aucune chose demander : et rentrérent en ladicte vile, et le premier qu'ils rencontrérent fut Coppenolle, qui leur dit assez maistrisamment pourquoy ils ne faisoyent ce qui leur estoit commandé. Et le charruyer (qui estoit grand et puissant) haulsa une hache, et frapa Coppenolle en la teste, et le porta par terre, et là fut assommé des gens dudict charruyer : et en y eut de tués, et les autres s'enfuïrent : et demoura le charruyer le maistre à Gand pour celle fois. Coppenolle mort, les bons et les sages de la vile de Gand commencérent à parlementer de paix aveques le prince : et à querir ceste paix tenoit fort la main messire Philippe Vilain (qui tenoit le parti des Gandois); et fut ladicte paix trouvee par ce moyen en toute Flandres.

Je laisse beaucoup de choses avenues, pour parler seulement des plus-grosses matiéres, et comment elles furent conduittes. Je ne parle point de la mort de monsieur de Raceguyen, que messire Philippe de Cléves fit tuer en alant en sa maison, pource seulement qu'il avoit congnu son cas, et qu'il se deliberoit de tenir le parti du roy des Rommains, et de monsieur son fils. Si soit pris en gré ce que j'ay peu retenir d'icelle guerre, et du debat du Roy et de messire Philippe de Cléves : et si je n'ay tout mis par ordre, au moins ay je dit la verité, et récité ce qui en est venu à ma congnoissance.

Or ay je devisé grand' partie et le plus-beau de ce que j'ay veu de mon temps; toutesfois, à cause de ma vieillesse, je n'ay peu estre par tout : si ne me puis je tenir, combien que ce soit contre ce que j'ay dit au commencement de mes Memoires que je ne parleroye ou escriroye que de ce que j'ay veu de mon temps; et aussi il me seroit bien dur que je n'escrivisse du roy des Rommains ce dont je suis au vray averti ; car j'ay veu, des son commencement, tant de vertu, de sens et de vaillance, que ce me sembleroit grande faute à moy que je ne ramenteusse comment il a poursuivy, qui a tousjours esté de bien en mieux.

CHAPITRE XV.

Briéve répetition d'aucuns des precédens faicts de Maximilian d'Austriche; avec nouveau recit de quelques-autres siénes gestes.

Ce noble roy Maximilian, archeduc d'Austriche, en l'aage de dixneuf ans releva l'ordre de la noble Toison d'or (qui estoit morte et perie, par la mort de feu de noble memoire le duc Charles de Bourgongne, chef d'icelle ordre); et prestement qu'il eut relevé ladicte ordre, pource que le roy Louis de France avoit pris à madame Marie plusieurs viles et chasteaux, il prit les armes, et assembla ce qu'il peut de gens, et se tira aux champs à l'encontre du roy de France, et luy présenta la bataille en plusieurs lieux. Il reconquesta le Quesnoy et Condé; et le roy de France se retira, et fut contraint de luy-mesme faire bouter le feu à Mortaigne, qui estoit son propre héritage. Et ainsi de celle premiére rase il recula le roy de France : et ne sera pas trouvé que, depuis sa venue pardeça, le roy de France gaignast un pié de terre sur luy, ne sur madame son espouse.

Il soustint la guerre contre les Flamans : et, au plus-fort d'icelle guerre, il gaigna sur eux Termonde et Audenarde, et leur fit la guerre par mer et par terre : tellement qu'il vint à paix avecques eux, et entra à Gand le plus-fort. Ce que je n'ay pas trouvé que comte de Flandres fist jamais. Il contraindit ceux de Gand à luy ramener son fils demie-lieue hors de la vile, et le luy rendre : lequel fils ils avoyent detenu et le detenoyent, contre le vouloir de son pére : et il le tira de leurs mains, et ramena sondict fils en son païs de Brabant : et par ce moyen fut la paix faicte entre le Roy et les Flamans.

Il ala courre devant Tournay, où estoyent les gens-d'armes de France, et leur présenta la bataille devant les barriéres dudict Tournay. Il déconfit le signeur des Cordes et la puissance des François devant Guignegate : et y eut beaucoup de François, archers, et autres gens-d'armes, morts et tués. Il gaigna Malaunoy, Sainct-Venant et Waurin, tenant le parti de France : et depuis il gaigna Terouenne : et du costé de ceux de Liége, il soustint contre leur mauvaise voulonté; et gaigna sur eux Tongres et Saintron : et sous luy furent déconfits les gens de messire Guillaume d'Aremberch, et depuis s'appaisa le faict de Liége. Du costé d'Utrecht il gaigna la cité par deux fois en un mesme siége, et les fit venir à appaisement : et pour abreger mon escrit, si jeune qu'il estoit, il fit chose digne de memoire. Il présenta, au Pont-à-Lessau, et plus avant, outre le Pont-à-Vendin, la bataille au roy de France, qui estoit à Arras, fort acompaigné de gens-d'armes. Et de ces choses j'ay veu la plus-part en son service : et du surplus j'en suis si-bien acertené que je le puis et doy escrire.

Il est donc temps que j'escrive de ses hauts faicts ce que je n'ay pas veu, à cause de mon ancienneté : mais je ne diray chose que je n'en soye bien acertené. Et faut entendre que le Roy s'en retourna en Alemaigne, pour ayder à l'Empereur son pére à recouvrer les terres que le roy Mathias luy avoit prises; et non pas seulement le royaume de Hongrie, mais avoit conquis la plus-part d'Austriche : et avint que le roy Mathias mourut (auquel le roy des Rommains avoit ja commencé la guerre), et en assez peu de temps le roy des Rommains reconquit toute la duché d'Austriche (où il acquit un grand honneur), et puis se bouta en ce royaume de Hongrie (où il trouva grande résistance), et vint devant la vile d'Alberegale, où il trouva deux des capitaines du roy Mathias, et bien huict cens combatans et gens-de-guerre, sans y comprendre ceux de la ville, qui sont tous gens de deffense. Il fit assaillir Alberegale de toutes pars, et là eut de grandes armes faictes d'une part et d'autre, et là fit on plusieurs chevaliers nouveaux : et y fut chevalier messire Hugues de Salins, signeur de Vincelle, bourgongnon, et des autres largement : dont je ne sçay à parler, pour ce que ce sont Alemans, et n'en congnoy les noms; et aussi les Alemans ont accoustumé de se faire chevaliers à plusieurs fois, et en tous les bons lieux où ils se trouvent : parquoy je me passe de les ramentevoir. Pour conclusion, Alberegale fut gaignee d'assaut par des gens du roy des Rommains (où l'on trouva merveilleusement de biens); et à tant le Roy se delibera de tirer à Bude (qui est la maistresse cité du royaume de Hongrie), et n'y a point de faute qu'il n'eust gaigné la cité de Bude : mais il ne peut avoir ses gens hors d'Alberegale, pour trois raisons. La première; ils avoyent si grand butin et grande proye gaignee audict Alberegale, que nul ne vouloit abandonner son profit et sa part du butin. Secondement, ils trouvérent à Alberegale tant de vivres, de vin, de chair et de pain, que soixante mille hommes ne les pouvoyent déconfire. Tiercement, le payement estoit failli : et est la coustume des Alemans que s'ils estoyent payés jusques aujourd'huy, et demain il y avoit assaut ou bataille, ils entendent qu'il leur est deu nouvel argent : et ceux qui crioyent le plus-haut, c'estoyent les lansquenets et les gens-de-pié : et, conclusion, ils ne voulurent point marcher avant. Mais s'en revint le Roy en Austriche, où il reconquit plusieurs places et chasteaux que le roy Mathias avoit gaigné sur l'Empereur son pére : et en moins de six mois il reconquit tout ce que le roy Mathias avoit mis six ans à conquerir : et pource que le roy de Boésme estoit prochain parent du roy des Rommains, ils firent un apointement que le royaume de Hongrie demoureroit à iceluy roy de Boesme, sa vie durant seulement, sans en pouvoir faire sens ne folie : et donneroit au roy des Rommains tous les ans cent mille ducats de Hongrie. Et ainsi le roy des Rommains s'asseura, pour luy et ses hoirs, du royaume de Hongrie.

En continuant de parler des vaillances du roy des Rommains, il gaigna viles et chasteaux en la comté de Bourgongne sur le roy de France : et si-bien y exploita, que ladicte comté est demouree à monsieur son fils, comme c'estoit raison. Qui plus est, pour monstrer qu'il estoit homme et chevalier pour rencontrer un autre de sa personne, de son humilité, il fit armes en lices closes, et sous pouvoir de juge, et par emprise levee, à l'encontre de messire Claude de Vaudré, signeur de L'Aigle, un chevalier bourgongnon, son suget, mais homme fort, et expérimenté à faire armes à pié et à cheval : et en icelles armes se gouverna le Roy chevaleureusement, et en partit à son honneur. Par-ainsi j'ai recité, en brief, les grandes choses que le Roy a faictes : dont les unes j'ay veues, et les autres sont venues à ma congnoissance. Ce noble Roy, apres avoir les guerres dessusdictes achevees, il ne demoura pas oyseux.

Il visita son empire, jusques à descendre en ce quartier d'embas, et puis remonter es hautes Alemaignes : et travailla à pacifier les debats de l'Empire : à sçavoir à appaiser toutes questions qui pouvoyent estre de vile à autre, de signeurs à viles, et de princes à princes : tellement qu'à l'heure que j'escrivy cestes (qui fut le treiziéme jour de juing l'an 1501), l'Empire ne fut onques si paisible qu'il estoit à-present, par la diligence et poursuitte de cestuy noble Roy. Mais il ne suffit point d'avoir monstré les grandes vaillances et courage de luy, et parlerons comment il se gouverna à l'encontre des Suisses, ses ennemis : et fut vray que, l'an 1499, les Suisses et les sugets du roy des Rommains commencérent à noiser et villener les uns contre les autres; et tellement que chacun, de sa part, rompit les tréves qui estoyent entre le roy des Rommains et lesdicts Suisses : et mesmement lesdicts Suisses outragérent et agravérent par effect l'evesque de Cours (pource qu'il s'estoit tiré devers le roy des Rommains pour cuider bien faire, et pour appaiser l'outrage qu'ils avoyent fait à un abbé suget de la maison d'Austriche), et continuoyent lesdicts Suisses à faire la guerre au Roy, tant en Austriche comme en Ferrate, à feu et à sang. Et quand le Roy veit leur obstination, il assembla quinze ou seize mille combatans, et poursuyvit les Suisses (qui estoyent retirés en leur païs), et entra par le costé de la comté de Tirolle, où il y a fort païs et grandes montaignes à passer, pour venir au païs desdicts Suisses. Et toutesfois entra le Roy et son armee, à pié et à cheval, esdicts passages : et si le duc de Milan, nommé Ludovic, eust tenu ce qu'il avoit promis au Roy, d'amener des vivres à l'entree des passages, pour fournir l'armee pour leur argent, il est apparent que le Roy leur eust fait le plus-grand reboutement qu'ils eurent oncques : mais le duc de Milan ne tint point ce qu'il avoit promis, et ne trouvérent les gens-d'armes nuls vivres : et furent cinq ou six jours en moult-grande disette de pain et de fourrage, de vin, et de tous autres vivres : et si le commun de l'armee eust eu le courage et la sobresse qu'avoit le Roy de sa personne, les Suisses estoyent deffaicts en ce quartier : mais par faute de vivres (comme dict est), il falut que le Roy retirast son armee : et depuis les Suisses assaillirent les gens du Roy qui estoient en Ferrate. Mais Dieu estoit pour les Ferratois, et furent les Suisses déconfits : et eurent grand honneur à celle journee Louis de Vaudré, Rodigues, bastard de Lalain, et ceux de la garde du Roy, et autres Wallons qui se trouvérent à celle journee : et depuis fut faict un appointement entre le Roy et lesdicts Suisses, et se sont retirés de leur costé.

CHAPITRE XVI.

Des surnoms attribués à l'empereur Maximilian d'Austriche et à l'archeduc Philippe, comte de Flandres, son fils.

Or pour cette fois je dissimuleray un peu de parler de ce noble roy des Rommains, de ses grands faicts et de ses vaillances, où j'ay espoir de venir tout à temps ; et est besoing que j'escrive et mette par escrit le sens et la bonne conduite de monsieur Philippe d'Austriche, son fils. Mais, premiérement, comme les autres ducs de Bourgongne ont eu nom et tiltres qui leur ont esté donnés à leur honneur, je suis deliberé en cet endroit de bailler tiltre acquis à ce noble roy Maximilian d'Austriche, et suis en pensee de le nommer Maximilian Cueur-d'or ou d'argent; mais je ne trouve point que ce nom luy soit suffisant, quant à la hauteur de son courage : car l'or, l'argent et le plomb sont métaux qui, par fondre et souvent manier, s'amoindrissent et affoiblissent : et je ne trouvay onques que, pour quelque fortune avenue à ce noble Roy, il ayt esté pleyé n'amoindry en courage n'en haute emprise. Le nommerons nous Maximilian Cueur-de-fer ? Je dy que non : car trop petit est le nom, selon ses grans merites. Le fer est d'une nature que la goutte de la pluye, venant du ciel, cave le fer : et par une goutte d'eaue venant du ciel souvent tombee sur le fer et en une place, celle goutte concave le fer, et le perce en telle maniére que la goutte d'eaue se monstre plus-forte que le fer qui la reçoit. Par quoy je veuil dire que le nom n'est pas suffisant à si-haute personne : mais me conclu que je le nommeray Maximilian Cueur-d'acier, et trouve que l'acier est plus noble chose que l'or, l'argent, le plomb ne le fer, pource que de l'acier, comme du plus-noble-metal, l'on fait les armeures et les harnois, dont les plus-grans du monde se parent, et asseurent leurs corps contre la guerre et autrement : et de l'acier se font les espees, les dagues et autres glaives, dont les vaillances se font d'ennemis sur ennemis. Puis que donques je trouve cet acier plus-noble qu'autre matiére dont on puisse forger ne mettre en œuvre, je demoûre qu'il aura nom Maximilian Cueur-d'acier. Quantes parolles semees haineusement contre luy, par ce noble Roy endurees et ouïes! ce que courageusement et de grande vertu il a porté et soustenu, sans se demettre, pleyer n'amoindrir, non plus que l'acier dont je fay comparaison. Quants heurts de guerre! quantes batailles et rencontres il a soustenus et portés en sa personne, et mesmement venant de ses sugets! jusques à estre prisonnier, et detenu en prison fermee par ceux de Bruges, et en sa presence meurdrir, gehainer et decapiter ses loyaux officiers et autres, et les plus-grans de sa maison livrés es mains de ses ennemis : et n'oyoit autres nouvelles, fors qu'ils seroyent decapités, et nommément messire Jehan Karondelet, son chancelier; l'abbé de Sainct-Bertin, chancelier de son ordre, noble homme, et de ceux de Launoy, messire Martin de Polhem et messire Wolfart de Polhem, Philippe, comte de Nassau; et messire Jaspart May, alemans, et du privé conseil de cestuy noble Roy; et le signeur de Mingonal, son grand maistre-d'hostel; messire Jehan de Jaucourt, signeur de Villarnou; et messire Philippe Loete, signeur d'Aresches; tous chambellans, et maistres-d'hostel du Roy. Et pouvez entendre et croire que toutes et quantes fois qu'il souvenoit à ce bon Roy de la souffrette et danger d'iceux serviteurs, il avoit le cueur bien-pressé et bien-déplaisant : mais toutesfois ce Cueur-d'acier demoura tousjours en la bonne esperance et fiance de Dieu : et tant endura et attendit sa meilleure fortune, qu'il échapa de ce danger, et luy et ses serviteurs dessusdicts. Ces choses considerees, je demoure en ceste opinion qu'il a le cueur aussi fort et aussi ferme que d'acier : et je l'ay epreuvé par experiment.

Or est besoing que je revienne à parler et à escrire du faict de monsieur l'archeduc Philippe son fils : et commenceray par luy donner surnom acquis jusques à-present. Le duc Philippe, fils du roy de France, fut nostre premier duc depuis le temps que le roy Philippe de Valois (1) succeda à ladicte duché, par estre issu d'une fille de Bourgongne : et luy vint la succession par femme, comme il est assez notoire, et publié par tout le monde. Ce duc Philippe fut surnommé Philippe le Hardi, pour les raisons que j'ay mises ailleurs : et de luy vint le duc Jehan, qui fut surnommé Jehan sans Peur. Du duc Jehan vint le bon duc Philippe, qui fut surnommé Philippe l'Asseuré. Du duc Philippe vint le duc Charles, qui fut surnommé Charles le Travaillant. Du duc Charles vint madame Marie, qui espousa ce noble prince Maximilian, archeduc d'Austriche, lequel noble duc nous appelons Maximilian Cueur-d'acier. De l'archeduc Maximilian vient l'archeduc Philippe, que nous appelons Philippe Croit-conseil. Et ainsi j'ay rendu compte de tous les ducs de Bourgongne venus à ma congnoissance : et pour éclaircir ce que j'ay surnommé l'archeduc Philippe Philippe-

---

(1) *Le roy Philippe de Valois* : l'auteur veut dire le roi Jean son fils, qui eut pour mère Jeanne de Bourgogne, fille de Robert II.

Croit-conseil, il est bien raison que je declare les causes pourquoy ce nom luy est attribué : et trouverez vray que luy estant en la suggettion de ceux de Gand, il estoit en l'aage de trois ou quatre ans : et lors mourut et trépassa de ce siécle feue de noble memoire madame Marie de Bourgongne, sa mere : et par celle mort fut successeur ce jeune archeduc de toutes les signeuries appartenantes à la maison de Bourgongne, où il avoit cinq duchés et dixsept comtés, toutes terres grandes et signeurieuses, comme la duché de Bourgongne, la duché de Lotrich, la duché de Lembourg, la duché de Brabant, la duché de Luxembourg, et la duché de Gueldres; les comtés de Flandres, d'Artois et de Bourgongne, les comtés de Mascon et d'Auxerrois, la vicomté d'Auxonne, la comté de Charolois, les signeuries de Salins, de Malines et de Noyers; la signeurie de Chasteau-Chinon, et moult d'autres belles parties. Et combien que le roy de France, par puissance et par hauteur, ait pris et mis en sa main plusieurs d'icelles signeuries, toutes fois c'est à tort et sans cause : et Dieu, qui l'a permis, quand il luy plaira il les rendra à celuy qui y a le droit. Et (comme j'ay dit dessus) à l'heure que vindrent lesdictes successions à monsieur l'archeduc Philippe et en son jeune aage, il estoit encores en la main des Gandois, et avoit bien besoing d'estre bien conseillé : mais son noble pére le roy des Rommains le tira hors d'icelle chetivoison [1], et le ramena en ses païs et en son franc arbitre : et, pour la principale

---

[1] *Chetivoison :* captivité.

seureté de ce noble enfant, il fut mené en sa vile de Malines, où il fut gardé et soustenu comme les bons sugets doyvent faire de leur prince, ainsi qu'il est escript cy-dessus.

En ce temps madame Marguerite d'Austriche, sœur de mondict signeur l'archeduc Philippe, par la puissance des peuples et des viles, et en esperance d'avoir paix, fut mariée à Charles, fils du roy Louïs de France, dauphin de Viennois. Mais le mariage ne sortit point d'effect, parce que le roy Louïs mourut : et le roy Charles son fils appeta et eut desir d'avoir la duché de Bretaigne, et fit grandes guerres et grands effors : et, en conclusion, par le moyen d'aucuns, et principalement par le prince d'Orange, le mariage fut faict du roy Charles et de l'héritiére de Bretaigne : et si avoit ladicte héritiére espousé solemnellement, et par procureur fondé, messire Wolfar de Polem, pour et au nom du roy des Rommains : et par ce moyen madame Marguerite (qui avoit esté tenue neuf ans pour royne de France) fut ramenee pardeça, et depuis elle espousa le prince de Castille; mais la fortune fut telle qu'il ne vesquit guéres : dont ce fut pitié et dommage, car il estoit apparent d'estre un noble prince. Si laissa madame la princesse enceinte, et eut un fils : mais il ne vesquit pas longuement, et demoura madame la princesse jeune vefve : et depuis revint pardeça, moult-bien étofee de bagues et de joyaux, et fut bien traittee en Espaigne, et l'allérent querir messire Philippe de Crouy, signeur de Sainct-Py, et La Mouche, signeur de Vere, qui la ramenérent honnorablement pardeça; et luy fut envoyee au-devant, jusques à Bordeaux, madame de Halevin et plusieurs belles damoiselles, et le signeur de Fiennes, et plusieurs nobles-hommes, qui ramenérent madicte dame Marguerite, et traversérent grande partie du royaume de France, où il leur fut faict honneur et bonne chére.

Or nous tairons à-present de la venue de madame la princesse de Castille, et de son retour : et parlerons du faict de monsieur l'archeduc nostre prince, et des grans affaires où il se trouva; et comment par croire conseil il se ressourdit (1), et porta le temps sagement, comme nous dirons cy-apres : et peut on entendre et sçavoir que ce jeune prince se trouva en de grans affaires : car le roy des Rommains, son pére, avoit la guerre au roy de France, aux Gandois, et à messire Philippe de Cléves, porté et soustenu du roy de France. La guerre fut longue, et par ce moyen fut à l'arriére de deniers, et en grand somme; et mesmement messire Frederik, duc de Zasse, qui bien le servit en son adversité, demandoit quatre cens mille escus, qui est une grande partie. Il servoit bien, mais il vouloit estre bien payé : et fut trouvé un moyen que l'on bailleroit audict duc de Zasse le droit que Monsieur avoit et pouvoit avoir en la haute Frize (que l'on dit l'un des dixsept royaumes chrestiens); et le duc de Zasse conquit le païs à force d'armes, à l'aide d'un sien fils nommé Henry, qui moult-bien se porta en icelle guerre. Et ainsi fut monsieur l'archeduc bien-conseillé, et creut conseil : car par ce moyen

---

(1) *Il se ressourdit :* il se releva.

il fut quitte d'un grand debte, et demourérent amis le duc de Zasse et luy. Mais le duc de Zasse ne vesquit guéres depuis, ains mourut de maladie : dont ce fut grand dommage, car c'estoit un vertueux prince.

QUI EST TOUT CE QUE NOUS AVONS DES MEMOIRES
DU SIGNEUR DE LA MARCHE.

S'ENSUYT

L'ESTAT DE LA MAISON

DU DUC

CHARLES DE BOURGONGNE,

DICT LE HARDY,

COMPOSÉ PAR LE MESME AUTEUR L'AN 1474.

PREMIEREMENT DE LA CHAPPELLE.

En sa chappelle a quarante hommes, à comprendre un evesque pour son confesseur, et trois autres jacopins et prebstres confesseurs, autres chappellains et officiers, organiste et sommellier. Lesquels chappellains, chantres et officiers sont gouvernez par le premier chappellain; et tous les jours, où qu'ils soyent, chantent les heures du jour, et la grande messe solempnelle. Auquel service, et à toutes heures, le prince est present quand ils sont devers luy, et principalement à la messe et aux vespres. Et n'est pas à oublier que l'evesque dessusdict et les freres jacopins sont grands clercs, docteurs et prescheurs, et preschent souvent.

Et d'avantage a le duc un aumosnier et un soubsaumosnier : gens de telle auctorité et de tel credit, qui font les aumosnes pour le prince par distribution et en conscience, qui sout grandes jusques à passer vingt mille livres par an : et pour approuver qu'il soit ainsi, quand le duc doibt partir d'une ville, son aumosnier luy apporte par escrit ce dont il peut enquerir et sçavoir où bienfaicts et aumosnes sont bien employez en icelle ville, si comme de gens anciens, gens pauvres, prisonniers, femmes gisantes, orphelins, pauvres filles à marier, gens bruslez de feu, marchands destruits par fortune, et toutes autres choses necessaires. Et à un chascun le duc à sa devotion departit ses aumosnes, et signe le papier et les sommes, et sont payées avant que l'aumosnier parte de la ville. Aussi l'aumosnier distribue et départit l'argent de l'offrande du prince, qui tous les jours se font, et où que soit faicte offrande en la messe; et luy est icelle offrande presentee par le plus grand prince de son hostel, et qui là soit : et doibt ledit aumosnier dire *Benedicite* à la table du prince, et les Graces, et à celles Graces doibt estre le maistre d'hostel au dessus : et doibt l'aumosnier lever la nef (1) où est l'aumosne devant le prince, et puis oster la nappe de la table ; et doibt commencer au haut bout, qui est le contraire au servir viandes.

DU CONSEIL, ET DE LA JUSTICE.

En en suyvant la chappelle, nous parlerons de l'estat du conseil et de la justice, pource qu'apres le service faict de Dieu en l'eglise, la justice est le second service dont Dieu est servy. Et pour le conseil, tant

---

(1) *Nef* : sorte de vase.

de ses grans affaires que pour ladicte justice, le duc a un chancellier en chef, un evesque chef de conseil en son absence, quatre chevaliers notables, huict maistres des requestes, quinze secretaires, huyssiers, fourriers, et autres officiers à ce servants : et quand le duc n'est point en la guerre, la chambre du conseil se tient pres de celle du duc, et se trouve souvent le duc à cedit conseil, et principalement à deduire et determiner grandes sentences et affaires, et prend la paine d'ouyr toutes les opinions. Et ne peuvent en iceluy conseil autres que les ordonnez, les chevaliers de la Toyson d'or, et les maistres d'hostels, sans y estre par le duc ou par son chancellier menez ou mandez : et me passe de deviser de l'autorité et preeminence du chancelier, pour ce que l'on sçait bien partout qu'un chancelier preside; et mesmes en la personne du prince il demande les opinions, et a le grand seel en ses mains, et est le premier homme nommé, et le premier officier.

Et devant tout en toutes choses; audit hostel y a autre difference qu'en France le connestable va devant, et encore va pardessus un lieutenant general; nota que ledit chancellier est de plus grand proufit que celuy de France : car il cognoit des finances, et autres choses que ne faict celuy de France.

En ensuyvant le faict de la justice, le duc estant en ses pays tient audience publique pour ouyr et depescher toutes requestes qui luy sont apportées, et principalement des pauvres et des petits qui pourroient faire plaincte des riches et des grans, et ne pourroient approcher ny avoir lieu devant luy; et pource tient il audience publicque en sa personne deux fois la sepmaine. Et nous arresterons aux ceremonies et pompes de celle audience, afin que de tout sois adverty en temps et ordre.

L'audience se tient le lundy et le vendredy, et le duc au departir de son disner va en la salle où l'audience est preparee, et est accompaigné de la noblesse de son hostel, assçavoir princes, chancelier, escuyers, et autres; et n'y oseroit nul homme faillir. Le duc se sied en sa chaire, richement parée de palle (1) de drap d'or, et le marchepied, qui est large et de trois pas de montée, est tout couvert de tapisserie richement; et à ses pieds a un petit banc, auquel sont appuyez deux maistres des requestes et l'audiencier, qui lisent les requestes devant le duc, et aussi un secretaire pour registrer les appointemens; et sont iceux quatre à genoux, et derriere ledit secretaire a un clerc qui enfile lesdits requestes en un cordon, selon que luy baille ledit secretaire; et sont les bancs chascun ordonné par ordre, à l'encontre du passet (2), pour seoir les princes du sang, les ambassadeurs, les chevaliers de l'ordre et les grands pensionnaires par ordre; et sçait chascun où il doibt aller. Et derriere la chaire et le dos du duc sont en pieds les escuyers du duc, c'est assçavoir ceux de la chambre, qu'en France on dit enfans d'honneur, qui aucune-fois servent à l'estat d'eschanson, pannetier, et escuyer trenchant, quand le prince est en chambre à sa privauté; et point d'escuyer d'escuyrie, pour ce que cestuy estat se sert publiquement. Et incontinent la forme de l'audience passée, la salle est close d'un grand parcquet tout baillié, et clos de bancs et bailles; et tout cou-

(1) *Palle*: tapis. — (2) *Passet*: passage.

vert de tapisseries aux armes du duc : et sont au costé sénestre escuyers trenchans, escuyers d'escuyrie debout à pied aux bailles : et au costé dextre les panetiers eschansons, et escuyers du duc. Et devant icelles bailles sont bancs à l'entour du parcquet, où seent les chevaliers chambellains et estrangiers qui surviennent, et aussi les maistres d'hostels. Et au bout d'iceluy parcquet, devant la face du prince, sont les escuyers hommes-d'armes de la garde, chascun un baston au poing, ayans bailles comme dessus : et n'y vont ce jour que es quinze qui doibvent faire le guet devant luy à l'entour; et allencontre d'iceluy parcquet, à la porte sont huyssiers d'armes, et devant le pied du passet sont deux sergeans d'armes à pied, et chascun la mache (1) au col, aux armes du prince. Et se conduit icelle ceremonie par les maistres d'hostel; et l'assiette faicte, sont deux portes ouvertes aux deux bouts de ladicte sale, et entrent par l'une ceux qui apportent les requestes et presentent au duc, et s'en revont par l'autre porte; et sont mises icelles requestes sur le banc, devant ceux qui les doibvent lire, et lisent tour à tour; et le duc appoincte les requestes à son plaisir, et selon que le cas requiert, et toutes les depesches avant qu'il parte de la place. Et pendant ce temps chascun se tait, et tient ordre; et le tout achevé, le duc s'en retourne en sa chambre, et chascun à ses affaires.

Continuant le faict de la justice, le duc a un prevost des mareschaux, fort accompaigné de compagnons de guerre; et sert iceluy prevost en temps de paix à faire les executions criminelles, et par tous les

---

(1) *Mache* : masse.

pays du duc a jurisdiction et pouvoir, et par toutes villes, excepté en l'hostel du duc, qui est à la jurisdiction des maistres d'hostel; et sert iceluy prevost pour les divers pays et diverses seigneuries qui sont en la main du duc : car d'un cas criminel, meurtre ou autre faict en Brabant, le criminel ne pourroit estre poursuivy en Flandres ny en Haynaut, pour ce que les justices ne sortissent point l'une à l'autre : et pareillement de pays en pays se sauveroient les malfaicteurs. Pourquoy a esté ordonné le prevost des mareschaux pour aller par tout, et a pouvoir du prince pour aller par toute la contrée; et certes il a moult prouffité depuis le regne du duc Charles : car il a dechassé plusieurs vicieux malfaicteurs, et a puny plusieurs cas mauvais, et dont raison vouloit punition. Et au temps de la guerre, le prevost des mareschaux, soubs l'autorité du duc et soubs l'autorité des mareschaux, conduict les marchans, et mect les vivres à prix; tient la justice parmy l'ost, tant criminelle comme civile, et peut ouyr de toutes matieres, excepté de faict de guerre; juge et execute criminellement, appointe et juge les causes civiles, sans appeller à autre personne, s'il ne luy plaist.

DE LA GUERRE.

Or avons devisé de l'ordre de justice : si faut deviser de la guerre et de son estat, qui est l'appuy et le baston, et aussi le soustenal, de la seigneurie et de la chose publique : car sans seigneur et sans seigneurie de seigneur ne pouvons nous vivre, et sans soustenir le droict et l'autorité du seigneur et de la seigneurie du pays : et faut aucunefois le soustenir par assaut, et aucunefois par deffence : et pource est nommée la guerre en l'arbre des batailles, ou nombre des branches de justice, et se nomme justice à main forte. Pourquoy en ensuyvant mon commencement, qui a esté du service de Dieu, en descendant de l'Eglise à la justice, je perseverray par la tierce, qui est de la guerre, et par laquelle Dieu peut et doibt estre servy, entreprenant et faisant guerre justement, et en l'executant par forme deuë.

Le duc a quatre chevaliers ordonnez, devant lesquels se mettent les matieres de guerre, pour en faire le rapport au duc; et se rassemblent iceux quatre chevaliers en la chambre du premier chambellain, où se tiennent à conseil, et n'y entrent nuls que le premier chambellain, le chancelier, le grandmaistre, les quatre chevaliers, les maistres d'hostel, et mareschaux de l'ost et du logis, et le maistre de l'artillerie, le roy-d'armes de la Toison d'or, et deux secretaires du nombre dessusdict, qui escrivent et mettent en forme les choses conclues, ordonnées et exposées : et sont iceux secretaires nommez et ordonnez pour la matiere de la guerre, et des choses advisées et exposées; les quatre chevaliers en font rapport au duc, pour en faire son bon plaisir.

Et pour ce que grande chose, grand estat et grans affaires ne se peuvent conduire sans grans deniers et sans grandes finances, je continueray la matiere de servir Dieu par la quarte voye, et monstreray comment le duc voyt et cognoist l'estat de ses finances, et comment le service de Dieu y peut estre employé :

car un prince, par despendre sans sçavoir où les deniers se prendent et treuvent, apprend à ses secretaires de prendre le sien sans desserte, et retenir à ceux qui l'ont desservy, et à ordonner et distribuer les biens à leur plaisir et singulier proufit, et sans discretion; dont le peuple porte grands faiz, grans cris et grandes plaintes devant Dieu : parquoy il appert que le prince qui a le regard et l'œil aux choses dessusdictes sert Dieu, et luy-mesmes en proufite, et en conscience.

DES FINANCES.

Le duc a en son hostel la chambre des finances, en laquelle se rapportent tous les deniers de ses pays ordinaires et extraordinaires. Là viennent tous les deniers et les receptes, et de là sont distribuez les appointemens aux officiers, selon ce qu'ils ont de charge. Là sont ordonnez deux protonotaires d'Eglise grands seigneurs, et deux notables chevaliers : et à ce bureau sient iceux quatre, en chef le maistre de la chambre aux deniers; et celuy reçoit les appointemens pour la despence ordinaire, tant de bouche comme de gages, qui montent bien par an à plus de quatre cens mille livres. Là sied le tresorier des guerres, qui reçoit en sa main tous les appointemens de tous les gensd'armes de pied et de cheval, ordinaires et extraordinaires; et monte par an l'ordinaire de huict cens mille livres, et extraordinaires communement à huict vingts mille livres; et depart iceux deniers aux clercs et commis dessoubs luy, pour en faire la distribution. Là sied l'argentier, auquel sont baillez les appointemens pour payer les dons des ambassades et voyages, le faict des habillemens et garderobbe, et autres choses extraordinaires, et n'est pas chose que l'on puist mectre en reigle et en nombre : mais je suis acertené que le duc Charles a despendu pour celuy estat seulement, chascun an, l'un portant l'autre, plus de deux cens mille livres. Là sied le receveur general, qui rend compte de toutes les receptes, et qui touttes viennent en sa main, et à qui les receptes particulieres, toutes en general, viennes en compte. Là est l'audiencier qui signe touttes matieres des finances, et non autres; et ne sient à iceluy bureau sinon les dessusnommez. Là vient le duc bien souvent, et ne se cloent nuls comptes sans luy, ou sans son sceu. Il signe de sa main tous appointemens de tous dons; il signe tous comptes et tous rolles; il sçait bien ce qu'il a vaillant et ce qu'il despend; tout chet en sa main, et tout en vuyde (1), et luy mesmes sied au bout du bureau, jecte et calcule comme les autres; et n'y a difference en eux en iceluy exercice, sinon que le duc jecte en jects d'or, et les autres de jects d'argent. En icelle chambre y a une petite table à part, où sied le greffier et les clercs, et est fermée de portiers et autres officiers, comme il appartient.

L'ESTAT DE LA MAISON.

Or ay-je devisé des quatre chambres ordinaires de l'hostel du duc : si est necessité et besoing de reciter

---

(1) *Tout chet en sa main, et tout en vuyde :* tout tombe dans ses mains, et tout en sort.

le nombre des grans pensionaires qui sont en la maison, où il y a six ducs, et douze autres grands personnages, princes, comtes et marquis; et se payent iceux par les mains de l'argentier, comme il est escript cy dessus.

Et au regard de l'estat des dames et de leur pension, je n'en fay pas grande mention, combien que ce soit en fraiz pour le prince par an plus de quarante mille escus.

Il est besoing que j'entre à deviser l'estat ordinaire et comptes par les escroues (1) de l'hostel du duc, et certifie qu'il a en sa maison, outre et pardessus les dessusnommez, quarante quatre personnages, tant princes, comtes, marquis et grands barons, qui sont journellement comptez par les escroues. *Item* vingt chevaliers comptez par demy an, les uns contre les autres. *Item* trente chevaliers, comptez par quatre mois, qui est à entendre tousjours dix d'iceux trente. *Item* quarante autres chevaliers, qui sont comptez par trois mois, à entendre tousjours dix d'iceux quarante.

Item, outre et pardessus iceux chevaliers comptez, par termes, le duc a quarante autres chevaliers, qui sont tousjours comptez aux gages et pensions, et ont tel estat qu'ils ont chascun un homme d'armes avec eux. Ainsi sont quatre vingts hommes d'armes en icelle compaignie, et sont iceux chevaliers et leurs hommes gouvernez et conduits par quatre autres notables chevaliers, comtes, marquis et barons, lesquels sont chefs chascun de dix chevaliers, et leurs hommes d'armes, et chevauchent par chambrées en armes, et soubs la cornette de leur chef.

(1) *Les escroues* : les registres.

Le duc a un premier chambellain, comme desja il est escript cy dessus, soubs lequel sont et respondent tous les chambellains chevaliers dont cy dessus est escript, et peuvent en toutes causes du bureau avoir leur renvoy devant ledit chambellain. Il a la clef de la chambre du prince, il a le seau du secret en garde devant tous autres; son droict est de porter la banniere en bataille des fiefs et hommages des nobles faicts au prince; il doibt prendre le serment; il a la premiere chambre apres le prince, et a plat et service comme luy mesmes, et doibt estre obey en ses commandemens comme le lieutenant du prince.

Le duc a un grand maistre d'hostel qui peut en tous consaux (1), tant de la justice comme de la guerre; et se doibvent adresser à luy reçoiptes et cœullotes (2) de princes et d'ambassades; il peult servir aux quatre nataulx (3) de l'an, et quant le prince tient estat solemnel. Et doibt aller devant la viande du prince, le baston levé en contremont; mais il ne doibt point faire les essays en la cuysine, mais les doibt faire le premier maistre d'hostel, ou l'un des aultres maistres d'hostels en son absence. Et la viande assise devant le prince, le grand maistre d'hostel a toutes les couvertures de tous les mets dont le prince est servy, tant de la premiere fois comme de la seconde, et de tout le service qui est à iceluy disner. Et pour donner mieulx à entendre, ces choses sont le droit d'un grand maistre d'hostel en Bourgongne; mais je ne veulx pas juger qu'il eust celle authorité és pays et seigneuries que tient le duc, si ce n'estoit

(1) *Consaux* : conseils. — (2) *Cœullotes* : cérémonies de réception. — (3) *Quatre nataulx* : quatre grandes fêtes.

que sa retenue fut generalle, donnée par le prince en droicts et preeminence, tels qu'il les peult avoir en Bourgongne.

Le duc a un premier maistre d'hostel, qui a chambre et plat en l'hostel du prince, comme le premier chambellain; et au surplus a quatre autres maistres d'hostels, lesquels avec le premier ont le regard à la police de la maison du prince, à l'union des nobles hommes et autres seigneurs domesticques. Ils conduisent les ceremonies et ordre de l'hostel, ils ont le regard à la despence du prince, ils tiennent le bureau une fois le jour, pour compter la despence du jour precedent, et pour faire justice à un chascun; deux huissiers de salle sont les sergeans du bureau, qui adjournent les parties aux requestes d'autres parties; et dedans trois jours faict on justice à chascun par justice sommiere, et du bureau nul ne peut plus appeller. A ce bureau sient les maistres d'hostel, le maistre de la chambre aux deniers, le controlleur et deux clercs d'office, et nuls aultres, quels qui soyent. Le maistre de la chambre aux deniers voit la despence dont il fault qu'il face payement, et par jour monte plus de huit cens livres, comprins gaiges et despens de bouche, qui se payent seullement par ses mains. Le controlleur voit si la despense est bien employée, et en advertist les maistres d'hostel, et void si les clercs d'office ont bien recueilly la despense du jour précedent. Les clercs d'office rapportent au bureau les parties despensées en chascun office, et les escrivent par parties et par office, en un rolle de parchemin, pour chascun jour; et les maistres d'hostel, le maistre de la chambre aux deniers, le controlleur, jectent et calculent icelles parties, et sur ce sont mises les sommes; et pour ce faict ont tous les ans un chascun d'eux pour un marcq de jets d'argent aux armes et devises du prince, et pareillement font tous les jours un rolle de tous les noms et surnoms de ceux qui sont comptez par les escroues, grans et petits, de quelque estat qu'ils soyent. Et à la fin des noms d'un chascun est escripte la somme de combien en sont comptez par jour, et de ce comptent et royent (1) les maistres d'hostels à leur discretion, et selon les ordonnances du prince. Et lesdites sommes de despence et de gaiges calculées et jectées se mettent tout en une somme du jour, et sont toutes les parties particulieres d'office en office, ensamble les sommes des gaiges, et puis les deux parties ensamble par une somme du jour mises et escriptes en un fueillet pour chascun jour au papier du controlleur; et faict-on tous les ans pour chascune année un controlle, où il y a aultant de fueillets qu'il y a de jour en l'an, et non plus; et ne peult-on escrire en iceluy controlle que en la presence des maistres d'hostel; et à la fin de l'an se porte à la chambre des comptes, et sert pour veoir si les rolles journellement au maistre de la chambre aux deniers se rapportent à iceluy controlle. Les clercqs d'office escrivent toutes les autres lettres et appointemens faicts au bureau, et tous les jours vont en chascune office recueillir les parties de leur despence, pour en rendre compte comme il est escript cy dessus.

Le duc a quatre sommelliers pour sa chambre, dont le premier sommellier a court, chambre et plat;

---

(1) *Royent* : disposent.

comme les maistres d'hostel, et mengent les aultres sommelliers avec luy. Et ont iceux sommelliers les clefs de sa chambre, et peuvent à toutes heures devers le prince.

Item, a le duc pour sa chambre seize escuyers, qui sont gens de grande maison, et servent iceux escuyers d'accompaigner le prince où qu'il voyt, à pied ou à cheval, ou d'avoir regard sur sa personne et sur ses habillemens. Ils couchent pres de sa chambre, pour une maniere de seureté pour sa personne. Et quant le duc a tout le jour labouré sur ses affaires et donné audience à un chascun, et se retrait en sa chambre, iceux escuyers vont avec luy, pour luy faire compaignie. Les uns chantent, les autres lisent romans et nouvelletez, les autres se devisent d'armes et d'amours, et font au prince passer le temps en gratieuses nouvelles. Lesdits escuyers peuvent à toutes heures en la chambre du prince, s'il n'y a conseil; ils ont chambre à court, plat et viande, comme les maistres d'hostel du prince.

Et pour ce que j'ay commencé à parler de la chambre du prince, je continueray sans avoir regard aux estats, mais pour faire mieux par ordre.

Le duc a six docteurs medecins, et servent iceux à visiter la personne et l'estat de la santé du prince. Et quant le duc est à table, iceux medecins sont derrierre le banc, et voyent de quoy et de quels mets et viandes l'on sert le prince, et leur conseillent, à leur advis, lesquelles viandes luy sont plus prouffitables : ils peuvent à toutes les heures en la chambre du prince, et sont gens si notables, si bons, et si grands clercs, qu'ils peuvent estre à beaucoup de conseil, et ont plat à court, comme le premier sommellier; mais ils n'ont point de chambre ordinaire.

Le duc a quatre chirurgiens : ces quatre servent pour la personne du duc, et pour ceux de son hostel et autres; et certes ce ne sont point de ceux qui ont le moins affaire en la maison : car le duc est prince chevaleureux, et de tel exercice de guerre, que par blessure de coup à main, de trait de pouldre ou aultrement, il a bien souvent tant de gens blessez en sa maison et en ses ordonnances, que aultre part en divers lieux blessez, que cincquante chirurgiens diligens auroyent assez à besoigner, à faire leur devoir des cures qui surviennent. Et pour ceste cause a ordonné le duc en chascune compaignie de cent lances un chirurgien; lesdits quatre chirurgiens du duc ne prendent rien des pouvres, ne des compaignons estrangiers qui sont au service du prince, et s'attendent à luy de la satisfaction de leurs onguements et drogheries, et peuvent à la chambre à toutes heures, comme les medecins.

Le duc a un garde de joyaux, et son aide; et est iceluy garde des joyaux fort privé du prince : car il a en ses mains un million d'or vaillant, et sert à garder les deniers de l'espargne du prince, tous ses joyaux d'or, et pierries : dont le duc est riche, et lequel en a les plus belles qu'on sache. Il a en sa main toute la vasselle d'or et d'argent, et tous les ornemens de sa chapelle; et je cuide qu'il a en vasselle d'argent, que blanche que dorée, cinquante mille marcs en ses mains.

Le duc a bien quarante vallets de chambre, dont la plus grand part servent tousjours, et les autres sont comptez par terme, et servent iceux en la chambre en diverses manieres, les barbiers en leur estat ; les chausseteurs, tailleurs, cousturiers, fourreurs et cordonniers, chascun en leur estat. Les painctres font les cottes d'armes, banieres et estandarts ; les autres vallets de chambre servent de faire le lict, et à metre à point la chambre ; et doibt le fourier battre et escourre (1) le lict, et metre à point la chambre, c'est à sçavoir la coustelé (2) et le coussin où le prince doibt gesir ; et pour ce seullement le fourrier est nommé vallet de chambre ; et doibvent les principaux estendre les linceux et la couverture. Et doibt le sommelier tenir une torche en ses mains pour véoir faire le lict, et apres refermer les gourdines (3). Et doibt l'un des quatre sommeliers garder le lict, jusques à tant que le prince soit couché.

Le duc a deux espiciers et deux aides, et sont iceux espiciers si privés du prince, qu'ils luy baillent, sans nuls autres appeller, tout ce que le prince demande touchant medecine. L'espicier apporte le drageoir du prince jusques à sa personne, à quelque grand feste ou estat que ce soit, et le premier chambellain prend le drageoir et baille l'assay à l'espicier, et puis baille le drageoir au plus grand de l'hostel du duc qui là soit, et sert iceluy du drageoir le prince, et puis le rend au premier chambellan, et le premier chambellan à l'espicier ; ledit espicier delivré toutes drageries et confitures, il faict, et delivre l'ypocras, et a pris ordinaire en la livre d'espice de chambre et en la quarte d'ypocras, et se conte par les escroes, soubs l'estat de la fourriere.

(1) *Escourre* : secouer. — (2) *Coustele* : le lit de plume. — (3) *Gourdines* : rideaux.

DU PREMIER ESTAT.

Or ay-je devisé de l'estat de la chambre, et de divers offices y appartenans. Si faut que j'entresuyve la matiere, et entreray à deviser de quatre estats qui servent le corps et la bouche du prince.

Et premierement commencerons à deviser l'estat des panetiers, et pourquoy ne en quel temps iceluy estat doibt estre premier nommé : car l'estat des panetiers, de l'eschanson, de l'escuyer trenchant, et de l'escuyer d'escuyrie, sont aussi nobles les uns que les autres, et les gages aussi des uns que des autres : et pource que c'est tout un quant à la noblesse et estat, toutesfois faut-il en toutes choses ordre et raison. Si deviseray, selon ce que j'ay peu comprendre et concevoir, comment iceux estats doivent aller, et estre conduits.

Le duc a un premier panetier, et cinquante escuyers panetiers; et sont conduicts à la guerre et à la paix soubs le premier panetier, et sont gouvernez par cinq chefs de chambre ordonnez par le prince, dont chascun a neuf panetiers soubs luy, et chevauchent tous soubs la cornette du premier panetier en une esquadre. Et ay nommé le premier estat des panetiers : et ensuyvant la reigle des escroes, et des ordonnances faictes en la maison de Bourgongne, de plus de cent ans passez, doibt estre le panetier le premier nommé, pour l'honneur du sainct sacrement de l'autel, dont le pain est la saincte chose dont le precieux corps de Nostre Seigneur est consacré.

Le premier panetier faict la despence de la paneterie, et se compte soubs celle despence par les escroes; il sert en l'absence des maistres d'hostel, si tous estoyent dehors : et est la cause pourquoy aucuns veulent dire que le premier panetier a droit d'estre pourveu d'estat de maistre d'hostel avant tous les autres. Mais quant à ce qu'il y a droit, il n'en a point, et le peut faire le prince de qui qu'il luy plaist, sans faire tort audit premier panetier. Bien est vray semblable que le premier panetier, qui a faict despence journellement, et a desja servy en l'absence des maistres d'hostel, a compté au bureau, et a cognu l'estat de la despence de la maison du prince par praticque; il est bien vray semblable qu'il doibt mieux entendre et cognoistre par raison ce qu'un maistre d'hostel a à faire, que ne font ceux qui n'ont praticqué ladicte despence. Et en ce cas certes, pour les raisons dessusdictes, ledit panetier doibt estre premier nommé, et doibt aller devant, sinon en certain temps, ainsi que j'adviseray les ordres et mutations en temps et en lieu.

Et continuant l'estat des panetiers, je deviseray comment le panetier se doibt conduire à servir la bouche du prince. Quand le prince va disner et qu'il est couvert, l'huyssier de la salle va querir le panetier qui doibt servir pour ce jour, et le meine en la paneterie. Et là le sommelier de la paneterie baille une serviette audit panetier, et la baise, en faisant credance; et le panetier le met sur son espaule senestre, les deux bouts pendant devant et derriere; et puis le sommelier luy baille la salliere couverte, laquelle ledit panetier doibt porter entre ses doigts tenant entre le pied et le ventre de la salliere, en difference du gobellet, qui se doibt porter par le pied; et va le panetier apres l'huyssier de la salle, la teste nue; et apres luy va le sommelier, qui porte en ses bras la nef d'argent qui sert aux aumosnes : et dedans icelle nef d'argent sont les trenchoirs d'argent et la petite salliere, et une autre petite nef; ensamble le baston d'argent et licorne dont on faict l'espreuve en la viande du prince. Et eulx venus en la salle et devant la table, le sommelier doibt asseoir la nef où le panetier luy monstre, et doibt estre le bas boult; et le panetier ouvre la salliere, et du couvercle doibt prendre du sel, et le baille audit sommelier, qui en faict l'assay en la presence dudit panetier; et lors assiet iceluy panetier sa salliere et ses trenchoirs, la petite salliere, la petite nef et l'espreuve, et puis met sa serviette pendre à la nef. Et quand le prince veult laver, le panetier baille la serviette au premier maistre d'hostel qui doibt servir pour ceste fois. Le maistre d'hostel le doibt bailler au premier chambellain, et le premier chambellain le baille à sa discretion au plus grand de luy, si plus grand il y a, et rend au maistre d'hostel icelle serviette. Apres que le prince a essué ses mains, le maistre d'hostel le rend au panetier, qui la reploye et le remet sur son espaule, et puis s'en va apres le maistre d'hostel en la cuisine; et à lever les mets, le panetier ouvre les couvertures, et le maistre d'hostel faict les assays desdits mets; et ce faict, ledit panetier recouvre le plat, et baille les plats couvers par celle maniere les uns apres les autres aux gentilshommes des quatre estats, qui ont suyvy pour apporter la viande du prince, et sont nues testes; et la viande chargée, le saussier presente au panetier verjus, et le panetier prend un assay pour en faire chascune sausse, et en baille au saussier pour en faire la creance; et doibt le panetier porter lesdits sausses, et est la cause pourquoy le panetier baille l'assay au saussier, et non pas le maistre d'hostel, et si ne baille qu'un assay, et le maistre d'hostel deux, et c'est pour ce que le panetier rend compte seul de ce qu'il livre; et le maistre d'hostel ni le keux [1] ne rendent plus de compte, mais mectent la viande en la charge dudit panetier et de l'escuyer qui la porte, et pour ce baille le maistre d'hostel deux assays pour chascun mets; et ainsi la viande chargée, l'huyssier se met devant le maistre d'hostel, et apres luy le panetier, et les mets vont apres. L'escuyer de cuisine doibt venir apres la viande, et devant le prince s'agenouille l'huyssier en faisant place et voye, et puis le maistre d'hostel se met au bout de la table, où il doibt demourer jusques à tant que la viande soit assise et assays faits, et doibt avoir tousjours l'œil sur ce. Et le panetier assit la viande sur la table, et puis prend son assay, et le baille aux autres l'un apres l'autre. Et se remet le panetier au bout de la table devant la nef, et sert le duc à deux fois, et à chascune fois de douze à treize mets; et le soupper se sert à une fois, et doibt prendre le panetier un des couteaux, et mettre le sel de la grande salliere en la petitte, et faire son assay, et le mettre devant le prince. Le panetier prend au buffet les oublies; et s'il y a assemblée au banquet, il peut asseoir les oublies devant tous ceux qui sont assis à la table du prince, et non autres; et puis le sommelier de la panneterie apporte au panetier une blanche serviette courte

---

(1) *Keux :* cuisinier.

ployée, et la baise, et le panetier l'enveloppe en une serviette qu'il a sur ses espaules aupres de sa poictrine : et c'est la cause pourquoy le panetier met les deux bouts de la serviette en sa ceinture, affin qu'il puist mieux tenir et garder la serviette qui luy doibt estre baillée. Et apres avoir receu ladicte serviette, le panetier rend au sommelier les trenchoirs, et la petite nef, et les sallieres; et au regard de la grand nef, l'aumosnier le doibt lever comme cy dessus est declairé; et la nappe ostee, le panetier desveloppe la serviette et la baise, et puis la desploye devant le prince; et quand le prince a ses mains essuées, ledit panetier doibt reprendre la serviette, et le rend au sommelier avec la premiere; et en deffault du maistre d'hostel et du panetier, le panetier servant doibt tenir le lieu du maistre d'hostel aux graces, et doibt faire les assays en la cuisine en l'absence d'iceux; le premier panetier doibt servir aux quatre nataulx de l'an en sa personne, et les autres jours il doibt ordonner au bureau qui servira, et faire royer les defaillans, en les accusant audit bureau. Et pour les affaires du prince, soit à la paix ou à la guerre, il ordonne aux chiefs de chambre à ceux qui sont soubs eux, et tient le regard à faire et accomplir ce que le prince desire.

Et pour entresuivre l'ordre de la paneterie, je deviseray ce qu'il en despend, et commenceray aux vallets servans qui font le pain; et combien que ce soit estat de nobles hommes, ils sont appellez vallets servans, pour ce que c'est commencement d'estat. Et communement le prince met ses pages varlets servans, et montent à estat d'escuyers pour la bouche :

et de là viennent à acroissance selon leurs vertus, et la maison dont ils sont venus. Le duc a huict servans varlets comptez par terme, et doibt le vallet servant aller à la paneterie de bonne heure, et demander le pain, les couteaux et les serviettes : le sommellier luy baille le pain, et le gardelinge luy baille les couteaux, et trois serviettes : le vallet servant en doibt prendre l'une, et envelopper la main dont il tient le pain de bouche, et doit chappeller iceluy pain, et donner et bailler l'assay au sommellier, et pareillement des pains bis, dont il doibt faire des trençoirs et les assais pour le prince; et quand le vallet servant a le pain chappellé, il doibt prendre l'une des serviettes et mettre le pain dedans, et puis prendre la serviette seconde toute ployée, et mettre sur le pain tant qu'il soit tout couvert, et puis la nouër dessus : et doit le vallet servant faire les trençoirs de pain bis, et en doibt faire huict pilles de quatre trençoirs, et les doibt lier de la tierce serviette, et doibt nettoyer les couteaux dequoy l'on doibt trencher devant le prince. Et quand le panetier porte la salliere, le varlet servant doibt aller apres le sommellier de la paneterie, et doibt avoir à son bras senestre les couteaux pendans en la gayne, et en icelle main porter les trençoirs de pain, et en la main dextre doibt porter le pain pour le prince : et quand le panetier et le sommellier a tout assis, le vallet servant doibt mectre son pain et les trençoirs sur la table, et puis doibt tirer les couteaux, et doibt asseoir les deux grands cousteaux, en baisant les manches, devant le lieu où le prince doibt estre assis, et doibt mettre les poinctes devers le prince, en couvrant icelles pointes de la nappe qui est redoublée ; et puis doit mectre le petit couteau au milieu des deux grans, et doibt aussi mettre le manche vers le prince : et les causes sont que les grans couteaux se doibvent retirer par l'escuyer trenchant, et pource sont les manches devers luy, et le petit couteau est tourné au contraire, pource que le prince s'en doibt ayder. Et les trenchoirs et les couteaux assis, le vallet servant doibt mettre le pain sur les deux couteaux, et les trenchoirs demeurent auprès la petite nef. Et quant le prince est venu et assis, et la viande venue, le vallet servant doibt desnoüer la serviette où sont iceux trenchoirs, et les mettre en ordre et par pilles devant la nef, et puis doit prendre le plus grand couteau, et faire de l'une des pilles des assays, et les bailler au panetier, pour faire les assays de la viande. Il doit attacher la gayne des couteaux au traicteau de la table, à l'endroit de la nef, et la couverte de la nappe ; et doit le vallet servant prendre la petite nef où est la licorne, et la porter au sommellier qui est au buffet, et le sommellier doit mettre de l'eauë fresche sur la licorne et en la petite nef, et doit bailler l'assay au sommellier, vuydant de la petite nef en une tasse, et la doit apporter en sa place, et faire son assay devant le prince, vuydant l'eauë de la nef en sa main ; et le varlet servant soy tenir derriere l'escuyer trenchant, et recevoir tous les plats qui se levent par luy de devant le prince, et doibt bailler iceux plats aux commis de la sausserie, qui doibvent estre presls pour les recevoir : et quand l'escuyer trenchant rend les couteaux, le varlet servant les doit apporter en sa main dextre, et la gayne en la main senestre, comme il est escrit cy devant; et ainsi a son service achevé. Mais il faut sçavoir maintenant pourquoy et à quelle raison le varlet servant ne rend compte qu'il a apportée, et aussi pourquoy il est plustost mis en l'estat des panetiers, et ne rapporte plustost les cousteaux à l'escuyer trenchant qu'en la paneterie (mais au regard des serviettes, elles sont mises en la main de l'escuyer trenchant, et pour ce en rend-on compte par ses mains, comme il est escrit cy devant); et quant à ce que les varlets servans ont le plus affaire à l'office de la paneterie, et aussi des couteaux : car l'escuyer trenchant n'a point de logis pour l'office, n'autre entremise que de trencher; et pource doit tenir place le varlet servant avec les panetiers, et en l'office de la paneterie.

En ensuyvant iceluy office, le duc a deux huyssiers de sale comptez à termes; et doit l'huyssier, quand on doit apprester pour le menger du prince, aller à la paneterie prendre une verge longue et deliée, qui doit estre de quatre pieds de long, et luy doibt bailler le sommellier une serviette blanche, laquelle il doit mettre autour de son bras dextre, et pres de la main dont il tient la verge : et sert icelle serviette en telle maniere, que quand l'huyssier vient à la viande en la cuisine pour le prince, il doit bailler au gueux (1) icelle serviette, et le gueux luy rend celle qu'il avoit paravant, laquelle l'huyssier doit porter en son bras comme la premiere, jusques qu'il l'ayt rendue au garde-linge : l'huyssier doit prendre en la paneterie le tapis pour seoir le prince, et le coussin sur quoy il doit seoir, et doit porter iceux

(1) *Gueux* : officier de cuisine.

sur son bras senestre, et la verge en la main dextre :
et le garde-linge doit livrer les nappes au somelier en
faisant creance, et doit le somelier suyvre l'huyssier,
et doivent trouver le banc dressé, et le buffet par
les fourriers; et doit l'huyssier estendre son tapis sur
le banc au lieu où doit seoir le prince, et pardessus
mettre le coussin; et quand le prince en a faict, il
le doit rapporter en la paneterie, et en rendre
compte, et la cause pourquoy ne se meslent ceux de
la tapisserie du bancquier et du coussin : et toutesfois c'est leur office, et faut renouveller lesdits coussins en la tapisserie, car iceluy bancquier doit estre
le bureau surquoy on tient les comptes devant les
maistres d'hostels, et le doivent communement ceux
de Gand des draps royez dont ils vestent ceux de la
loy de la ville : et est ledit bureau à l'huyssier de la
sale, quant il le faut renouveller; et s'il le failloit
acheter, il le faudroit compter au bureau, et payer
par le maistre de la chambre aux deniers; et pource
n'a que faire à la tapisserie, et aussi on le mect en
la paneterie, pour estre plus prest pour le service du
prince.

L'huyssier de la sale doit aller par les offices faire
abreger le service, et est le sergeant du bureau et des
maistres d'hostels, comme il est escript cy dessus.

Le sommellier doit couvrir la table de deux nappes, et redoubler la nappe devant le prince comme
un doublier; il doit livrer le pain, la moustarde, le
fromage, le bure frais et la cresme douce, tant au
prince comme aux autres, c'est à sçavoir aux estats.

Le garde-linge doit garder le linge, et le livrer
pour le prince et pour les estats; le porte-nappe, és

grandes assamblées, doit porter une nappe noüée à son col plain de pain, et le doit asseoir sur les tables par le commun, et doibt recevoir le pain par compte de la main du boulengier, pour les servir les estats; mais le pain de bouche se doibt recevoir par sommellier de la paneterie, et non par autres.

L'oublieur doibt prendre le fleau de ses oublies d'achapt, et prendre en la cuisine le sucre, le bois et le charbon : il doibt avoir un estuy d'argent pour mettre les oublies du prince, et se doibt pourveoir à chascune fois és mains du saussier de vaisselle d'argent, pour servir le prince si mestier est, et peut asseoir son estuy sur le buffet de l'eschanssonnerie, jusques à ce que le prince soit servy; et se doibt servir le prince comme il est cy dessus escript.

Le lavandier doibt laver et nettoyer les linges, et pour ce est-il de la paneterie.

DU SECOND ESTAT.

Or avons nous devisé de l'ordre et l'estat des panetiers, et de l'office de la paneterie : si faut-il parler du second estat, qui sont les eschanssons, qui est le second estat selon l'ancien ordre, que je treuve par escript; et la raison pourquoy, c'est pour ce que l'eschansson sert du vin dont se consacre le precieux sang et corps de Nostre Seigneur, comme nous avons dit du pain et du vin, sont privilegiez devant toutes choses. Mais d'une chose je m'esmerveille, et fay en moy-mesme grande question pour l'eschansson et pour l'eschanssonerie, qui ont nom particulier, sans le tenir du vin ou de la vigne; comme le panetier ou l'escuyer trenchant, dont l'un tient du pain son nom, et l'autre le tient de son office, qui est de trencher. Et certes je ne l'ay point trouvé par escript, ne le puis comprendre ne sçavoir, mais adeviner; et y treuve deux raisons, et non plus. La premiere, il y a en France et en plusieurs autres grandes seigneuries boutilliers heritiers, et qui sont rentez soubs ce nom; et combien que le boutillier soit cause pour le vin, si ne treuve je point qu'il ayt quelque droit ou preeminence sur l'eschansson ni l'eschanssonnerie, mais tant seullement sur les celliers où se mettent les vins de la court du prince, et non pas de provisions; et pour ceste cause fut trouvé difference de nommer autrement celuy qui a la charge du service domesticque, qui sert le prince, à celuy des celliers : et c'est ce que je puis entendre quant à la mutation du nom. Et pour la seconde raison, pour ce que le prince mange publiquement et qu'il est regardé de tous, et qu'il doit estre miroir de toutes vertus et honnesteté, et que le vin porte en soymesme nom de plus grande gourmandise que nul autre viande, et ne seroit pas bien seant de crier souvent au vin pour le prince : pource fut ordonné par les anciens sages un autre nom pour servir à celuy service, et n'y puis entendre que ces deux raisons. Or nous faut encores entendre un tiers poinct pourquoy et pour quelle cause fut donné en cest estat nom d'eschansson, et non autrement : je croy que ce fut un nom joyeux donné par deliberation, qui tient du nom de chanter, pource que les anciens convives, les grandes cheres et resjouissemens se sont resveillez et resjouys par vins, et la joye se moustre par chanter : pourquoy le nom d'eschanson est prins sur la chanterie; et autre chose n'y puis entendre, et qui mieux l'entend le m'apprenne, et me fera un grand plaisir.

Le duc a un premier escuyer eschansson, et a dessoubs luy cinquante escuyers eschanssons tousjours comptez, qui sont conduits et gouvernez par chambres et chefs de chambres, et chevauchent dessoubs la cornette de l'eschanson en une esquadre; et a l'eschanson telle autorité et semblable sur eux, comme il est escript cy dessus du panetier. Le premier eschanson faict la despence de vin qui se despend à l'hostel du prince; et se compte l'ypocras par l'eschansonnerie; et se compte au bureau d'icelle despence soubs luy, et a regard au faict de la cave et de l'eschansonnerie, et des serviteurs servans en icelle; et a le regard és celliers et és provisions, et est son estat à l'hostel du duc de grande despence : car il ne se passe nulles années que le duc de Bourgongne ne despende en son hostel plus de mille queuës de vin; et telle année mille encore pardessus, selon les assamblées et les festoyemens. Le premier eschanson sert aux quatre nataux de l'an en personne; et quand le maistre d'hostel tient estat apres le disner du prince, il doit estre assis au banc entre l'eschanson et le panetier, et doit estre assis l'eschanson au dessoubs du maistre d'hostel, pour telle raison que, és grans festes et és grans jours, le prince apres son disner demande le pain et les espices, et faut que l'eschanson se leve; et pource sied-il au dessoubs, pour estre plus prest. Et pour deviser icelle ceremonie, l'escuyer trenchant doit seoir devant le gueux qui a servy le prince; sa serviette sur son col dequoy il a servy; et à icelle table ne doivent autres seoir. Or je demande pourquoy sied le gueux, et non pas l'escuyer de cuisine, qui toutesfois est chef en la cuisine? A ce je respons que deux raisons y a. La premiere, que selon les estatuts royaulx l'on crie au gueux, et non à l'escuyer de cuisine; et y a en grandes seigneuries grans geux heritiers, qui est office de grande magnificence. Et l'autre raison si est pour ce que l'escuyer de cuisine qui a cherge du service doit faire servir le premier maistre d'hostel à icelle table, et m'est force d'entremesler les estats pour reciter les droicts d'un chascun; et parlerons maintenant comment les eschansons sont ordonnez chascun pour le jour quand la table est couverte, le panetier venu, et son faict assis; l'huyssier de la salle va querir l'eschanson qui doit servir pour le jour, et le meisne en l'eschansonerie, et le garde-linge baille le gobellet couvert, que l'eschanson prend par le pied en sa main dextre, et en la main senestre tient une tasse, ensamble l'estat pour le prince de bacins, de pots, d'esguieres, à l'ayde du sommelier, qui les lave et nettoye, et puis met iceluy estat és mains du sommellier; et le sommellier baille le gobellet à l'eschansson, et se met apres l'huyssier de la salle qui doit porter les bacins pendans en la main senestre. Et apres l'eschansson va le sommellier de l'eschansonerie, qui doit porter en sa main dextre deux pots d'argent, où est le vin du prince en l'un, et en l'autre de l'eaue; et doit estre le pot du prince cognu à une piece de licorne pendant à une chaine à iceluy pot. Le sommellier doit porter en sa main senestre une tasse et non plus, et dedans icelle doit estre couchée l'esguierre pour servir de l'eaue, et sert la tasse que porte le sommelier à faire l'assay que l'eschanson lui baille apres. Le sommellier va à l'ayde, qui doit porter les pots et les tasses pour le buffet du prince. Voyla quant à l'estat du commun, selon que on se regle journellement quand le prince disne ou souppe; et s'appelle servir le prince à simple estat. Ainsi va l'eschansson en la salle, et assiet son gobellet au haut bout de la table, et du costé de l'assiette du prince; et la tasse qu'il a apporté, il l'assiet à l'autre bort de l'assiette du gobellet, et doit demourer sans s'eslongner, pour garder ce qu'il a apporté; et l'huyssier de la salle va au buffet, et met ses bacins dessus, et le sommellier assiet sa vaisselle, et doit garder le buffet à l'un des bouts, et l'ayde à l'autre; et le barillier doit aller et venir pour aller querir de l'autre vin pour les suittes, si besoing est : mais s'il en failloit pour la bouche du prince, il n'appartient à homme d'y aller ne d'y metre la main, que au sommellier ou à son aide.

Or deviserons comment doit faire l'eschanson, et pourquoy on le mect au haut bout au dessus du panetier : et toutesfois le panetier est le premier venu et le premier nommé; la cause si est que de la paneterie viennent les nappes à couvrir la table, et dont il faut qu'elle soit couverte premier qu'autre chose s'y assise; et pource faut entresuyvre iceluy office, et ce qui en despend. Secondement on le faict pour gaigner le temps, et pour avoir faict quand le prince viendra : car souvent advient que, par les grands affaires du prince, il ne vient point aux heures communes; et en cas s'on avoit apporté le gobbelet, le vin ne seroit point frais, pour avoir esté deux heures peut-estre sur le buffet : et ainsi l'on abrege le service, où rien ne peut empirer. Et la cause pourquoy l'eschansson a le haut bout, c'est pour l'honnesteté du service, pource qu'en iceluy costé n'a que le gobbelet et la tasse ; et viennent communement les hauts princes et ambassadeurs au haut bout veoir le prince à la table, et le gobbelet ne les empesche de riens : ce que feroit la nef, qui est haute, petite nef salliere et trenchoirs, qui se mectent de l'autre costé. Et pour entresuyvre et de tout deviser, quand on parle du haut bout en commune parolle, l'on dict que c'est à dextre main, et bien est vray le plus souvent; mais à prendre le haut bout en toutes assiettes et en tous lieux, on doit avoir regard aux veuës et aux entrées de la sale, et doit estre le haut bout à la plus belle veuë et du costé des fenestres, soit à dextre ou à senestre. Le prince estant venu et l'assiette baillée, comme il est escript cy dessus en l'estat des panetiers, le maistre d'hostel appelle l'eschanson, et abandonne la table, et va au buffet, et treuve les bacins couverts que le sommellier a apporté et appresté; il les prend, et baille l'assay de l'eauë au sommellier, et s'agenouille devant le prince, et leve le bacin qu'il tient de la main senestre, et verse de l'eauë de l'autre bacin sur le bord d'iceluy, et en faict creance et assay, et donne à laver de l'un des bacins, et reçoit l'eauë en l'autre bacin ; et sans recouvrir lesdits bacins les rend au sommellier. Ce fait, l'eschansson se mèt devant le gobellet, et regarde le prince; et y doibt avoir si grand regard que le prince ne doibt demander le vin que par signe. Si prend apres le signe le gobellet en sa main et la tasse, et doit porter son gobellet hault, affin que son alaine n'y attende point, et l'huyssier de la salle luy faict voye; et quand le sommellier le voit venir, il emplist son esguierre d'eauë fresche, et rafreschit le gobellet en la main de l'eschanson dehors et dedans; puis prend une tasse en sa main senestre, et le pot de la bouche en la main dextre, et verse premier en la tasse qu'il tient, et puis au gobellet, et puis prend l'esguierre et verse en la tasse, et atempre le vin en son gobellet, selon qu'il sçait et cognoist le goust du prince et sa complexion; et certes quant au duc Charles, il a tousjours faict attremper son vin, que je ne croy pas qu'il soit prince, qui si peu de vin boive, et qui plus en despend. Le vin attempré, l'eschanson verse de son vin en la tasse qu'il tient, et recouvre le gobelet, et doit tenir le couvercle entre ses deux petits doigts de la main de quoy il tient la tasse, jusques à ce qu'il ayt recouvert ledit gobellet, et baillé ce qu'il a versé dedans sa tasse au sommellier; et mect dedans la sienne, et doit le sommellier faire l'assay devant luy. Ainsi porte l'eschansson son gobellet au prince, et puis descouvre le gobellet, et met du vin en sa tasse, et puis le recouvre et faict son assay. Et quand le prince tend la main, l'eschansson luy baille le gobellet descouvert, et met la tasse soubs le gobellet, jusques à tant que le prince ayt beu, pour garder l'honnesteté du prince, de ses habits, et pour une magnificence que l'on doibt au prince plus que à autres; et quand le prince a beu, il rend le gobellet à l'eschanson, qui le doibt recepvoir en grande reverence, et ledit eschansson le rescouvre et le remet sur la table, comme il estoit au paravant. Quand le panetier va aux oublies, l'huyssier appelle l'eschansson, lequel aporte son gobellet, et prend le vin ou l'ypocras du sommellier en la maniere devant dicte. Et quand l'oublieur a assis ses oublies devant le prince, l'eschansson, apres l'assay fait, mect la tasse sur la table devant luy, et puis assiet le gobellet devant le prince, et descouvre le gobellet, et doibt mettre le couvercle devant la tasse, jusques à ce que le prince ayt fait son bon plaisir, et doibt rapporter son gobellet couvert au buffet, et rendre au sommellier; et la table et la nappe levée, il doibt reprendre les bacins, et porter à laver au duc pour la seconde fois. Et se doibvent faire assay et ceremonies par la maniere dessusdicte, et se doit mettre devant le prince entre l'escuyer trenchant et le panetier, qui tiennent les deux bouts de la serviette, comme il est escript cy dessus, et doit asseoir le bacin qu'il couvre sur la table devant le prince, et de l'autre donner l'eauë. Et puis raporte ses bacins, et les rend au sommellier, et reprend le gobellet et la tasse, et puis s'en revont en l'eschanssonnerie comme ils sont venus. Le premier eschansson, ou autre eschansson en son absence, apporte le gobellet à tous estats, et à toutes assemblées d'estat et d'honneur; et combien qu'un prince ou qu'un grand seigneur serve du drageoir, toutesfois l'eschanson doit servir du gobellet, et fait-on tort à un gentil-homme de luy oster le gobellet qu'il a apporté pour le mettre en un autre main, et nul ne le doit par droit faire, quelque grand qu'il soit, si ce n'estoit le fils du prince qu'il voulut servir son pere. Mais bien est vray que en la chambre où le vin est apporté par les vallets de chambre, et où l'eschansson n'est point appellé, en ce cas le plus grand prince ou le plus grand seigneur doit servir. Car en la chambre du prince, le plus grand pensionaire ou le chambellian doit servir à mettre le couvrechef de nuit, et le plus grand honneur est de servir le prince és choses plus secrettes. Le premier eschanson a tel droit que quant l'on presente au prince vin en vasselle d'argent, le present est à l'eschanson, et en vasselle d'estain au sommellier, et en vasselle de bois ou de pierre est au garde-linge.

En ensuyvant iceluy estat d'eschanssonerie, nous parlerons de ce qui en depend : le duc a deux sommeliers en l'eschansonnerie, dont l'un est tousjours qui rend compte de la despense faicte par chascun jour, et par nuits et par sextiers se mesurent à la gange françoise. Et touchant les provisions de vins qui sont de plusieurs pris et de plusieurs pays, tout se mect en nombre de muicts, et dont le controlleur a le nombre en son conterolle; et se dispensent iceux muicts par quatre donnees, et delivrées aux estats selon que chascun a d'ordonnance; et se met la despence du jour és mains du clercq d'office, comme il est escript cy dessus. Touttes wyddinghes du fusts sont siennes : et quand le prince va aux champs, soit à la chasse, ou à cheminer de ville en ville, le sommellier de l'eschansonerie doit porter en sa personne une tasse, et dedans icelle tasse un pain; et doivent estre enveloppés en une serviette dont le sommellier doit estre ceinct, et à son arçhon doit porter le gobellet du prince, et deux bouteilles, l'une de vin et l'autre d'eaue, et doit chevaucher apres les chevaux du prince; et si a deux aides de sommelliers qui servent en leur absence.

Le duc a deux gardes huges (1) servans à termes comme dessus, dont celuy qui sert garde l'eschanssonerie, et a en ses mains toute la vasselle d'or et d'argent dont on sert communement le prince et les estats de sa maison, touchant vasselle de buffet; et les delivre és mains des communs desdits estats, et luy est icelle vasselle aportée à chacune fois, soit au disner ou au souper; et s'il y a crue de festoyement où il faille crue de vasselle, le garde-linge va au garde des joyaux, qui luy delivre ce qu'il luy faut.

Le duc a deux barilliers, lesquels doivent livrer l'eaue au sommellier pour la bouche du prince, et avoir le soing des barils que l'on porte en la salle pour la grande despence; et aussi doivent-ils mettre en escript les quartes de vin qui se donnent par jour et despensent, noter ceux lesquels sont hors d'ordonnance, les crues qui se font, à quoy, qui et comment, et aussi combien, pour les bailler au sommellier, affin d'en rendre compte au bureau; et dessoubs eux a deux porte-barils, qui doivent porter les barils du commun de l'eschanssonerie en la salle. Et en la cave doit avoir un portier, afin que nul homme n'entre où est le vin du prince, sans estre cognu, ou par congé.

DU TIERS ESTAT.

Pour le tiers estat, je parleray de l'escuyer trenchant, et pourquoy il doit estre le tiers nommé devant l'escuyer d'escuyrie, et des droits qu'il a. L'escuyer

---

(1) *Huges* : huches, coffres.

trenchant doit estre le tiers nommé, pource qu'il en-
suyt le service de la bouche du prince, et doit estre
nommé devant l'escuyer d'escuyrie, pource qu'en bataille le penon des armes du prince est ordonné és
mains de l'escuyer trenchant; et y doit estre tout le
jour à son pouvoir, où que le prince voye ou vienne
auprès du prince, derriere luy le penon au poing desployé, pour donner enseigne et congnoissance à chascun où est la personne du prince; et de là en avant
tant que l'armée dure; et doit l'escuyer trenchant avoir
plat comme les maistres d'hostel. Et pour ce que le penon est armoyé des armes du prince ainsi comme la baniere, il doit aller devant l'escuyer d'escuyrie, lequel
seroit nommé devant les deux dessusdits, ne fussent
les causes que dessus. Et si a l'escuyer trenchant tel
droit et telle auctorité, que si tous les chambellains
estoient hors de l'hostel du duc par aucune adventure,
le premier escuyer trenchant doit tenir le lieu du premier chambellain. Ce que je veux dire et maintenir
pour deux raisons : la premiere si est, car le chambellain est personne fort privé et secrette du prince,
et appartient qu'en son lieu soit mise personne de
grande privauté, et est necessaire au prince d'avoir
privauté plus grand à son escuyer trenchant qu'à
nuls autres : car s'il vouloit estre en sa chambre secretement, il se passeroit mieux à prendre son repas
des autres trois estats que de l'escuyer trenchant, car
l'escuyer trenchant peut bien servir d'eschansson et
panetier, et alors ne faut au prince chevaux ny harnas : mais au contraire les autres ne sont communement addressez à trencher, et ne sçavent ou co-
gnoissent le goust du prince : ce que l'escuyer tren-

chant doit sçavoir. Parquoy il appert par necessité que le prince a plus grande privauté à l'estat de l'escuyer trenchant qu'à autre. Et la seconde cause, et la plus vraye, est pource que l'escuyer trenchant porte le penon et les armes du prince comme dit est, qui aproche l'estat de la baniere mise és mains du chambellain; et pour ce je conclus qu'il doit servir de chambellain avant tous les autres. Mais pourquoy est ce que l'escuyer trenchant a le penon devant tous autres, et que ne l'a aussi bien le panetier, qui est le premier nommé, ou l'eschansson (car au regard de l'escuyer d'escuyrie j'en parleray cy apres) : à ce je respons qu'il a esté anciennement ordonné pour departir à un chacun estat en besongnement, prerogative. Quant à l'embesongnement, les autres trois estats rendent compte de despence, et l'escuyer trenchant n'en a nulle charge; et quant aux prerogatives d'honneur, le panetier sert en absence de maistre-d'hostel. L'eschansson sert du gobellet publiquement avec un duc ou un comte qui sert de drageoir, et sied en sale d'honneur au dessus du maistre-d'hostel; l'escuyer d'escuyrie a l'estandart du prince et l'enseigne, s'il convenoit que l'escuyer trenchant fut pourveu d'aucun benefice; et certes l'escuyer trenchant se doit premier nommer comme dict est, et doit marcher en armes et son estandart, puis que le pennon est desployé devant les autres escuyers, quels qu'ils soyent : et doit marcher à toutes entrées seigneurieuses; le pennon aupres de la baniere au dessoubs, et plus derriere de la moictié de son cheval. Voila ce que je puis sçavoir des prerogatives et droits de l'escuyer trenchant.

Doncques le duc a un premier escuyer trenchant, lequel a cinquante escuyers trenchans soubs luy, et sont gouvernez et conduits à la paix et à la guerre par cinc chefs de chambre, et le tout soubs le premier escuyer trenchant, en la forme et maniere des autres cy dessus nommez. Le premier escuyer trenchant doit servir aux quatre nataux de l'an : il doibt à ses despens faire entretenir nets les couteaux; et à ceste cause l'escuyer qui sert a toute la viande qu'on leve de devant le prince : mais les couteaux se payent par l'argentier, soubs la certification de l'escuyer trenchant.

Or est besoin que je declare comment l'escuyer trenchant sert, ne en quelle maniere. Quand les estats sont appointés et la table parée, l'escuyer trenchant qui doit servir doit mettre son chapperon ou chappeau sur le buffet, és mains du somellier; et en doit le somellier prendre garde, et doit bailler à l'escuyer à laver, qui essue ses mains à la nappe du buffet; et ces choses ne doit-on souffrir ne laisser faire à autre que à l'escuyer trenchant. Et le prince assis, l'escuyer trenchant va devant luy, puis desveloppe le pain, et baise la petite serviette qu'il trouve enveloppée, et le mect entre les mains du prince, et puis prend celle où estoit le pain enveloppé ; il l'escout (1) et la mect sur son col, et y met les deux bouts d'icelle devant luy : et la cause est telle, car l'escuyer trenchant doit tousjours veoir toutes les choses qui doivent toucher au pain, à la viande et aux couteaux dont il doit trencher, et doit toucher à ses mains et à sa bouche. Puis il prend le pain et

(1) *Il l'escout :* il la déploie.

le met en la main senestre, qui doit estre couverte de la serviette; et du plus grand couteau le doit partir en deux, et en doit prendre l'une, et la bailler au vallet servant pour faire son assay; puis prend l'espreuve de la licorne en la petite nef, et touche le pain tout à l'entour, et puis trenche devant le prince; et quand il a servy de pain, il la remet sur la table entre luy et le panetier, et puis prend le petit cousteau et baise la manche, et puis le mect devant le prince; et tous les mects et toute la viande qui est sur la table, il la doibt descouvrir l'un apres l'autre, et mettre devant le prince, soit fruict ou autrement; et quand le prince a mangé de l'un, il luy baille de l'autre, selon son appetit; et doit avoir discretion de presenter au prince les mets comme ils doivent aller, c'est à sçavoir les potages premiers, que le plat, et les œufs avant que le poisson; et quand il a mis chascun plat devant le prince, il le doibt descouvrir, et puis faire espreuve de la licorne, et apres faire son assay avant que le prince en mange; et si c'est viande qu'il faille trencher, il doit prendre un trenchoir d'argent, et mectre dessus quatre trenchoirs de pain, et les mettre devant le prince; et devant soy doit mettre quatre trenchoirs de pain, et sur iceux un autre, qui font le cinquiesme trenchoir de la crouste, pour soustenir le fais du trenchoir et du cousteau; et doit l'escuyer prendre la chair sur son couteau, et le mettre devant le prince; et s'il est bon compaignon, il doit tresbien manger, et son droit est de manger ce que luy demeure en la main en trenchant; et certes s'il mange bien, le prince luy en sçait bon gré : car en ce faisant il luy monstre seureté et appetit; il peut aller boire au buffet, et ne luy peut-on refuser le vin de bouche; toute la viande qui est devant le prince est sienne, pour en faire son plaisir, pourveu que le prince mange publiquement : car si le prince mangeoit en sa chambre à privé, en ce cas la viande est à ceux de la chambre, et n'en alleroit l'escuyer trenchant que par portion. Aux quatre nataux de l'an, le plat du prince est au prescheur qui presche; le jour Sainct Eloy, le plat est au mareschal du prince qui ferre ses chevaux; et le jour de Sainct George, pour l'armoyeur qui nettoye les harnas; et ne leur doit-on point refuser. L'escuyer trenchant doit nettoyer les cousteaux de la serviette en quoy estoyent les trenchoirs enveloppez, et les doit tenir nets sur toute chose, et doit mettre en la nef pieces de boullis et de rostis, affin que les varlets d'aulmosne ne facent leur prouffits, mais le donnent aux pauvres comme il appartient; et l'escuyer trenchant doit donner en chascune piece deux ou trois coups de cousteau. Et quant le prince est servy d'oublies, l'escuyer trenchant doit rassambler les cousteaux et les envelopper, et couvrir l'allumelle [1] de la serviette dont il les a nettoyé, et tenir la pointe en haut, et les rendre au varlet servant, qui les doit recevoir moult humblement en sa main dextre; et en la senestre doit avoir la gayne desdits cousteaux, et les rapporter en la paneterie; et l'escuyer reprend la serviette qui est devant le prince, et la rend au somellier de la paneterie; et quand la table est levée, l'escuyer trenchant doit estre prest pour aller au prince, et de la serviette qu'il a au col luy nettoyer

---

[1] *L'allumelle* : la lame.

les myes de pain, ou d'autres choses qui luy peuvent estre cheuës dessus; et puis va rendre sa serviette au sommellier de la paneterie, ou au garde-linge illec attendant; et par ainsi il acheve son service.

Or nous avons devisé du faict de l'escuyer trenchant: fault maintenant que devisons de ce qui en despend, et premier de la cuysine. L'escuyer trenchant n'a nulle auctorité en la cuisine, fors seulement qu'il peut parler en la cuisine de la viande mal appointée, et le doit dire au maistre d'hostel, et le maistre d'hostel en advertist le gueux : toutesfois c'est bien raison d'escrire et reciter touchant l'estat de la cuisine, apres avoir parlé de l'escuyer trenchant. Et au regard dudit estat de la cuisine, il est gouverné et conduit par deux escuyers de cuisine, qui sont comptez par termes l'un apres l'autre, et tiennent en reigle ceux de la cuisine, et doibvent sçavoir la viande, et comment elle est dispensée, et la despence qui se fait; et se delivre la boucherie par marchans, par marché fait au bureau, et se renouvelle iceluy marché tous les ans ensamble : le marché de boulengiers au mois de mars en plain bureau, et est le marché és mains des controlleurs et chefs d'office. Et au regard du poisson, il se fait tous les jours par achapt, auquel achapt doit estre le controlleur, l'escuyer de cuisine, et le clerc de la chambre aux deniers, pour le payer; et doit toute la viande, soit chair ou poisson, estre apportée devant le gueux, qui choisit ce qu'il luy samble bon pour la bouche du prince, et la depart et met és mains de ceux de la cuisine, chascun à ce servant; et le surplus de la viande est delivrée aux compaignons de la cuisine à ce ordonnez, qui en une autre cuisine appointent la viande pour ceux qui doibvent avoir viande et plat à l'hostel du prince. L'escuyer de cuisine a droit sur les bestes grosses que l'on donne au prince : car il a le cuyr, et le gueux le sien ; et quant on sert le prince, il va apres la viande, comme j'ay escript cy dessus, et doit avoir tous les jours une petite torse [1], qui luy doit estre delivrée en la fruiterie ; et quand le prince souppe, l'escuyer de cuisine doit avoir la torse allumée au poing, pour esclairer le dernier de la viande ; et l'huissier de la chambre en doit aussi avoir une, pour esclairer le devant. Le duc a trois gueux pour sa bouche, chascun compté par quatre mois ; et doit le gueux en sa cuisine commander, ordonner, et estre obey, et doit avoir une chaiere entre le buffet et la cheminée, pour seoir et soy reposer si besoing est ; et doit estre assise icelle chaiere en tel lieu qu'il puist veoir et congnoistre tout ce que l'on faict en ladicte cuisine, et doit avoir en sa main une grande louche [2] de bois, qui luy sert à deux fins : l'une pour assayer potaige et broüer, et l'autre pour chasser les enfans hors de la cuisine, pour faire leur devoir, et ferir si besoing est. Le gueux a en sa garde les espices de garnison, et en rend compte à conscience et à discretion, et luy sont baillées icelles espices, comme sucre et autres choses, par le controlleur, qui en a le double ; et quant il est adverti que le prince veut aller à table, il doit faire couvrir son buffet par le saussier, qui doit apporter la nappe et la vasselle ; et doit le gueux se vestir et parer d'un honneste habit, et avoir la serviette pendante à son espaule dextre ; et doit recevoir la

[1] *Une petite torse* : une bougie. — [2] *Louche* : cuiller.

viande de ceux à qui il l'a mis en main, et leur bailler à tous leur assay; et puis receuvre les plats, et reçoit l'assay que luy baille le maistre d'hostel, comme est cy devant dict; et peut le gueux aporter un mets devant le prince, et faire son assay luy mesmes, et aller boire au buffet; et luy doit-on bailler du vin de la bouche, comme à l'escuyer trenchant: mais il ne se faict pas souvent, et le peut faire quant il a appointé nouvelle viande, comme de trutes et de herrencs fraiz pour la premiere fois en l'année; il doibt avoir touche ordinaire, comme l'escuyer de cuisine, tant pour visiter son rost que pour allumer au buffet, pour lever la viande. Et feray icy une question touchant le faict du gueux, et premierement comment se doibt faire le gueux, et qui donne l'estat, et aussi qui doit servir de gueux en son absence. A ce je respons que quand il faut un gueux à l'hostel du prince, les maistres d'hostel doivent mander les escuyers de cuisine, et tous ceux de la cuisine l'un apres l'autre; et par election souveraine, apres avoir reçeu le serment de chascun, se doit creer le gueux: car ce n'est pas estat ou office commun, c'est mestier subtil et sumptueux, et qui toute seureté serte, et est le proufit necessaire du prince, et dont on ne se peut passer; et le prince, par le rapport des maistres-d'hostel, et de l'election sur ce faicte, doibt donner le don au gueux. Et au regard de celuy qui servira en son absence, le hasteur (1) est le premier en la cuisine apres le gueux, quand les gueux seront dehors ou malades; et sembleroit à ceste cause qu'il debvroit servir devant tous autres, et pareillement le potagier

---

(1) *Hasteur* : rôtisseur.

qui est moult aprins du goust du prince, et de la sauce que le gueux ordonne à l'appetit d'iceluy. Mais je respons que l'un ny l'autre n'y a point de droit, sinon par election comme le gueux; et le peuvent les maistres-d'hostel ordonner, sans parler au prince.

Le duc a en sa cuisine vingtcinq hommes, chascun servant en son mestier et son office, et aussi plusieurs enfans de cuisine, qui sont sans gages, qui y sont mis pour apprendre le mestier. Le hasteur tient le compte du rost avec son ayde : le potagier rend compte des potages et son ayde, et livre le potagier toutes les potageries, comme de febves, pois bleds, et laicts, à faire fourmenter le persin [1], et aussi le sel qui se despense en la cuisine; et ce par un marché faict au bureau une fois l'an comme les autres marchans, et se compte tous les jours par la cuisine, à tel pris et somme que l'on doit payer par jour. Et s'il faut espices en iceux potaiges, le gueux en fait la delivrance. Les enfans de cuisine ordinaires plument, et nettoyent les poissons, et les livent à ceux qui les doivent appointer. Les souffeleurs font bouillir la chaudiere, et rendent compte. Les portiers gardent la porte, et doivent prendre garde, quant on va aux champs, aux chariots qui portent les vasseaux de la cuisine, comme chaudieres, paelles, grils, hastiers, et autres choses. Les bouchiers doivent livrer le bois et le charbon pour la cuisine, et ce pour le pris, et par le marché du bois qui se delivre en la fourriere, et se compte par cent de bois, et par mandelles de charbon, soubs la despence de la cuisine. Ensuyvant ce que le bussier se mesle de l'estat de fourriere, le

---

[1] *Persin* : persil.

bussier doit loger et prendre logis pour la cuisine; les gardes-mangers doivent garder toutes les viandes crues dont l'on faict provision, soit sallée ou autrement : les portiers doivent nettoyer tous les vaisseaux et les habillemens de cuisine, et doivent tirer toute l'eauë qui y sert. Les happelloppins (1), et les enfans nourris sans gaige en la cuisine, doivent tourner les rosts, et faire tous les autres services menus qui appartiennent en ladicte cuisine.

En continuant l'estat de la cuisine, nous reviendrons à la sausserie. Le duc a deux saussiers, comptez par termes; et doit le saussier garder et rendre compte de toute la vaisselle d'argent en quoy l'on sert le prince pour le faict de la cuisine, et aussi de toute la vasselle, soit d'argent ou autrement, dequoy on sert les estats pour icelle cause. Et quand le prince veut aller à la table, le saussier doit aller couvrir le buffet devant le gueux d'une blanche nappe, et puis doit mettre la vasselle du prince par pilles de plats et par pilles d'escuelles devant le gueux. Le saussier doit livrer les sausses de verdure, et le buage des nappes pour le buffet, et des napperons pour nettoyer la vaisselle : et ce par un marché faict qui se compte tous les jours soubs la despence de la cuisine; et aussi le verjus de grain, le verjus de vin aigre semblablement : et de ce on fait provision és mains du saussier, dont le controlleur a le double, et se dispense par nombre de lots en la cuisine, et en l'office de la sausserie. Soubs iceux saussiers sont les aides, et les varlets de la chaudiere nettoyent la vaisselle, et la lavent; et quand la viande du prince est levée pour servir à table, le saus-

---

(1) *Happelloppins* : marmitons.

sier doit presenter ses sausses au panetier toutes couvertes, et le panetier luy doit bailler son assay, comme cy dessus est escript. Le saussier doit estre en la salle où le prince mange, et recevoir toute la vaisselle par les mains du varlet servant, pour sçavoir qu'elle devient : car s'il y a perte, ce seroit sur luy. Et au regard de la vasselle pour la viande des estats, il la delivre au commis des estats, comme faict le garde-huge la vaisselle du buffet, et se rend à chascune fois audit saussier. Le saussier doit livrer le sel qui se despend par les estats, et doit avoir le pain en chascun estat, sur quoy on met le sel pour faire la salliere.

Et combien que le faict de la fruiterie ne touche en rien le faict de la cuisine, toutesfois j'entresuivray continuant iceluy estat, pour ce qu'il sert à la bouche. Le duc a deux fruitiers comptez par termes, et à le fruitier telle auctorité, qu'il apporte le fruit devant le prince, et fait son assay. Il livre toutes manieres de fruits, comme poires, pommes, cerises et roisins, et se compte tous les jours soubs luy et soubs son office, selon ce qu'il en a despensé, l'une fois plus que l'autre par jour. Il livre prunnes seiches, cappres, figues, dades, roisins, nois et noisettes : et ce s'achapte par provision et se despend par quantité, et pareillement il livre la cire qui se despend à l'hostel du prince, tant en flambeaux, torses, comme en deffroy d'obseques de princes ; et s'achapte la cire par provision de milliers et par cens, et se despendent par livres et par onces soubs iceluy office ; et à la fin du mois l'on compte au fruitier bastons-luminons, pour les torses et flambeaux qu'il a despendu en iceluy mois : et ce selon la quantité de sa despense. Il a en garde les chandeliers d'argent à mettre les flambeaux, et doit asseoir lesdits flambeaux à la table du prince; et au buffet il a en garde la vaisselle d'argent pour servir le fruit, et doit estre icelle vaisselle trouvée en trois lieux, pour plus habillement laver son fruit; et l'on nomme en la maison de Bourgongne les flambeaux qui allument autour des mestiers : et se prent nom, parce que le fruitier doit estre homme de mestier, et doit faire luy mesme les torses et les flambeaux. Mais pourquoy se met le mestier de la cire és mains du fruitier, et non pas sur la cire, qui toutesfois est plus grande despence, c'est en effect pour ce que la cire est tirée par la mouche és fleurs, dont viennent les fruits; pourquoy a bien esté ordonné à ceste cause. Et quand le prince veut servir à l'eglise, comme à la feste Dieu devant le *Corpus Domini*, ou le jour du bon vendredy, le fruitier apporte la torse du prince et la baise, et puis la baille au premier chambellan, et delivre les autres torses aux princes, comtes et barons, aux chevaliers et aux seigneurs, par trois ou quatre douzaines. Et le jour de la Chandelier, pour aller à la procession, le fruitier baille pareillement la cierge du prince, qui est armoyé de ses armes et de sa devise, et pareillement de tous les princes et princesses, et prochains du sang; et à tous les autres sont delivrez chierges selon leur estat, et jusques au moindre vallet de l'hostel, comptez par les escroes; et ne se comptent pas par nombre de cent ou de quatrons, mais par milliers; et tous suyvent le duc à la procession, le cierge allummé, par estat et par ordre, qui est moult grande chose à veoir. Le fruitier livre torses, flambeaux, files, mortiers de cire et de chandelles de suif par tous les estats, selon qu'ordonné luy est. En la fruiterie y a deux sommelliers qui delivrent lesdits choses, et y a six vallets de torses qui doivent tenir leurs torses à toutes heures, soit en chambre ou en salle : excepté que quand on tient conseil, les secretaires tiennent les torses en la chambre dudict conseil; et quand le prince va dehors de son hostel, et qu'il convient avoir plus largement de torses, comme par douzaines, pour allumer, le fruitier peut prendre gens aux despens du prince pour porter icelles torses; et luy est compté par les escroes soubs son office. Le fruitier livre torses et cire en la chappelle, et sont les grandes torses marquées par le controlleur, et se rapportent les coupons des grandes torses au bureau, auquel lieu elles sont marquées; et rend ledit fruitier son compte par livres et par onces, et se compte quatorze onces pour la livre. Et au regard de la chandeille de suif, le sommellier de la fruiterie la delivre à l'argent, et sçait combien il doit avoir de la livre; et est compté par les escroes par iceluy office. Et au regard des marchans, tant boulengiers comme bouchiers, ils doivent livrer le pain en la paneterie, et la chair et les pastez en la cuisine; et pour ceste cause ont certaines bouches comptez par les escroes, pour chascune trois sols par jour; et se compte à la fin du mois les boulengiers en la paneterie, et les bouchiers en la cuisine.

Item, les petites torses dont l'escuyer de cuisine et les autres gueux esclairent la viande sont marquées en queue, et, en rendant les bouts ainsi marquées en ont d'autres.

DU QUATRIESME ESTAT.

Or ay-je devisé la maniere de servir la bouche du prince : faut que j'entre au quatriesme estat, qui est de l'escuyrie, et prend iceluy estat et office à la labeur des autres, car les autres prennent leur nom et leur office par la maniere que j'ay escript cy dessus; car le nom de l'escuyrie se prend sur le nom de l'escuyer pour ce que l'escuyer gouverne l'office, et n'y a estat en la maison qui se puisse nommer escuyer sans queuë, sinon l'escuyer d'escuyrie ; et quand on dit *J'ay veu l'escuyer,* c'est à dire l'escuyer d'escuyrie, et ne desplaise à ceux qui disent *J'ay veu ou parlé à monsieur l'escuyer d'escuyrie* : car certes c'est mal usé de la maniere de parler selon la coustume ancienne de la maison de Bourgongne, car l'on doit dire l'escuyer seulement, et en France l'on dit le grand escuyer, et non autrement. Mais je croys bien que nous avons aprins ceste maniere de parler aux autres maisons de princes voisins, et ne peut-on trop honnorer le nom et l'estat, car il le vaut, et est de grande magnificence.

Le duc a un escuyer d'escuyrie, lequel a soubs sa chargé cinquante escuyers d'escuyrie, et a pouvoir et auctorité sur eux, et sont gouvernez par chambrées et par esquadres, comme il est escript és trois estats dessusnommiez; et soubs luy se rend compte par les escroes, et soubs sa certification, de toute la despence faicte pour les chevaux, de rembourure, de medecine, et autres choses necessaires à la despence commune. Et c'est à la charge du maistre de la chambre aux deniers, et au regard de pompeux habillemens des chevaux et des pages, des painctures pour bannieres et estandarts de harnas. Ces choses aussi se payent soubs certification par la main de l'argentier.

L'escuyer d'escuyrie doit avoir trois proprietez, qui ne sont pas trop legeres à racompter ensemble. Il doit estre puissant de corps, sage, juste, vaillant et hardy. Premierement je diray pourquoy il doit estre vaillant : car force de courage est le principal point de vaillance, et la principale des quatre vertus cardinales. Il doit estre vaillant et hardy, pource que en armes il doit avoir l'estandart du prince et gouvernement, qui est l'enseigne qui tousjours est portée et veuë, et que chascun sceut, et où chascun tient regle, et où l'on se rallie : et convient que celuy qui le meine et conduit soit hardy pour emprendre, et vaillant pour soustenir; et doit estre telle sa renommée, pour donner à chascun courage de valloir, et honte de faire le contraire. Il doit estre puissant de corps, pource que luy mesme en personne porte à la bataille l'estandart du prince, qui est un puissant faix à porter : car l'estandart du prince doit estre grand et eslevé par dessus les autres, et se doivent toutes autres enseignes ployer et amendrir (1) là où est l'estandart du prince; et toutesfois pour desployer la banniere du prince où sont ses propres armes, les bannieres de ses subjects ne se reployent point, ains se desployent : et la raison est que les enseignes doivent reverence à l'estandart, comme font les petits batteaux en la mer devant une carracque ou une

(1) *Amendrir* : humilier.

grande nef. Et pour l'autre enseigne, qui est la bannière, on doit aussi hommage et service; et pource desploye chascun baneret la bannière de ses armes, pour monstrer qu'il sert en personne, et qu'il veut tenir sa foy et loyauté, comme il doit mourir et vivre avec son prince.

L'estandart doit estre painct des couleurs et devise du prince, afin d'estre recognu, et doit avoir un fer de lance au bout de l'estandart en haut : car l'escuyer (au besoing) peut coucher son estandart, si la bannière est à celle heure desployée, et pareillement doit avoir fer la lance du penon, pource que l'escuyer du prince est si pres du prince ordonné en la bataille, qu'au besoing il le doit deffendre, et faire lance de son pennon. Et ne sceus oncques, par escrit ou autrement, où le pennon fut desployé sans la banière, ne la banière sans le penon : mais j'ay bien sceu et veu de bien grandes choses soubs l'estandart du prince seulement; et pour le tiers point, l'escuyer doit estre juste : car il se mesle de toutes les pompes et parures qui se font pour le prince; d'armer et atinter (1) le prince, soit pour la guerre, ou pour tournoy, ou pour joustes; et pource faut-il qu'il soit sage et juste, comme j'ay dit. L'escuyer doit avoir en la guerre la premiere chambre apres le prince, et en la paix la derniere : et la raison est pour ce qu'en la guerre à toute heure il doit estre prest pour armer le prince; et toutes les fois que le prince chevauche en armes à estandart desployé doit avoir plat comme le sommellier de corps; son estandart doit chevaucher en armes le premier de tous escuyers, excepté quant

___

(1) *Atinter* : ajuster, parer.

le penon est desployé, comme j'ay dit dessus : car chascune esquadre doit accompaigner son enseigne. Or je demande, si le prince chevauchoit en armes par esquadre, et ne portassent que les cornets des esquadres, et que l'estandart n'y fut point, s'il venoit un effroy à laquelle des quatre cornettes se viendroient rallier les escuyers, je respons que ce seroit à l'escuyer d'escuyrie, et ce pour deux raisons : la premiere, pource que l'on est plus accoustumé que tous soient soubs la gouvernance de l'estandart et soubs la sienne, que des autres : et l'autre raison, pource qu'il est plus accoustumé de tenir enseigne que nuls des autres; et je cuyde bien juger de bailler l'autorité à l'escuyer, quant à ce point.

Nota qu'il y a guidon à l'estandart comme penon à la baniere, que jamais à la guerre on ne ploye : car c'est à quoy et soubs qui les archers se conduisent et rallient, et le gouverne le capitaine des archers du prince.

L'escuyer a jurisdiction sur ceux de son escuyrie, et peuvent demander leur renvoy au bureau de toutes matieres qui touchent partie à partie. Et pource que deux personnes de l'escuyrie seroient ensoignez par plusieurs journées, et ne pourroient estre d'empres leurs chevaux, parquoy pourroit advenir que par maladie desroy y fust, ou qu'aucuns chevaux se perdroient, pource sont-ils renvoyez devant l'escuyer. Mais si un homme de l'escuyrie estoit adjourné pour autre cause, et contre un autre que de l'escuyrie, il seroit tenu de respondre, et n'auroit point de renvoy; et toutesfois s'il avoit deservy d'estre mis en prison pour quelque cas, on le rendroit à l'escuyer chargé de ses faiz, s'il le vouloit avoir, et si la matiere ne touchoit à l'encontre du prince. L'escuyer doit porter l'espée du parlement devant le prince à toutes entrées honnorables, soit à pied ou à cheval, et le doit tenir en sa main dextre entre la croix et le pommeau; et doit porter icelle espée couchée sur l'espaule, la pointe dessus, et doit estre l'escuyer avec l'espée seul, et la premiere personne devant le prince. Soubs l'escuyer sont trompettes, menestriers, et tous joüeurs d'instrumens, messagiers et chevaucheurs portans les armes du prince; et leur donne le prince la retenue, et l'escuyer leur mect leur boyte armoyée. Il a en garde la coste-d'armes et l'estendart : mais les paintres qui les font sont vallets de chambre, et n'ont que faire à luy que pour leur mestier. Les armuriers sont pareillement varlets de chambre, et respondent à l'escuyer seulement, et non à autre : pages et varlets de pied sont soubs luy, et tous autres de l'escuyrie : et quand le prince jouste ou tournoye, il doit avoir les parures du prince et de son cheval, en quoy il a jousté et tournoyé pour chascune fois, quelque riche qu'elle soit, reservé l'or pur et la pierrie : car ce revient au prouffit du prince.

Les escuyers d'escuyrie doivent mettre l'estrier au pied du prince, et l'ayder à monter et à descendre, et tenir la bride de son cheval; et le varlet lacquay doit tenir l'estrier hors du montoir, et doivent estre soigneux que le cheval soit prest à l'heure qu'il le demande. Les escuyers d'escuyrie doivent estre bons chevaucheurs, et deux ou trois fois le mois ils doivent aller aux champs selon le temps, si l'escuyer ordonne de chevaucher les chevaux du prince.

Or est temps que nous devisons du nombre de ceux qui sont en l'escuyrie, et quels gens. Le duc a douze pages, enfans de bonne maison, lesquels sont en la subjection et gouvernement de l'escuyer, comme dict est, et doivent chevaucher apres le prince, ainsi que leur ordonne le palfrenier; et n'ont que faire iceux pages autour des chevaux, sinon de brider chascun son cheval, et les mener boire apres le palfrenier, et par ordre de chevaucher apres le prince, comme dict est; et doivent aller à la viande, et l'escuyer se sert d'iceux pour les endoctriner. Ils ont vallets aux despens du prince, qui les pensent et nettoyent; et se doivent iceux vallets tenir hors de la cuisine, pour garder les chevaux des pages quand ils vont à la viande du prince. Le plus grand et le plus puissant des pages doit porter l'estendart apres le prince; et le prince, selon qu'ils viennent grans, les faict ses conseilliers, et servent en armes aupres de luy pour faire message, et pour courir là où il les envoye.

Le duc a un palfrenier, qui est le premier en l'escuyrie, et doit estre obey des autres au faict des chevaux, et doit chevaucher apres les pages, et porter le manteau du prince, et non autre. Il a en garde toutes les selles qui appartiennent aux chevaux : il mect les chevaux et les pages en ordre apres le prince, comme dict est.

Le duc a quatre laquais vallets, et doivent amener le cheval du prince au montoir, et le doivent aller querir à l'escuyrie, et le mener par la bride, et non monter sus, et bien garder que nul homme approche ledit cheval; et depuis que le palfrenier leur a delivré és mains, nul ne doit attoucher le cheval sellé ou en harnassure; s'il n'est escuyer d'escuyrie; et doivent avoir lesdits vallets de pied chascun un blanc baston en la main, sans fer et sans glaive, et ce pour reculler le peuple qu'il n'approche point du prince : et ne seroit bien seant que le pauvre peuple, qui amoureusement vient apres le prince, et se tire pres pour le veoir, fust reculé ou feru de glaive ou de trenchant; mais doit estre rebouté par iceluy baston qui n'a point de pointe. Les pages palfreniers ou vallets laquais doivent estre habillez pareils, et les vallets de pied ou palfreniers font les aumosnes avant les champs, à tous les pauvres que le prince rencontre; et rend compte en conscience celuy qui faict l'aumosne de ce qu'il a donné, et doivent les vallets de pied aller aux sales et entrées de toutes villes, et aller à pied autour de son cheval, comme dict est. En icelle escuyrie y a bien trente hommes à ceste cause, et chascun selon son estat; les vallets de corps nettoyent les chevaux d'estrilles et de flassars (1), et leur donne avaine, font les lictieres, fientent les chevaux, et tiennent l'escuyrie honneste. Les mareschaux ferrent et medecinent les chevaux; les bottelleurs livrent le foin, l'avaine et littiere; les chevaucheurs font la despence et la pourvance, et les aydes d'iceux chevaucheurs sont fourriers de l'escuyrie, et prendent le logis. Les vallets des sommiers, dont il y a plusieurs, pensent les chevaux des sommiers, et les meinent avec leur sommage : et outre plus ils sont les chevaucheurs messagiers, et n'en y a que douze ordinaires; et lesdits douze messagiers ont un varlet aux despens du prince, et eux douze n'ont en l'escuyrie que quatre

---

(1) *Flassars :* couvertures de chevaux.

chevaux; qui sont delivrez aux vallets des chevaucheurs chacun jour, et sont mis au proufict d'iceux où qu'ils soyent; car selon leurs charges et leurs commissions, aucunéfois tous y sont, aucunefois neant et peu souvent, l'une fois deux, l'autre fois point; et sont payez de leurs voyages, quand ils vont dehors, par l'argentier. Les officiers d'armes se creent et baptisent à l'hostel du duc; et pour ce fut il ordonné qu'ils auroyent quatre livres par jour, et non plus. Les varlets des chariots pensent de leurs chevaux, et se compte le tout soubs la main du chevaucheur, qui fait la despence par les escroes, et en l'office d'escuyrie; et doivent estre dessoubs l'escuyer tous ceux qui portent esmail du prince ou enseigne armoyé, excepté l'office d'armes.

Et puis que nous avons parlé de l'office d'armes, je deviseray d'iceux. Le duc a en son hostel six roys d'armes, huict heraux et quatre poursuyvans, et leur sont leurs cottes-d'armes delivrées et renouvellées par l'escuyrie; mais ils ne sont pas subjects à l'escuyer; et n'ont à respondre qu'au duc et à son premier chambellain, et sont iceux comptez par les escroes, sinon quand ils vont és voyages, qui sont comptez par l'argentier. Les officiers d'armes se creent et baptisent à l'hostel du duc és grandes jours et es bonnes festes; et à faire un poursuyvant doit avoir deux heraux, qui doivent tesmoigner qu'il est personne honneste, qu'il a discrétion et renommée de vertu et de verité pour entrer en l'office d'armes, qui jadis furent nommez les voirdisans. Le prince luy donne tel nom qu'il luy plaist en le nommant, le baptise de vin que les heraux luy ont apporté en une tasse, et puis donne la tasse au poursuyvant, et le rachapt communement d'un marc d'argent; et puis les heraux luy vestent la cotte d'armes du long des bras, et non autrement; et le doit ainsi porter tant qu'il soit poursuyvant, en difference des roys d'armes et heraux. Et si le poursuivant se gouverne bien, et qu'il soit trouvé homme de vertu, il parviendra au noble office de heraut, et doit avoir en sa creation deux roys d'armes et quatre heraux, qui doivent certiffier de sa premiere conduite, et qu'il a esté poursuivant sept ans, et qu'il est digne d'estre heraut. Si doit estre batizé encore une fois, et luy change le prince son nom, et les heraux luy tournent la cotte d'armes selon ce qu'elle doit aller; et pour creer un heraut à estre un roy d'armes, convient que tous les roys d'armes, heraux et poursuivans que l'on peut finer (1), soyent là, et qu'ils portent tesmoignaige devant le prince des vertus du heraut, et qu'il est stillé au treshaut office de roy d'armes, qui est si haut, si noble et si grand, que jamais ne peut avoir plus haut nom en l'office d'armes. Le heraut doit avoir la cotte d'armes vestue, et le prince luy met la couronne en la teste, qui doit estre d'argent doré, et non point d'or, et n'y doit avoir pierres que saphirs : en segnifiant que le roy d'armes ne doit point avoir regard à nulles richesses, fors au Ciel seulement, que le saphir figure, et dont il doit tirer vertu et verité. La couronne doit estre en quatre lieux croisettée, et non flouronnée; et luy doit estre baillée nom de province subjecte au prince, où d'ancienneté il y ait eu nom de roy d'armes. Et au regard du roy des royers, il se nomme par le marquis

(1) *Finer* : trouver.

du Sainct Empire, et se crée par l'Empereur, et ne luy doit refuser; et est l'un des principaux roy-d'armes qui soit en la chrestienté. Et du temps des nobles tournois, ils se combatoyent par deux partis, les uns royers, et les autres poyers. Et furent deux roy-d'armes faicts pour soustenir iceux deux partis, et pour mettre par ordre les blasons des nobles hommes, en gardant à chacun son estat et degré : c'est à sçavoir le roy d'armes des royers pour toute la noblesse de Germanie, et le roy d'armes des poiers pour toute la noblesse de Gaule; et certes les matieres sont de grandes recommandations. Mais je m'en passe pour abreger, et pour entresuivre ma matiere. Et qui aura desir de sçavoir de ceste chose à parler cherche un traicté que fit Anthoine de La Salle, et il trouvera matiere de grande recommandation; et au regard de creer le roy d'armes de la Toison, il doit estre faict par election des chevaliers de l'ordre. C'est le premier et le principal de l'hostel du duc de Bourgongne, et à l'entremise de la feste de la Toison; et ne doit avoir autre officier d'armes pour conduire les ceremonies que luy seulement, et se doit aider d'iceux poursuyvans, et non plus. Ils doivent tous à toutes choses grandes acompaigner le prince, leurs cottes d'armes vestus; ils ont de grands droits et de grans dons. L'office d'armes doit honorer les nobles, et la noblesse les doit nourrir, soustenir et porter. Les officiers d'armes doivent porter les blasons du prince au costé dextre, selon nostre coustume; mais les officiers d'armes d'Angleterre portent leurs blasons au costé senestre. Et autresfois ay demandé au roy d'armes de leur party pourquoy ils avoyent telle coustume en Angleterre.

Surquoy il me respondit que leur raison estoit plus grande qu'autre. Et si un noble jeune homme qui jamais n'auroit esté armé vouloit sçavoir de quel costé il devroit prendre son escu, il le verroit aux blasons des officiers d'armes, et de quel costé ils le portent. Et pardeça les officiers d'armes les portent au destre costé, pource que le dextre est le plus noble pour faire honneur au blason; et ainsi chascun a opinion raisonnable. Et la cause pourquoy le prince leur donne la tasse d'argent à les creer est pour faire le blason de ses armes. Et me tais à tant des ceremonies de l'office d'armes, pour entresuyvre ma matiere.

Le duc de Bourgongne a douze trompettes de guerre, les meilleurs qu'il a sceu finer; et sont iceux trompettes gouvernez par un d'eux qui est leur chef. Et le matin que le prince doit partir, ils doivent tous ensamble venir faire une basture devant les fenestres du prince, pour le resveiller à l'heure qui leur est baillée; et puis se partent quatre, et vont sonner à mettre selle par les quatre parties de la ville ou de l'ost, et au retour de chascun ils doivent sonner un mot au rentrer du logis du prince, et se doivent là rallier tous ensamble, et desjeûner aux despens du prince. Et le chef des trompettes se doit tenir prest pour sçavoir quand on sonnera à cheval; et quand le prince le commande, les trompettes se departent, et vont sonner à cheval, et se mettent chascun en armes et en habillemens; et se retire chascun dessoubs son chef et dessoubs sa cornette, et les trompettes se tirent devers le prince comme la premiere fois, et assez tost apres sonnent les trompettes la tierce fois, et viennent les cornettes et esquadres, acompaignez chascun de leurs gens, devant l'hostel du prince; et quand tous sont venus, les trompettes font une basture, et à ceste heure monte le prince, et les trompettes doivent sonner à toutes entrées et saillies, tant que la ville dure ou le camp, où l'on a esté logez. L'escuyer d'escuyrie leur livre banieres de trompettes : ils ont droit aux deniers donnez en largesse, dont l'office d'armes prent la moictié, et les trompettes, menestriers et joüeurs d'instrumens l'autre moitié. Le duc a six hauts menestriers qui sont gouvernez par un des menestriers qui est roy d'iceux, et portent les armes du prince, et sont comptez par les escroes comme les trompettes : le duc a quatre joüeurs de bas instrumens pareillement comptez, et portent les armes du prince : et m'a esté force d'entresuyvre les estats, non pas par ordre, par regle. Et combien que ceux dont je parleray cy apres soyent plus nobles, toutesfois j'ay voulu entresuyvre l'escuyrie, et ce qui en depend.

Le duc a soixante deux archers pour son corps, qui sont gouvernez par deux chevaliers qui se nomment capitaines des archers, et sont comptez par les escroes ordinaires; et les peuvent iceux capitaines corriger et punir, et doivent annoncer les deffaillans au bureau et aux maistres d'hostel, pour les royer si besoing est; et on ne leur doit point refuser quand ils le dient. Ils ont tous les ans, ou souvent, palletots d'orfaverie richement chargez; ils font le guet tour à tour devant le prince; ils le doibvent accompaigner à pied ou à cheval, où qu'il voye : s'ils sont à pied, ils doivent estre autour de son cheval, le gouge ou le baston sur le col; et s'il est à cheval, ils doivent chevaucher apres leur enseigne, et doit aller leur enseigne devant celle des escuyers, et entresuyvre les archers de la garde, comme je declaireray cy apres.

Le duc a six vingts et six hommes de sa garde pour la seureté de sa personne, tous nobles hommes, et les faict appeller les escuyers de sa garde, et a chascun un homme-d'armes et un archer à cheval; et sont lesdits hommes-d'armes et archers gouvernez et conduits par un capitaine qui se nomme capitaine de sa garde, et par quatre escuyers chefs d'esquadre, dont chascun a soubs luy trente hommes-d'armes, et trente archers en son esquadre; et est chascune esquadre conduite par quatre chefs de chambre, lesquels en ont dessoubs eux chascun six hommes d'armes, et leurs archers. Ainsi sont en chascune chambre sept hommes-d'armes, qui sont vingt huict pour les quatre chambrées; et a chascun chef d'esquadre deux lieutenans, l'un pour conduire les hommes-d'armes en son absence, et l'autre pour conduire les archers en chascune esquadre. Le capitaine de la garde a pour sa chambre, outre et pardessus le nombre dessusdit, plusieurs hommes-d'armes, qui ont requis estre de la garde; et pource que ce n'est chose ordinaire, fors que volonté, et que le nombre est aucunefois plus et l'autre moins, je ne m'y veux guere arrester, mais viendray à l'ordinaire seulement. Le capitaine a ordinairement huict archers et deux conseillers, deux trompettes et un chappellain, qui sont comptez aux gages du prince. *Item*, il a deux hommes-d'armes ses lieutenans, dont l'un conduit l'estandart en son absence des hommes-d'armes; et l'autre conduit le guidon des archers, de toute la garde; et ont les chefs d'esquadre chascun un archer ordinaire aux despens du prince, et a tels gages que les autres; et d'abondant les chefs d'esquadres et le lieutenant ont chascun un conseillier de crue paye aux gages du prince. Ainsi sont douze conseilliers en la garde, et servent iceux d'aller avec le fourrier de la garde prendre les logis, et les deux conseilliers font le logis pour leur esquadre, et le troisiesme doit revenir au devant de l'esquadre, pour les mener au logis; et chevauchent iceux hommes-d'armes et archers en huict esquadres tousjours en armes, soit en temps de paix ou de guerre. Et chevauche le second lieutenant du capitaine le premier, et le guidon des archers apres luy; et pource se nomme iceluy capitaine des archers de la garde, et apres luy chevauche la premiere esquadre des archers, qui est conduicte par l'homme-d'armes, second lieutenant de la premiere esquadre; et puis chevauche la seconde esquadre, la tierce et la quarte, et sont conduictes par le second lieutenant, comme dict est. Et apres eux chevauchent les archers de corps à guidon desployé, soubs le gouvernement du premier capitaine; et si c'est en temps de paix, les escuyers des quatre estats du prince chevauchent apres luy par ordre, et puis les chevaliers, les grans pensionnaires, et puis ceux du sang, princes et autres; et puis les trompettes et l'office d'armes en ordre. Et au regard des huyssiers d'armes, ils chevauchent deça et delà, pour tenir la place ouverte; et puis devant le prince chevauchent sergeans d'armes, la mache sur l'espaule, et le dernier l'escuyer d'escuyrie avec l'espee; et en tel ordre chevauche le prince, ses pages apres luy ; et derriere luy vient le capitaine de sa garde à l'estandart desployé, conduit par luy ou par son lieutenant ; et après luy vient le premier chef d'esquadre, à cornette desployée, qui conduit la premiere esquadre des hommes-d'armes qui accompaignent l'enseigne ; et puis la seconde, la tierce et la quarte, chascune conduite par son chef d'esquadre, comme dict est. Mais quand le prince chevauche pour la guerre, ceux de sa maison chevauchent apres la personne du prince, les chevaliers les plus pres de luy, les escuyers apres, et puis la garde ; et se ploye l'estandart à demy, pour celuy du prince qui est desployé ; et ne chevauchent devant luy, entre les archers et sa personne, sinon les escuyers de sa chambre et ceux de son sang, en la maniere devant dicté ; et tous les jours sont tenus ceux de la garde faire le guet devant le prince tour à tour, à chascune fois quinze hommes-d'armes, la premiere nuict le chef d'esquadre, et la seconde son premier lieutenant, avec le demourant ; et doivent ceux du guet tous les jours accompaigner le prince, embastonez et armez si besoin est : et sont ceux de la garde comptez par les escroes, et payez par le maistre de la chambre aux deniers, et font les clercs d'office un rolle tous les jours de leurs noms, et sont mis dedans le controlle par un petit escroe, et sont royez et récomptez par le capitaine de la garde seulement, qui a le regard sur eux. Ils ont mantelines et parures du prince, et les archers palletots d'orfaverie, et sont comptez à si grans gages, et en tel estat, qu'ils ont chascun un coustillier armé, qui font cent vingt six combattans, outre et pardessus le nombre armé. Tous les hommes-d'armes ont par mois argent du prince et à ses despens, pour tenir sommier, amener le bagage : et à tant me tais du faict de la garde.

Et pour conduire ceste grande chose, faut deviser comment il se loge, et la police du logis, selon lequel est nommé en tout temps mareschal, pour servir au fait de la guerre; et doit livrer les cartiers aux fourriers des capitaines des gens-d'armes, et de tous les quartiers. Le second mareschal, qui est mareschal de l'hostel du duc, doit avoir le chois pour loger le prince et son estat : et ne deviseray gueres pour le present du mareschal du logis, pource que je reviendray en temps et lieu; mais deviseray du mareschal du logis de l'hostel, pour deviser de l'estat de la fouriere, et comment elle se doit conduire. Le mareschal du logis se souloit appeller l'escuyer du logis, et ne se mettoit iceluy estat sus qu'en la guerre seulement; mais pource que le duc va tousjours en armes, et que sa maison est si grandement accompaignée, comme l'on peut veoir, il est ordonné qu'il seroit un mareschal du logis de l'hostel, et est un moult bel office et estat. En l'hostel du duc il y a quatre archers comptez, et une trompette par les escroes, qui accompaignent le mareschal où qu'il voye; et quand il doit partir pour aller faire un logis de ville en ville, il faut sonner sa trompette : et sa trompette revenue, il doit monter à cheval, et les fourriers du prince doivent venir devers luy ; et doit avoir le mareschal une cornette pour enseigne, et doit aller par toutes les rues et par tous les logis sa cornette apres luy, et le doivent suyvre tous les estats. Le fourrier de la garde, accompaigné de coustilliers ordinaires, doibvent marcher en belle ordonnance, jusques au lieu où ils doivent faire le logis; et est bien besoing qu'en temps de paix que ce soit par aucuns jours avant que le prince se parte; et se depart le logis en deux parties, dont la premiére partie est livrée au fourrier pour le prince, les chambellains, les quatre estats de la chappelle, les archers de corps de la garde, la chambre, et les officiers domestiques; et le mareschal loge les princes et grans pensionnaires, chambellans et gens du conseil, ambassadeurs, et autres survenans qui ne sont point domestiques : et ainsi se depart le logis, et le fourrier et ses aydes font le logis qui leur est ordonné, et le gardier de la garde, et aussi delivre au fourrier de ladicte garde; et ledit fourrier depart son logis en cinq parties, l'une pour le capitaine et pour ceux de sa chambre, et l'autre partie se depart en quatre pour les quatre chefs et leur quatre esquadres. Et combien que le duc de Bourgongne soit prince des plus belles villes du monde, toutesfois son estat est si grand, que l'on trouve peu de villes où ils puissent tous loger, et faut souvent adjonctions de villes et de villages. Ainsi le duc a un fourrier, comme dict est; et si ce ne fut pour tenir ordre en mon escrit, j'eusse mis l'estat de la fourie tenant à sa chambre, car la fourie est de la chambre : le fourrier faict la despense de tout le bois qui se despend en l'hostel du prince, reservé de la cuisine, et se compte par les escroes, soubs l'estat de la fourie; et sur iceluy se comptent les espices de chambre, drageries et autres, qui se livrent par les espiciers. La raison est pource que le fourrier est vallet de chambre, et aussi est l'espicier, et ne se compte aucune despence de la chambre sinon en fourie; et aussi pource qu'on ne veut point entremeller la despence des officiers. Le fourrier doit porter un baston, lequel doibt estre verd, en signifiance du bois, et le doit porter en maniere comme s'il vouloit tousjours hurter à un huys pour demander ouverture : sa marque doit estre tenue à tous, sur paine de mort. Le fourrier en sa personne doit battre le lict du prince de son baston, comme je l'ai escrit une fois; et quand le prince vient, le fourrier doit mettre le bancq, les tresceaux et la table; il doit reculer, remettre et oster à icelle table les tresceaux, et à toutes autres dont le prince est servy; il doit faire son banc, chaieres, et toutes autres ouvraiges de bois; il doit livrer les linceux et estrain pour les licts, et pour paillaces de l'hostel du prince; et livre bois de livrée et bois de despence, et soubs luy se fait une tresgrande despense; et en iceluy office sont douze personnaiges et aides pour aider le fourrier, et servir en son absence; et y a varlets de fourrier qui portent le bois en la chambre du prince, et besongnent aux feux et aux lumieres comme il appartient, et doivent tenir l'hostel du prince net et honneste. Les serviteurs de l'eauë servans doivent porter l'eauë en la chambre du prince, et livrent caches et ramons (1); et quand le prince tient un grand estat ou une grande feste, le serf de l'eauë doit donner à laver à tous, excepté aux princes servans et aux ambassadeurs.

Et pour continuer l'estat du duc, nous parlerons

(1) *Caches et ramons* : cassettes et balais.

de l'estat des portiers. Le duc a deux portiers et deux aides comptez par termes : le portier doit estre le premier levé, et doit estre logé à la porterie du prince, et ne doit point ouvrir que le chef du guet, et ceux qui ont faict le guet devant le prince, ne soyent venus; et puis il ouvre sa porte, et là doit bien songneusement garder, que nul n'y entre qu'il ne cognoisse bien : et quand il vient à l'entrée de la nuit, il doit allumer fallots à sa porte, et la doit garder comme dit est, jusques à ce que le prince soit couché, et que les chambellains et ceux qui ont esté à son coucher soyent retraits; et doit le portier visiter la maison, et sçavoir s'il ne trouvera nulluy qu'il n'a point acoustumé de veoir, et le peut prendre et mettre en prison; et chascun retrait, le portier ferme la porte, et ne la doit point ouvrir pour personne qui vienne, sans le congé du prince ou du premier maistre d'hostel. Le portier est garde des prisons de l'hostel du duc, et principalement de ceux que les maistres d'hostel font prendre et punir. Et pour entresuyvre ma matiere, je parleray des sergeans et huyssiers d'armes, et principalement parlerons de ses sergeans d'armes.

Le duc a quatre sergeans d'armes comptez par termes, et tous les deux servent tousjours, et doivent lesdits sergeans d'armes estre devant la porte du prince. Et quand le prince part hors de sa chambre pour aller à la messe ou ailleurs, les sergeans d'armes se doibvent mettre devant luy : et quand le duc tient estat, au milieu de la sale doit avoir deux basses tables, dont l'une est petite pour quatre personnes seulement; et doit estre tournée devers le prince et devant

luy, et au milieu d'icelle doivent seoir deux huyssiers
d'armes, et aux deux bouts lesdits deux sergeans d'armes, en couchans chascun les masses sur les bouts de
la table, et ayans leurs visages devers le prince; et
derriere eux doit estre la table des officiers d'armes,
qui doivent estre du long de la table, et seoir leur
costes d'armes vestues. Mais je demande pourquoy ne
sont les roys-d'armes et heraux plus pres du prince
que les huyssiers et sergeans-d'armes; et toutesfois
ils ont leur costes d'armes vestues, et sont de plus
noble estat que les autres. A ce je respons que c'est
pource que les huyssiers et sergeans d'armes sont les
executeurs du prince, et que telles nouvelles pouroyent advenir, ou telle chose pouroit estre faict,
que le prince voudroit mettre la main au plus grand
de ses pays ou autres; et pource doivent estre assis
iceux sergeans devant sa face, pour promptement
executer son bon plaisir et commandement. Et au regard des huyssiers d'armes, le duc a bien vingt-quatre
servans par termes, dont les uns servent à garder la
chambre des chevaliers, autres à garder la chambre
des escuyers, et autres à garder la chambre du conseil; et doivent iceux huyssiers faire place devant le
prince quand il va de lieu à autre, et doivent garder
la sale où il mange, et aller et venir où il le commande. Ils adjournent gens au conseil, soit devant
le chancellier, chambellain ou mareschal, et executent toutes choses ordonnées par le conseil. Or feray
fin de l'ordre de l'hostel du prince et de son estat,
et entrerons à parler de sa guerre, et le nombre de
ses gens qu'il tient journellement, et de son ordonnance; et ne me suis pas arresté à plusieurs choses

qui sont journellement en toutes nobles cours. On sçait bien que le confesseur confesse le prince, et que luy ou le clercq de la chappelle dict ses heures avec luy, et que le prince offre tous les jours, et cent mille menues choses, qui sont en la maison du prince commune à tous; et aussi n'est pas à entendre que les ordres, les coustumes et les loix soient pardessus les princes, mais les princes pardessus elles, pour en ordonner à son bon plaisir; et sont communement les statuts des princes conformes à leurs conditions. Or j'ai devisé de l'estat et de l'ordre de la maison du duc Charles de Bourgongne, et est besoin que je devise de l'estat de sa guerre, du nombre de ses gens-d'armes, et comment ils sont conduits, exercitez et gouvernez, et aussi comment les conducteurs et chefs d'esquadres sont faicts et creez.

Le duc a deux mille deux cens hommes d'armes en ses ordonnances, compté chascun homme d'armes à tels gages qu'à coustilliers (1) armez: et dessoubs chascun homme-d'armes y a trois archers à cheval, et d'abondance pour chascun homme-d'armes y a trois hommes de pied armez, arbalestriers, colevriniers et picquenaires: ainsi font huict combattans pour une lance; mais les gens de pied ne sont pas gouvernez par les gens de cheval.

Et pour gouverner icelle compaignie qui monte à dixhuict mille combattans, à prendre les conducteurs, lieutenans et autres archers, qui sont outre nombre, huict combattans pour lance, et sont iceux payez et comptez tous les jours à la souldée du prince

(1) *Coustilliers*: soldats armés de la coustille, qui étoit une sorte d'épée à deux tranchans.

par la main du tresorier des guerres : je monstreray, par la conduite de cent lances, comment se gouvernent tous les autres, et semblablement ceux de pied. En chascune cent lances y a un conducteur soubs qui respond icelle compaignie, et se nomme conducteur, pource que le duc veut estre seul capitaine de ses gens, à en faire et ordonner son bon plaisir. Et pour entresuyvre ce propos, nous parlerons de la forme et maniere comment le duc cree les conducteurs, puis apres de leur conduite; et m'en abregeray le plus que je pouray, pource que le duc Charles, qui a ses ordonnances mis sus à labeur si notablement en sa personne, et faict mettre par escrit les ordonnances de sa guerre si bien et si notablement, et a tous misteres esclarcy en telle forme et maniere, que mon escriture ne me sembleroit que temps perdu, et lesquelles ordonnances sont portées en Angleterre, et si besoin est sont recouvrables pardeçà, toutes et quantes fois que besoing sera : parquoy je m'en passe pour abreger, et parferay ce que j'ay dict.

Le duc renouvelle tous les ans les conducteurs de ses ordonnances, comme il est escript en sesdits ordonnances; et contre le temps que sesdicts conducteurs se doivent renouveller, iceux conducteurs viennent ou envoyent devers le duc, selon leurs affaires, et selon la charge qu'ils ont; et en iceluy temps ceux qui desirent d'avoir charge de conducteur pour l'année advenir se tirent devers les secretaires qui sont ordonnez pour la guerre, et ils enregistrent et mettent en memoire : et en temps ordonné ils apportent icelles memoires au duc, qui les retient par devers luy par certains jours et à son bon plaisir; et selon les recommandations des merites d'un chascun, il poinctie ceux à qui il veut donner la charge de conducteur, et à la fois de ceux qui l'estoyent paravant, et à la fois non ; et les fois par noms de compaignie, dont l'une s'appelle la première compaignie, l'autre la seconde, et ainsi jusques à la vingtdeuxiesme : et par ce moyen sçavent les conducteurs en quelle compaignie ils doivent aller quand ils ont le don. Et au jour ordonné, il mande par un huyssier d'armes les conducteurs qu'il a choisi, et les faict venir en une sale en laquelle le duc sied en chayere parée, comme à prince appartient; et là sont les seigneurs du sang, le conseil, et les nobles de la maison, et sont là presens ceux qui paravant ont esté conducteurs. Et le duc par son chambellain faict dire la cause pourquoy il se contente des conducteurs passez; et si grandes causes survenoient de parler à aucun particulierement, en soy contentant ou non contentant, le duc feroit dire publiquement, pour rendre à chascun merite selon sa desserte. Et n'ay point veu que le duc n'ayt deschargé les conducteurs de leurs charges, à leur tresgrand honneur et recommandation. Et apres iceux estre deschargées, le duc faict parler à ceux qu'il a choisi pour l'année, et leur faict lire les ordonnances qu'il faut à la conduicte de la guerre : et apres la lecture d'icelle, il faict appeller devant luy chascun conducteur particulierement l'un apres l'autre, et publiquement baillé à un chascun deux choses. Premierement le livre de ses ordonnances richement faict et escript, et couvert de velours, en moult honneste vollume, sellé du grand seau en cyre verde, et en lacs de soye;

et en luy baillant, parlant le duc par sa bouche, il dict : « Vous, tel, je vous fays conducteur pour l'an-
« née de telle compaignie de cent lances de mes gens-
« d'armes. Et afin que vous sçachez, entendez et ne
« puissiez ignorer comme j'entens le faict de mes gens-
« d'armes, et de la guerre estre conduicte et gouver-
« née, je vous baille les ordonnances que j'ay sur ce
« faictes et ordonnées, et vous commande de les es-
« troittement tenir et garder, selon le contenu en
« icelles : » et puis prend le duc un baston qu'on appelle baston de capitaine, et est iceluy baston couvert de bleu entortillé de blanche soye, qui sont les couleurs du prince, et baille le baston au conducteur, et luy dict : « Affin que vous soyez obey, et plus
« puissant sur ceux dont vous avez par moy charge,
« et que vous puissiez entretenir et faire entretenir
« mes ordonnances et faire mes commandemens, je
« vous baille le baston pour avoir la main forte sur
« voz gens, et vous donne en effect de les gouverner
« et punir par telle auctorité que moymesmes. » Et sur ce reçoit le conducteur le serment de faire et entretenir les ordonnances du prince, et selon le contenu d'icelles; et ainsi l'un apres l'autre crée le duc de Bourgongne ses conducteurs, et sont tenus de renvoyer icelles ordonnances et le baston à la fin de l'année pour les bailler à celuy à qui il plaira au duc d'y ordonner; et se tire chascun en la compaignie à luy ordonnée.

En chascune compaignie de cent lances y a quatre chefs d'esquadre, dont l'un est ordonné par le duc, et y met communément un des escuyers de son hostel ; et n'ay guerres veu que le conducteur ne face d'iceluy son lieutenant, combien qu'il le peut faire d'un autre s'il luy plaist; et au regard des autres chefs d'esquadre, le conducteur les peut choisir à son bon plaisir : et soubs chascun chef d'escadre y a quatre chefs de chambre, lesquels chefs de chambre le chef d'esquadre peut nommer et choisir, sans ceux de son esquadre, à son bon plaisir. Soubs chascun chef de chambre a cincq hommes d'armes, qui sont en chascune des chambres, à prendre le chef de chambre et les hommes d'armes : soubs luy sont six hommes d'armes. Ainsi sont vingtquatre hommes d'armes, et le chef d'esquadre; et ainsi par quatre chefs d'esquadres trouverons cent lances soubs le conducteur : chascun homme d'armes a soubs luy trois archers à cheval, ainsi sont trois cens archers en chascune compaignie, et chevauchent chascun cent lances en huict esquadres, c'est à sçavoir les archers en quatre esquadres, et en chascune esquadre d'archers septante cinc archers; et sont conduits iceux archers par un homme d'armes principal en chascune esquadre, au regard et à la devise du chef d'icelle esquadre; et chevauche le guidon des archers au front devant la premiere esquadre, et pareillement l'estandart des hommes d'armes au front de la premiere esquadre des hommes d'armes.

Or nous faut deviser de l'estat des gens de pied, lesquels sont conduits par un chevalier chef de toutes gens de pied, et soubs qui respondent tous les chefs d'iceux gens de pied. Sur chascune compaignie de trois cens pietons a un capitaine, homme d'armes à cheval, et port-enseigne et guidon; et sur chascun cent hommes a un centenier homme d'armes à cheval, qui porte autre plus courte enseigne, et respondent iceux centeniers aux capitaines dessus nommés; et outre plus, en chascun trente et un hommes, l'un est trentenier, à qui respondent tous les autres, et marchent par compaignies, et par ordre de capitaine de centeniers et de trenteniers, et communement sont gardes de l'artillerie et du charroy. Et pour les raisons devant dictes, je me passeray à deviser des ordonnances sur ce faictes; et combien que j'ay mis en escript le nombre des hommes d'armes, archers à cheval, et gens de pied des ordonnances de monsieur de Bourgongne, et que j'aye devisé les gens-d'armes, et qu'ils sont tousjours prests et armez les uns comme les autres, où vous trouvez en nombre plus de vingt mille combattans, toutesfois n'est encores tout le nombre de ses gens d'armes comptez, journellement prests et en point : car de nommer outre et pardessus le nombre dessusdict, il a fourny sa maison de douze esquadres d'archers d'Angleterre, lesquelles douze esquadres sont conduites par douze hommes d'armes anglois, par la maniere qui s'ensuit.

Premierement, le duc a ordonné un escuyer pour conduire quarante archers pour l'esquadre de la chambre : et est à entendre deux archers pour chascun homme de sa chambre, qui sont vingt hommes d'armes, à prendre l'escuyer et les quatre sommelliers, comme dit est. La seconde esquadre est de quatre-vingt hommes, pour les quarante archers tousjours compter, et les departir en la maniere dessusdit. *Item*, quatre autres esquadres chascune de cent archers, pour les quatre estats des escuyers; pour chascun estat, qui sont cinquante hommes, deux archers; et pource cent archers pour chascune esquadre. *Item*, et pour renforcement de la garde, sont ordonnez quatre esquadres de quarante archers pour chascune esquadre, qui pareillement est à entendre deux archers pour chascun homme d'armes, et sont trente hommes d'armes en chascune esquadre. Et puis que nous avons devisé des gens d'armes ordinaires, il faut deviser de l'artillerie, laquelle est une merveilleuse despense, et grande.

L'artillerie se conduit soubs un chevalier qui se nomme maistre de l'artillerie, lequel a telle auctorité, qu'il doit estre obey en son estat comme le prince; il a soubs luy le receveur qui paye les officiers, et les pouldres, les canons, les forges et les pionniers, les chartons, et tous les ouvraiges qui se font a cause de l'artillerie; et certes la despence qui passe par ses mains monte par an plus de soixante mille livres; et devez sçavoir que en la pluspart des armes du duc il meine avec luy, pour le fait de l'artillerie seulement, plus de deux mille chariots, les meilleurs et plus puissans que l'on peut trouver en Flandres et en Brabant; et certes le duc peut avoir trois cens bouches de l'artillerie, dont il se peut ayder en bataille, sans les harcquebusses et coulevrines, dont il en a sans nombre. En l'artillerie est le controlleur qui tient par ordre et par escript le conterolle de toute la despence faicte et payée de toute la provision de l'artillerie, comme d'arcs, flesches, arbalestres, de trait, de baston à main, de cordes, et toutes autres choses necessaires appertenant à iceluy estat; là est le maistre des œuvres, carpentiers, marisschaulx, forgeurs, et toutes manieres de gens. Et quant le duc est devant une ville, il faut asseoir les bombardes : il convient pour chascune bombarde un gentilhomme de son hostel pour la conduite d'icelle bombarde, et la suyt, qui est és mains du bombardier. Et est l'artillerie estoffée et garnie de toutes choses : tellement que le duc ne se soussie point à passer riviéres de mille pieds en peu de temps, si besoin est; et est puissant et fort pour passer la plus grande bombarde du monde.

Le maistre de l'artillerie a prevost en son artillerie, lequel a jurisdiction et auctorité de justice sur ceux de l'artillerie, et en peut faire justice criminelle ou civile, telle qu'il luy plaist; et n'est pas à oublier le faict des tentes et pavillons, qui est une somptueuse chose, et se conduit par un gentilhomme qui a la charge d'iceluy estat, et meine aux despens du prince plus de quatre cens chariots puissamment attellez; et se comptent iceux chariots soubs la despence de l'artillerie. Et certainement le duc delivre pour sa compaignie bien mille tentes et mille pavillons, à prendre pour ambassadeurs et estrangiers, pour la maison du duc, pour ses serviteurs et gens-d'armes : et à chascun voyage le maistre des tentes a nouvelles tentes et nouveaux pavillons aux despens du prince; et monte icelle despence, à prendre toile et ouvrages seulement, plus de trente mille francs.

Or ne suffit-il d'avoir seulement devisé de ce grand nombre de gens-d'armes à cheval et à pied, et de ce grand nombre de chariots, qui est une chose merveilleuse : car combien que le duc donne à tous argent particulier pour tous sommiers, et merveilleux nombre de chariots et charettes pour leur nécessité, pour ce que le duc faict communement durer la guerre en temps d'hiver aussi bien qu'en temps d'esté, pource faut il plus de provisions contre les froidures, et autres necessitez. Et ne suffiroit point qui ne deviseroit par quelle maniere et par quel ordre se loge iceluy grand ost. Le duc a pour son grand principal officier le mareschal de Bourgongne, lequel a telle preeminence, qu'il prend droit de mareschal sur tous gens-d'armes, mais non point és gens-d'armes des ordonnances; et se nomme ledit mareschal de Bourgongne pour un mareschal de France, et prend droit avec comme les autres, et ce de toute ancienneté; et se conduit le fait de la guerre par sa main avant tous les autres, et doit estre à l'avantgarde du prince comme le principal. Et toutesfois si le prince mettoit en l'avantgarde aucun prince de son sang, le mareschal luy seroit per et compaignon touchant ladicte avantgarde; et en l'absence dudit mareschal de Bourgongne se faict un mareschal de l'ost, qui est son lieutenant, lequel conduit les matieres de guerre, et prent les droits de mareschal, et ordonne les commissaires comme si luy mesmes y estoit; et sont, soubs ledit mareschal ou son lieutenant, les mareschaux des logis et de l'hostel, et par ledit mareschal de logis est logée ceste grande armée.

Le mareschal du logis, quand le prince doit prendre logis nouveau, il doit faire sonner sa trompette, et doit avoir enseigne desployée; et à luy se doivent assambler le mareschal de l'hostel, et tous les fourriers de toutes les compaignies, soit de pied ou de cheval; et doivent chevaucher en ordre et en bataille soubs la conduite dudit mareschal; et quand ils sont prests à loger, il peut faire arrester les compaignies avec son enseigne, et prendre avec luy le mareschal et ceux qui luy plaist, et là adviser le pays et le logis; et depart les quartiers pour l'avantgarde, pour la bataille et pour l'arrieregarde; et ainsi conclud, assiet l'artillerie, et luy baille place.

Par ceste maniere ceste grande armée logée, le mareschal de l'ost doit visiter advenues, et mettre en ordre les escoutes et guets; et doit soigner le mareschal ou son lieutenant d'enquerir et sçavoir des passages du pays, et doit avoir des guides avec luy pour guider l'armée; et peut on appeller devant luy du grand conseil et du parlement, ou autre jugement pour matiere de guerre, et qui touche le faict de la guerre, dont il peut juger: et de luy, l'on ne peut appeler. Et je certifie que j'ay experimenté les faits de la noble maison de Bourgongne plus de trente ans, et que j'ay bien calculé, et debattu à quelles sommes de deniers peut venir et monter la grande despence dont j'ay icy devant faict mention; et certes je treuve que par an monte icelle somme de despence bien environ deux millions bien payez et comptez, chascun selon son estat et vacation à quoy il est appellé.

Et affin qu'il appert que je vueil que chascun sache que ce qui est baillé par escript est baillé d'homme qui le peult bien sçavoir, j'ay mis mon nom en escript soubs ceste presente epistre, en moy recommandant à vous: laquelle epistre j'ay faict et compilée au siege d'Aisse [1] en Allemaigne, au mois de novembre l'an 1474.

(1) *Aisse :* Aix-la-Chapelle.

TANT A SOUFFERT LA MARCHE.

TABLE DES MATIÈRES

CONTENUES

DANS LE DIXIÈME VOLUME.

MEMOIRES DE MESSIRE OLIVIER DE LA MARCHE.
   SUITE DU LIVRE PREMIER.

CHAPITRE XXI. *Comment le bon duc Philippe fit delivrer un riche Anglois que Ternant avoit fait prisonnier; et comment le signeur de Lalain teint le pas de la fontaine de Plours à Chalon sur Sosne.* . . . . Page 1

CHAP. XXII. *Comment le duc de Bourgongne fist sa feste de la Toison à Mons; comment les Gandois se firent ennemis d'iceluy leur signeur; et comment le comte de Charolois fit ses premières joustes.* 53

CHAP. XXIII. *Comment les Gandois coururent le plat-païs de Flandres, y prenans quelques chasteaux et fortresses; et comment ils assiegérent Audenarde.* 65

CHAP. XXIV. *Comment le duc fit lever le siége d'Audenarde.* 73

CHAP. XXV. *Comment le duc defit ceux du siége d'Audenarde; et de plusieurs rencontres et écarmouches.* 83

CHAP. XXVI. *Comment le roy Charles VII envoya ses ambassadeurs vers le duc et les Gandois,* pour faire paix; et comment les Gandois continuèrent en rebellion. Page 110

Chap. XXVII. De plusieurs écarmouches et rencontres entre le duc et les Gandois. 129

Chap. XXVIII. De la bataille de Gavre, gaignee par le duc sur les Gandois; et comment paix fut faicte entre eux. 142

Chap. XXIX. Cy commence l'ordonnance du banquet que fit à L'Isle le duc de Bourgongne, l'an 1453. 160

Chap. XXX. Vœus que firent en 1453 le duc de Bourgongne, et plusieurs autres grands signeurs, chevaliers et gentils-hommes. 194

Chap. XXXI. Du mariage de l'aisné fils de Crouy à une fille du comte de Sainct-Pol; du voyage du duc en Alemaigne; et du mariage du comte de Charolois avec madame Ysabeau de Bourbon. 208

Chap. XXXII. D'un combat à outrance entre deux bourgeois de Valenciénes, en la présence du duc. 213

Chap. XXXIII. De quelques particularités en la maison de Bourgongne; de la retraite du dauphin Louis vers le duc; et du courroux du duc contre le comte de Charolois son fils. 218

Chap. XXXIV. D'une maladie du bon duc Philippe; de la mort du roy Charles VII; et du couronnement du roy Louis XI. 227

Chap. XXXV. Comment le roy Louis mecontenta le comte de Charolois; dont luy sourdit la guerre du Bien-public. 231

Chap. XXXVI. Comment le bon duc envoya

son fils naturel Anthoine sur les Sarrasins de Barbarie; et comment le comte de Charolois destruisit Dinand, et fit venir les autres Liegeois à mercy. Page 253

Chap. XXXVII. Comment le bastard Antoine ala faire armes en Angleterre; et comment le duc son pére mourut ce pendant. 260

Le second livre des Mémoires de messire Olivier de La Marche.

Chapitre I. Comment le duc Charles de Bourgongne, par-avant comte de Charolois, ala de-rechef contre les Liegeois; et comment nouvelle querelle s'emeut entre le roy Louis et luy, tant pour les partialités d'Angleterre que pour les viles de la riviére de Somme. 271

Chap. II. Comment le duc Charles assiegea Beauvais; et comment le Roy, s'estant trop fié en luy à Peronne, fut contraint de l'acompaigner en armes contre les Liegeois, par-avant ses aliés. 282

Chap. III. Comment le duc assiegea Nuz; et comment il s'en retourna, d'accord avec l'Empereur. 290

Chap. IV. Du mariage du duc avec Marguerite d'Yorch, sœur du roy d'Angleterre; et des magnificences qui lors furent faictes en la maison de Bourgongne. 299

Chap. V. Comment le duc se saisit des duchés de Gueldres et de Lorraine. 391

Chap. VI. Comment les Suisses déconfirent le duc par deux fois. 395

Chap. VII. S'ensuit les tréves de neuf ans, conclues entre le roy Louis XI et le duc Charles de Bourgongne en 1475. 399

Chap. VIII. *Comment le duc se saisit de madame de Savoye et d'un sien fils; et comment il fut déconfit et tué devant Nancy.* Page 417.

Chap. IX. *Comment Marie, fille et seule héritiére du feu duc Charles, fut mariée à l'archeduc Maximilian d'Austriche; et des guerres qu'ils eurent avec le roy Louis* XI. 422

Chap. X. *De la nativité de Marguerite d'Austriche, et du mariage d'icelle avec le dauphin Charles; de la mort de Louis* XI, *etc.* 432

Chap. XI. *Comment Maximilian fit guerre aux Gandois, pour retirer Philippe son fils.* 437

Chap. XII. *Comment Maximilian recouvra la vile de Gand, et le comte de Flandres son fils.* 446.

Chap. XIII. *Comment Maximilian fut eleu roy des Rommains; et comment l'Empereur son pére le delivra de ceux de Bruges.* 452

Chap. XIV. *Comment ceux de Bruges et de Gand firent de-rechef guerre au roy des Rommains, sous la conduitte de Philippe de Cléves. Fin de cette guerre.* 457

Chap. XV. *Briéve répetition des faicts de Maximilian, avec recit de quelques autres gestes.* 465

Chap. XVI. *Des surnoms attribués à l'empereur Maximilian d'Austriche et à l'archeduc Philippe, comte de Flandres, son fils.* 471

Estat de la maison du duc Charles de Bourgongne, par Olivier de La Marche. 479

FIN DU DIXIÈME VOLUME.